beck**'sche
reihe**

b**sr**

Dieses Lexikon beschreibt in mehr als 200 Artikeln knapp und allgemeinverständlich die wichtigsten Völker der Erde und trägt dabei den unterschiedlichen Definitionen von Volkszugehörigkeit Rechnung. Abstammung und Verwandtschaft, Sprache, Kultur und Religion, politische Zugehörigkeit oder anthropologische Merkmale können die Kriterien sein, nach denen sich ein Volk vom anderen abgrenzt oder von anderen ausgegrenzt wird. Der Autor beschreibt jeweils das Verbreitungsgebiet eines Volkes, Kultur und Sprache, den politischen Status als Minderheit oder Staatsnation, die Herausbildung als ethnische Gruppe und das Verhältnis zu benachbarten Völkern. Überblicksartikel zu Kontinenten und Großregionen erleichtern die Orientierung über benachbarte und miteinander verwandte Völker und erschließen zahlreiche kleine Gruppen, die keinen eigenen Artikel haben. – Ein unentbehrliches Nachschlagewerk für alle, die sich in einer Zeit der Globalisierung über die weltweite kulturelle Vielfalt, aber auch die politische Sprengkraft der ethnischen Abgrenzungen orientieren wollen.

Harald Haarmann, geb. 1946, gehört zu den weltweit bekanntesten Sprachwissenschaftlern. Er ist Vizepräsident des «Institute of Archaeomythology» in Sebastopol (USA), Mitglied des Forschungsteams des «Research Centre on Multilingualism» (Brüssel) und an mehreren größeren Forschungsprojekten beteiligt. Bei C. H. Beck erschienen von ihm «Kleines Lexikon der Sprachen» (²2002), «Geschichte der Schrift» (2002), «Geschichte der Sintflut» (2003) sowie «Lexikon der untergegangenen Sprachen» (²2004).

Harald Haarmann

Kleines Lexikon der Völker

Von Aborigines
bis Zapoteken

Verlag C. H. Beck

Mit 10 Karten und einer Graphik
Lektorat: Petra Rehder

Originalausgabe
© Verlag C. H. Beck oHG, München 2004

Umschlaggestaltung: +malsy, Bremen
Umschlagbild: Martin van Valckenborch,
«Der Turmbau zu Babel», 1595, Foto: AKG/Rabatti-Domingie
Satz: Fotosatz Reinhard Amann, Aichstetten
Druck: Druckerei C. H. Beck, Nördlingen
Printed in Germany
ISBN 3 406 51100 7

www.beck.de

Inhalt

Vorwort

Was ist ein Volk?

Ein Lexikon der Völker zu schreiben, ist ein Wagnis. Es gibt wenige Begriffe, deren Bedeutung so vielschichtig ist wie der des Volkes. Kaum ein anderer Begriff ist politisch in so unterschiedlicher Weise instrumentalisiert worden. Man denke nur an die Leipziger Montagsdemonstranten 1989, die von der Parole «Wir sind das Volk» zu dem Satz «Wir sind *ein* Volk» übergegangen sind. Nicht mehr das Volk als Subjekt der politischen Willensbildung trat den Regierenden entgegen, sondern das Volk als ethnische Kategorie. Auch und gerade wenn man den Begriff wie im vorliegenden Lexikon im ethnischen Sinne versteht, bleibt er schillernd und zumal in Deutschland politisch belastet. Als 1989 im Zuge der Auflösung der DDR wieder vermehrt vom deutschen Volk die Rede war, wurde das von einigen erleichtert begrüßt, von vielen anderen aber wegen des ideologischen Einsatzes dieses Begriffes im «Dritten Reich» im Dienste des Massenmordes an Juden und anderen, die nicht zum deutschen Volk gezählt wurden, mit Unbehagen wahrgenommen. Wegen dieses Unbehagens, das sich auch auf den Volksbegriff generell erstreckt, hat sich in Deutschland der Begriff der Ethnie eingebürgert.

Im vorliegenden Lexikon werden «Volk» und «Ethnie» als synonym verstanden. Beide Begriffe lassen sich von anderen, mit ihnen verwandten, abgrenzen. Ein *Volk* stellt eine größere soziale Einheit dar als *Stämme*, *Clans* oder *Sippen*, die allein auf der Verwandtschaft ihrer Mitglieder beruhen. Viele Völker sind als Verbund aus verschiedenen Stämmen, Clans oder Sippen entstanden. Der Begriff der *Volksgruppe* bezieht sich auf einzelne Gruppen desselben Volkes, die von anderen Gruppen getrennt leben. Diese Trennung kann politisch-territorial begründet sein (z.B. die Volksgruppe der Burgenland-Kroaten in Österreich, die durch eine politische Grenze getrennt von den übrigen Kroaten in Kroatien lebt) oder sich auf die Bedingungen weiträumig getrennter Siedlung beziehen (z.B. die deutschen Enklaven im Norden Kasachstans). Vom Standpunkt der Hauptgruppe (der zentralen Siedlungsgemeinschaft) eines Volkes sind exterritoriale Volksgruppen *Außengruppen*. Von *Populationen* wird im vorliegenden Lexikon gesprochen, wenn entweder keine Differenzierung in Ethnien gegeben ist (z.b. historische Populationen der → Aborigines, uralische Populationen in prähistorischer Zeit, vor-malaiische Populationen) oder wenn sich die Erwähnung undifferenziert auf Völker und Stammesgruppen bezieht (z.b. → indoarische Populationen).

Zur Etymologie des Volksbegriffs

Das Wort «Volk» ist germanischen Ursprungs. Die älteste rekonstruierte Form bezeichnete im Gotischen eine militärische Basiseinheit: *fulks, die Kriegsschar, wurde von den Kuni, den Stammessippen, aufgeboten, war also für den Schutz und den Bestand dieser sozialen Gemeinschaften von elementarer Bedeutung. Für das Althochdeutsche (Sprachstadium des 8. bis 10. Jahrhunderts) ist die Form folc belegt, die «Haufen, Kriegsschar» bedeutete. Im Mittelhochdeutschen (Sprachstadium des 11. bis 14. Jahrhunderts) erweiterte sich die Bedeutung zu «Leute, Volk».

Die Geschichte des Wortes «Volk» erstreckt sich auch in die Slawia. Bereits in den ersten Jahrhunderten unserer Zeitrechnung standen die Goten im Kontakt mit → Slawen, und gotisch *fulks wurde schon früh ins Urslawische entlehnt. Im Altkirchenslawischen ist das Lehnwort als plъkъ belegt, im Altrussischen seit dem 11. Jahrhundert in der Form pъlkъ, später als polkъ. In den slawischen Sprachen erfolgte die gleiche Bedeutungserweiterung von ‹Kriegsschar› zu ‹Volk, Leute›. Teilweise sind beide Bedeutungen noch synchron erhalten (z.B. kroatisch, serbisch puk ‹Volk› und ‹Regiment›). Die Balkankriege der 1990er Jahre haben dieser Doppelbedeutung eine makabre Aktualität beschert. Besonders im Kroatischen wurde das bereits veraltete puk bewußt revitalisiert.

In den romanischen Sprachen leiten sich die Ausdrücke für «Volk» vom lateinischen populus ab – einem Kulturwort, das die Römer aus der Sprache ihrer Lehrmeister, der Etrusker, übernahmen. Populus ist die Quelle für Ausdrücke wie italienisch popolo, französisch peuple, spanisch pueblo, portugiesisch povo oder rumänisch popor. Das englische people ist im Mittelalter aus dem Altfranzösischen entlehnt worden und kann ebenso ‹Volk› wie ‹Leute› bedeuten. Der ursprüngliche im Altenglischen gebräuchliche Ausdruck geht auf das oben erwähnte germanische folc zurück, von dem sich auch die entsprechenden Wörter im Deutschen und in den skandinavischen Sprachen (dänisch, schwedisch, norwegisch folk, isländisch fólk) ableiten. In den slawischen Sprachen ist außerdem ein Wort gebräuchlich, das auf die gemeinsame Abstammung hindeutet (z.B. russisch *narod* ‹Volk›, mit der Wurzel *rod* ‹Sippe, Geschlecht, Gens›). Derselbe Aspekt ist im ursprünglichen Sinn des Attributs «ethnisch» enthalten, einem Kulturwort, das sich von griechisch *ethnikos* ‹abstammungsmäßig, volks-, national› ableitet.

Volk und Gesellschaft

Versteht man «Volk» im ethnischen Sinne, ist der Begriff von dem der *Gesellschaft* abzugrenzen. Das «deutsche Volk» unterscheidet sich beispielsweise von der «Gesellschaft in Deutschland». Die meisten Bewohner dieses Staates (91 %) sind Angehörige des deutschen Volkes im Sinne eines wie auch immer ausgeprägten Gefühls der Zugehörigkeit zu der Gemeinschaft aller → Deutschen (aufgrund gemeinsamer Herkunft, gemeinsamer Kulturtraditionen und/oder gemeinsamer Sprache). Die übrigen 9 % der Bevölkerung Deutschlands sind Angehörige anderer Völker bzw. Ethnien: → Türken, → Kurden, → Kroaten, → Albaner, → Italiener, → Iraner u. a. Die Gesellschaft Deutschlands ist somit multiethnisch, multikulturell und multilingual.

Die interethnischen Kontakte in Deutschland haben vielerlei Variationen von ethnischer Identität und gruppenorientierten Solidaritäten hervorgebracht. Die Vertreter jüngerer Generationen in türkischen Familien, die mit zwei Sprachen in einem bikulturellen Milieu aufgewachsen sind, fühlen sich unter Umständen als Deutsche. Als Auslandstürken haben sie eine von ihren Landsleuten in der Türkei verschiedene Identität. In vielen ethnisch gemischten Familien hat die Frage der Zugehörigkeit zum einen oder anderen Volk kaum praktische Bedeutung, da über die Sprache und die Lebensgewohnheiten der Zugang zu beiden Gemeinschaften gegeben ist.

Die Unterscheidung zwischen «Volk» und «Gesellschaft» ist in vielen Regionen der Welt relevant. Es gibt etwa eine belgische Gesellschaft, aber kein belgisches Volk. Ein → Belgier ist entweder Wallone, Flame oder deutschstämmig. Ähnlichen Diskrepanzen begegnet man in den USA. Es gibt eine US-amerikanische Gesellschaft und eine amerikanische Nation, aber kein US-amerikanisches Volk. Ein US-Amerikaner kann Angehöriger der verschiedensten Ethnien sein. Die ethnische Infrastruktur der US-amerikanischen Gesellschaft läßt sich sowohl nach Makro- als auch nach Mikrokriterien differenzieren. In der Makroperspektive sind anthropologische Parameter relevant. Nach den numerischen Proportionen stellen weiße Amerikaner die größte ethnische

Gruppe, an zweiter Stelle stehen die Afro-Amerikaner, also die Nach-kommen afrikanischer Sklaven, die im 18. und 19. Jahrhundert nach Nordamerika deportiert worden waren. Die drittstärkste Ethnie sind die Latinos, die Immigranten aus lateinamerikanischen Ländern und deren Nachkommen. An vierter Stelle stehen die Asian Americans, Immigranten aus asiatischen Ländern und deren Nachkommen. Die 2,2 Mio. einheimischen Amerikaner (Altamerikaner), die nordamerika-nischen → Indianer, rangieren an fünfter Stelle.

Auf der Mikroebene werden Abstammungskriterien und kulturelle Charakteristika der ethnischen Gruppenbindung relevant. An der Ab-stammung der Vorfahren orientierte ethnische Solidarität ist bei be-stimmten weißen Gruppen besonders stark ausgeprägt, so bei aschke-nasischen → Juden, Italienern, → Polen oder → Finnen, bei anderen schwächer, etwa bei Amerikanern schwedischer, niederländischer oder ungarischer Herkunft. Amerikaner, deren Vorfahren aus Ländern Asiens kamen, wie → Chinesen, → Koreaner, →Vietnamesen, demon-strieren einen engen Zusammenhalt im Sozialverband, und bei diesen Gruppen ist auch das Niveau der Erhaltung von tradierter Kultur und Sprache deutlich höher als bei anderen Ethnien der US-Gesellschaft. Viele US-Amerikaner indianischer Abstammung identifizieren sich mit traditionalen Stammesgliederungen. Ein US-Amerikaner mit anthro-pologischen Eigenheiten, die ihn als Indianer ausweisen, identifiziert sich als → Navaho, Ojibwa oder → Sioux, selbst wenn er nurmehr Eng-lisch, nicht aber die Sprache seiner Vorfahren spricht.

Parallelen hierzu gibt es in den Gruppenbindungen einheimischer Ethnien in den Ländern Afrikas. Ein Kenianer wird sich etwa folgender-maßen vorstellen: «Ich bin aus Kenia, ich bin Kikuyu.» Der Hinweis auf Kenia bezieht sich auf die kenianische Staatsangehörigkeit und auf die dortige Gesellschaft. Die Beziehung zu den Kikuyu weist auf ethnische Bindungen. Dazu gehören negride anthropologische Merkmale, Kultur-traditionen, wie sie typisch für → Bantu-Völker sind, und die Kommuni-kation über das zum Bantu-Sprachzweig der Niger-Kongo-Sprachfamilie gehörende Kikuyu. Andere Kenianer sind Angehörige der → Swahili-Gemeinschaft, der nilotischen Luo oder eines → Maasai-Stammes.

Ethnische Identität

Die Angehörigen eines Volkes sind nicht nur durch bestimmte Kultur-traditionen, Lebensweisen und meist auch durch die Sprache miteinander verbunden. Sie entwickeln in der Regel auch ein Bewußtsein der Zusammengehörigkeit, das sich aus den verschiedensten Quellen speist. Die Vielfalt dieser Faktoren ergibt in der Summe das, was man «ethnische Identität» nennt.

Die Selbstidentifizierung hat zwei Dimensionen: zum einen die Identifizierung des Individuums als Einzelperson mit einer ethnischen Gruppe, zum anderen den gruppendynamischen Charakter der ethnischen Identität als Kollektivbegriff. Der Umgang mit dem Begriff der ethnischen Identität wird dadurch erschwert, daß das Verhältnis des Individuums zum ethnischen Kollektiv je nach Kulturmilieu variabel ist. Viele Deutsche fühlen sich aus historischen Gründen nur mit Unbehagen zugehörig zu einem «deutschen Volk». Gleichsam als Gegengewicht zum diffusen Bewußtsein von einem Deutschtum in Mitteleuropa haben sich andere Identitäten herausgebildet, etwa die der → Österreicher und der deutschen → Schweizer oder das Belgiersein bei der deutschsprachigen Außengruppe in Belgien. Viel stärker ist die ethnische Gruppenbindung etwa bei → Isländern, in deren politischer Geschichte radikal-nationalistische Positionierungen unbekannt sind und deren ethnische Selbstidentifizierung in der Moderne daher relativ ungebrochen ist.

Wer sich als Deutscher bezeichnet, meint dies meist in anthropologischer (Abstammung), kultureller (deutsche Lebensweisen, christliche Weltanschauung) und sprachlicher Hinsicht (Deutsch als Kommunikationsmedium). Hinzu kommen meist die Abgrenzung von anderen, die nicht Deutsche sind, sowie die Rückwirkung der Wertung des Deutschseins durch andere auf das eigene Selbstverständnis.

Ist es möglich, die vielfältigen Merkmale ethnischer Identität in eine Rangordnung zu bringen? Ist die gemeinsame Sprache vielleicht wichtiger als Verwandtschaftsbeziehungen oder religiöse Vorstellungen? Ist das anthropologische Anderssein vielleicht ausschlaggebend für die Selbstidentifizierung? Das muß man verneinen. Einseitige Festlegungen auf die generelle Priorität des einen oder anderen Kriteriums sind inakzeptabel, unabhängig davon, ob sie vom Standort der Ethnologie, der Identitätsforschung, der Kulturwissenschaft, der Geschichtswissenschaft, des Völkerrechts oder der Sprachwissenschaft erfolgen. Das ethnische Profil eines Volkes ist immer die Summe zahlreicher Variablen. In welchem Maße und mit welcher Intensität einzelne Variablen wirken, hängt von den jeweiligen kulturellen Bedingungen ab.

Die Gemeinsamkeit der Sprache kann das alles entscheidende Kriterium für die Selbstidentifizierung sein, wie im Zeitalter der aufstrebenden deutschen Nationalideologie im 19. Jahrhundert. Bei den → Japanern ist dagegen das aus gemeinsamer Abstammung resultierende genetisch-ethnische Merkmalprofil die Basis für die Identitätsfindung, wobei sich die Identifizierung mit Kulturtraditionen und Sprache wie Zusatzfaktoren der elementaren anthropologischen Konstituente ausnehmen. Die Zugehörigkeit zum chinesischen Volk kann sich auf eine ganze Reihe exklusiver Eigenheiten stützen, die alle Eigengewicht haben: anthropologische Spezifika, in denen sich Chinesen von anderen Asiaten, auch von den nächsten Nachbarn (z.B. → Tibetern, Koreanern, Japanern, Vietnamesen), unterscheiden; das Medium der chinesischen Sprache (bzw. deren regionale Varianten); chinesische Kulturtraditionen wie die Lebensweise in der Dorfgemeinschaft; das Eigenprofil der Schriftkultur und das kulturelle Gedächtnis, das sich im Konzept des Reichs der Mitte herauskristallisiert.

Für die Identifizierung des Judentums fällt das Kriterium der gemeinsamen Sprache aus, denn Juden in aller Welt sprechen die verschiedensten Sprachen. Das klassische Hebräisch besitzt keinen praktischen kommunikativen Wert, es verbindet als Sakralsprache lediglich symbolisch alle Muttersprachen jüdischer Gemeinschaften. Alle Sprachvarianten, die in ihren Strukturen einen nennenswerten Einfluß des Hebräischen aufweisen, werden «jüdische Sprachen» genannt (z.B. Jiddisch, Ladino, Jüdisch-Arabisch, Jüdisch-Iranisch). Das moderne Hebräisch, Ivrit, besitzt seinen Wert als sprachliches Identitätskriterium nur für einen Teil der Juden, und zwar für rund 4,6 Mio. Menschen jüdischer Abstammung, von denen die allermeisten in Israel beheimatet sind. Da die lokalen Kulturtraditionen bei Aschkenasen, Sepharden und orientalischen Juden sehr unterschiedlich sind, bleiben als gemeinsame Merkmale des Judentums die religiöse Zugehörigkeit und meist in Verbindung damit der Glaube an eine gemeinsame Abstammung.

In Europa besitzt die Sprachzugehörigkeit einen hohen Stellenwert für die Identitätsfindung. Daher sind die Ethnien dieses Kontinents auch als «Sprachnationen» bezeichnet worden. Das sprachliche Kriterium relativiert sich aber im globalen Vergleichsmaßstab. Seine Bedeutung für die Abgrenzung einzelner Ethnien voneinander schwindet dort, wo Assimilationsprozesse die Auflösung kleinerer Sprachgemeinschaften fördern. Solche Prozesse können dazu führen, daß die Angehörigen einer Ethnie ihr Selbstverständnis nurmehr in ihren Kulturtraditionen, aber nicht mehr in der Sprache ihrer Vorfahren finden. Hier einige Beispiele aus verschiedenen Regionen der Welt:

Ethnische Gruppe	Angehörige (Abstammungs-kriterium)	Sprachzugehörigkeit
→ Manchu	ca. 1,8 Mio.	weniger als 100 Manchu-Sprecher
→ Hawaiianer	ca. 0,33 Mio.	800 Hawaiianisch-Sprecher
→ Iren	3,7 Mio.	ca. 42 000 ir. Muttersprachler; 0,95 Mio. Zweitsprachler
→ Berber ca. 11 Mio.	ca. 7,5 Mio.	Sprecher des Tachelheit, Tamazight (Marokko) und des Tarifit (Rif)
→ Apachen (Kiowa; USA)	ca. 1000	weniger als 20 Sprecher des Kiowa-Apache
→ Mohawk (Mohikaner)	ca. 30 000	ca. 2000 Sprecher des Mohawk
→Inuktitut (Karibu-Eskimo)	7500	ca. 4000 Sprecher des westkanad. Eskimo
→ Selkupen (Ostjak-Samojeden; sibir. Rußland)	3600	1570 Sprecher des Selkupischen

Volk und Nation

«Volk» und «Nation» sind nicht synonym. «Nation» ist heute ein politischer Begriff, der meist im Sinne von «Staatsnation» verstanden wird. Der lateinische Begriff *natio* war seit dem Mittelalter in den Sprachen Westeuropas in Gebrauch und erhielt durch die Aufklärung eine politische Färbung. Aus dem Objekt der Geschichte, dem Volk, sollte über das kollektive Bewußtsein der kulturellen Zusammengehörigkeit das nach politischer Selbstbestimmung strebende handelnde Subjekt, die Nation, werden. Das nationale Selbstbestimmungsrecht der Völker wurde erstmals in der Unabhängigkeitserklärung der USA im Jahre 1776 festgeschrieben. Zwar ist die Ansicht verbreitet, daß während der Französischen Revolution von 1789 die Idee der politischen Nation als Kulturnation geboren wurde. Aber tatsächlich wurde die Idee vom eigenen Staatswesen für eine Kulturnation bereits 1755 auf Korsika proklamiert (→ Korsen).

Im Geschichtsbewußtsein der Westeuropäer entstanden die Ideen vom Nationalstaat und von der politischen Willensbildung der Nationen im Zeitalter der Aufklärung und des beginnenden Nationalismus, also im 18. und 19. Jahrhundert. Allerdings erfolgte eine erste nationale Staatsbildung bereits Jahrhunderte früher in Osteuropa. Die «Sammlung der russischen Länder» war eine politische Bewegung, die von → Russen besiedelten Gebiete aus dem Vasallentum der Goldenen Horde befreien und damit ganz Rußland der politischen Vorherrschaft der tatarisch-mongolischen Allianz entziehen wollte, die seit dem 13. Jahrhundert die politischen Geschicke Osteuropas bestimmt hatte. Gegen Ende des 15. Jahrhunderts erfolgte der entscheidende Durchbruch. Einerseits wurde die Vorherrschaft der → Mongolen gebrochen, zum anderen festigte das Großfürstentum Moskau seine Macht durch die Eroberung der Republik Novgorod. Das Zartum Moskau wurde zum Garanten der nationalen Einheit des Russentums in einem einheitlichen Staatsgebilde. Damals war das Moskowiterreich ein mehrheitlich von Russen bewohnter Staat, die älteste Staatsbildung einer Kulturnation in der Geschichte Europas. Russentum wurde damals verstanden als die Gemeinschaft der Menschen, die russische Kultur und Sprache pflegten und orthodoxe Christen waren. Die territoriale Erweiterung des Staatsgebietes über die Grenzen der russischen Siedlungen hinaus ist eine Entwicklung, die erst im 16. Jahrhundert einsetzte, sich dann aber kontinuierlich bis in die Zeit des Kalten Krieges erstreckte. Rußland ist seit seiner Ausdehnung bis an die Küsten des Schwarzen Meeres, in den Kaukasus und nach Sibirien ein Vielvölkerstaat, und dies gilt für das zaristische Rußland vor 1917, für die Sowjetunion von 1918 bis 1991 und für die moderne Russische Föderation.

Auch bei Völkern ohne eigenen Staat spielt der Begriff der politischen Nation eine Rolle, und zwar für ihren politischen Status in einem Nationalstaat oder in einem multinationalen Staatsgebilde. Dies betrifft Tausende von Völkern und Volksgruppen weltweit. Zum Beispiel genießen die → Sorben in Deutschland Minderheitenstatus oder die → Färinger im dänischen Staatsverband Autonomiestatus.

Mittlerweile existieren keine Völker mehr außerhalb staatlicher Ordnung. In einigen Staaten gibt es ethnische Gruppen, die aufgrund ihrer abgeschlossenen Lebensweise keinen nennenswerten Anteil am allgemeinen gesellschaftlichen Leben haben. Dies gilt etwa für die → Veddah in der östlichen Bergregion Sri Lankas, die bis heute als Wildbeuter leben. Andere Beispiele sind die → Buruscho im nördlichen Pakistan, die Tofalaren in Westsibirien oder die → Pygmäen in der Zentralafrikanischen Republik.

In den 1980er Jahren hat sich in der Menschenrechtsdiskussion der Begriff der Aboriginalität herausgebildet. Immer mehr Aufmerksamkeit wird den Rechten der autochthonen «eingeborenen» Ethnien gewidmet. Unabhängig davon, ob die benachteiligten Ethnien – zumeist Kleinvölker, die abseits der Siedlungsgebiete der jeweiligen Mehrheitsbevölkerung leben – Förderungsrechte im Sinn eines staatlichen Minderheitenschutzes genießen oder nicht, die Situation der einheimischen Ethnien wird in dem Maß politisiert, wie ihre innerstaatlichen Rechte als autochthone Populationen sie zu einer Interessengruppe zusammenschließen. Die juristische Vertretung der Interessen autochthoner Völker in aller Welt hat sich zu einer eigenen Domäne des Rechts entwickelt, dem «Ethnorecht».

Als Gegengewicht gegen den Aufschwung, den das Selbstwertgefühl bei den Angehörigen autochthoner Völker erlebt hat, hat sich vielerorts ein Trend der Bewußtwerdung bei solchen staatstragenden Nationen entfaltet, die selbst nicht autochthon sind. Beispielsweise ist das Selbstverständnis der ethnischen Gruppen in Kanada geprägt von der Unterscheidung zwischen autochthonen Ethnien, Immigranten und Gründernationen. Autochthone Ethnien Kanadas sind die lokalen Gruppen der Inuktitut (kanad. Eskimo) und der → Indianer. Zu den Immigranten gehören u. a. Deutsche, Italiener, Ukrainer, Chinesen sowie deren in Kanada geborene Nachkommen. Die Gründernationen Kanadas sind die anglophonen Staatsbürger britischer Herkunft und die frankophonen Kanadier, die seit Beginn des 17. Jahrhunderts die Regionen Akadien (seit 1604) und Québec (seit 1608) besiedelt haben.

Es gibt weltweit drei elementare Modelle der politischen Willensbildung der Nationen; alle sind auch aus der politischen Geschichte Europas bekannt:

(1) Das Konzept der Staatsnation (Etatismus): Das vielleicht eigenwilligste Modell nationaler Willensbildung ist der Nationalstaat französischer Prägung. Die Französische Revolution von 1789 erhob den etatistischen Nationenbegriff, d. h. das Konzept der in eine selbst gewählte staatliche Ordnung eingebundenen Nation, zum politischen Ideal. Hier liegen die Wurzeln des Etatismus, der Ideologie der Staatsnation. Als französische Nation wurde damals die Gesamtheit der Bewohner Frankreichs definiert, und die französische Sprache wurde zum Erkennungszeichen des Franzosentums erklärt. In der Tat waren diejenigen, die sich bei der Volksabstimmung für die Gründung der Republik aussprachen, Franzosen im Sinn einer Kulturnation. Das Beson-

dere an der Abstimmung war aber, daß den Angehörigen von Minderheiten (→ Bretonen, → Basken, → Occitanen, Elsässer, Flamen) das Stimmrecht verweigert wurde, da man sie für politisch unzuverlässig hielt. Auch Frauen wurde kein Stimmrecht zuerkannt. Ironie der Geschichte: die Gründung der Republik Frankreich beruht auf der Entscheidung einer Bevölkerungsminderheit, nämlich ausschließlich der Männer mit französischer Muttersprache. Seit jener Zeit ist der Begriff der französischen Staatsnation lebendig. Alle, die in Frankreich geboren werden, sind Franzosen. Die ethnische Zugehörigkeit spielt dabei keine Rolle. Das französische Modell des Nationalstaates mit einer dominierenden Ethnie und mehreren ethnischen Minderheiten hat zahlreiche Parallelen. Die Staatsauffassung in Ländern wie der Türkei oder des Iran, deren Bevölkerung multiethnisch und multilingual ist, ähnelt der französischen Idee vom Nationalstaat.

(2) Das Konzept des Nationalstaats: Die Tradition der Bildung eines Staatswesens, dessen Träger die ethnisch homogene Mehrheitsbevölkerung darstellt, ist die älteste in der Geschichte der Völker (etwa in den sumerischen Stadtstaaten, in den Königreichen Ober- und Unterägypten, in den frühen Stadtstaaten der Maya), spielt aber vor allem seit dem 19. Jahrhundert eine herausragende politische Rolle, als der Begriff der Nation vor allem in Deutschland zunehmend ideologisch überhöht wurde. Charakteristisch für dieses Modell sind die Staatenbildungen der Deutschen, Italiener, Polen und anderer Völker. Die Geschichte der seit dem 19. Jahrhundert gegründeten modernen Nationalstaaten Europas zeigt, wie wechselhaft das Verhältnis der dominierenden Nation gegenüber den Minderheiten im Staat war. Die interethnischen Kontakte variieren von Duldung (wie im Deutschen Kaiserreich gegenüber den Polen) über das Ausbalancieren kulturpolitischer Interessen (wie im Autonomiestatut der Deutschen in Südtirol) bis hin zur Diskriminierung (wie der Deutschen in Polen zwischen 1945 und 1989) und bis zum Extremfall der physischen Vernichtung von Minderheiten wie unter den Nationalsozialisten.

(3) Das Konzept des multinationalen Staates: Auch die multinationale Staatsform reicht bis in die Antike zurück. Sowohl die Reiche der Assyrer und Hethiter als auch das Römische Reich waren Vielvölkerstaaten. Etliche der alten Reiche mit einer ursprünglich ethnisch einheitlichen Bevölkerung entwickelten sich im Zuge ihrer kolonialen Ausdehnung zu Vielvölkerstaaten. Dies trifft auf das chinesische Kaiserreich ebenso wie auf das Neue Reich Ägyptens (seit Mitte des 2. Jahrtausends. v. Chr.)

zu. Multiethnisch war auch die Struktur neuzeitlicher Vielvölkerstaaten, etwa des Habsburgerreichs, des zaristischen Rußland oder des Osmanischen Reichs. Das älteste multinationale Staatsgebilde in Europa, das bis heute besteht, ist die Schweiz, die seit 1848 ein parlamentarischer Bundesstaat ist.

In jedem Vielvölkerstaat steht der politische Interessenausgleich der staatstragenden Nationen in direktem Verhältnis zu deren Siedlungsgeographie. Das Kriterium der territorialen Bindung (Territorialprinzip) ist überall entscheidend für die Einrichtung politischer Autonomie und für die Anwendung ethnopolitischer Regelungen. In den meisten multinationalen Staaten der Welt ist das Verhältnis der Ethnien zueinander nach dem *statischen* Territorialprinzip geregelt, so in Belgien, Kanada, Rußland, in China und Indien. Dies bedeutet, daß das Land in fest begrenzte, an der Sprache orientierte Zonen eingeteilt ist, unabhängig davon, ob sich die Grenzen der Sprachzonen aufgrund von Bevölkerungsfluktuation oder Assimilation verschieben. Solche Veränderungen berücksichtigt dagegen das *flexible* Territorialprinzip, wie es in Finnland praktiziert wird. Hier werden die Proportionen der finnisch- und schwedisch-sprachigen Bevölkerung im Zehn-Jahres-Rhythmus – im Zusammenhang mit der allgemeinen Volkszählung – überprüft und die Kategorisierung der Gemeinden als einsprachig (finnisch oder schwedisch) bzw. zweisprachig neu bestimmt.

Volkszugehörigkeit und Staatsangehörigkeit

Die ethnische Vielfalt der Welt mit ihren mehr als 6000 Völkern ist eingebunden in die politische Landschaft mit ihren zahlreichen staatlichen Grenzen, die häufig mitten durch historisch gewachsene Siedlungszonen schneiden. Es gibt nur wenige Staaten mit ethnisch homogener Bevölkerung, etwa Island, Malta und Kuwait, wenn man von dort lebenden Ausländern absieht. Ein in Island wohnender Skandinavier ist Isländer nach seiner Volkszugehörigkeit und Isländer nach der Staatsangehörigkeit. Aber ein Staatsbürger der Russischen Föderation ist nicht notwendigerweise ein Russe. Die Russen stellen zwar mit 82 % die Bevölkerungsmehrheit in diesem Vielvölkerstaat, aber jemand mit russischem Paß kann ein Angehöriger einer der über 120 nichtrussischen Ethnien sein, die in Rußland beheimatet sind. Ein solcher Nichtrusse kann die anthropologischen Merkmale von Europiden haben (z.B. → Karelier, → Mordwinen, → Tschetschenen), oder es gibt in seinem anthropologischen Profil mongolide Züge wie bei den → Mari, → Tataren oder → Kalmüken. Die Völker Sibiriens unterscheiden sich von den meisten Ethnien im europäischen Rußland durch ihre asiatische Physiognomie.

In den Einreiseformularen der indischen Grenzbehörden werden unter anderem Fragen nach der *nationality* und der *citizenship* gestellt. Ersteres verweist auf die Volkszugehörigkeit, letzteres auf die Staatsangehörigkeit. In Indien mit seinen mehr als 400 Völkern ist die Staatsangehörigkeit lediglich ein lockerer Firnis, der die Strukturen regionaler Autonomie, die die größeren Nationalitäten wie die → Hindustani, → Bengalen, Gujeraten, Kanaresen, → Tamilen u. a. genießen, überdeckt. In den Bundesstaaten Indiens ist der Sprachgebrauch im Amtsverkehr sowie im Ausbildungswesen jeweils nach den regionalen ethnischen Mehrheitsverhältnissen geregelt. Während Hindi und Englisch landesweit als Amtssprachen verwendet werden, konzentrieren sich die anderen Sprachen auf die Regionen, in denen die betreffenden Sprachgemeinschaften leben (z.B. Malayalam im südindischen Bundesstaat Kerala, Tamilisch in Tamil Nadu, Telugu in Andhra Pradesh, Bengalisch in Westbengalen, usw.).

In manchen Ländern wird der Begriff der Volkszugehörigkeit in zweifachem Sinne verstanden, zum einen als Zugehörigkeit zu einer bestimmten ethnischen Gruppe, zum anderen im Hinblick auf allgemeine anthropologische Merkmale. Die Identifizierung von Staatsbürgern in Südafrika beispielsweise basiert auf diesem Doppelprinzip. Jemand ist nicht einfach nur Angehöriger des Zulu-Volkes, ein Xhosa oder ein Nama, sondern die Bevölkerung wird heute wie zur Zeit der Apartheid nach anthropologischen Merkmalen gruppiert. Unterschieden werden Schwarzafrikaner (*blacks*; rund 76% der Landesbevölkerung), weiße Afrikaner (*whites*; rund 12%), Mischlinge (*coloured people*; 8,5%), asiat. Immigranten (rund 3%) und → San (Khoisanide bzw. Buschmann-Gruppen).

Die San, zu denen Kleinvölker wie die Nama, Ng/amani, /Xam, Xiri und andere Ethnien gehören, vertreten eine eigene Gruppe mit besonderen anthropologischen Merkmalen. Sie werden nicht als Schwarzafrikaner betrachtet; ihre Hautfarbe ist bräunlich und nicht schwarz wie die der → Bantu-Bevölkerung. Die San sind entfernte Nachkommen der Urbevölkerung Afrikas und haben wegen ihrer Aboriginalität einen anderen Status als die Schwarzafrikaner, deren Vorfahren in einer großen Migration vor rund tausend Jahren in den Süden des Kontinents einwanderten. Als *coloured people* wird die ethnisch gemischte Bevölkerung Südafrikas mit malaiischer und europäischer Komponente bezeichnet. Während der Zeit der Apartheid (bis 1994) waren Außenstehende, insbesondere Europäer, überzeugt, daß die Klassifizierung der südafrikanischen Bevölkerung nach anthropologischen Merkmalen aufgegeben würde, sobald die Rassentrennung abgeschafft wäre. Tatsächlich wurden die Gruppierungen beibehalten, und zwar auf Wunsch der Betroffenen selbst. Die Kulturpolitik Südafrikas sieht weiterhin die gruppenorientierte Förderung vor. Die *coloured people* haben Anrecht auf solche Förderung, solange sie als Gruppe ihr Eigenprofil bewahren.

Anthropologische Kategorisierungen der Bevölkerung wie in Südafrika sind auch in anderen Staaten der Welt üblich. Beispielsweise werden in den Formularen des britischen Arbeitsamtes bei den Personalien Rubriken wie «weiß», «schwarzafrikanisch», «schwarz (karibisch)», «afroamerikanisch», «asiatisch» u. a. unterschieden, die einen mit dem Gleichheitsideal der Nachkriegsdemokratie aufgewachsenen deutschen Staatsbürger an den Rassismus vergangener Tage denken lassen. Solche Kategorisierungen haben aber in der britischen Bürokratie eine lange Tradition, die bis in die Ära des Kolonialismus zurückreicht.

Auch in den USA gibt es – unabhängig von allen demographischen und wirtschaftlichen Unterschieden – bestimmte Bereiche des öffentlichen Lebens, in denen die ethnische Differenzierung der Populationen amtlich relevant ist. Beispielsweise beinhaltet die Personenbeschreibung in einem Polizeibericht immer einen Hinweis auf anthropologische Merkmale. Eine Person ist danach *Caucasian* («weiß»), *Black* («schwarz») oder *Latino* («lateinamerikanisch»).

Geburt und Untergang von Völkern

Völker können auf dreierlei Weise entstehen:

(1) Transformation aus einer älteren ethnischen Identität: Die Ethnogenese der Basken ist so zu erklären. In römischer Zeit lebten in der Region, die heute als Baskenland bekannt ist, die Aquitanier, deren Sprache mit dem Baskischen eng verwandt ist. Im Verlauf des Frühmittelalters wandelte sich das ethnische Profil der Aquitanier zu dem der Basken. Insofern sind Vorstellungen, wonach die Basken irgendwann als geheimnisvolles Volk aus dem Nichts in die Geschichte treten, abwegig. Auch die Ethnogenese der Sumerer wird nach neuesten Erkenntnissen als Transformation einer älteren Population erklärt. Im 4. Jahrtausend. v. Chr. entwickelt sich auf einem ethnischen Kontinuum aus einem älteren Stadium der Ubaid-Kultur die kollektive Identität der Sumerer.

(2) Fusion verschiedener Ethnien zu einer neuen ethnischen Identität:
Im Hinblick auf ihre ethnischen Wurzeln sind die → Engländer kein
homogenes Volk. Mindestens drei Populationen waren maßgeblich an
deren Ethnogenese beteiligt: Angehörige zweier germanischer Stämme,
der Angeln und Sachsen, sowie Teile der inselkeltischen Bevölkerung,
die sich sprachlich und kulturell assimilierten. Die Ethnogenese der
Italiener war im Vergleich dazu noch weitaus komplexer. An dem
Fusionsprozeß, der in Italien stattgefunden hat, waren zahlreiche größere und kleinere Völker beteiligt, darunter italische Völkerschaften wie
Latiner, Osker und Umbrer, die Kelten Oberitaliens, Veneter und Mes-
sapier sowie die Etrusker und Ligurer.

(3) Abspaltung neuer Ethnien von einem älteren gemeinsamen Konti-
nuum: Die Ethnogenese der ostslawischen Völker ist durch Abspal-
tungsprozesse von einem Kontinuum zu erklären, das noch bis ins
14. Jahrhundert im wesentlichen russisch geprägt war. Erst im Verlauf
des Spätmittelalters nahmen die Regionalkulturen in der Ukraine und in
Weißrußland soviel Lokalkolorit an, daß schließlich drei Ethnien mit
Eigenprofil entstanden: Russen, → Ukrainer und → Weißrussen. Auch
die Entstehung der skandinavischen Völker aus dem Kontinuum einer
mittelalterlichen, altnordischen Basis ist als Prozeß einer sukzessiven
Abspaltung und Ausgliederung zu erklären.

Die hier aufgezeigten Prozesse der Ethnogenese sind als idealtypische
Konstrukte zu verstehen. In der realen Ethnogenese ist meist nicht nur
eine Hauptrichtung zu erkennen, sondern es gibt auch Zusatzfaktoren,
die den Gesamtprozeß mit beeinflussen. So ist der Hauptprozeß der
Ethnogenese im Fall der Basken zwar geprägt von der Transformation
einer älteren aquitanischen zu einer neueren baskischen Identität (entsprechend dem Muster 1), als Zusatzfaktor kam aber die Assimilation
iberischer Bevölkerungsteile ins Spiel (entsprechend dem Muster 2).

Die drei idealtypischen Prozesse sind universell in dem Sinn, daß die
Entstehung von Völkern in der Welt zu allen Zeiten nach einem der genannten Muster abgelaufen ist. Ethnogenese hat sich nicht nur in der
Vergangenheit abgespielt. Neue Völker werden auch in Zukunft entstehen. Ein Entwicklungspotential für ethnogenetische Prozesse finden
wir heute in Osteuropa. Anfang der 1990er Jahre wurden bedeutende
russische Bevölkerungsteile, die in den neuen unabhängigen Staaten an
der Peripherie Rußlands lebten, politisch vom Mutterland abgetrennt.
Die Entwicklung dieser regionalen russischen Gruppen verläuft seither
weitgehend unabhängig von der Hauptgruppe in Rußland. Es gibt be-

reits Anzeichen für die Entstehung neuer nationaler Gruppen mit spezifisch regionalem, sprachlich-kulturellem Profil.

Der Untergang von Völkern ist ein Vorgang, der sich über Assimilations- und Fusionsprozesse entfaltet. Im Laufe der Geschichte sind zahllose kleinere Ethnien untergegangen, indem sich deren Angehörige an eine sie umgebende ethnisch verschiedene Mehrheitsbevölkerung assimiliert haben (z.B. die Auflösung des fränkischen Volkstums im kulturellen Milieu der romanischen Bevölkerung Nordfrankreichs im Mittelalter). Andererseits verschwinden auch viele Völker, weil ihre ethnische Identität über Fusionsprozesse transformiert wird (z.B. die Fusion der Angeln und Jüten im englischen Volkstum).

Völker und Sprachen in der Perspektive der Humangenetik

Seit der Zeit der Aufklärung, d.h. seit über 250 Jahren, haben sich Sprachforscher und Ethnographen um eine systematische Erforschung der Beziehungen zwischen Völkern und deren Sprachen bemüht. Im Zeitalter des Nationalismus machten es sich die Europäer leicht und identifizierten die Nation schlichtweg mit der Sprachgemeinschaft. So sprach man zu Beginn des 19. Jahrhunderts von «linguistischen Nationen» und meinte damit die Völker, deren kollektive Identität sich am Merkmal der Sprache herauskristallisierte. Kritische Beobachter wurden aber bald darauf aufmerksam, daß es etliche Völker gibt, deren Identität sich einer sprachorientierten Definition entzieht.

Die Erkenntnis, daß Volkszugehörigkeit und die Zugehörigkeit zu einer Sprachgemeinschaft verschiedene Kategorien sind und sich die Zugehörigkeit zu beiden nach jeweils verschiedenen Kriterien bemißt, hat sich in Wissenschaftskreisen bereits im 19. Jahrhundert durchgesetzt, wenn auch die vorrangig sprachbezogene Auffassung vom Volksbegriff bis in unsere Tage verbreitet ist. Was die Erforschung des Verhältnisses zwischen Völkern und Sprachen so kompliziert macht, ist in erster Linie die Schwierigkeit, objektive anthropologische Maßstäbe für die Abgrenzung ethnischer Gruppen voneinander zu finden. Erst in den vergangenen Jahren ist der humangenetischen Forschung hierbei der Durchbruch gelungen. Heute können ethnische Identitäten objektiv über Variationen ihres Genpools (d.h. über charakteristische Konzentrationen bestimmter Genkonfigurationen und gleichzeitig über typische Abweichungen ihres genetischen Eigenprofils von anderen) bestimmt werden.

Kombinierte Stammbäume menschlicher Populationen und ihrer Sprachen (nach Cavalli-Sforza 2000: 144)

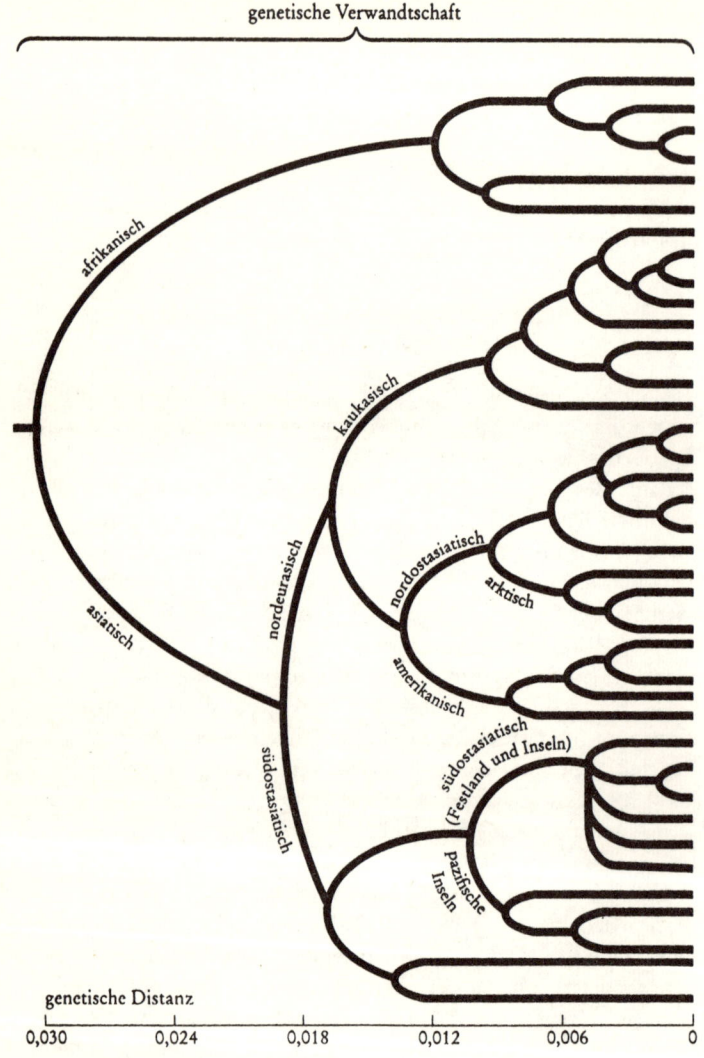

genetische Verwandtschaft

afrikanisch

kaukasisch

asiatisch

nordeurasisch

nordostasiatisch

arktisch

amerikanisch

südostasiatisch (Festland und Inseln)

südostasiatisch

pazifische Inseln

genetische Distanz

| 0,030 | 0,024 | 0,018 | 0,012 | 0,006 | 0 |

Populationen

Sprachfamilien

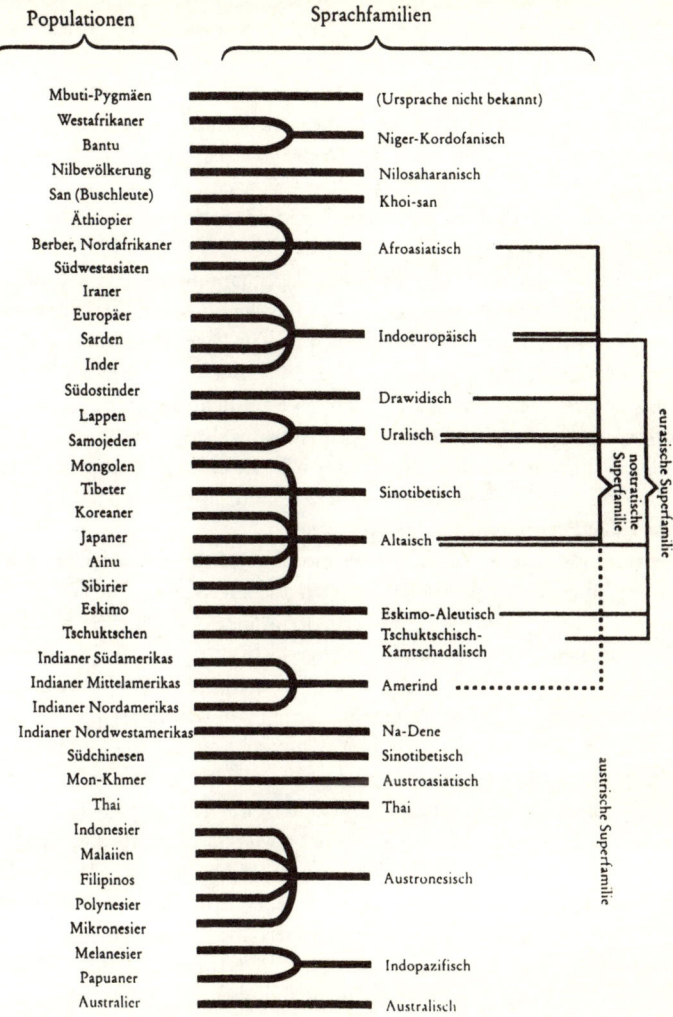

Populationen	Sprachfamilien
Mbuti-Pygmäen	(Ursprache nicht bekannt)
Westafrikaner	
Bantu	Niger-Kordofanisch
Nilbevölkerung	Nilosaharanisch
San (Buschleute)	Khoi-san
Äthiopier	
Berber, Nordafrikaner	Afroasiatisch
Südwestasiaten	
Iraner	
Europäer	
Sarden	Indoeuropäisch
Inder	
Südostinder	Drawidisch
Lappen	
Samojeden	Uralisch
Mongolen	
Tibeter	Sinotibetisch
Koreaner	
Japaner	Altaisch
Ainu	
Sibirier	
Eskimo	Eskimo-Aleutisch
Tschuktschen	Tschuktschisch-Kamtschadalisch
Indianer Südamerikas	
Indianer Mittelamerikas	Amerind
Indianer Nordamerikas	
Indianer Nordwestamerikas	Na-Dene
Südchinesen	Sinotibetisch
Mon-Khmer	Austroasiatisch
Thai	Thai
Indonesier	
Malaiien	
Filipinos	Austronesisch
Polynesier	
Mikronesier	
Melanesier	Indopazifisch
Papuaner	
Australier	Australisch

eurasische Superfamilie

nostratische Superfamilie

austrische Superfamilie

Auf der Basis der modernen humangenetischen Daten über die Genprofile menschlicher Populationen ist es in den vergangenen Jahren gelungen, erstmals ein umfassendes Vergleichsschema zwischen Völkern und Sprachfamilien zu erstellen (s. Abb.). Auf den ersten Blick stellt man fest, daß die Affiliationen der ethnischen Gruppierungen ein anderes Muster erkennen lassen als die der Sprachfamilien, daß also der Verwandtschaftsgrad zwischen den Völkern nicht mit den Beziehungen der Sprachfamilien untereinander korreliert. Die Affinitäten der Populationen beruhen demnach auf einer eigenen Variationsdynamik, und dies gilt entsprechend für die Konstellationen der Sprachen in den Makrogruppierungen.

Bei der Betrachtung der kombinierten Stammbäume von Ethnien und Sprachen wird unmittelbar der graphische Eindruck vermittelt, daß das Profil der ethnischen Affiliationen eine viel größere evolutive Tiefe besitzt als das der Sprachfamilien. Dies erklärt sich aus dem Sachverhalt, daß sich genetische Strukturen bis in eine zeitliche Tiefe von mehreren zehntausend Jahren zurückverfolgen lassen, während das Limit für die Rekonstruktion von protosprachlichen Entwicklungsstadien bei rund 8000 Jahren liegt. Über frühere Sprachzustände können nur in begrenztem Maße Feststellungen getroffen werden.

Es ist ein weiteres Verdienst der modernen humangenetischen Forschung, daß sie den problematischen und weitgehend diskreditierten, weil mißbrauchten Rassebegriff inhaltlich neu definiert hat. Die Humangenetik weist die traditionellen anthropologischen Kriterien – Schädelform, Haarfarbe und -struktur, Augenform und -farbe, Hautpigmentierung u. a. – für die Klassifizierung von Rassen als das aus, was sie sind, nämlich als rein äußerlich. Viel wichtiger für die Unterscheidung von Populationen sind Aussagen über die Häufigkeit, mit der einzelne Gene und Genkombinationen auftreten. Die Unterscheidung äußerlicher Merkmale muß also in jedem Fall ergänzt (und im Zweifelsfall ersetzt) werden durch kryptische Eigenschaften, also solche Merkmale, die allein aus der genetischen Analyse erhellen. Auf diese Weise wird die Bedeutung äußerlicher Merkmale relativiert und der Rassebegriff erhält einen neuen Inhalt, der sich rassistischen Wertungen entzieht. Damit können die biologischen Unterschiede zwischen Ethnien in einer neuartigen, humangenetisch begründeten Weise beleuchtet werden.

Inhaltliche Schwerpunkte dieses Völkerlexikons

Von einem Völkerlexikon erwartet der Benutzer Hinweise auf die Anzahl der Völker in der Welt und ihre regionale Verteilung. Die Feststellung der Gesamtzahl aller Völker der Welt ist allerdings wesentlich schwieriger als die Katalogisierung aller Sprachen der Welt. Die Existenz von Sprachen läßt sich konkret an deren Verwendung feststellen. Ein Volk dagegen wird nur als Summe seiner ethnischen Erkennungsmerkmale faßbar, die sich teilweise einer direkten Beobachtung entziehen, wie etwa die Selbstidentifizierung durch die Angehörigen oder die symbolische Abgrenzung von ethnisch Anderen. Es gibt keine auch nur annähernd vollständige Auflistung aller Völker der Welt. Die Zahl der Sprachen, die auf der Welt gesprochen werden, gibt zwar einige Anhaltspunkte für die globale ethnische Vielfalt, sie ist aber nicht identisch mit der Anzahl der Ethnien. Sprachzugehörigkeit und ethnokulturelle Spezifik divergieren nicht selten erheblich.

Die Zahl der ethnischen Gruppen in den Großregionen der Welt ist sehr ungleich. Für die Kontinente ergibt sich folgende Rangfolge:

Großregion	Anzahl der Ethnien
Asien	ca. 1900–2000
Afrika	ca. 1800–1900
Pazifik (einschließl. Neuguinea)	ca. 1200–1300
Amerika (Nord-, Mittel- und Südamerika)	ca. 1000–1100
Australien	ca. 260–270
Europa	ca. 140–150

Dies ist kein Lexikon der weit mehr als 40 000 Volksgruppen in aller Welt. Der Leser wird vergeblich nach Artikeln über die Burgenland-Kroaten, die Albaner in der Molise, die deutsche Minderheit in Südafrika, die Somali in Äthiopien, die Tamilen in Singapur, die Koreaner in Japan, die Russen in Georgien, die Cajun-Franzosen in Louisiana, die Italiener in Argentinien usw. suchen. Die einzelnen Artikeln gehen zwar auch auf die Entwicklung von Außengruppen ein, dies aber vornehmlich in Zusammenhängen, in denen es für das Verständnis der regionalen Kontakte mit anderen Völkern relevant ist. So wird beispielsweise auf die Situation der russischen Außengruppen in den Staaten → Zentralasiens, der arabischen Minderheiten in Westeuropa (→ Araber) und europäischer Immigrantengruppen in Australien aufmerksam gemacht.

Die Auswahl von rund 200 Stichwörtern aus mehreren tausend Völkern ist eine Gratwanderung. Ein objektiver Maßstab wäre die schlichte Beschränkung auf die 200 größten Völker gewesen. Ein solches Lexikon enthielte jedoch viele Einträge, nach denen kaum jemand sucht. Viele kleinere, aber aus den unterschiedlichsten Gründen viel bekanntere Völker, wären dagegen nicht verzeichnet. Neben der Größe spielt daher auch ganz pragmatisch die Bekanntheit eines Volkes eine Rolle. Daraus ergibt sich beispielsweise eine deutlich höhere Stichwortdichte für Europa. Sammelartikel zu Kontinenten und Großregionen, etwa zu den Millionenvölkern Südchinas, sowie Überblicksartikel zu Völkerfamilien bieten zum Ausgleich einen Überblick über die größten Völker. Exemplarisch wurden schließlich auch einige kleine, aussterbende Völker wie die → Woten aufgenommen. Ein umfangreiches Register erschließt diejenigen Völker, die meist in Überblicksartikeln vorgestellt werden, aber keinen eigenen Artikel haben.

Da die Begriffe «Volk», «Volksgruppe», «Ethnie» und «Nation» in enger Beziehung zueinander stehen, werden Völker in diesem Lexikon nicht unpolitisch als quasi naturgegebene kulturelle oder sprachliche Erscheinungen behandelt, sondern es spielt immer auch die Frage nach der politischen Geschichte, der Staatsbildung und dem politischen Selbstverständnis eines Volkes – sei es als Staatsnation oder als Minderheit – eine Rolle. Die Artikel sind weder einseitig ethnologisch oder kulturwissenschaftlich noch ausschließlich historisch oder ethnopolitisch ausgerichtet. Vielmehr versucht dieses Lexikon, Informationen aus den verschiedensten Disziplinen zu verbinden, um ein möglichst umfassendes Gesamtbild der einzelnen Völker wenigstens in Umrissen darzustellen.

Hinweise für die Benutzung

Artikelaufbau

Die Artikel zu den in diesem Lexikon dargestellten Völkern sind nach einem inhaltlichen Maximalschema gestaltet; natürlich können nicht in jedem Eintrag alle Aspekte berücksichtigt werden:

- *Deutscher Name* des Volkes/der Ethnie; evtl. Namenvarianten (in Klammern soweit möglich: *Eigenbezeichnung*; englische Namenform, ggf. auch französische oder russische Form)
- *Verbreitungsgebiet und Populationszahlen*: Verhältnis von Kerngruppe und Außengruppen; Sprechergemeinschaften
- *Kulturelle Besonderheiten*: Siedlungsweisen, Wirtschaftsformen, religiöse Zugehörigkeit
- *Staatsbildung* (bei «historischen Nationen»: Staatsidee – Staatsnation versus Sprachnation)
- *Politischer Status* (bei Minderheiten)
- *Herausbildung als ethnische Gruppe*: ethnisches bzw. nationales Bewußtsein
- *Politische Geschichte*: Geschichte der Kontakte mit Nachbarvölkern, historische Konflikte und Krisenmanagement, ggf. interethnische Kontakte in Kolonialgebieten
- *Kultureinflüsse*
- *Sprache und Schrifttum:* Sprachliche Genealogie, Verschriftlichung, ausgewählte Schriftdenkmäler
- *Soziokultureller Entwicklungsstand in der Moderne*
- *Literaturhinweise* (in Auswahl)

Transkription von Namen und Begriffen aus anderen Schriften

Zur Wiedergabe von Namen und Ausdrücken aus nicht-lateinschriftlichen Sprachen wird das Inventar an Sonderzeichen und diakritischen Zeichen möglichst gering und damit benutzerfreundlich gehalten. Es werden u. a. folgende Umschriftsysteme benutzt:

- Arabisch: die im englischen Sprachraum übliche Umschrift ohne Diakritika
- Chinesisch: Pinyin-System (ohne Tonemmarkierung)
- Indische und andere asiatische Sprachen (Khmer, Thai etc.): die in den internationalen Medien übliche Konvention
- Slawische Sprachen: die deutsche wissenschaftliche Transliteration

Abkürzungen

In der Regel werden drei- oder mehrsilbige Adjektive sowie alle Bezeichnungen für Sprachen und Ethnien, die auf «-isch» enden, abgekürzt, (sofern «-isch» nicht an einen Vokal anschließt), ebenso Adjektive und Adverbien auf «-lich», also: histor., französ., sprachl., ursprüngl. etc. Außerdem gilt:

→	verweist auf einen eigenen Lexikonartikel
entspr.	entsprechend, entspricht
europ.	europäisch
indoeurop.	indoeuropäisch
Jh.	Jahrhundert
Jt.	Jahrtausend
Mio.	Million(en)
Mrd.	Milliarde(n)
Sg.	Singular
Pl.	Plural
u. a.	und andere; unter anderem
u. Z.	unserer Zeitrechnung
v. a.	vor allem

Artikel

A–Z

A

Abchasen (*Abzuwa*, the Abkhaz). Das Kernland der abchas. Bevölkerung gehört als autonome Republik Abchasien mit ihrem Verwaltungszentrum Suchumi zu Georgien. Insgesamt 0,1 Mio. Abchasen leben dort, rund 15000 als Minderheit in der Türkei. Die Abchasen sind Nachkommen der autochthonen Bevölkerung des Kaukasus, die bereits um 500 v. Chr. in griech. Quellen erwähnt wurde.

Das Abchas. wird seit dem 19. Jh. geschrieben. Es gehört zur Familie der nordwestl. Kaukasussprachen. Mit dem Abchas. am nächsten verwandt ist das Abasin., das von rund 33000 Abasinern in der Republik Karatschai-Tscherkessien (territorial zur Russ. Föderation gehörend) gesprochen wird. Seit Jahrhunderten haben die Abchasen unter dem assimilator. Druck von Nachbarvölkern gestanden, seit dem 18. Jh. verstärkt unter russ. Einfluß, während des Stalin-Regimes etablierten sich georg. Sprache und Kultur. Der Grad der Erhaltung der Muttersprache ist bei den Abchasen mit über 90 % allerdings hoch geblieben.

Lit.: Kolga et al. 2001: 8 ff., Tiškov 1994: 67 ff.

Aborigines. Aus der Perspektive der Humangenetik vertreten die Aborigines in → Australien, deren Vorfahren vor mehr als 60000 Jahren ins Land kamen, einen genom. Haupttyp. Davon weichen allerdings zwei Populationen signifikant ab: die Tasmanier im Südosten und die Nyungar im Südwesten. Von beiden Ethnien nimmt man an, daß sie zu den frühesten Bewohnern der Region gehören und daß diese Gruppen von den später einwandernden Migranten an die Peripherie abgedrängt wurden. Im Fall der Tasmanier gab es auch einen geolog. Grund für deren Isolation. Der Festlandsockel zwischen Australien und Tasmanien wurde spätestens vor rund 8000 Jahren vom Meer überspült.

In sprachl. Hinsicht ist die Kulturregion Australien in zwei Makrogruppierungen ausgegliedert, in den Komplex der Pama Nyungan-Sprachen (im Zentrum und im Süden) und in den der Nicht-Pama Nyungan-Sprachen (im Norden). 90 % aller Sprachen Australiens sind

Pama Nyungan-Sprachen, sie unterscheiden sich von den anderen v. a. im Hinblick auf ihren grammat. Bau.

Für die Sprachen Australiens läßt sich keine Ursprache rekonstruieren. Dies mag einmal daran liegen, daß die frühen Sunda-Migranten selbst sprachl. nicht einheitl. waren, zum anderen auch daran, daß frühere sprachl. Entwicklungsstadien von jüngeren überlagert wurden und keine sprachhistor. verwertbaren Spuren hinterlassen haben. Nach ihrer näheren genealog. Verwandtschaft lassen sich die Sprachen Australiens insgesamt 14 verschiedenen Sprachfamilien zuordnen. Für acht Sprachen (alle im Northern Territory) ist keine Verwandtschaft mit den anderen Sprachen des Kontinents nachzuweisen, sie stehen somit isoliert.

Die kulturelle Entwicklung der ethn. Gruppen Australiens ist für Jahrzehntausende unabhängig von der auf dem asiat. Festland verlaufen. Erst seit etwa 1000 n. Chr. haben die nördl. Australier in Außenkontakten gestanden, und zwar in Handelsbeziehungen zu den → Malaien im Süden der Insel Sulawesi (Celebes). Ob auch chines. Kaufleute im Mittelalter nach Australien gelangt sind, ist ungewiß. Im 17. Jh. erkundeten die → Niederländer die Westküste Australiens. Die entscheidende Begegnung zwischen den Welten der Aborigines und der Europäer fand im Jahre 1788 statt, als das erste Schiff mit Siedlern aus England kam. Damals war Australien von 500 bis 600 Ethnien bevölkert, die rund 260 verschiedene Sprachen sprachen. Die Inbesitznahme der Ländereien Australiens durch die → Briten begann im Jahre 1770 mit dem Anspruch auf die Region von New South Wales und war im Jahre 1829 mit der Einrichtung des Territoriums von Western Australia abgeschlossen.

Die Geschichte der Aborigines seit Ende des 18. Jh. ist geprägt von Kultur- und Sprachverlust, von Bevölkerungsschwund, von Assimilation und Identitätskonflikten. Ähnlich wie im Fall der → Indianer Nordamerikas sind die Aborigines während der längsten Zeit der Präsenz von Europäern in Australien gesellschaftl. nicht integriert worden. Heute machen sie mit ca. 0,25 Mio. Menschen nicht mehr als 1,5 % der Landesbevölkerung Australiens aus. Erst seit den 1970er Jahren existieren Förderprogramme der Regierung für die Regionalkulturen und Aborigine-Sprachen. Zu Beginn dieses Jahrhunderts hat der Oberste Gerichtshof Australiens den Status der Aborigines als einheim. Populationen und damit als Urbevölkerung des Kontinents anerkannt. Dies hat jurist. Konsequenzen, denn seither haben die Aborigine-Gruppen Anrecht auf histor. Landbesitz.

Die meisten einheim. Sprachen Australiens sind heutzutage solche kleiner und kleinster Gemeinschaften, also Sprachen, die nurmehr von wenigen Dutzend oder einzelnen Sprechern gesprochen werden. Nach der Zahl der kontinuierl. aussterbenden Sprachen zu urteilen, ist Australien der größte Sprachenfriedhof der Welt. Die wenigen nicht gefährdeten Sprachen werden nur von wenigen hundert oder tausend Menschen gesprochen. Ledigl. sechs Aborigine-Sprachen haben größere Sprachgemeinschaften. Dies sind das Anindilyakwa (ca. 1100), das östl. Aranda (ca. 1500), Kala Lagaw Ya (3000), Pitjantjatjara (ca. 2500), Tiwi (1500) und Warlpiri (3000). Für etwa zwanzig Aborigine-Sprachen ist ein muttersprachl. Schulunterricht eingerichtet worden, beispielsweise für das Nyangumarta in Pilbara (Western Australia).

Lit.: Haarmann 2001a: 29 ff., Horton 1994

Adivasi. Der ind. Subkontinent ist von drei Populationen bevölkert, von → Indo-Ariern, von → Draviden und von den Nachkommen der dunkelhäutigen Urbevölkerung, die Adivasi (‹Ureinwohner›) genannt, kollektiv auch als Stammesvölker (engl. *aboriginal people/tribes/ethnic groups*) bezeichnet werden. Die Vorfahren der Adivasi sind nach Südasien von Westen her eingewandert und siedelten in Indien, lange bevor dravid. Völker und später Indo-Arier dorthin gelangten. Im Hinblick auf ihre äußeren anthropolog. Merkmale ähneln die Adivasi den → Aborigines in →Australien oder den → Melanesiern.

Zu den Adivasi-Stammesvölkern gehören mehr als 30 Ethnien. Die meisten sind Kleinvölker mit wenigen tausend oder zehntausend Angehörigen (z.B. 22 000 Agariya, 2500 Bondo, 6000 Mirdha, 4000 Turi). Nur wenige dieser Völker sind bevölkerungsstark. Dies gilt für die Santali (6 Mio.), die Gond (2,6 Mio.) und die Bhil (1,3 Mio.). Insgesamt gibt es schätzungsweise 12,5 Mio. Adivasi. Während die Adivasi in prähistor. Zeit über den ganzen ind. Subkontinent verbreitet waren, leben sie heute in zahlreichen isolierten Enklaven in den Wald- und Bergregionen Zentralindiens (Bundesstaaten Rajasthan, Madhya Pradesh) und Ostindiens (Bundesstaaten Orissa, Bihar, Westbengalen). Die bevölkerungsstärksten Populationen der Adivasi findet man in den südl. Bundesstaaten Maharashtra und Andhra Pradesh.

Die Adivasi sprechen Sprachen verschiedener genealog. Zugehörigkeit. Diejenigen, die seit Jahrtausenden in engem Kontakt mit dravid. oder indo-ar. Völkern gelebt haben, haben sich sprachl. assimiliert. Die Gond sprechen eine dravid. Sprache, die Sprache der Bhil ist mit den indo-ar. Sprachen verwandt. Einige Adivasi-Ethnien im Nordosten Indiens haben sich an die Sprachen sino-tibet. Bevölkerungsgruppen assimiliert, so beispielsweise regionale Gruppen der rund 1,7 Mio. Naga (z.B. Chokri-Naga, Nocte-Naga, Sumi-Naga). Die meisten Adivasi sprechen dagegen Sprachen, die zur Munda-Gruppe der austroasiat. Sprachfamilie (→ Austroasiaten) gehören. Die modernen austroasiat. Sprachen, wozu auch die Mon-Khmer-Sprachen in Südostasien zählen, haben sich histor. aus den Sprachen der jeweiligen Urbevölkerungen entwickelt.

Die traditionellen Wirtschaftsformen der Adivasi sind der Feldbau mit Brandrodung und die Jagd. Die Adivasi haben im Lauf der Zeit immer mehr von ihrem angestammten Land an die sie umgebende Mehrheitsbevölkerung verloren, von der sie in unwirtl. Gebiete verdrängt wurden. Weder während der brit. Kolonialzeit noch in den Jahrzehnten seit der Unabhängigkeit Indiens (1947) hatten die Adivasi reale Chancen, ihre wirtschaftl. Lage zu stabilisieren. In den 1950er Jahren erhoben sich die Naga in einem mehrjährigen Bürgerkrieg gegen die ind. Oberhoheit wegen der Vorenthaltung von Sonderrechten. Im Jahre 1963 erklärte sich die Regierung zu einem Kompromiß bereit und beschloß die Einrichtung eines eigenen Bundesstaates für die Adivasi: Nagaland. In den vergangenen Jahren haben sich die Adivasi auch in anderen Regionen immer vehementer gegen die Übervölkerung ihrer Siedlungsgebiete durch Indo-Arier und Draviden gewandt.

Lit.: Hörig 1990, Ludwig 1994: 24 ff.

Afrika. Vom Standpunkt der phys. Anthropologie gibt es zwei Großgruppen von Populationen in Afrika: Im Norden siedeln hellhäutige Afrikaner; dazu zählen → Araber und → Berber-Völker wie die → Tuareg. Sprachl. mit den Arabern und Berbern verwandt sind die → Hausa, die anthropolog. jedoch zu den schwarzafrikan. Populationen gehören. Im subsahar. Teil des Kontinents leben Schwarzafrikaner; deren größte Gruppe sind die → Bantu-Völker (darunter → Hutu, → Swahili, Kikuyu, Luba, Zulu u.a.). In Ostafrika, insbesondere in Äthiopien und Somalia, leben Menschen, deren Hautpigmentierung dunkler als die im Norden und heller im Vergleich zur Bevölkerung des Südens ist, so daß ihre Zuordnung unterschiedlich ausfällt (→ Äthiopier, → Kuschiten wie die → Somali, → Niloten wie die → Maasai und → Tutsi). Diese ethn. Gruppen sind Nachkommen von sogenannten «Rückwanderern», d. h. von frühen Migranten, die vor etwa 90 000 Jahren Afrika verließen und

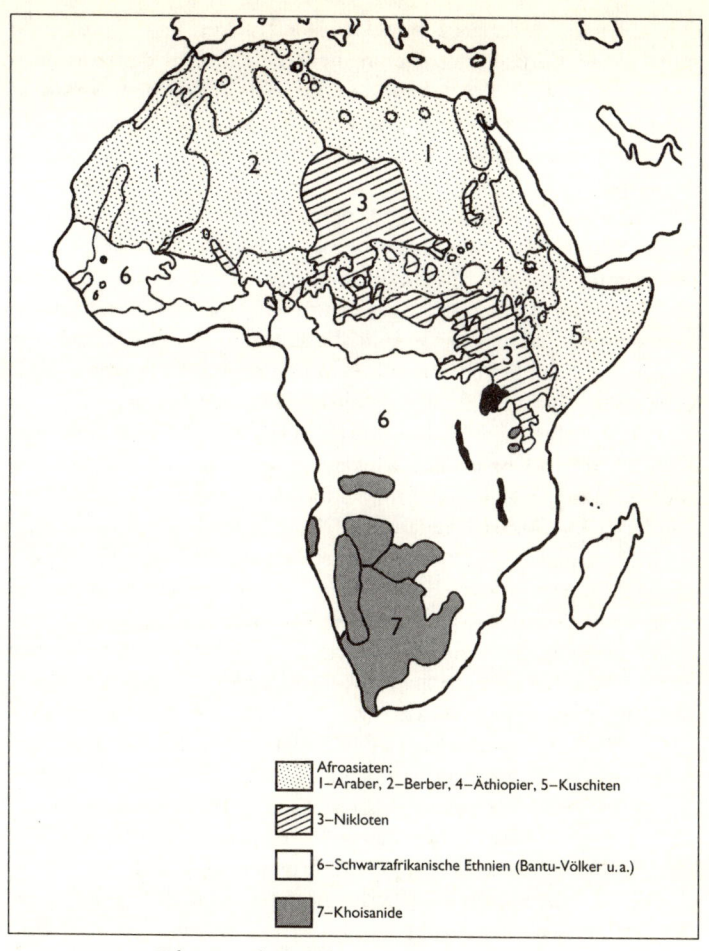

Ethnien und ethnische Gruppierungen Afrikas
nach: Heine/Schadeberg/Wolff 1981

nach und nach die Arab. Halbinsel bevölkerten. Vor rund 40 000 Jahren sind Teile der dortigen Bevölkerung über die Meerenge des Horns von Afrika nach Ostafrika rückgewandert. Die Entwicklung jener Bevölkerungsgruppen ist also lange getrennt von der der in Afrika verbliebenen Populationen verlaufen – dies mag die Unterschiede in der Physiognomie erklären.

Daß der größte Teil Afrikas südl. der Sahara von negriden Populationen bevölkert ist, geht auf Migrationsbewegungen zahlenmäßig starker Bevölkerungsgruppen zurück, die im 2. Jt. v. Chr. ihren Ausgang nahmen. Noch um 1500 v. Chr. lag das Zentrum der schwarzafrikan. Bevölkerung im Westen, in einer Region, die Teile des heutigen Nigeria und Kamerun einschloß. Von dort gingen Migrationen aus, die Schwarzafrikaner nach Südosten und Süden führten. Der Bevölkerungsschub erfolgte in verschiedenen Wellen über einen längeren Zeitraum: Die erste Phase um 1000 v. Chr. brachte Schwarzafrikaner bis nach Zentralafrika; mit der letzten Wanderwelle im Mittelalter gelangten Migranten aus dem Nordosten bis nach Südafrika.

Aus humangenet. Sicht «Außenlieger» sind die → Pygmäen, von denen die meisten in Zentralafrika leben, sowie die Khoisaniden. Die Kleinwüchsigkeit der Pygmäen ist sprichwörtl. und kann statist. bestätigt werden. Die Ethnie mit den niedrigsten Maßen für die Körperlänge sind die Mbuti. Die kleine Statur bei den Pygmäen ist genet. gesteuert und wird von Genetikern sowie Anthropologen als Anpassungsstrategie an das Leben im trop. Regenwald gedeutet. Die Khoisaniden (→ San-Völker und Khoi/Hottentotten) sind im Vergleich zu Schwarzafrikanern hellhäutig; nach ihrem Selbstverständnis sind sie keine Schwarzafrikaner, und die negride Bevölkerung kategorisiert sie als fremdartig.

In Afrika sind heute 1821 Sprachen verbreitet. Dies sind gut 28 % der Gesamtzahl aller Sprachen der Welt. Die Sprachen Afrikas gehören vier Sprachfamilien an. Drei davon (Niger-Kongo-Sprachen, nilo-saharan. Sprachen, Khoisan-Sprachen) sind exklusiv afrikan., die vierte Makrogruppierung (afroasiat. Sprachen) umfaßt Sprachen, die einerseits in Afrika, andererseits in Asien verbreitet sind. Von diesen ist das Arab. die einzige Sprache, die in Ländern beider Kontinente gesprochen wird. Der größte Teil aller Sprachen Afrikas sind Niger-Kongo-Sprachen (1436). Von den Zweigen dieser Sprachfamilie sind die Benue-Kongo-Sprachen (895 einschließl. der Bantu-Sprachen), die Adamawa-Ubangi-Sprachen (157) und die Gur-Sprachen (100) die einzelsprachenreichsten. Afroasiat. und nilo-saharan. Sprachen gibt es jeweils mehrere hundert. Die kleinste der Sprachfamilien sind die Khoisan-Sprachen mit insgesamt 35 Einzelsprachen.

Bei der nilo-saharan. Sprachfamilie handelt es sich um eine Art theoret. Konstrukt: ihre Gemeinsamkeiten beruhen nicht konsequent auf genealog. Zusammenhängen, sondern auch auf sprachtypolog. und geograph. Kriterien. Von den zwei Sprachzweigen (Nilot., Saharan.) sind die nilot. Sprachen am zahlreichsten. Hierzu gehören auch Sprachen, die von jeweils mehr als 1 Mio. Menschen gesprochen werden (Luo in Kenia und Tansania, Dinka im Süden des Sudan, Kanuri im Nordosten Nigerias, Songhai in Mali und Niger). Innerhalb der nilo-saharan. Makrogruppierung stehen etliche Einzelsprachen isoliert, wie das aus Inschriften zwischen dem 2. Jh. v. Chr. und dem 4. Jh. n. Chr. bekannte und im Frühmittelalter ausgestorbene Meroit.

Die subsahar. Übergangszone, deren sprachl. Zersplitterung sich deutl. im engl. Namen *African fragmentation belt* spiegelt, ist eine Ausnahmeerscheinung: Es gibt nur wenige Regionen auf der Welt, in der so viele Sprachen der verschiedensten genealog. Affiliation auf engstem Raum gesprochen werden und in derart intensiven Kontakten miteinander stehen wie hier. Die Verhältnisse in der afrikan. Bruchzone werden damit erklärt, daß der Siedlungsraum von Völkern, die ursprüngl. in einem ausgedehnteren Areal gelebt hatten, durch die klimat. Veränderungen des 2. Jt. v. Chr. und die Ausdehnung der Wüste immer mehr eingeengt wurde. Womögl. sind die Migrationsschübe der Bantuvölker, die von der südl. Peripherie der Bruchzone ihren Ausgang nahmen, durch den Schrumpfungsprozeß des nördl. Siedlungsraums ausgelöst worden.

Seit der frühen Staatsgründung in Ägypten (um 3350 v. Chr.) gibt es eine polit. Geschichte Afrikas, an der große wie kleine Reiche beteiligt waren (Reich von Kusch und Meroe, griech. und phöniz. Kolonisation, numid. Reich, röm. Macht in Afrika, Reich von Aksum, byzant. Kolonien in Nordafrika, arab. Expansion u. a.). Die Gründung neuer Reiche verlagerte sich im Mittelalter ins subsahar. Afrika. Aus dem 1. Jt. u. Z. ist der Staat der Mande in der westl. Sahelzone bekannt, der im 11. Jh. von den Arabern zerstört wurde. Weiter im Süden blühten die Königreiche von Ife (13.–15. Jh.), von Benin (14.–18. Jh.) und von Igbo Ukwu (dessen Anfänge im 9. Jh. liegen). In etwa zeitgleich mit der Entwicklung von Igbo Ukwu im Westen erfolgte der Aufbau der islamisierten Kulturzentren der Swahili an der Ostküste Afrikas zwischen dem 9. und 12. Jh.

Das Reich der Schona im Gebiet von Simbabwe (am Südrand des Hochlandes im heutigen Staat Simbabwe) konstituierte sich im 11.Jh., entwickelte sich langsam und erlebte im 14. und 15.Jh. seine Blüte. Danach zerfiel es rasch. Ein Nachfolgestaat dieses Schona-Reiches war das Königtum von Monomotapa (auf dem Plateau zwischen den Flußläufen des Sambesi und Limpopo). Grundlage dieses Reiches war der Handel mit Gold, Kupfer und Eisen. Seit 1530 kontrollierten die → Portugiesen den Goldhandel gegen eine Entschädigung für den König von Monomotapa. Ende des 17.Jh. wurden die Portugiesen vertrieben. Das Monomotapa-Reich hatte bis ins 19.Jh. Bestand.

Afrika hat im Laufe seiner Geschichte etliche Kolonisationen erlebt. Den älteren Kleinraumkolonisationen, der karthag. im Westen (Karthago und Umgebung) und der griech. im Osten (in der Cyrenaica), folgte die erste Großraumkolonisation, die der Römer. Nach der endgültigen Unterwerfung Ägyptens (30 v.Chr.) stand ganz Nordafrika unter röm. Kontrolle. Diese Region wurde die Kornkammer des Imperium Romanum. In nachröm. Zeit haben zwei andere Kolonisationen die ethnograph. Landschaften Afrikas verändert. Die eine war die arab. Expansion, in deren Verlauf der gesamte Norden und Nordwesten des Kontinents islamisiert wurde. Die andere war die Besiedlung und Besetzung weiter Teile des Kontinents durch die Europäer. Während die weitgehend unitar. arab. Expansion durch gleichgerichtete weltanschaul. sowie wirtschaftl. Interessen motiviert war, zeichnet sich die neuzeitl. Kolonisation durch Europäer durch polit. und sprachl.-kulturellen Partikularismus aus. Seine einzige verbindende Kraft war das Christentum mit den damit assoziierten Kulturmustern (z.B. der Bildungsstandard der schul. Erziehung).

Die arab. Expansion war in ihrer Anfangsphase auf Nordafrika gerichtet, erst später auf Persien und Mittelasien. Die Araber suchten die Auseinandersetzung mit dem größten zeitgenöss. Rivalen, dem Byzantin. Reich, zu dessen Territorium der größte Teil Nordafrikas damals gehörte. Die Eroberung Ägyptens und der Cyrenaica in den Jahren 642 und 643 war problemlos, es sollte aber ein gutes halbes Jahrhundert dauern, bis auch der westl. Teil Nordafrikas (Maghreb genannt) unter arab. Kontrolle stand.

Längere Zeit konnten sich die Berberstämme dem territorialen Zugriff der Araber durch geschickte takt. Kriegsführung widersetzen. Dann aber waren sie gezwungen, sich zu unterwerfen oder sich ins Landesinnere zurückzuziehen. Andererseits fand der Islam als Weltanschauung bei vielen Berbern bereitwillige Aufnahme. Nicht wenige waren schon bald bereit, auf der Seite der Araber an den Eroberungszügen teilzunehmen. Tarik, der Heerführer, der im Jahre 711 nach Spanien übersetzte, war ein islamisierter Berber. Auch die von ihm befehligte Streitmacht von 7000 Soldaten bestand überwiegend aus Berbern. Selbst diejenigen Berber, die im Landesinnern dem arab. Expansionsdruck auszuweichen suchten, konnten sich nicht auf Dauer dem Kontakt mit den Muslimen entziehen, denn diese begannen, über die Handelsrouten durch die Sahara bis nach Westafrika vorzudringen.

Den Anreiz boten die vielfältigen Handelsgüter wie Gold, das im Sudan gewonnen wurde, Kupfer und Salz, das an verschiedenen Stellen der Sahara abgebaut wurde. Außerdem wurden Sklaven gehandelt. Mehr als 2,5 Mio. Menschen schwarzafrikan. Herkunft wurden in die arab. Länder verbracht. Entlang den Karawanenstraßen, die durch Mauretanien, Mali und Burkina Faso bis Niger führten, blühten Oasenstädte wie Timbuktu, Gao und andere auf. Die Araber hatten lange keine militär. Kontrolle über die Handelsrouten, und man einigte sich mit den lokalen Herrschern über Zoll- und Steueranteile. Erst im 16. Jh., unter der Regierung Sultan Ahmad al-Mansurs (reg. 1578–1603), wurde das Netz der Karawanenwege dem arab. Machtbereich angegliedert.

Auch entlang der Ostküste Afrikas verfolgten die Araber ihre weltanschaul. (Islamisierung), kulturellen (Verbreitung des Arab.) und wirtschaftl. (Monopole auf den Märkten) Interessen. Die Kontrolle über die lokalen Märkte in den Küstenstädten, deren Waren wie Elfenbein, Gold oder Sklaven von weit aus dem Landesinnern kamen, lag überwiegend in den Händen von Angehörigen der Swahili-Clane. Die Araber als zahlenmäßig kleine, aber wirtschaftl. und kulturell einflußreiche Elite sonderten sich nicht von der lokalen Bevölkerung ab, sondern gingen zahlreiche soziale Bindungen mit Einheimischen ein. Anders war die Haltung der Herrscher arab. Provenienz (aus Oman und Hadramaut), die während der Neuzeit ihre Macht an der afrikan. Ostküste etablierten; sie hielten bewußt Distanz zu den Schwarzafrikanern.

Die Ankunft der Europäer, zunächst der Portugiesen im 15. Jh., bedeutete nicht gleich den Beginn einer Ära der Kolonisation. Im Anfang galten die Interessen der portugies. Kaufleute dem Seeweg von Europa um Afrika herum nach Indien. Die Häfen an der Ostküste Afrikas waren als Zwischenstationen für die Handelsschiffe besonders wichtig. Zunächst gab es auch keine Interessenkonflikte zwischen den arab. und den europ. Händlern, denn die Güter aus Europa waren hauptsächl. als Tauschwaren für Indien bestimmt oder aber exotische Zusatzangebote für die Einheimischen. Mit der Zeit erweiterten sich die Interessen der Portugiesen dahingehend, daß sie versuchten, auch polit. und militär. Einfluß in der Küstenregion zu nehmen, um eine friedl. Passage ihrer Handelsschiffe zu sichern. Aus dieser Interessenlage erklärt sich die anfängl. Motivation für den Aufbau des portugies. Kolonialreichs, das von Westafrika (Guinea-Bissau, Kapverden, Angola) bis Ostafrika (Mosambik, Mombasa und andere Küstenstädte bis ins 18. Jh.) reichte.

Den Portugiesen folgten die → Niederländer, die sich v. a. für die Kapregion an der Südspitze des Kontinents interessierten. Seit 1652 siedelten holländ. Kolonisten dort, im Jahre 1685 kamen auch französ. Hugenotten dazu. Die Kapregion wurde 1814 brit. Kolonie. Koloniale Zugewinne machten die europ. Kolonialmächte v. a. im 18. und 19. Jh. Den größten Einfluß nahmen → Engländer und → Franzosen. Die Portugiesen etablierten sich ebenso wie die → Spanier (im Nordwesten) in der Nähe der Küsten. Die → Deutschen waren koloniale Nachzügler. Das von ihnen besetzte Gebiet (Südwest-Afrika = Namibia, Südost-Afrika = Tansania) wurde erst zu Beginn des 20. Jh. erschlossen. Auch die → Italiener erschienen spät auf der Bühne kolonialer Unternehmungen. Ihre Interessen konzentrierten sich auf Libyen im Norden sowie auf Äthiopien und Somalia im Südosten.

Die Präsenz der Europäer in Afrika beschränkte sich vom 15. bis zum 18. Jh. im wesentl. auf den Küstensaum des Kontinents. Vorstöße ins Landesinnere blieben sporadisch und hatten nicht die Langzeitwirkung wie die späteren missionar. Unternehmungen, die Siedlungserschließung und die militär. Besetzung der Inlandregionen. Dies waren Trends des aufstrebenden Kolonialismus im 19. Jh.

Die Besiedlung des afrikan. Inlands durch Europäer beschränkte sich weitgehend auf die Bildung städt. Enklaven, vergleichbar mit der russ. Migration nach Mittelasien. Ledigl. im südl. Afrika entwickelte sich eine Siedlungsbewegung, die sich auch auf die ländl. Gebiete ausdehnte. Es waren die Buren, Nachkommen der holländ. Frühsiedler, die die weißen Siedlungszonen von der Kapregion nach Nordosten (Natal) und Norden (Oranje, Transvaal) ausdehnten, immer neue ländl. Gemeinden organisierten und immer mehr urbane Agglomerationen aufbauten. An dieser Siedlungsbewegung ins Inland nahmen seit Mitte des 19. Jh. auch deutsche Kolonisten teil. Bei dieser flächendeckenden Migration der ackerbauenden Bevölkerung wurden die Anbaugebiete von

Korn, Zuckerrohr, Obst und Gemüse auf Kosten des Weidelandes der schwarzen Bevölkerung, die sich überwiegend auf Viehhaltung spezialisiert hatte, erweitert. Die unausweichl. Folge waren blutige Auseinandersetzungen, die sich das ganze 19. Jh. hinzogen.

Anders aber als bei der nach Westen vordringenden Siedlungsbewegung der weißen Bevölkerung Nordamerikas, die die indian. Urbevölkerung verdrängte, kam es nicht zur Übervölkerung der von Khoisan und Schwarzafrikanern bewohnten Gebiete. Vielmehr bildeten die Weißen Enklaven inmitten der afrikan. Siedlungsgebiete. Die Kapregion war und blieb eine Ausnahme. Dort wurden die einheim. Khoi, die man hier Hottentotten nannte, entweder vollständig verdrängt oder kulturell wie sprachl. europäisiert. Die Kapregion ist auch seit Mitte der 1990er Jahre, d. h. nach der Aufhebung der Apartheid-Politik in Südafrika, wieder zur stärksten Bastion der weißen Bevölkerung geworden, nachdem im Norden des Landes der Exodus der Weißen aus den mehrheitl. von Schwarzen bewohnten Städten wie Johannesburg begonnen hat. Die histor. Siedlungsbewegung des 19. Jh. erlebt heute ihre Umkehrung, eine Remigration der Weißen in Richtung Kapregion, von wo die Kolonisten damals ins Landesinnere aufgebrochen sind.

Die Einführung auswärtiger Religionen nach Afrika war langfristig sehr erfolgreich. Dies gilt für die Islamisierung des Nordens, Westens und Südostens ebenso wie für die Christianisierung der übrigen Regionen des Kontinents. Die Zahl der nichtarab. Muslime in Afrika ist größer als die der arab. Bevölkerung. Entsprechende Disproportionen sind auch auf Seiten der christl. Bevölkerung Afrikas zu beobachten. Die Zahl der aus Europa eingewanderten Christen ist minimal, verglichen mit der Zahl der einheim. Christen. Von den christl. Kulturen Äthiopiens (abessin. Kirche) und Ägyptens (kopt. Kirche) abgesehen, verbreitete sich das Christentum im wesentl. erst im Verlauf des 19. Jh. im Inland. Die christl. Mission war auf der einen Seite der Wegbereiter für die kolonisator. Bewegung der europ. Nationalstaaten, auf der anderen Seite deren ständiger Begleiter. Insofern ist die neuzeitl. Geschichte des Christentums in Afrika direkt gekoppelt an die Kolonialgeschichte der afrikan. Staaten.

In einer Region, die sich über die modernen Staaten Togo, Benin sowie Teile Nigerias und Kongos erstreckt, erwarben die Europäer eine begehrte Handelsware, das «schwarze Gold» der damaligen Zeit: Sklaven. Rund 11 Mio. Schwarzafrikaner wurden im Laufe der Zeit nach Amerika verschleppt. Die meisten von ihnen fristeten ihr Leben auf den

Baumwollplantagen im Süden der USA. Andere Länder, in die bevorzugt Sklaven aus Westafrika verbracht wurden, waren Brasilien, Guyana und Französisch-Guyana.

Mit den Kolonialmächten kamen auch deren Sprachen nach Afrika und wurden hier in verschiedenen Funktionen heimisch. Die meisten Kolonialsprachen stammen aus Europa, nämlich das Engl., Französ., Portugies., Span., Italien. und Deutsche. Das Niederländ. der holländ. Kolonisten wandelte sich mit dem Generationenwechsel der in Afrika geborenen Buren im Kontakt mit den Bantu-Sprachen, vornehml. mit dem Zulu, zum Afrikaans. Die einzige asiat. Kolonialsprache Afrikas ist das Arab. Vier der Kolonialsprachen, und zwar Engl., Französ., Portugies. und Arab., haben auf die afrikan. Bevölkerung in verschiedenen Regionen des Kontinents einen situationellen Druck in der Weise ausgeübt, daß für Millionen von autochthonen Afrikanern eine der Importsprachen entweder Primärsprache (= Muttersprache) ist oder als Zweitsprache (zusätzl. zu einer autochthonen Muttersprache) fungiert. Die meisten Sprecher von ehemaligen Kolonialsprachen verwenden diese als Zweitsprachen.

Das Engl. dient in dieser Funktion den Afrikansern (in Afrika geborenen Weißen holländ. Abstammung), den Schwarzafrikanern und den Farbigen (wozu Inder und andere Asiaten gerechnet werden) Südafrikas als Vehikel interethn. Kommunikation. Im Senegal spielt das Französ. eine ähnl. Rolle als Zweitsprache. Die Völker Angolas verwenden Portugies. als interethn. Kommunikationsmedium. Hier wie in Mosambik und einigen Kleinstaaten an der Westküste fungiert das Portugies. auch als Amtssprache.

Das Arab. kann auf die längste kolonialsprachl. Tradition zurückblicken. Seine Kontinuität als Träger islam. Kulturtradition in Nordafrika ist so deutlich ausgeprägt, daß es eine Definitionsfrage ist, ob man dieses Kommunikationsmedium als Kolonialsprache bezeichnen will oder als integriertes Element der Sprachenwelt Afrikas. Der Assimilationsdruck des Arab. auf die autochthonen Sprachen wie auf die Berbersprachen war langfristig und hat in den Staaten Nordafrikas seit Generationen einen Sprachwechsel bei vielen Berbern bewirkt. Das Arab. dient als Primärsprache mit Muttersprachensymbolik für viele Nichtaraber. Der Wechsel zum Arab. erfolgt nicht abrupt, sondern fast unmerkl. schleichend. Die Berber Marokkos beispielsweise sprechen außer ihrer Muttersprache Arab. als Zweitsprache. Diejenigen, die aus dem Atlasgebirge in die Städte kommen, um dort zu leben, geben ihre Muttersprache allmählich auf und verwenden fast ausschließl. Arab. in der Alltagskommunikation. Im Generationenwechsel geht die Tendenz dahin, daß das Arab. dominiert, so daß die eigenen Kinder gar nicht mehr mit dem Berber. aufwachsen.

Die Importsprachen, die aus Europa und Asien nach Afrika transferiert wurden, entwickelten auf afrikan. Boden ihr Eigenleben im Kontakt mit autochthonen Sprachen. Zwar fehlen in Afrika großräumige Ausgleichstendenzen wie in Asien oder Europa, dennoch hat sich ein ganzes Netzwerk von Verkehrssprachen entfaltet, die über ethn.-kulturelle Grenzen hinweg der interregionalen Kommunikation dienen. Hierzu gehören im einzelnen:

– Verkehrssprachen aus vorkolonialer Zeit (z.B. Hausa, Mandingo, Swahili, More, Songhai, Kanuri, Amhar.);

– Pidgin- und Kreolsprachen auf afrikan. Basis, die als Fusionsprodukte im Kontakt mit europ. Importsprachen entstanden (z.B. Cutchi-Swahili, Kituba auf der Basis des Kikongo, Fanagalo auf der Basis von Zulu und Xhosa, Sango auf der Basis des Ngbandi);

– Pidgin- und Kreolsprachen auf europ. Basis, die als Fusionsprodukte im Kontakt mit afrikan. Sprachen entstanden (z.B. Kamerun-Pidgin oder Wes Cos, Krio, Crioulo oder Portugies.-Kreol. in Westafrika);

– Europ. Importsprachen (Engl., Französ., Portugies., Span.).

Es gibt keinen anderen Kontinent, in dem die Staatsgrenzen so willkürlich gezogen worden sind wie in Afrika. Selbst in Südamerika, wo ebenfalls viele künstl. Staatsgrenzen die Areale von Sprachgemeinschaften und Kulturregionen zerschneiden, passen sich die polit. Grenzen stärker den lokalen ethnodemograph. Verhältnissen an als in Afrika. Nirgendwo sonst auf der Welt finden wir so viele schnurgerade Linien, die ohne Rücksicht auf lokale Populationen, Kulturareale oder geograph. Gegebenheiten staatl. Territorien begrenzen. Diese Grenzziehungen sind das Erbe des europ. Imperialismus, und die Aufteilung der Länder Afrikas ein Produkt nationalstaatl. Machtpolitik. Es stellt sich allerdings die Frage, warum die betroffenen Staaten während der langen Jahrzehnte ihrer Unabhängigkeit ihre unnatürl. territorialen Grenzen nicht durch bi- oder multilaterale Verträge mit den Nachbarn geändert haben. Grenzlinien werden in Afrika immer noch – wie zwischen Äthiopien und Eritrea in den 1990er Jahren – mit krieger. Mitteln korrigiert.

Lit.: Cavalli-Sforza et al. 1994: 158 ff., Connah 1987, Ehret 1998, Hrbek 1992, Newman 1995, Ogot 1992

Ainu (*Ainu* ‹Menschen›, the Ainu). Nach dem Kriterium ihrer Abstammung gibt es noch knapp 23 000 Ainu, die auf der nördlichsten der großen Inseln Japans, Hokkaido, leben. Die meisten (rund 16 000) siedeln in den südl. Distrikten Hidaka und Iburi. Die Bevölkerungszahl der Ainu war in den vergangenen Jahrhunderten Schwankungen unterworfen. Anfang des 19. Jh. wurden 16 870, 1822 dann 21 670 Ainu gezählt, danach sank die Zahl erneut. Die Bevölkerung hat einen internen ethn. Wandel erlebt. Während früher auch die Vorfahren ausschließl. oder überwiegend Ainu waren, hat sich das humangenet. Profil dieser Ethnie durch Heirat mit → Japanern beständig gewandelt. Die meisten heutigen Ainu sind Nachkommen aus Mischehen mit Japanern. Im Jahre 1980 hatten weniger als 200 Ainu keinen japan. Vorfahren.

Einige hundert Ainu leben heute noch auf der Halbinsel Sachalin, die bis 1945 zu Japan gehörte und heute russ. Territorium ist. In histor. Zeit siedelten die Ainu ebenfalls auf den südl. Kurileninseln, am Unterlauf des Amur und im südl. Teil der Halbinsel Kamtschatka. Auch der nördl. Teil der japan. Hauptinsel Honshu war im 17. und 18. Jh. von Ainu bewohnt. Dies war der letzte Rest einer ehemals zahlenmäßig bedeutenden Bevölkerung. Nach modernen Erkenntnissen hatten die Ainu einen wesentl. Anteil an der Ethnogenese der Japaner. Von den alten Völkern Japans sind alle bis auf die Ainu ausgestorben. Alle diese Völker standen in interethn. Kontakten und gingen ethn. wie auch kulturell eine Fusion ein.

Von den Sprachen der vorjapan. Bevölkerung hat nur das Ainu bis in unsere Zeit weitergelebt. Heute gibt es aber nur noch rund 40 Personen, die Ainu sprechen können. Die übrigen haben sich assimiliert und sprechen Japanisch. Das Ainu ist eine genet. isolierte Sprache, das heißt, es ist mit keiner ausgestorbenen oder lebenden Sprache näher verwandt.

Bei den Ainu haben sich animist. religiöse Traditionen erhalten. Wie viele Japaner sind sie Anhänger des Shintoismus. In der Mythologie findet man zahlreiche Anspielungen auf traditionale Lebensweisen der Jägerkultur. Wie bei den Völkern → Nordsibiriens ist auch bei den Ainu die Erinnerung an den Bärenkult bis heute lebendig. Die traditionelle Kleidung der Ainu in Hokkaido war ein halblanges Gewand (*attush*), das aus den weichen Innenfasern von Ulmborke gewebt wurde. Im Winter wurde eine Jacke aus Hirschfell getragen. Die Fußbekleidung waren Mokassins aus Lachshaut, Fell oder Walnußrinde. Solche Bekleidungssitten sind schon vor langer Zeit aufgegeben worden. Ebenso wenig hat sich die Sitte des Tätowierens von Gesicht, Händen und Armen erhalten, die früher bei den Frauen üblich war. Tattoos wiesen junge Frauen als heiratsfähig aus.

Die traditionale Gesellschaftsordnung der Ainu war bipolar. Männer führten ihre Abstammung auf männl. Vorfahren zurück, Frauen dagegen auf weibliche. Ein Symbol der matrilinearen Ordnung waren Keuschheitsgürtel (*ponkut*), die über viele Generationen hindurch vererbt wurden.

Lit.: Kirikae 1997, Kono/Bowles 1983

Albaner (*Shqiptarë*, the Albanians). Von den 6,6 Mio. Albanern leben rund 55 % in Albanien (3,4 Mio.). Fast 2 Mio. Albaner sind im Kosovo beheimatet (auch Kosovaren genannt). Diese autonome Region ist nominell Teil Serbiens, steht aber seit Sommer 1999 de facto unter der Kontrolle von UNO-Friedenstruppen. Derzeit wird über die Rückgabe des Kosovo an Serbien verhandelt. Während des Kosovokrieges wurden ca. 1,2 Mio. Kosovaren von der serb. Armee und Miliz vertrieben; die meisten Flüchtlinge sind inzwischen wieder in ihre Heimat zurückgekehrt.

Alban. Außengruppen finden sich in anderen Balkanstaaten und v. a. in Westeuropa. In Makedonien machen die 0,5 Mio. Albaner rund ein Viertel der Landesbevölkerung aus. Die 0,11 Mio. Albaner in Griechenland (Attica, Böotien, Euböa, Salamis) stehen unter einem starken assimilator. Druck von Seiten des Griech. Im Westen der Türkei leben etwa 61 000 Menschen alban. Abstammung, von denen noch 15 000 ihre Muttersprache bewahrt haben. Die Siedlungen der alban. Minderheit in Süditalien (0,1 Mio., hauptsächl. in der Provinz Cosenza) entstanden zwischen dem 15. und 18. Jh., als Flüchtlinge aus der Balkanregion dorthin kamen. Bei den alban. Außengruppen in anderen Staaten Westeuropas handelt es sich um rezente Flüchtlinge und Arbeitsimmigranten. Allein in Deutschland leben mehrere hunderttausend Albaner.

Die Ethnogenese der Albaner hängt aufs Engste damit zusammen, wie sich die Kontakte zwischen Römern und illyr. Stämme in der westl. Balkanregion entwickelten. Der größte Teil des modernen alban. Siedlungsgebiets gehörte ab 168 v. Chr. zur röm. Provinz Illyricum. Diese Zone war kulturell von röm. Lebensweisen und sprachl. vom Latein. in verschiedenen Funktionen geprägt. Rund sieben Jahrhunderte standen Illyrer und Römer (d. h. ital. Kolonisten, röm. Verwaltungsbeamte und

Kaufleute) im Kontakt. Im Verlauf dieser Periode akkulturierte sich ein Teil der illyr. Bevölkerung, besonders im Küstengebiet der Adria. Aus der Fusion solcher Illyrer, die ihre indoeurop. Kultur und Sprache bewahrt hatten, mit romanisierten Illyrern bildete sich im Verlauf der ersten Jahrhunderte unserer Zeitrechnung die Ethnizität der Albaner heraus. Im Alban. erinnern nicht nur eine breite Schicht latein. Lehnwörter, sondern auch etliche wortbildende Elemente an das röm. Kulturerbe.

Das histor. Kernland alban. Siedlung war das Hochland Nordalbaniens. Im Verlauf des 12. bis 14. Jh. hat sich die alban. Bevölkerung auch nach Südalbanien und in das Kosovo ausgedehnt. Im Verlauf dieser Migrationen bildeten sich die beiden Hauptgruppen der alban. Bevölkerung aus, der Gegen (im Norden) und der Tosken (im Süden). Die alban. Fürstentümer blieben ständig als Vasallen abhängig von den Großmächten jener Zeit, von Byzanz, Bulgarien und Serbien. Nach der Eroberung des Serb. Reichs durch die Osmanen bildeten die alban. Lokalfürsten unter Führung von Gjergj Kastrioti-Skanderbeg (1405–1468) eine Allianz, die sich bis zum Jahre 1479 erfolgreich gegen die türk. Invasoren zur Wehr setzte. Während der osman. Kolonialära wurde denjenigen alban. Fürsten, die zum Islam konvertierten, eine gewisse administrative und kulturelle Bewegungsfreiheit zugestanden.

Bereits in den 1830er Jahren artikulierten sich bei den Albanern nationale Interessen, aber erst mit der Gründung der Liga von Prizren im Jahre 1878 erhielt die Nationalbewegung auch polit. Gewicht. Staatl. Souveränität erlangten die Albaner im November 1912. Das alban. Siedlungsgebiet im Kosovo verblieb allerdings exterritorial bei Serbien. Die Grenzen dieses ersten alban. Staates wurden, von geringfügigen Änderungen abgesehen, im Jahre 1921 bestätigt. Zwischen 1944 und 1990 war die Volksrepublik Albanien de facto eine kommunist. Diktatur stalinist. Prägung. Seither bemüht sich der Staat, wirtschaftl. und außenpolit. den Anschluß an die westeurop. Integrationsbewegung zu finden. Die Befreiung vom totalitären Atheismus hat auch das moderne Profil der Religionsgemeinschaften erkennen lassen. 70% der Albaner (v. a. Gegen) sind Muslime, 17% (v. a. Tosken) sind griech.-orthodoxe Christen, und 10% sind Katholiken (v. a. Gegen in der Region von Shkodër).

Das Alban. ist eine indoeurop. Sprache, die – ähnlich wie das Griech. und Armen. – einen eigenen Sprachzweig darstellt. Histor. Einflüsse auf das Alban. gingen vom Latein., vom Griech., von den südslaw. Kon-

taktsprachen und vom Türk. aus. Die alban. Mundarten an der Adriaküste sind vom Venezian. (12. Jh.) und Italien. beeinflußt worden. Heute
ist das Alban. Staatssprache in Albanien und regionale Amtssprache
(neben dem Serb.) im Kosovo.

Lit.: Detrez 1997, Vickers 1997

Algonkin-Indianer (the Algonkians/Algonquians). Das histor. Siedlungsgebiet der Algonkin erstreckte sich von den großen Ebenen des
nordamerikan. Mittelwestens bis zur Atlantikküste, reichte im Süden
bis nach North Carolina und im Norden bis in die subarkt. Zone Kanadas. Von den knapp dreißig Völkern, die seit dem 17. Jh. den Europäern
bekannt geworden sind, haben nur wenige ihr kulturelles und sprachl.
Erbe vital erhalten. Die zahlenmäßig bedeutendsten Ethnien sind die
folgenden:
– Algonkin der Plains: Arapaho (5000), Blackfoot (1060), Cheyenne
  (5000);
– zentrale Algonkin: Cree-Montagnais-Naskapi (1070), östl. Ojibwa
  bzw. Ottawa (20000), Menominee (3500), Sauk-Fox-Kickapoo (850),
  Shawnee (2000);
– östl. Algonkin: Micmac (1200), Malecite-Passamaquoddy (880), Unami (2000).
Das Niveau der Spracherhaltung ist in allen diesen ethn. Gemeinschaften niedrig. Ojibwa ist die Algonkin-Sprache mit den meisten
Sprechern (10400). Cheyenne wurde in den 1990er Jahren noch von
1720 Personen gesprochen, Arapaho von 1030, Shawnee von 230,
Menominee von 65, Unami von 5.
Die übrigen Algonkin-Ethnien sind Kleinvölker (wie die Abnaki,
Miami-Illinois, Nanticoke, Powhatan), die sich sprachl. vollständig as-
similiert haben. Die Existenz anderer Ethnien und ihrer Sprachen ist
nurmehr histor. nachzuweisen. Dies gilt für die Massachusett (bzw.
Natick), Narragansett, Quiripi u. a. Die meisten der untergegangenen
Algonkin-Kulturen waren an der Ostküste verbreitet.
Die Sprachen der zahlenmäßig bedeutenderen Algonkin-Völker sind
verschriftet und werden entweder mit Syllabaren oder mit dem latein.
Alphabet geschrieben. Als Schriftsprachen haben allerdings heutzutage
nur Cree und Ojibwa nennenswerte Bedeutung. Das seit langem ausge-
storbene Massachusett ist die älteste der Algonkin-Schriftsprachen. Die
Bibelübersetzung in Massachusett, die im Jahre 1663 erschien, ist die

erste gedruckte Übersetzung der Heiligen Schrift in einer der Indianersprachen Nordamerikas.

Lit.: Bragdon 1996, Goddard 1992

Altaier →Teleuten

Altaische Völker (Altaic peoples). Die Verwandtschaftsverhältnisse
der altaischen Völker untereinander basieren auf sprachhistor., weniger
auf anthropolog. Kriterien. Altaische Völker sind in einem weiten Areal
verbreitet, von Südosteuropa (türk. Minderheiten in den Balkanstaaten)
über Südrußland und Westasien, Mittelasien, Sibirien und die Mongolei
bis in den Nordosten Chinas.

Aufgrund der näheren Verwandtschaft ihrer Sprachen werden drei
Gruppen unterschieden: → mongol. Ethnien, türk. Ethnien (→ Tür-
ken/Türkei-Türken, → Turkvölker Rußlands, Völker → Zentralasiens)
und → tungus. Ethnien. Auch die → Koreaner und ihre Sprache werden
in eine Beziehung zu den altaischen Völkern gestellt. Annahmen von
einer mögl. Verwandtschaft der → Japaner mit Altaiern sind bislang
eher im Spekulativen verblieben. Verwandtschaften mit altaischen Völkern und Sprachen sind ebenfalls in Südasien gesucht worden, so bei
den Kam-Tai-Ethnien in → Südchina. Diese Hypothese wird hauptsächl. von chines. Wissenschaftlern vertreten.

Zu den altaischen Völkern gehören bevölkerungsstarke Ethnien wie
die Türken (rund 67 Mio.), → Usbeken (19,5 Mio.), → Kasachen
(9,2 Mio.), → Tataren (7 Mio.) und → Mongolen (5,7 Mio.). Die meisten
Ethnien haben allerdings nur wenige hunderttausend Angehörige, etwa
die → Kalmüken (0,52 Mio.), Kabardiner (0,443 Mio.), Jakuten (0,382
Mio.) und Tuvinen (0,206 Mio.). Weiterhin gibt es einige Kleinvölker, die
über Sibirien (s. Karte zu → Nordsibirien) und Nordchina verstreut leben, wie → Evenken (28000), → Nanaier (16000), Schoren (15700), →
Negidalen (500) oder die Altaier (77000), ein Turkvolk, das seinen Namen nach dem Gebirgsmassiv erhielt und selbst namengebend für die
ethn. Makrogruppierung und die Sprachfamilie ist.

Mit Ausnahme der Türkei-Türken und der Mongolen in ihrem Kernland haben alle altaischen Völker unter dem Akkulturationsdruck benachbarter Völker gestanden, entweder unter polit. Dominanz (z.B. die
Turkvölker Rußlands unter russ. Hegemonie, die Mongolen in der
Inneren Mongolei unter chines. Oberhoheit) oder unter kulturell star-

ker Ausstrahlung (z.B. Einwirkung des Islam und der arab. Schriftkultur auf die Turkvölker im europ. Rußland und in Mittelasien). Seit langem wirken auch sprachl. Assimilationsprozesse, die in manchen Fällen zur fast völligen Auflösung der Sprachgemeinschaft geführt haben. Die in der nach ihnen benannten histor. Landschaft Mandschurei (im Nordosten Chinas) lebenden → Manchu sind mit 1,82 Mio. Angehörigen die bevölkerungsstärkste der tungus. Ethnien. Die Gemeinschaft derer, die noch Manchu sprechen können, ist aber auf 70 Personen geschrumpft. Die übrigen haben sich ans Chines. assimiliert. Auf die Gemeinschaft der beiderseits der russ.-chines. Grenze lebenden Nanaier, die auch Golden bzw. Hezhe (so in China) genannt werden, wirkt einerseits russ. Einfluß (bei den 11 800 Nanaiern auf russ. Seite), andererseits chines. Einfluß (bei den 4240 Nanaiern auf chines. Seite). Von den Nanaiern in China sprechen nur noch 40 ihre Muttersprache, in Rußland sind es noch mehr als 5000 (weniger als die Hälfte der ethn. Gruppe).

Bedingt durch die Vielfalt der kulturellen Kontakte findet man bei den altaischen Völkern die verschiedensten religiösen Traditionen (Islam bei den meisten Turkvölkern, Animismus bei Jakuten und den meisten tungus. Völkern, Buddhismus bei den Mongolen und Kalmüken, Christentum bei den Tschuwaschen, Judaismus bei den Karaimen). Entsprechend den mannigfaltigen Kontrasten der Umweltbedingungen, unter denen altaische Völker leben, sind ganz verschiedene traditionale Wirtschaftsformen verbreitet, so der Ackerbau bei Türkei-Türken, Tataren und Tschuwaschen, Oasenwirtschaft und Kamelzucht in den histor. Nomadenstaaten Mittelasiens, Viehnomadismus in der Mongolei, Rentierzucht bei den Evenken, → Evenen und anderen Tungusen.

Altaische Völker haben einige der mächtigsten Reiche gegründet, und deren Eliten haben andere Staaten regiert. Das von Dschingis Khan organisierte tatar.-mongol. Reich war der größte Flächenstaat der Weltgeschichte. In seiner maximalen Ausdehnung (Mitte des 14.Jh.) erstreckte sich dieses Reich vom Nordwesten Rußlands bis nach Ostsibirien, in den Mittleren Osten und nach Südostasien. Die polit. Geschichte des Osman. Reiches hat jahrhundertelang auch die Entwicklung der Staatenwelt in Europa mitbestimmt. Die Elite der Manchu regierte als Qing-Dynastie ganz China von 1644 bis 1911. Von den polit. Umwälzungen der Moderne, nämlich von der Auflösung des Sowjetimperiums, haben insbesondere die altaischen (türk.) Völker in Mittelasien profitiert, die seit 1991 in souveränen Nationalstaaten leben.

Lit.: Janhunen 1996, Menges 1995, Miller 1996

Amazonas-Indianer. Amazonien ist das Einzugsgebiet eines riesigen Flußnetzes mit zwei Hauptflüssen und 170 Nebenflüssen sowie Dutzenden von kleineren Flüssen, deren Wassermassen sich in west-östl. Richtung bewegen und in den Atlantik ergießen. Die Flußsysteme des 6518 km langen Amazonas und des 2140 km langen Orinoco sind die Hauptverkehrsadern der riesigen Regenwaldregion im Nordosten Südamerikas, die den gesamten Norden Brasiliens, das östl. Tiefland von Ecuador und Peru, den Süden Kolumbiens und Venezuelas umfaßt und sich im Nordosten bis nach Guyana erstreckt. Bis ins 18. Jh. war das Innere Amazoniens unerforscht. Seit Jahrzehnten ist der Lebensraum der Amazonas-Indianer bedroht durch Waldrohdungen zur Nutzholzgewinnung und zur Erweiterung der Weideflächen für die Viehzüchter. Auch die Goldsucher haben ihren Anteil an der Umweltzerstörung, indem sie mit ihren Schlemmtechniken den Boden aufwühlen und ganze Landstriche verwüsten.

In dieser Region mit der Flächengröße Europas leben relativ wenig Menschen in kleinen Siedlungen. Es gibt rund 100 einheimische, also indian. Völker. Die meisten davon sind Kleinvölker mit wenigen tausend oder wenigen Dutzend Angehörigen, insgesamt nicht mehr als ca. 76 000 Menschen. Zu den zahlenmäßig bedeutenderen Ethnien gehören die Shuar bzw. Jivaro-Indianer (32 000), die Ticuna (12 000) und die Yanomámi (Waicá) mit 9000 Angehörigen. Zu den kleinsten ethn. Gemeinschaften zählen die Kuikuru (520), die Pokangá (100) und die Matipuhy (40). Die meisten Sprachen dieser Kleinvölker sind Tupí-Guaraní-Sprachen, eine der großen Sprachfamilien Südamerikas (→ Tupí-Völker).

Die Indianer Amazoniens leben seit jeher von der Jagd und vom Sammeln. Im Kontakt mit den Ackerbauern an der Peripherie dieser Großregion haben sich viele der indian. Kleinvölker auch an einfachen Bodenbau gewöhnt, häufig in Verbindung mit Brandrohdung. Zu den Nutzpflanzen gehören Yucca, Mais und Maguey (Maniok). Verschiedene Nutzpflanzen wie Tabak, Coca, Pfeffer und die Pfirsichpalme (Bactris gasipaes) werden auch in intensiven Gartenkulturen angebaut. In vielen Gemeinschaften werden auch Alkohol und narkotisierende Getränke gebraut, so bei den Amahuaca das aus Yagé-Wein gewonnene Ayahuasca. Das Einnehmen von Halluzinogenen ist Bestandteil in vielerorts bis heute praktizierten animist. Ritualen, in denen die Kommunikation zwischen den Menschen und ihren Schutzgeistern zelebriert wird.

Die meisten lokalen Gesellschaften sind monogam, einige wie die Campa kennen eine histor. Tradition der Polygamie. Die Campa überfielen schwächere Stämme, um deren Frauen zu rauben. In Amazonien weit verbreitet ist Exogamie: Die Angehörigen einer ethn. Gruppe heiraten nicht unter sich, sondern die Männer suchen sich Frauen in benachbarten Ethnien. Exogamie ist beispielsweise charakterist. für die 1600 Wanano im mittleren Flußtal des Uaupés in Kolumbien und Brasilien. Die anthropolog. Eigenheiten zahlreicher Kontaktethnien (mit insgesamt 14 000 Angehörigen) sind über deren Frauen in die Nachkommen der Wanano eingegangen.

Neben einem sorgfältig tradierten Ursprungsmythos wurde somit die gemeinsame Sprache das Hauptkriterium der Gruppensolidarität. Von Frauen, die einheiraten, wird erwartet, daß sie sich sprachl. und kulturell assimilieren.

Lit.: Chernela 1993, Fagan 2002, Münzel 1985: 241 ff., Reichel-Dolmatoff 1996

Ambonesen (*Ambon*, the Ambonese). Die Ambonesen (0,2 Mio.) sind die stärkste ethn. Gruppe auf den Molukken (Maluku), die polit.-territorial zum indones. Staatsverband gehören. Die Molukken waren bis 1945 Teil des niederländ. Kolonialreichs in Südostasien. Weitere 45 000 Ambonesen leben in den Niederlanden.

Die Ambonesen sind → Malaien und sprechen eine Kreolsprache (*Melayu Ambon*) auf der Basis des Malaiischen. Die Bewohner der Gegend von Ambon City sprechen Indones. als Zweitsprache. In den Niederlanden ist das Ambones. als Minderheitensprache im zweisprachigen Unterricht an den Schulen integriert.

Lit.: Avoird et al. 2001

Amerika. Der amerikan. Doppelkontinent wurde im Zeitraum zwischen 25 000 und 12 000 Jahren vor der Jetztzeit vom modernen Homo sapiens besiedelt. Zunächst war nur Alaska bewohnt, später öffnete sich im Zuge des Abschmelzens des Kontinentalgletschers ein Korridor, der den Zugang zur nordamerikan. Ebene ermöglichte. Von dort aus migrierten Jägergemeinschaften bis nach Feuerland. Von den sporad. Kontakten zu den Wikingern auf Labrador während des Mittelalters abgesehen, verlief die Entwicklung der altamerikan. Kulturen unabhängig von äußeren Einflüssen.

Die zu Beginn des 16. Jh. einsetzende Landnahme der Europäer – für die altamerikanischen Bevölkerungen setzte sich nun der Sammelbegriff → Indianer durch – hatte katastrophale Folgen nicht nur für die Eliten, sondern auch für breite Bevölkerungsschichten der bestehenden Hochkulturen. Die von den Europäern eingeschleppten Krankheiten, Zwangsarbeit, massenweise Hinrichtungen und die Zerstörung von aus der präkolumb. Periode vertrauten, intakten sozialen Milieus hatten eine hohe Mortalität und einen drast. Bevölkerungsschwund zur Folge. Folgt man Minimalschätzungen zur Verteilung und Dichte der Bevölkerung im amerikan. Doppelkontinent für die Zeit des ersten Kontakts mit Europäern, so lebten in Nordamerika rund 1,2 Mio. Menschen, in Mittelamerika wenigstens 6 Mio. und in Südamerika etwa 1,3 Mio. Die Maximalwerte liegen weit höher, für Mexiko allein bis zu 25 Mio. Die Bevölkerung in Mittelamerika war bis zum Beginn des 17. Jh. auf 1 Mio. geschrumpft, und die in Südamerika auf 0,6 Mio. Der Schrumpfungsprozeß in Nordamerika setzte zwar später ein (seit dem 17. Jh.), führte aber letztlich zu demselben katastrophalen Resultat einer massenweisen Dezimierung der alteingesessenen Bevölkerung.

Im Laufe der jahrhundertelangen Kontakte zwischen Neuamerikanern und Altamerikanern haben sich soziale Bindungen zwischen beiden Gruppen entwickelt. Die Nachkommen aus diesen ethn. Mischehen (→ Mestizen) dominieren seit dem 19. Jh. das anthropolog. Profil der Bevölkerung in Mittel- und Südamerika. In Amerika haben sich auch zwei andere anthropolog. Mischtypen entwickelt, und zwar die Mulatten – in der Karibik und im Nordosten Südamerikas (Suriname) – als Nachkommen von Indianern und Schwarzafrikanern (→ Surinen) sowie die Kreolen als Nachkommen europ. Siedler und Angehöriger der karib.-negriden Bevölkerung (z.B. auf Haiti). Trotz seiner anthropolog. Spezifik wird der Ausdruck «Kreolen» häufig auch in einer weiteren Bedeutung verwendet, so daß er sich ganz allgemein auf eine ethn. Mischbevölkerung beziehen kann. In diesem erweiterten Sinn spricht man auch von «Kreolsprachen».

Im Profil der Bevölkerung in Nordamerika spiegelt sich deutl. die Geschichte der Einwanderung. Aufgrund des kontinuierl. Zustroms von Auswanderern aus Europa zeigen sich klare Dominanzen. Die überwiegende Mehrheit der Nordamerikaner sind Weiße. In den ersten beiden Jahrzehnten des 20. Jh. kamen mehr als 85 % der Auswanderer aus Europa in die USA, und noch bis 1960 stellten Europäer mehr als die Hälfte der Einwandererquoten. Erst in den 1960er Jahren erfolgte ein Wandel. Heutzutage dominiert der Zustrom von Latinos aus Lateinamerika in die USA das ethn. Profil der Immigration. Der Anteil der Asiaten ist zwischen 1960 und 1980 sprunghaft, danach aber nurmehr mäßig angestiegen.

Durch den zwangsweisen Transfer von mehr als 11 Mio. Schwarzafrikanern als Sklaven nach Nordamerika, in die Karibik und nach Südamerika (Suriname, nordöstl. Brasilien) ist das ethn. Spektrum der Bevölkerung v. a. in den USA entscheidend variiert worden. Die ehemalige soziale Unterschichtung der farbigen Bevölkerung wurde zwar offiziell mit der Aufhebung der Sklaverei im Jahre 1865 beendet, eine soziale Gleichstellung wurde aber lange Zeit durch die soziopolit. Segregation der Rassen beeinträchtigt. Bis heute orientieren sich weiße und afroamerikan. US-Bürger überwiegend an ihrer anthropolog. begründeten Gruppensolidarität, dies zeigt sich u. a. in relativ getrennten Wohngebieten auch innerhalb städt. Siedlungen. Urbane Indianer und Mischlinge leben einerseits in Metropolen mit afroamerikan. und weißer Bevölkerung (z.B. Los Angeles), v. a. aber in den kleineren Städten der Südstaaten (Alabama, Georgia, South Carolina, Mississippi).

Die Bevölkerungszahl der Altamerikaner ist in Nordamerika wieder auf das Niveau zur Zeit der Ankunft der Europäer angestiegen. Anfang der 1990er Jahre waren auf dem Territorium der USA 2,2 Mio. einheim. Amerikaner, d. h. reinblüt. Indianer und Mischlinge (→ Apachen, → Navaho, → Irokesen, → Sioux, → Inuit und Aleuten u. a.) registriert. Davon haben sich die allermeisten sprachl. an das Engl. assimiliert, so daß sie sich nur aufgrund der Erinnerung an ihre Herkunft, aufgrund ihrer Selbstidentifizierung und einiger praktizierter Kulturtraditionen, nicht aber sprachl., von anderen US-Bürgern unterscheiden. Bei einigen ethn. Gruppen war der Assimilationsprozeß besonders drastisch. Von den 0,24 Mio. ethn. Hawaiianern, d. h. den Bewohnern der Hawaii-Inseln mit polynes. Abstammung (→ Polynesier), sprechen nurmehr rund 800 die Sprache ihrer Vorfahren, und weitere 1000 können das Hawaiian. noch verstehen. Von den 0,1 Mio. ethn. Hawaiianern, die auf dem Festland leben (davon 24000 in Kalifornien) versteht kaum noch jemand die Sprache der Vorfahren.

Die polit. Geschichte der Altamerikaner war zwischen dem 16. und 19. Jh. im wesentl. die Geschichte der europ. Kolonialreiche. Auch die territoriale Unabhängigkeit des ehemals brit. Kolonialbesitz östl. der

Appalachen war zwar ein Markstein in der polit. Geschichte Nordamerikas, von der Selbständigkeit der USA profitierten aber nur die eingewanderten Siedler und ihre Nachkommen. Der sozioökonom. Aufschwung, den Nordamerika mit der Industrialisierung im 19. Jh. erlebte, hat der weißen Bevölkerung bis heute einen privilegierten Sozialstatus und damit verbunden ein bevorzugtes Image im Vergleich zu den Afroamerikanern und den Latinos gesichert. Erst im Verlauf des 20. Jh. kam es zu einem Interessenausgleich über die Anerkennung von Landrechten und kulturelle Förderung für die indian. Bevölkerung. Die Unabhängigkeitsbewegung der Staaten im span. und portugies. Kolonialreich im 19. Jh. war dagegen getragen von der polit. Willensbildung der einheim. Bevölkerung, der Mestizen und der seit vielen Generationen in Lateinamerika ansässigen Weißen europ. Herkunft. Heute ist es – abgesehen von der Existenz der nur noch schmalen weißen Oberschicht – v. a. der sozioökonom. Gegensatz zwischen der Mestizen-Mehrheit und den weitgehend unterprivilegierten indian. Minderheiten, der die ethn. Verhältnisse charakterisiert.

Die Debatte über den Aboriginalitätsstatus ethn. Gruppen hat in einigen Staaten Amerikas zur Entstehung vielschichtiger ethnopolit. Konzepte geführt, wie beispielsweise in Kanada. Die alteingesessene weiße Bevölkerung erhebt Anspruch auf ihren Status als Gründernationen. Dies gilt für Anglo-Kanadier und für Franko-Kanadier. Deren Sprachen (Engl. und Französ.) sind die Hauptlandessprachen. Auch die Altamerikaner, d. h. die indian. Ethnien sowie die regionalen Eskimo-Gruppen (Inuit), werden als aboriginale Populationen Kanadas anerkannt. Eine prakt. Konsequenz dieses Status ist das Anrecht auf histor. Landbesitz. Im April 2000 wurde der erste Vertrag über Landrechte zwischen der kanad. Regierung und den Nisga'a-Indianern im Nordwesten der Provinz British Columbia abgeschlossen. Die einheim. Sprachen (*indigenous* bzw. *native Canadian languages*) genießen Förderungsrechte im lokalen Ausbildungswesen. Auch die Sprachen der Immigranten (*immigrant heritage* bzw. *new Canadian languages*) werden gefördert.

Lit.: Cavalli-Sforza et al. 1994: 302 ff., Chapman 1987, Deloria 1992, Hill 1996, Hoxie 1996, Lindig/Münzel 1985-87, Shinagawa/Jang 1998

Andamanen (the Andamanese). Die Andamanen haben seit Tausenden von Jahren im Inselarchipel der Andamanen gelebt. Diese Gruppe von vier größeren und mehreren kleineren Inseln liegt im Süden des Golfs von Bengalen und gehört polit. zu Indien. Die Andamanen sind die Nachkommen der ältesten Populationen Südasiens und haben ethn. wie auch kulturelle Affinitäten zu den → Orang Asli auf der Malaiischen Halbinsel. Von der autochthonen Bevölkerung der Region haben nur noch wenige hundert Menschen, die ethn. in drei Kleinvölker ausgegliedert sind, die traditionelle Wirtschaftsform des Wildbeutertums, d. h. der Jagd auf Kleintiere, des Sammelns und des Fischfangs, beibehalten.

Die zahlenmäßig stärkste Gruppe sind die Jarawa (ca. 200) auf South Andaman Island. Die Restbevölkerung der Önge bzw. Ong (heute ca. 100 im Vergleich zu knapp 700 im Jahre 1901) lebt auf Little Andaman, die ethn. Gruppe der Sentinel (ca. 50) auf Sentinel Island. Die Gemeinschaften sind in lokalen, matrilinear orientierten Clans organisiert. Deren Jagdgebiete sind jeweils territorial markiert. Die Clans der Önge beispielsweise nennen ihr Jagdgebiet Gaubolambe, und in den lokalen Mythen ist von keiner anderen Bevölkerung in diesem Gebiet die Rede. Angehörige eines fremden Clans dürfen zwar im fremden Territorium nicht jagen, werden aber als Besucher gastfreundl. aufgenommen.

Die ersten Kontakte mit Europäern gehen auf die 1880er Jahre zurück. Die Andamanen waren im allgemeinen nicht kontaktfreudig, denn sie fürchteten die Feuerwaffen der Weißen. Mit den birman. Händlern (→ Burmesen) pflegten sie dagegen regen Tauschhandel. Für ihre begehrten Nautilus-Muscheln und grauen Bernstein erhielten die Insulaner Opium, Tee, Tabak und Eisenschrott, der zerstückelt und zur Herstellung von Äxten und Speerspitzen verwendet wurde. Seit den 1950er Jahren haben sich v. a. die Önge assimiliert und betreiben den Anbau von Kokospalmen.

Lit.: Pandya 1993

Apachen (*Ndee* ‹Leute›, the Apaches). Die 17 800 Apachen sind im Südwesten der USA beheimatet. Es werden sechs regionale Gruppen unterschieden. Die zahlenmäßig stärkste Gruppe sind die westl. Apachen (12 700), die in mehreren Reservaten (White Mountain Apache Reservation, San Carlos Reservation, Tonto Apache Reservation) im östl. Arizona verstreut leben. Die Mescalero- und Chiricahua-Apachen (zusammen ca. 2000) bewohnen das Mescalero-Reservat in New Mexico. Eine kleinere Zahl lebt in der Gegend von Fort Sill in Oklahoma. Rund 2000 Jicarilla-Apachen siedeln in der Region von Dulce in New Mexico. Die Zahl der Kiowa-Apachen im Westteil Oklahomas (Caddo County) beläuft sich auf ca. 1000. Die kleinste Gruppe sind die Lipan-Apachen (100). Die Zahl derjenigen, die die Sprache der Vorfahren sprechen, ist wesentl. kleiner als die Gemeinschaft der ethn. Apachen. Das westl. Apache (Coyotero) ist am besten erhalten. In den 1990er Jahren war die Sprachgemeinschaft des Jicarilla auf kaum mehr als 800 Sprecher geschrumpft, und das Kiowa ist mit weniger als 20 Sprechern eine aussterbende Sprache. Die Varianten des Apache gehören zur Familie der Na-Dene-Sprachen, die hauptsächl. im Nordwesten Nordamerikas verbreitet sind.

Seit altersher ist die Sozialstruktur wie die Abstammungsidentität der Apachen matrilinear, also durch die Vorfahren mütterlicherseits geprägt. Archäolog. Spuren weisen darauf hin, daß die Apachen im Zuge der Migration von → Athabasken-Populationen aus Richtung Nordwesten kommend um 1450 in den Südwesten gelangten. Sie lebten von der Jagd auf Büffel, Hirsche und Antilopen, zogen sich dann aber in weniger reiche Jagdgründe zurück, um der Landnahme der span. Kolonisatoren zu entgehen. Bald aber gerieten die Apachen in Konfrontation mit weißen Siedlern, die nach Westen vordrangen. Die Apachen haben seit dem 19. Jh. eine ständige Begrenzung ihres Lebensraums erlebt. Wiederholt wurden ganze Siedlungen von Mexikanern oder weißen Siedlern ausgerottet. In den 1870er und 1880er Jahren rebellierten die Apachen unter ihrem legendären Führer Geronimo oder Goyathlay (ca. 1829–1909) vergebl. gegen die Übergriffe der Weißen.

Die Apache-Bevölkerung in den Reservaten – sie liegen meist in ariden Zonen mit wenig Vegetation – profitierte von dem von Präsident Franklin D. Roosevelt im Jahre 1934 initiierten *Indian New Deal*, der v. a. den Mescaleros die Möglichkeit bot, Viehherden zu halten. Zu den modernen Einnahmequellen für die indian. Bevölkerung in den Reservaten gehören außer der Viehhaltung eine bescheidene Holzindustrie, Tourismus und Souvenirhandel sowie der Gewinn aus zwei Casinos, die in den 1990er Jahren in der San Carlos Reservation und in der White Mountain Apache Reservation eingerichtet wurden.

Lit.: Brandt 1996, Dobyns 1996, Melody 1988

Araber (*Al-Arab,* the Arabs). Mehr als 202 Mio. Araber sind in den Staaten Nordafrikas sowie des Nahen und Mittleren Ostens beheimatet. Der kulturelle Zusammenhalt dieser weit verstreut lebenden Bevölkerung ist durch den Islam gewährleistet, denn mit Ausnahme kleinerer

Gruppen libanes. und syr. Christen (Maroniten) gehört die große Mehrheit der Araber der islam. Glaubensgemeinschaft an. Der gemeinsame sprachl. Identitätsträger aller Araber ist die arab. Schriftsprache (Standardarab., Hocharab.), die sich von der mittelalterl., klass. Schriftsprache nur wenig entfernt hat.

Über das Schriftarab. können im Prinzip alle Araber miteinander kommunizieren, nicht aber mit Hilfe des gesprochenen Arab., das regional stark variiert. Diejenige arab. Variante mit den meisten Sprechern ist das ägypt. Arab. (42,5 Mio.). Andere regionale Varianten mit größeren Sprecherzahlen sind das alger. Arab. (22,4 Mio.), das maghrebin. (marokkan.) Arab. (19,5 Mio.), das sudanes. Arab. (18 Mio.) und das mesopotam. Arab. (15,1 Mio.). Das Arab. gehört zum Kreis der semit. Sprachen; diese sind ein Zweig der afroasiat. Sprachfamilie.

In der arab. Welt sind Konzepte wie ‹Volk›, ‹Nation›, ‹Sprachgemeinschaft› oder ‹Volkgruppe› nicht so klar unterschieden wie allgemein in Europa aus der histor. Erfahrung heraus üblich. Das überdachende Medium der arab. Schriftsprache sowie die Einheitlichkeit der islam. Traditionen stärken ein Bewußtsein überregionaler Zusammengehörigkeit. Dem stehen unterschiedl. Bindungen wie die Zugehörigkeit zu den regionalen Sprachgemeinschaften des gesprochenen Arab., die Polarisierung polit. Systeme (Königtum in Saudiarabien, Demokratie in Algerien usw.) sowie die Spezifik lokaler Kulturkontakte (z.B. zwischen → Berbern und Arabern in Marokko) gegenüber. Bei der Pilgerreise nach Mekka sind alle Araber als Muslime geeint, zu Hause fühlt man sich dagegen mehr als Ägypter, Syrer oder Marokkaner.

Das Ursprungsgebiet der arab. Bevölkerung ist die Arab. Halbinsel. Über die prähistor. Ethnogenese der Araber ist noch wenig Verläßl. bekannt. Sicher ist nur, daß das ethn. Eigenprofil arab. Populationen aus einer Fusion von Bevölkerungsgruppen entstanden ist, die dort als Nachkommen der ursprüngl. aus → Afrika nach Arabien eingewanderten Menschen lebten. Von der Arab. Halbinsel aus sind Teile jener alten Bevölkerung vor ca. 42 000 über das Horn von Afrika nach Ostafrika rückgewandert. Die → Äthiopier und → Somali sind entfernte Nachkommen dieser Migranten. Auch gab es seit rund 6 000 Jahren ständig kleinere Migrationsschübe von Südarabien nach Ostafrika. An der Ethnogenese der Araber waren sicherl. auch beduin. Aramäer beteiligt, die durch ihre Rebellion gegen die assyr. Vorherrschaft im 9.Jh. v.Chr. bekannt wurden. Das Volkstum der Araber ist bereits seit der Antike in zwei regionale Kulturen, eine südl. und eine nördl., ausgegliedert.

Die frühen Staatsgründungen arab. Stämme in Arabien finden ihre eigentl. Motivation in der Kontrolle über die Handelsrouten und Karawanenstraßen der Region. Am ältesten (Ende 2. Jt. v. Chr.) sind die Reichsgründungen der südl. Araber in der Region des heutigen Jemen; das lokale Königreich der Minäer war das erste. Das bekannteste von allen Reichen Südarabiens ist das Reich von Saba, das seit dem 7. Jh. v. Chr. den Handel über die Karawanenstraße vom Süden bis nach Palästina kontrollierte. Südarabien geriet später unter die Kontrolle des Pers. Reiches und wurde im 7. Jh. n. Chr. islamisiert.

Die nördl. Araber standen lange Zeit unter der Herrschaft der alten mesopotam. Reiche. Zunächst Vasallen der Assyrer (nicht zu verwechseln mit den modernen → Assyrern), gehörte ihr Siedlungsgebiet später zum Machtbereich des Babylon. und danach des Pers. Reichs. In sabäischen Inschriften aus den ersten Jahrhunderten unserer Zeitrechnung werden jene Beduinen im Norden der Region erstmals unter dem Namen «Araber» erwähnt. Im 4. Jh. v. Chr. gründeten die Nabatäer ihr Reich, sein Territorium bildete seit Beginn des 2. Jh. n. Chr. das Kernland der röm. Provinz Arabia.

Seit der im Jahre 395 erfolgten Teilung des Imperium Romanum in zwei Reichshälften, West- und Ostrom, gehörte der Nahe und Mittlere Osten zum Einflußbereich Ostroms. Im 5. Jh. bildeten sich östl. von Palästina und Syrien lokale Nomadenstaaten heraus, die je nach der polit. Interessenlage Vasallen Ostroms oder der pers. Sassaniden waren. In Mekka erlangte der arab. Stamm Kuraisch allmähl. immer mehr Einfluß und übernahm schließl. die Kontrolle über die Karawanenrouten, die Märkte und die Heiligtümer der Region. Der zum Propheten Allahs ausgerufene Mohammed (Muhammad, um 570–632) einigte schließl. im 7. Jh. die gesamte Arab. Halbinsel unter seiner Führung. In der islam. Historiographie markiert die *hijrah*, die Übersiedlung des Propheten von Mekka nach Yathrib (später zu Ehren Mohammeds Madinat an-Nabi ‹Stadt des Propheten› oder abgekürzt Medina genannt) im Jahre 622, den eigentl. Wendepunkt der arab. Geschichte.

Vom Kernland arab. Populationen ging die militär. Expansion aus, die arab. Armeen unter sendungsbewußten Führern in weit entfernte Teile der Welt brachte. In wenigen Jahrzehnten hatten die Araber große Gebiete in drei Kontinenten unter ihre militär. Kontrolle gebracht. 711 drangen arab. Truppen bis in den indischen Subkontinent vor; von Tanger aus setzten Einheiten auf die Iber. Halbinsel über; bald darauf standen arab. Truppen in Südwestfrankreich. Toulouse und Carcassonne waren jahrzehntelang arab. Garnisonsstädte. 712 begann die Eroberung Transoxaniens von Chorasan aus, die schließl. ganz → Zentralasien zur islam. Einflußsphäre machte. Bald aber hatte sich die Wucht der militär. Expansion erschöpft, und es erfolgten die ersten Rückschläge. 718 mußten die Araber ihre zweite erfolglose Belagerung von Byzanz aufgeben, und 732 wurden ihre Truppen auf dem Vormarsch zwischen Tours und Poitiers von Karl Martell zurückgeschlagen.

Der größte Teil der islam. Eroberungen hatte jedoch Bestand. Die neue histor. Situation war einmalig. Von ihrem Kernland waren Bevölkerungsgruppen mit arab. Kulturtraditionen und einer tribalen Gesellschaftsordnung aufgebrochen und hatten nicht nur die arab. Welt geeint, sondern waren dabei, ihre neue Glaubenslehre auch Millionen von Nicht-Arabern (→ den Kopten Ägyptens, den → Persern, den Turkvölkern Zentralasiens, den → Berbern Nordafrikas, den → Romanen Iberiens) zu vermitteln. In kurzer Zeit mußte sich ein Volk, dessen Staatlichkeit sich bis dahin auf lokale Nomadenreiche beschränkt hatte, einstellen auf die Verwaltung eines Reiches mit imperialen Dimensionen. Die Anforderungen an die organisator. Fähigkeiten waren nicht nur polit. Art (Führung eines weiträumigen Staatsapparats), sondern auch kultureller Natur. Die arab. Sprache mußte den Bedürfnissen einer interregionalen Kommunikation angepaßt werden, das Kulturschaffen erforderte einen Innovationsschub.

Die arab. Führungsschicht reagierte auf diese Herausforderung sehr flexibel, sie nahm die konstruktiven Impulse des neuen Umfeldes auf und wertete deren kulturhistor. Erfahrungen aus. Den größten Eindruck machte die byzantin.-griech. Kultur auf die Araber. Trotz der weltanschaul. Gegensätze zwischen dem oström. Christentum und dem aufstrebenden Islam blieben die islam. Herrscher dem byzantin. Kulturkreis für Jahrhunderte verbunden. Bald nachdem die Dynastie der Abbasiden ihre Macht etabliert hatte und nicht lange nach der Gründung Bagdads im Jahre 762 riefen die arab. Herrscher das größte Übersetzungsprojekt des frühen Mittelalters ins Leben. Mehr als zwei Jahrhunderte lang, und zwar etwa von der Mitte des 8. Jh. bis zum Ende des 10. Jh. wurden fast sämtl. Werke in griech. Sprache, deren Quellen in Byzanz und im Nahen Osten verfügbar waren, ins Arab. übersetzt. Das inhaltl. Spektrum reichte von der Astrologie über Alchemie, Physik, Mathematik, Medizin bis zur Philosophie. Aufbauend auf diesem Fundus hellenist. und byzantin. Wissens entfaltete sich der schöpfer. Geist der wissenshungrigen arab. Bildungselite. Zusätzl. holten sich die Herrscher von Baghdad Mathematiker aus Indien, deren Lehren ebenfalls in den Kanon der arab. mathemat. Tradition eingingen.

Im Zuge der umfangreichen Übersetzungstätigkeit modernisierte sich auch die arab. Sprache zusehends. In den Wortschatz wurden zahlreiche griech. Lehnwörter integriert, und es entstanden viele arab. Lehnübersetzungen nach griech. Vorbildern. Die philosoph. Schule von Alexandria nahm über ihre Schriften Einfluß auf die diskursive Gestaltung arab. Texte. Auch die Argumentationen der Neoplatoniker zeigten Wirkung, wobei allerdings Diskurse über das Göttl. von den arab. Übersetzern ausgeblendet wurden. Als später die arab. Kultur über die klass. Kulturzentren des maur. Spanien (Córdoba, Sevilla, Granada) auf die Geisteswelt Europas ausstrahlte, war das griech. Kulturadstrat bereits vollständig amalgamiert worden und bildete eine von der einheim. arab. Basis untrennbare Komponente. Die Inhalte arab. Wissens über die Welt, wie es sich in der Wissenschaft (Algebra, Medizin, usw.), in Bereichen der Technik (z.B. Bewässerungstechnik, Metallurgie) und in der Literatur artikulierte, haben den europ. Wissenskanon merkl. bereichert, und der Gedankenaustausch hielt auch an zu Zeiten, als in der polit. Arena die militär. Auseinandersetzungen zwischen Christen und Muslimen zum weltanschaul. «Schicksalskampf» hochstilisiert wurden.

Im 15.Jh. hatte sich die innovative Kraft der arab. Zivilisation erschöpft. Das Jahr 1492 bedeutete nicht nur das Ende für das letzte der maur. Königreiche in Spanien, Granada, sondern es wurde auch zum Symbol des Niedergangs der arab. Kultur und des Aufschwungs der christl. Kultur Europas. In jene Zeit des Umbruchs fällt auch die polit. Spaltung der islam. Welt. Das religiöse Schisma, die Spaltung der Glaubensgemeinschaft in Sunniten und Schiiten, hatte sich im Streit über die Führungsrolle der arab. Welt nach dem Tod Mohammeds entwickelt. Die Sunniten erkennen die ersten vier Kalifen als legitime Nachfolger des Propheten an, während die Schiiten der Autorität Alis, Mohammeds Schwiegersohn, verpflichtet sind, dem das Kalifat verweigert worden war. Das Schisma erhielt besonderes polit. Gewicht, als die Safavid-Dynastie im Jahre 1501 den Schiismus zur Staatsreligion Persiens erklärte. Damit wurde die gesamte islam. Welt, nicht nur die arab., auf Dauer polit.-weltanschaul. polarisiert. Heute sind 90% der Muslime Anhänger der sunnit. Richtung, während etwa 10% Schiiten sind. Der Anteil der Sunniten liegt bei den ethn. Arabern noch höher. Der Irak ist das einzige arab. Land, in dem Schiiten (rund zwei Drittel der Bevölkerung) in der Mehrheit sind.

Im Jahre 1453 war Konstantinopel von den → Türken erobert worden. Die Osmanen waren die neue Großmacht, die den Islam im Osten
Europas verteidigte und ihren polit. Einfluß auch in den arab. Ländern
ständig erweiterte. Der Niedergang der polit. Macht in der arab. Welt
hinterließ ein Machtvakuum, das auswärtige Großmächte schon bald
auszufüllen begannen: das osman.-türk. Reich im Nahen und Mittleren
Osten, Frankreich in Nordafrika, später Großbritannien in Ägypten,
im Sudan und im Jemen. Die polit. Souveränität in der arab. Welt war
zwischenzeitl. fast wieder wie vor der arab. Expansion auf das Kernland,
die Arab. Halbinsel, begrenzt. Die kulturelle und gesellschaftl. Entwicklung in den arab. Ländern wurde mehr und mehr von den Institutionen
der Kolonialmächte abhängig (z.B. vom Verwaltungsapparat, vom Schulwesen, von der urbanen Infrastruktur). Die einheim. islam. Kultur erlebte jahrhundertelang keine innovativen Schübe mehr. In der nachkolonialen Ära ist es den souveränen arab. Staaten nur bedingt gelungen, ihre
Gesellschaften zu modernisieren.

Das arab. Selbstverständnis schwankt heute zwischen histor. Konser-
vativismus, westl. orientierter Fortschrittsideologie, Großmachtallüren
und religiösem Fanatismus. In diesem Kaleidoskop von Identitätskrite-
rien findet man wenig von dem Stolz auf die Leistungen der arab. Zivilisation des Mittelalters oder von der frühen Gruppensolidarität in den
vorislam. tribalen Gesellschaften. Reste des alten Stammesbewußtseins
haben sich allerdings bis heute im Nordteil des Jemen und im Oman erhalten.

Die Wirkungen radikaler Strömungen sind zu verschiedenen Zeiten
in verschiedenen Ländern spürbar geworden: der Sozialismus libyscher
und syr. Prägung, die Diktatur Saddam Husseins im Irak, islam. Fundamentalismus im Sudan, konservatives Königtum in Saudi-Arabien, usw.
In den arab. Ländern haben sich krasse soziale Gegensätze herausgebildet. Die Elite der ölexportierenden Staaten profitiert uneingeschränkt
von der Dominanz ihres «schwarzen Goldes» auf den Weltmärkten,
während der größte Teil der Bevölkerungen sozioökonom. benachtei-
ligt bleibt.

In Europa hat die Moderne der arab. Kultur und Sprache eine Nachblüte beschert. Die Immigration von Arabern aus Nordafrika und dem
Nahen Osten nach Westeuropa, v. a. nach Frankreich, hat zahlenmäßig
bedeutende arab. Bevölkerungsgruppen auf europäischem Boden heimisch gemacht: In Frankreich leben mehr als 1,4 Mio. Araber (davon
0,66 Sprecher des alger. Arab., 0,5 Mio. Sprecher des marokkan. Arab.,

0,22 Mio. Sprecher des tunes. Arab., u. a.), in Spanien beläuft sich die Zahl der Immigranten aus Marokko auf 0,14 Mio., in Belgien leben 0,13 Mio. arab. Einwanderer, ebenfalls hauptsächl. aus Marokko. Die meisten arab. Immigranten in Westeuropa leben in städt. Ballungszentren, z.B. allein in London 54 000.

In Europa haben sich auch die Gegensätze und Widersprüche erneuert, die die Geschichte der arab. Welt geprägt haben, die Spaltung in Sunniten und Schiiten ebenso wie das soziale Ungleichgewicht zwischen Reich und Arm. Die arab. Alltagssprache der Immigranten steht unter dem situationellen Druck einheim. europ. Sprachen. Es erneuern sich auf diese Weise Strukturen einer Zweisprachigkeit, wie sie das maur. Spanien im Mittelalter gekannt hatte, allerdings mit umgekehrten Dominanzen. Damals war das Arab. die Leitsprache und Lingua franca der Region. Gerade in Spanien aber hat das Arab. in offizieller Funktion heute auch wieder einen Nischenplatz gefunden. An den Grenzübergängen zwischen Frankreich und Spanien sind die Hinweisschilder an der Autobahn auch in Arab. beschriftet, als Orientierungshilfe für arab. Reisende, die mit dem Wagen unterwegs in ihr Heimatland Marokko sind.

Lit.: Agius/Hitchcock 1994, Anghelescu 1993, Bistolfi/Zabbal 1995, Crespi 1992, Gutas 1998, Haarmann 1987, Hoyland 2001

Armenier (*Hay,* the Armenians). Die rund 7,4 Mio. Armenier leben in größeren und kleineren Gruppen verstreut in vielen Staaten der Welt. Diese Situation ist vergleichbar mit der Diaspora der → Juden. Beide Völker haben ein histor. Zentrum, leben aber ansonsten in zahlreichen Außengruppen. Nur ein kleinerer Teil der Armenier (3,3 Mio.) ist im histor. Kernland Armenien beheimatet. Dort machen sie 93,3 % der Landesbevölkerung aus. In den anderen Nachfolgestaaten der Sowjetunion sind weitere 1,42 Mio. Armenier verstreut, und zwar 0,5 Mio. in Rußland, 0,4 Mio. in Georgien, 0,4 Mio. in Aserbaidschan sowie weitere 0,11 Mio. in den Staaten → Zentralasiens (Usbekistan, Turkmenistan, Kasachstan, Tadschikistan, Kirgisistan). Die meisten Armenier in Aserbaidschan siedeln in einer geschlossenen Enklave, in Berg-Karabach.

Rund 1 Mio. Armenier leben in den Staaten des Nahen Ostens und in Ägypten. Die zahlenstärksten Gruppen sind die armen. Minderheiten in Syrien (0,3 Mio.), im Libanon (0,2 Mio.), im Iran (0,17 Mio.) und in Ägypten (0,1 Mio.). In Westeuropa leben 0,38 Mio. Armenier, davon al-

lein 71 000 in Frankreich. Armen. Minderheiten gibt es auch in einigen
Staaten Südosteuropas, und zwar in Bulgarien (27 000), Rumänien
(26 000) und in Griechenland (21 000). Mehr als 1,6 Mio. Armenier sind
in Übersee beheimatet, die meisten in den USA (1,6 Mio.), kleinere armen. Außengruppen in Kanada (41 000) und in Honduras (900). Die
meisten in Amerika lebenden Armenier sind die Nachkommen von
Emigranten, die ihre Heimat entweder schon im 19. Jh. oder in den Jahren nach dem Ersten Weltkrieg verlassen haben.

Das Armen. (von den Armeniern selbst *Hayeren* genannt), die Nationalsprache der Armenier, ist eine indoeurop. Sprache und repräsentiert
– ähnl. wie das Griech. und Alban. – einen eigenen Sprachzweig. Als
Schriftsprache wird das Armen. bereits seit dem 5. Jh. n. Chr. verwendet, geschrieben in einem Originalalphabet mit 36 (seit dem 12. Jh. 38)
Buchstaben. Nach einer volkstüml. Überlieferung haben die Armenier
ihre kulturelle Unabhängigkeit mit diesen 38 «Soldaten» erfolgreich
durch alle Zeiten verteidigt. Das armen. Schrifttum umfaßt ein großes
Korpus christl. Literatur, ebenso zahlreiche philosoph. Schriften (darunter auch frühe Übersetzungen griech. Autoren wie Aristoteles) und
wissenschaftl. Werke. Als Staatssprache des unabhängigen Armenien
übernimmt das Armen. sämtl. Funktionen einer modernen Kultursprache.

Seit dem 2. Jt. v. Chr. ist ein Volk im Südkaukasus bezeugt, das ein
Reich mit dem Namen Hayasa schuf. Dieser in hethit. Texten erwähnte
Name ähnelt unverkennbar dem Eigennamen der Armenier, *Hay* (in
der altarmen. Form). Seit etwa 600 v. Chr. werden die Armenier in westl.
Quellen erwähnt, als *Armenioi* im Griech. und später als *Armenii* bei
röm. Autoren. Die Zeit der Reichsbildung während der Antike ist bis
heute ein wichtiges Element des armen. Selbstverständnisses und Na-
tionalstolzes und spielte sowohl während der Ablösung von der sowjet.
Hegemonie als auch im neuerl. souveränen armen. Nationalstaat eine
starke Rolle.

Die Geschichte der Diaspora begann im 11. Jh., als nach dem Zerfall
des Königreichs der Bagratiden viele Armenier nach Kilikien auswan-
derten und dort ein Königreich schufen, das von 1080 bis 1375 Bestand
hatte. Aus jener Region migrierten Armenier auf die Krim, nach Rußland, Polen, Rumänien und nach Moldawien. Eine weitere Migrationswelle – diesmal in gezwungener Weise als vom pers. Shah Abbas dem
Großen verfügte Deportation – brachte im Jahre 1604 größere Bevölkerungsgruppen von Armeniern in die Region von Isfahan. Von dort ge-

langten deren Nachkommen bis nach Indien, Singapur, Java und Australien. In Rußland lösten Pogrome gegen die Armenier in den 1890er Jahren eine Migration aus, die nach Westeuropa gerichtet war. Die Genozidverbrechen und Massaker der Türken an den Armeniern im Jahre 1915 hatten die Flucht vieler Armenier in die Länder des Nahen und Mittleren Ostens zur Folge, wo sie lokale Enklaven bildeten.

Der Zusammenhalt der Armenier auch in der Diaspora wird durch einige elementare Komponenten des kulturellen Gedächtnisses gewährleistet, insbesondere durch das Bewußtsein der histor. und aktuellen Eigenstaatlichkeit sowie durch armen. Kulturtraditionen und die armen. Sprache (*Asxarhabar* wörtl. ‹säkulares, umgangssprachl. Armenisch; *Hayeren* ‹armen. Sprache (im allgemeinen)›).

Lit.: Brentjes 1976, Diakonoff 1984, Mahr 1983

Aromunen → Rumänen

Aschkenasen → Juden

Asien. Im modernen Asien sind mehr als 2000 Ethnien beheimatet. Es lassen sich kulturelle wie sprachl. Großraumintegrationen ebenso beobachten wie der Partikularismus lokaler Klein- und Kleinstethnien. Einerseits besteht hier die größte ethn. Gemeinschaft der Welt, die → Chinesen mit mehr als 1,2 Mrd. Angehörigen. Andererseits sind – verstreut über den ganzen Kontinent – zahlreiche Kleinvölker verbreitet, wie die → Veddah (300) in Sri Lanka, die Manem (400) in Indonesien (Irian Jaya) und die Majhi (250) in Indien (Sikkim). Im großen Unterschied zu den Verhältnissen in → Afrika oder → Amerika leben in Asien viele bevölkerungsreiche Ethnien, Großvölker mit vielen Millionen Angehörigen. Außer den Chinesen sind hier die → Hindustani (182 Mio.), die → Bengalen (190 Mio.), die → Japaner (125 Mio.), die → Koreaner (75 Mio.), die dravid. → Telugu (73 Mio.), die → Türken (67 Mio.), die → Tamilen (62 Mio.), die → Vietnamesen (66,5 Mio.), die → Perser (32 Mio.) u. a. zu nennen. Die meisten bevölkerungsstarken Ethnien besiedeln einen breiten Gürtel, der sich von Westasien über die Regionen Süd- und → Südostasiens in den indones. Inselarchipel und nach Ostasien erstreckt. In diesem Gürtel ist auch die Dichte der in Nachbarschaft lebenden Einzelvölker am größten.

Die Völker Asiens gehören verschiedenen ethn. Makrogruppierungen an. Dies sind sino-tibet. Ethnien (Chinesen, → Tibeter, → Burmesen u. a.; mehr als 1,3 Mrd. Menschen), → indoeurop. Ethnien (→ Indo-Arier, → Iranier; mehr als 1 Mrd.), austrones. Ethnien (→ Malaien u. a.; mehr als 300 Mio.), → dravid. Ethnien (Telugu, Tamilen u. a.; mehr als 200 Mio.), altaische Ethnien (→ Turkvölker, → Mongolen, → Tungusen; mehr als 110 Mio.), austroasiat. Ethnien (Vietnamesen, → Khmer, → Mon u. a.; mehr als 100 Mio.), afroasiat. Ethnien (→ Araber u. a.; mehr als 70 Mio.). In → Nordsibirien sind etl. Kleinvölker beheimatet, die zu zwei größeren Gruppen gehören: → ural. Ethnien (→ Samojeden, → Ugrier; weniger als 40 000), → paläoasiat. Ethnien (→ Tschuktschen, → Keten u. a.; weniger als 20 000).

Die heutige Verteilung ethn. Gruppen in Asien ist das Ergebnis vielfältiger Migrationsbewegungen und Siedlungsschübe, die das ethn. Mosaik seit dem Neolithikum geprägt haben. Von den Populationen, die Asien bereits vorher, d. h. während des Paläolithikums, bevölkert hatten, haben sich Reste bis heute erhalten. Die Nachkommen jener frühen Bewohner Asiens, die vor mehr als 60 000 Jahren von Westen (aus Afrika kommend) nach Ostasien migrierten, sind die → Andamanen auf einigen Inseln im Golf von Bengalen, die → Orang Asli auf dem malaiischen Festland und die → Dayak-Völker auf Borneo. Zum Kreis der Kleinvölker, deren Ethnogenese ebenfalls mit der ältesten Bevölkerung des Kontinents in Verbindung steht, gehören auch die → Buruscho im Hindukusch, die → Ainu in Japan (Hokkaido) und die paläoasiat. Völker, die verstreut im östl. und nördl. Sibirien leben.

Insgesamt vier großräumige Expansionsbewegungen haben die ethn. Verhältnisse in den Siedlungsräumen Asiens langfristig geprägt. In chronolog. Abfolge waren dies die Migration der Indo-Arier und Iranier aus Mittelasien in ihre heutigen Verbreitungsgebiete (2. und 1. Jt. v. Chr.), die Migration türk. Populationen aus Südsibirien über → Zentralasien nach Westasien (7.–10. Jh. n. Chr.), die arab.-islam. Expansion im 7. Jh. aus dem Mittleren Osten nach Süden (Afrika), Norden (Kaukasus und Mittelasien) und Osten (Persien, Pakistan, ind. Subkontinent), und die Expansion russ. Siedlungen nach Südsibirien seit dem 17. Jh. Die Migrationsbewegung russ. Siedler nach Mittelasien seit dem 19. Jh. zielte auf die urbanen Zentren und deren Erschließung ab.

Sibirien war und ist von zahlreichen Völkern unterschiedl. Herkunft bewohnt, die altaische, ural., tungus. und paläoasiat. Sprachen sprechen. Im südl. Sibirien drängten die russ. Siedler die einheim. Bevölkerung in unwirtliche Gebiete ab. Den rauhen Norden haben Russen zu keiner

Zeit in größerer Zahl besiedelt. Auf modernen ethnograph. Karten ist die Ostexpansion der russ. Siedlungen klar erkennbar, die sich wie ein Keil in das nichtruss. Gebiet vorgeschoben haben. Sibirien ist auch nach der Auflösung des sowjet. Imperiums weiterhin ein Teil von dessen Kernland, Rußland.

Die Folgen der Migration von Indo-Ariern aus Mittelasien und von Iraniern aus dem iran. Hochland nach Osten sind bis heute in der Ethnodemographie und in der Sprachenverteilung des ind. Subkontinents zu erkennen. In Pakistan hat sich die alte dravid.-sprachige Bevölkerung nur mehr in Resten erhalten (z.B. die Brahui). Ind. (d.h. indo-ar.) Sprachen werden im nördl. und mittleren Teil Indiens gesprochen, während sich die Dravida-Sprachen im Süden des Landes konzentrieren. Die Sprecher ind. Sprachen machen die bei weitem größte Bevölkerungszahl aus. Auch in Sri Lanka stellen die → Singhalesen mit ihrer ind. Sprache die Bevölkerungsmehrheit, während die dravid. Tamilen eine Minderheit sind.

Die großräumige Migration türk. Stammesverbände im 1. Jt. aus Südsibirien über Mittelasien nach Kleinasien und Osteuropa ähnelt der der landnehmenden Indoeuropäer, beides sind eigentl. Siedlungsbewegungen. Die islam. Expansion in Südwestasien und Nordafrika dagegen ist ein Prozeß militär. Landnahme unter arab. Führung. Araber migrierten zwar aus dem arab. Kernland in die eroberten Gebiete, ein großer Teil der Bevölkerung in den islamisierten Regionen ist aber einheimisch, d.h. nichtarabisch. Insofern zog die islam. Expansion viel weitere Kreise als die eigentl. arab. Migration. Den Unterschied kann man deutl. in den Regionen erkennen, wo sich die Migration der türk. Populationen, die religiöse Drift des Islam und dessen militär. Landnahme kreuzen. Die Türken im östl. Europa, im mittleren und westl. Asien gewöhnten sich allmähl. an den Islam als Weltanschauung und Lebensform, allerdings ohne daß es zu einer nennenswerten Immigration von arab. Siedlern in türk. Gebiet gekommen wäre. Die Zahl der nichtarab. Muslime Asiens (in Pakistan, Iran, in den Staaten Mittelasiens, in der Türkei usw.) ist heute wesentl. größer als die der arab. Gesellschaften im Irak, in Syrien und in den Staaten der Arab. Halbinsel. Das gleiche gilt für Afrika; auch dort sind die Mehrzahl derer, die sich zum Islam bekennen, Nichtaraber, und zwar → Berber und Schwarzafrikaner.

Auch im Hinblick auf seine kulturhistor. Entwicklung ist Asien ein Kontinent der Rekorde und großen Gegensätze. Die meisten der in der Welt verbreiteten Religionen stammen aus Asien und/oder sind in asiat.

Kulturen verbreitet. Hierzu gehören auch alle sog. Weltreligionen wie das Christentum, der Islam, der Judaismus, der Buddhismus, der Hinduismus, der Taoismus und andere. Verglichen mit der Expansionskraft asiat. Religionen nimmt sich die Dynamik asiat. Sprachen mit Weltgeltung auffällig gering aus. Chines. ist als Großsprache nicht deshalb wichtig, weil sie globale kommunikative Funktionen hätte, sondern wegen der enormen Sprecherzahl und der polit.-wirtschaftl. Bedeutung ihres Hauptverbreitungsgebiets (Kontinental-China, Taiwan, Singapur, chines. Minderheiten in Südostasien). Ähnl. gilt für das Japan., das seinen Status als Kommunikationsmedium mit globaler Ausstrahlung dem Einfluß der Wirtschaft Japans verdankt. Das Arab. dagegen ist die einzige asiat. Weltsprache, die nach Sprecherzahlen, interkontinentaler Verbreitung und im Hinblick auf kommunikative Funktionen mit den europ. Weltsprachen vergleichbar ist.

In Asien waren die meisten der europ. Kolonialmächte aktiv. Als Folge der Etablierung ihrer polit. Kontrolle, der Verstärkung ihres wirtschaftl. Einflusses und des Transfers europ. Institutionen wie Rechtssystem, Ausbildungsorgane und Pressewesen verbreitete sich europ. Einfluß. Die ersten Europäer, die in den Fernen Osten gelangten, waren → Portugiesen. Portugies. Seefahrer unter Führung Vasco da Gamas landeten 1498 in Indien. Goa war der erste Handelsstützpunkt. In Japan machten portugies. Jesuiten schon im 16. Jh. ihre Autorität geltend. Sie wurden jedoch nach rund 100 Jahren des Landes verwiesen. Als sprachl. Zeugen aus jener Zeit sind nur einige portugies. Lehnwörter im Japan. erhalten geblieben.

Ähnlich wie in Afrika rivalisierten die Europäer auch in den Ländern Asiens um die koloniale Vorherrschaft. Der Weg zur polit. Gebietskontrolle führte über vielerlei Umwege, unter anderem über Handelskriege, etwa der → Niederländer mit den → Engländern um die Vorherrschaft im Ind. Subkontinent, der Europäer mit den Einheimischen (z.B. der engl.-chines. Opiumkrieg im 19. Jh.), über die militär. Auseinandersetzungen der → Briten mit den Herrschern der lokalen Königreiche in Indien und auch über trüger. Schutzabkommen mit lokalen Herrschern, die die Europäer zu Instrumenten ihrer polit. Hegemonie ummünzten. Dies war der Trend der Kolonialpolitik der → Franzosen in Indochina, insbesondere in Vietnam. Die Ära der französ. Kolonialherrschaft endete im Jahre 1954.

Deutschland trat als Kolonialmacht in Ostasien erst spät auf den Plan und mußte sich mit einer Einflußsphäre begnügen, die bis dahin noch

Niemandsland war, mit dem Bismarck-Archipel, der sich von Neuguinea aus nach Nordosten erstreckte. Allerdings faßten die → Deutschen – nach dem Vorbild der Briten und Portugiesen – ebenfalls an der chines. Küste in Tsingtau Fuß. Die deutsche Kolonialära in Fernost endete bereits 1918. Bis heute haben sich aber einige Spuren dieser Zeit erhalten. In Papua-Neuguinea sind viele alte Namen für Landschaftsformen (z.B. Schuster Range, Mount Wilhelm, Cape Hollmann) und einige Ortsnamen (z.B. Finschhafen) bewahrt worden, und auch der Bismarck-Archipel hat seinen Namen behalten. Ein Kuriosum ist das Fortleben des deutschen Kulturerbes in der einzigen Kreolsprache auf deutscher Basis, in dem von nur noch etwa 100 Menschen gesprochenen Unserdeutsch.

Zu Beginn des 20. Jh. hatten sich die Interessen der europ. Großmächte in Asien ausbalanciert. Die Deutschen kontrollierten das Seegebiet im Norden von Neuguinea und hatten einen Stützpunkt an der Ostküste Chinas. Die Zentren, über die die Portugiesen ihren Handel in Ost- und Südasien organisierten, waren Macao und Goa. Die Holländer beherrschten Java. Die Stellung der Franzosen in Indochina war ebenso unumstritten wie die der Briten in Burma und Indien. Weiter im Westen hatten sich Briten und Franzosen mit der Präsenz einer asiat. Kolonialmacht abzufinden, des Osman. Reiches. Da die Türkei zu den Verlierern des Ersten Weltkriegs gehörte, übernahmen Engländer und Franzosen weite Gebiete der früher von Türken besetzten arab. Kolonien.

Nur wenigen Staaten in Asien gelang es, sich dem Zugriff der europ. Kolonialmächte zu entziehen. Dazu gehörten Japan und Thailand (das histor. Siam). Diese Länder behaupteten zwar ihre polit. Souveränität (Japan als Kaiserreich, Thailand als Königreich), sie standen aber dennoch seit dem 19. Jahrhundert unter dem Druck westl. Staaten, ihre wirtschaftl. und kulturelle Isolation aufzugeben und sich westl. Einflüssen zu öffnen.

Auf der Welt gibt es derzeit nur noch zwei große innerstaatl. Kolonien: das von China beherrschte Tibet sowie das russ. Sibirien. Die Verhältnisse in den beiden Großräumen ähneln sich im Hinblick auf die Proportionen von einheim. und zugewanderter Bevölkerung. In Tibet sind die einheim. Tibeter eine Bevölkerungsminderheit und die Chinesen in der Mehrheit. Sibirien ist heutzutage mehrheitl. von Russen bewohnt. Die Gesamtzahl aller einheim. Völker Sibiriens ist kleiner als die der zugewanderten Europäer, wozu unter anderem auch eine Dreiviertelmillion Deutsche gehören.

Von den ehemaligen Kolonialsprachen in Asien hat sich das Engl. am besten behauptet. Auch in der nachkolonialen Ära wird Engl. als Amtssprache verwendet, etwa in Singapur oder als fakultative Arbeitssprache der Behörden Indiens. Als wichtigste Kontaktsprache für den internationalen Austausch von Informationen im techn.-technolog. Bereich ist das Engl. überall in Asien in Gebrauch. In vielen asiat. Ländern gibt es, zusätzlich zu den einheim. Medien, eine engl.-sprachige Presse. In den Massenmedien, im Entertainment sowie in der kommerziellen Werbung steht das Engl. als Symbol für Modernität.

Die Rolle des Französ. im nachkolonialen Asien ist weitaus bescheidener und beschränkt sich auf die Funktionen einer Bildungssprache (wie noch in Vietnam und Kampuchea). Französ. Kulturerbe manifestiert sich aber auch im Lehnwortschatz französ. Herkunft in einer Reihe asiat. Sprachen, v. a. im Vietnames., Kambodschan. und Laot., außerdem in der Orthographie des Vietnames. auf der Basis der Lateinschrift, deren Erweiterung um zahlreiche diakrit. Zeichen sich an den Konventionen der Akzente im Französ. orientiert.

Das Schicksal des Portugies. als Amtssprache war wechselhaft. Die einzige Region, wo das Portugies. seinen amtl. Status kontinuierl. bewahrt hat, ist Macao, denn dort ist die ehemalige Kolonialsprache auch nach dem Anschluß an China (Frühjahr 1999) in amtl. Funktionen (neben dem Chines.) bestätigt worden. Eine besondere Entwicklung hat das Portugies. in Ost-Timor durchgemacht. Bis 1975 war die Region portugies. Kolonialbesitz. Danach hielt Indonesien den Ostteil Timors bis zur Einrichtung der UN-Schutzzone in Ost-Timor 1999 besetzt. Heute ist das Portugies. Staatssprache des seit 2001 selbständigen Staates Ost-Timor.

Lit.: Barnes 1993, Bell-Fialkoff 2000, Cavalli-Sforza et al. 1994: 195 ff., Haarmann 2002a: 273 ff., Lincoln 1993, Schiffman 1999

Aserbaidschaner (*Azeri*, the Azerbaijani). Die Aserbaidschaner sind ein Turkvolk, dessen Bevölkerung sich in zwei regionale Siedlungsgemeinschaften ausgliedert, in eine nördl. (rund 7 Mio. Aserbaidschaner in der Republik Aserbaidschan, in Dagestan, in Armenien) und in eine größere südl. (24,4 Mio. Aserbaidschaner im Nordwesten des Iran, in Afghanistan, im Irak, in der Türkei). Die Aserbaidschaner kamen im Frühmittelalter als Migranten in ihre heutigen Siedlungsgebiete, und zwar im Zuge der Wanderungen türk. Stämme aus Südsibirien über → Zentralasien nach Westasien. Die Großregion Aserbaidschan war in der

Antike als *Albania* bekannt. Der Name Aserbaidschan wird seit dem 7. Jh. gebraucht, als die Araber das Land eroberten. Die antiken → Griechen nannten Aserbaidschan auch *Atropatene*, in Anlehnung an deren Namen bei den → Armeniern, *Atrpatakan*, was ‹Hort des Feuers› bedeutet. Dies hängt wohl damit zusammen, daß in vorislam. Zeit bei den Aserbaidschanern – wie bei den → Persern – der Zoroastrismus, die Lehre Zarathustras, mit einem ausgeprägten Feuerkult verbreitet war. Die Verbreitung des Islam hat diese ältere Religion zurückgedrängt. Die Mehrheit der Aserbaidschaner sind schiit. Muslime, rund 35 % der Bevölkerung Aserbaidschans dagegen gehören der sunnit. Konfession an. Das religiöse Schisma verhinderte lange Zeit das Aufkommen eines Nationalbewußtseins, das sich allerdings seit der Unabhängigkeit Aserbaidschans 1991 deutl. artikuliert.

Das Aserbaidschan. ist eine Turksprache und am nächsten mit dem Turkmen. verwandt. Vom 13. Jh. an wurde das Aserbaidschan. im arab. Alphabet geschrieben. Die sowjet. Sprachplanung stellte im Jahre 1922 die Graphie auf die Lateinschrift um. Nach mehreren Wechseln mit zwischenzeitl. Verwendung der Kyrillica wird die Sprache seit 1991 wieder mit latein. Buchstaben (ergänzt durch Zusatzzeichen) geschrieben.

Lit.: Bromlej 1988: 42 f., Kostyal 2002: 20 f., Menges 1995: 41 f.

Assyrer (*Aturaja,* the Assyrians). Trotz ihrer nicht unbedeutenden Bevölkerungszahl von ca. 1,2 Mio. sind die Assyrer (Neuassyrer) kaum über den engeren Kreis von Ethnologen, Semitisten und Religionswissenschaftlern bekannt. Die Assoziation mit dem Namen des alten Volks der Assyrer beruht auf legendären Vorstellungen einer weder ethn. noch sprachl. nachzuweisenden Beziehung. Auch namentl. Beziehungen zu anderen Völkern der Antike (Chaldäer, Syrer) sind mystisch verklärt. Vielmehr sind die Assyrer, die sich selbst *aturaja, suraja* (Syrer) oder *kaldaja* (Chaldäer) nennen, Nachkommen der Aramäer der Antike. Noch etwa 0,45 Mio. Menschen sprechen lokale Varianten des Neuaramäischen, einer semit. Sprache. Die übrigen Assyrer haben sich sprachl. an ihre vorwiegend arab.-sprachige Umgebung assimiliert.

Die Mehrheit der Assyrer lebt heute im Irak (0,75 Mio.) und in Syrien (0,45 Mio.). Kleinere Außengruppen findet man im Iran (ca. 80000), in der Türkei (25000), in Rußland (weniger als 8500), in Deutschland (rund 8000, v. a. in Berlin) und in Großbritannien. Die meisten Assyrer, deren Vorfahren aus Asien nach Übersee emigriert sind, leben in Nordamerika (mehr als 0,1 Mio.).

Die Assyrer sind Christen und gehören vier verschiedenen Konfessionen an. Es gibt Anhänger der beiden alten, seit dem 5. Jh. von der röm. Kirche getrennten syr. Gemeinden, der nestorian. und der jakobit. (syr.-orthodoxen). Im 17. Jh. erfolgte die Abspaltung der chaldäischen Kirche von der nestorian. Auch die jakobit. Kirche blieb nicht einheitlich, von ihr spaltete sich im 19. Jh. die syr.-kathol. Gemeinde ab. Diese vier regionalen Gemeinschaften existieren seit vielen Jahrhunderten überwiegend als Enklaven inmitten einer muslim. Mehrheitsbevölkerung. Eine Ausnahme sind die Gemeinden assyr. Christen in der Kaukasusregion (südl. Rußland, Georgien, Armenien).

Die Beziehungen zwischen den assyr. Christen und den Muslimen waren häufig eingebunden in das polit. Spannungsverhältnis der Großmächte, auf deren Territorium die Assyrer lebten. Nicht selten eskalierten diese Spannungen zu offenen Ausschreitungen gegen die assyr. Minderheit. Während des Ersten Weltkriegs gerieten die Assyrer, die als Christen von der zarist. Regierung polit. gegen die Türken ausgespielt wurden, in den Konflikt des christl. Rußland mit dem islam. Osman. Reich. Rund eine Viertelmillion Assyrer fiel damals den von den Türken begangenen Massakern zum Opfer. Viele wurden vertrieben und suchten Zuflucht in den nach der Auflösung des osman. Kolonialreichs im Jahre 1918 organisierten Mandatsgebieten der Briten (Irak) und Franzosen (Syrien). Die Umsiedlung größerer Gruppen von Assyrern in das von Briten kontrollierte Persien brachte keinen sozialen Frieden. Die assyr. Bevölkerung im Irak (Subna-Tal) wurde ebenso wie die → Kurden im September 1988 Opfer von Giftgasangriffen der irak. Luftwaffe und der Offensive der irak. Armee im Frühjahr 1991. Seit Jahren bemühen sich assyr. Asylsuchende mit wechselndem Erfolg um Aufnahme in westeuropäische Staaten.

Lit.: Ludwig 1994: 38 ff.

Athabasken (the Athabaskans). Die Athabasken gehören zur autochthonen Bevölkerung Nordamerikas. Mehr als drei Dutzend athabask. Ethnien sind in einem weiten Areal von Alaska über das westl. Kanada und den Nordwesten der USA bis in den amerikan. Südwesten verbreitet. Nach der Gesamtzahl der Sprecher athabask. Sprachen (ca. 0,2 Mio.) ist diese Makrogruppierung die sprecherreichste der Amerind-Sprachfamilien. Die bevölkerungsstärkste Ethnie sind die → Navajo (0,22 Mio.), und die Sprachgemeinschaft des Navajo ist mit 0,148 Mio. Angehörigen die größte der athabask. Sprachgemeinschaften.

Die übrigen athabask. Ethnien sind Kleinvölker. Die Namen der meisten athabask. Völker (Beaver, Chilcotin, Han, Kaska, Sekani, Tutchone u. a.) sind nur Experten vertraut. Außer den Navajo haben aber v. a. die → Apachen Aufmerksamkeit in der Öffentlichkeit gefunden, dies insbesondere wegen der Kriegszüge des legendären Geronimo.

Die athabask. Sprachen werden mit dem Eyak, Haida und Tlingit in eine Makrogruppierung der Amerind-Sprachen gestellt, die Na-Dene-Sprachen. Die Sprecher dieser Sprachen sind die Nachkommen der Immigranten der zweiten Welle, die vor 10 000 bis 9 500 Jahren von Ostsibirien aus nach Nordamerika wanderten. Für die Navajo und die Apachen lassen sich Wanderbewegungen von Nordwesten nach Südwesten nachweisen. Auch in der oralen Tradition dieser Völker lebt die Erinnerung an eine nördl. Urheimat weiter.

Lit.: Cook 1992, Krauss 1973

Äthiopier (the Ethiopians). Die Benennung «Äthiopier» ist ein Sammelbegriff, der in verschiedenen Zusammenhängen verwendet wird, sich dabei aber jeweils auf einen anderen Sachverhalt bezieht:

– Äthiopier = Bürger Äthiopiens: Im weitesten Sinn bezieht sich die kollektive Benennung «Äthiopier» auf alle Bürger des Staates Äthiopien. Bis 1993 war auch das seither unabhängige Eritrea ein Landesteil Äthiopiens. Nach dieser allgemeinen Definition gibt es 61 Mio. Äthiopier.

– Äthiopier = Afrikaner mit besonderen anthropolog. Kennzeichen: In der Humangenetik ist «Äthiopier» ein Sammelname für Menschen mit einem bestimmten genom. Profil und bestimmten anthropolog. Merkmalen, von denen die meisten auf dem Territorium Äthiopiens leben. Die solchermaßen charakterisierten Bevölkerungsgruppen sprechen ausnahmslos semit. Sprachen. Insofern ist ein Äthiopier jemand, der in Äthiopien beheimatet ist und eine semit. Sprache spricht. Die Zahl der so definierten Äthiopier ist kleiner als die obige Angabe zur äthiop. Bevölkerung, denn in Äthiopien werden auch nicht-semit. Sprachen gesprochen, und zwar kuschit. Sprachen (z.B. Oromo, Kambaata) sowie nilo-saharan. Sprachen (z.B. Berta, Kwegu).

Einige der semit. Sprachen Äthiopiens (und Eritreas) sind sprecher-reich:

- Amharisch (23 Mio.; davon 20 Mio. Primärsprachler und 3 Mio. Zweitsprachler) ist die verbreitetste der Sprachen Äthiopiens. Weitere 15 Mio. Angehörige der verschiedensten Völker können Amhar. verstehen, aber nicht aktiv sprechen. Amhar. ist seit 1987 Staatssprache Äthiopiens.
- Tigrinya (3,28 Mio. in Äthiopien, 1,9 Mio. in Eritrea), verbreitet vorwiegend in der Tigray-Provinz
- Gurage (2,29 Mio.), verbreitet in der Gurage-Region
- Tigré (0,8 Mio. in Eritrea)

An der Ethnogenese der Äthiopier waren die verschiedensten Populationen beteiligt, und zwar nicht nur solche Afrikas, sondern auch solche aus dem Nahen Osten und Arabien. Im genom. Profil der Äthiopier sind die folgenden Komponenten festzustellen: Eine sehr alte Komponente von Khoisaniden-Populationen (→ San); vor den großen schwarzafrikan. Migrationen haben San-Gruppen bis nach Äthiopien gesiedelt. Als weitere Komponente sind kaukasoide Gene zu nennen. Diese gehen auf Migranten zurück, die entweder aus dem Nahen Osten oder aus der Arab. Halbinsel nach Äthiopien kamen. Es ist bislang ungeklärt, ob es über die Kultur- und Handelskontakte zwischen Äthiopien (das Reich von Aksum) und Südarabien (das Reich von Saba) in den ersten Jahrhunderten unserer Zeitrechnung auch zu einer nennenswerten Gendrift (über Sozialkontakte) gekommen ist. Eine dritte Komponente weist auf den Einfluß negrider Bevölkerungsgruppen; schwarzafrikan. Migranten sind während des Neolithikums entweder vom Westen oder Südwesten gekommen.

Lit.: Cavalli-Sforza et al. 1994: 171 ff., Haarmann 2002a: 136 ff.

Australien. Seit mehr als 150 Jahren ist Australien mehrheitl. von Menschen bewohnt, die dorthin ausgewandert sind bzw. die dort als Nachkommen von Einwanderern geboren wurden. Bereits innerhalb der ersten Jahrzehnte nach der Landnahme der → Briten, die im Jahre 1788 mit der Ankunft der ersten Sträflinge aus England begann, wurde die alteingesessene Bevölkerung, die → Aborigines, in die unwirtl. Regionen des Kontinents abgedrängt. Die Zahl der Menschen, die aus Europa nach Australien kamen, wuchs kontinuierl. an. Gegen Ende des 19. Jh. setzte auch die Immigration aus Asien ein. Bis in die jüngste Vergangenheit war Australien ein klass. Einwanderland. Außer → Engländern und → Iren, deren Nachkommen etwa 60 % der Landesbevölkerung ausmachen, sind Vertreter vieler anderer Völker in Australien heimisch geworden.

Knapp 10 % der Landesbevölkerung, d. h. mehr als 1,7 Mio. Menschen, stammen von Immigranten ab, die nicht aus England oder Irland kamen. Viele haben ihre Kultur und Sprache auch in Australien bewahrt. Die ethn. Gruppen der Immigranten sind bevölkerungsreicher als die allermeisten der Aborigine-Ethnien. Zu den zahlenstärksten der nicht-einheim. ethn. Minderheiten gehören → Italiener (0,44 Mio.), → Griechen (0,227 Mio.), → Deutsche (0,165 Mio.), → Niederländer (0,11 Mio.), → Polen (86 000), → Chinesen (85 000), → Araber (77 500) u. a. Für die sprecherreichen Immigrantensprachen existiert ein Förderprogramm für die zweisprachige Schulausbildung.

Lit.: Horton 1994, Nile/Clerk 1996

Austroasiaten (Austroasiatic peoples). Völker mit austroasiat. Sprachen gehören zu den ältesten Populationen → Südostasiens und des östl. Teils des Ind. Subkontinents. Sehr wahrscheinl. sind die modernen Ethnien genet. mit den ersten Menschen affiliiert, die vor 70 000 bis 80 000 Jahren jene Region bevölkerten. Die austroasiat. Völker gliedern sich in die Mon-Khmer-Ethnien (in Südostasien) und in die Munda-Ethnien (in Ostindien). Beide Gruppen sind jeweils in weitere Untergruppen ausgegliedert. Die bevölkerungsreichste Ethnie sind die → Vietnamesen (68 Mio.), die eine Mon-Khmer-Sprache sprechen. Die Kleinvölker, die Munda-Sprachen sprechen, werden in Indien zu den → Adivasi (Ureinwohnern) gerechnet.

Die meisten austroasiat. Bevölkerungsgruppen liegen wie Inseln inmitten → indo-arischer (im Westen) und → austronesischer Völker (im Osten). Die austroasiat. Sprachen (180) stellen eine eigene Sprachfamilie dar. Einige der austroasiat. Ethnien sind alte Kulturvölker wie die → Khmer und die → Mon (älteste Staatsgründungen im 9. Jh. n. Chr.), ihre Sprachen wurden schon früh verschriftet (Khmer im 7. Jh., Mon im 9. Jh.).

Lit.: Diffloth/Zide 1992

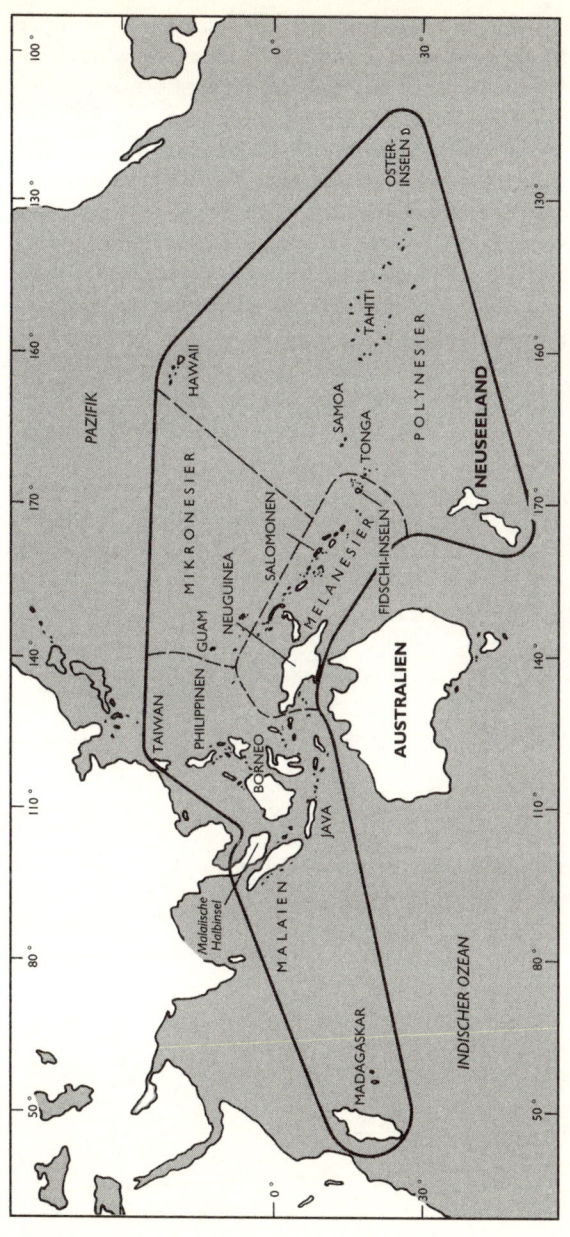

Hauptgruppierungen der austronesischen Sprachen und Ethnien
nach: Bright 1992, 1

Austronesier (Austronesians) leben in einem riesigen Gebiet, das im Westen durch Madagaskar, im Osten durch die Osterinsel im östl. Pazifik begrenzt wird. Die Urheimat der Austronesier liegt im Küstengebiet → Südchinas, von wo sie um 4000 v. Chr. nach Taiwan, auf die Philippinen und weiter nach Süden migrierten. Austrones. Populationen sind seit etwa 5000 Jahren auf Neuguinea heimisch. Aus dem gemeinsamen kulturellen Kontinuum der Austronesier gliederten sich nach 3000 v. Chr. die Regionalkulturen der → Malaien, ab 2500 v. Chr. die der → Melanesier und ab 1500 v. Chr. die der → Mikronesier aus. Auf sekundärer Ausgliederung aus dem melanes. Kontinuum beruhen die Kulturen und Sprachen der → Polynesier.

Lit.: Clark 1992

Azteken → Nahuatl

B

Balinesen (*Bali*, the Balinese). Die 3,8 Mio. Balinesen sind auf der kleinen Sundainsel Bali beheimatet, die geograph. zum Inselarchipel → Südostasiens gehört. Wie die Mehrheitsbevölkerung der → Javaner auf der westl. liegenden Nachbarinsel Java sind auch die Balinesen ein → malaiisches Volk. Im Gegensatz zu den Javanern, bei denen der Islam verbreitet ist, hat sich auf Bali die Tradition des Hinduismus als wichtigste Religion bewahrt. Die Balinesen haben sich erfolgreich islam. Missionierungskampagnen widersetzt. Bali gehört zu den malaiischen Kulturregionen mit früher Reichsbildung. Im 10. Jh. formierte sich ein unabhängiges Königreich auf Bali, dessen Herrscher einheim. Hindu waren. Das Besondere des Herrschaftssystems war der Wechsel von männl. und weibl. Regenten sowie von Ko-Regentschaft. Von Anbeginn stand das höfische Leben in Bali unter dem Einfluß des ostjavan. Königreichs (Majapahit) auf der Nachbarinsel Java.

Basis für die Schriftkultur Balis war zunächst das Altbalines. (älteste Inschrift von 914), bald schon dominierte das Altjavan., das auch als Kanzleisprache in Bali fungierte. Im Jahre 1343 wurde Bali von Ost-Java erobert und als Provinz in dessen Territorium eingegliedert. Danach wurde das Altbalines. als Schriftsprache durch das Javan. ersetzt. Viele javan. Hindu fanden Zuflucht in Bali, nachdem sich der Islam seit dem Ende des Mittelalters in Java verbreitete. Zu diesen Flüchtlingen gehörten auch Vertreter des javan. Geisteslebens. In Bali ist eine reiche Literatur in mitteljavan. Sprache entstanden.

Zu den populärsten Genres der balines. Folklore gehören das Theaterwesen und rituelle Tänze. Die beliebteste Thematik der Theaterstücke ist der Konflikt zwischen Gut (symbolisiert durch den lichtvollen myth. Löwen Barong) und Böse (symbolisiert durch die Königin des Todes Rangda).

Lit.: Eiseman 1989, Kempers 1991, Kostyal 2002: 35

Balten, baltische Völker (Baltic peoples). Balt. Populationen siedelten seit dem 2. Jt. v. Chr. in einem Areal, das weit über das Kernland moderner balt. Völker hinausreichte. Bis ins Mittelalter bewohnten Balten weite Teile Ostpreußens, des nordwestl. Rußland und des nördl. Weißrußland. Balt. Orts- und Gewässernamen finden sich bis in die Region westl. von Moskau. Die von Tacitus (1. Jh. n. Chr.) in dessen «Annalen» erwähnten *Aestii* waren nicht die finn.-ugr. → Esten, sondern die Altpreußen. Deren Sprache, das Altpreußische (Pruzz.) ist der einzige dokumentierte Vertreter des westbalt. Zweigs. Die Sprachen der anderen bekannten balt. Völker (Kuren, → Letten, → Litauer) vertreten das Ostbalt. Insgesamt leben rund 5 Mio. Menschen balt. Herkunft in der Region, die nach ihnen den Namen Baltikum erhalten hat.

Die ältesten Kontakte balt. Völker zu ihren Nachbarn sind die zu den Ostseefinnen (→ Finno-ugr. Völker in Rußland), die seit etwa 1000 v. Chr. andauern. In der Neuzeit sind dies v. a. die Kontakte zwischen Letten, Esten und Liwen sowie deren Sprachen. Seit Jahrhunderten schon haben sich Angehörige der liw. Sprachgemeinschaft ans Lettentum assimiliert. Heute leben nur noch wenige Sprecher des Liw. In den ersten Jahrhunderten unserer Zeitrechnung entfalteten sich die balt.-german. Sprach- und Kulturkontakte. In jener Zeit traten die Balten auch in Handelskontakte mit röm. Kaufleuten. Die begehrteste Handelsware, die aus der Küstenregion Ostpreußens und Litauens exportiert wurde, war Bernstein, der im Latein. *glaesum* genannt wurde. Die Wurzel dieses Wortes ist german., was darauf schließen läßt, daß german. Mittelsmänner den Bernsteinhandel zwischen Balten und Römern kontrollierten. Den einheim. Ausdruck für Bernstein im Balt. (ostbalt. *gintaras*) haben die Römer wohl gar nicht kennengelernt. Seit dem Frühmittelalter standen die Balten im Kontakt mit slaw. Stämmen (→ Slawen). Diese Kontakte haben sich kontinuierlich bis in die Moderne entwickelt.

Die Ethnogenese der Ostbalten folgt bis ins 7. Jh. n. Chr. gemeinsamen Trends. Dann gliederte sich aus dem ostbalt. Kontinuum ein lett. und ein litauischer Kulturkomplex aus. Lett. Kulturmuster verbreiteten sich nach 1000 auch bei anderen lokalen Gruppen der Ostbalten, die sich akkulturierten. In der Moderne standen die balt. Völker unter dem assimilator. Druck von Kulturen benachbarter Ethnien. Poln. Kultur und Sprache haben lange auf die litauische Sprachgemeinschaft eingewirkt. In Lettland waren es die deutsche Kultur der Stadtbevölkerung und zu verschiedenen Perioden (bis 1914, zwischen 1944 und 1991) die russ. Kultur, die bleibende Spuren im lett. Volkstum und in der Sprache hinterlassen haben. Bis 1991 wirkten starke assimilator. Tendenzen, die von der lokalen russ. Bevölkerung (→ Russen stellen bis heute über

40 % der Landesbevölkerung) und von der kaum verdeckten Russifizierungspolitik der Sowjetära ausgingen.

Lit.: Butrimas 2001, Haarmann 2003, Mallory/Adams 1997: 46 ff.

Bantu (Bantu peoples). Ein großer Teil der schwarzafrikan. Bevölkerung im zentralen und südl. Teil → Afrikas gehört zu größeren und kleineren Ethnien, die kulturell wie sprachl. miteinander verwandt sind. Es handelt sich dabei um einige hundert Völker, für die erstmals der holländ. Forscher W. H. I. Bleek in den 1850er Jahren den Namen Bantu wählte, und zwar in Anlehnung an die im südl. Afrika verbreitete Wortform *ba-ntu* ‹Mensch, Person›. Die 646 Einzelsprachen der Bantu-Völker bilden einen eigenen Sprachzweig (*bantoid*) innerhalb der sprachenreichsten Sprachfamilie der Welt, der Niger-Kongo-Sprachen (mit 1436 Sprachen). Von *bantoid* unterschieden wird *narrow Bantu* (Bantu im engeren Sinn) mit insgesamt 489 Einzelsprachen.

Die schwarzafrikan. Populationen, die nach 1500 v. Chr. aus dem westl. Afrika nach Osten und Süden migrierten, waren in der Hauptsache bantoide Bevölkerungsgruppen. Für die Zeit um ca. 1000 v. Chr. sind Siedlungsspuren der Bantu in Zentralafrika nachzuweisen. Aus einer Gegend, die den Süden der Demokrat. Republik Kongo (des ehemaligen Zaire) und den nördl. Teil von Sambia umfaßt, gingen weitere Migrationen aus, in einem Hauptstrom direkt nach Süden bis ins Gebiet des heutigen Uganda, von dort dann nach Südwesten, nach Südosten und weiter bis tief in den Süden. Die frühesten Kontakte zwischen Bantu-Gruppen und Khoisaniden (→ San) gehen auf das 3. Jh. n. Chr. zurück. Möglicherweise ist bereits in jener Zeit mit der Vermittlung des Viehnomadismus als Wirtschaftsform von den Bantu an die Khoi zu rechnen.

Die Klassifizierung der Bantu-Sprachen in durch Buchstaben gekennzeichnete Gruppierungen folgt den Migrationsrouten im Horizont der Zeit. Diejenigen Sprachen, deren Verbreitungsgebiet der Urheimat der Bantu geograph. benachbart ist, gehören zur Gruppe A (z.B. Bulu). Je nach dem, welche Migrationsetappen die übrigen Sprachen mit ihrer geograph. Distanz repräsentieren, werden sie näher oder entfernter vom Ausgangspunkt plaziert (z.B. Bobangi als Vertreter der Gruppe C, Swahili als Bantu G, Kongo als Bantu H, Umbundu als Bantu R, Zulu als Bantu S). Xhosa in Südafrika ist die südlichste der Bantu-Sprachen.

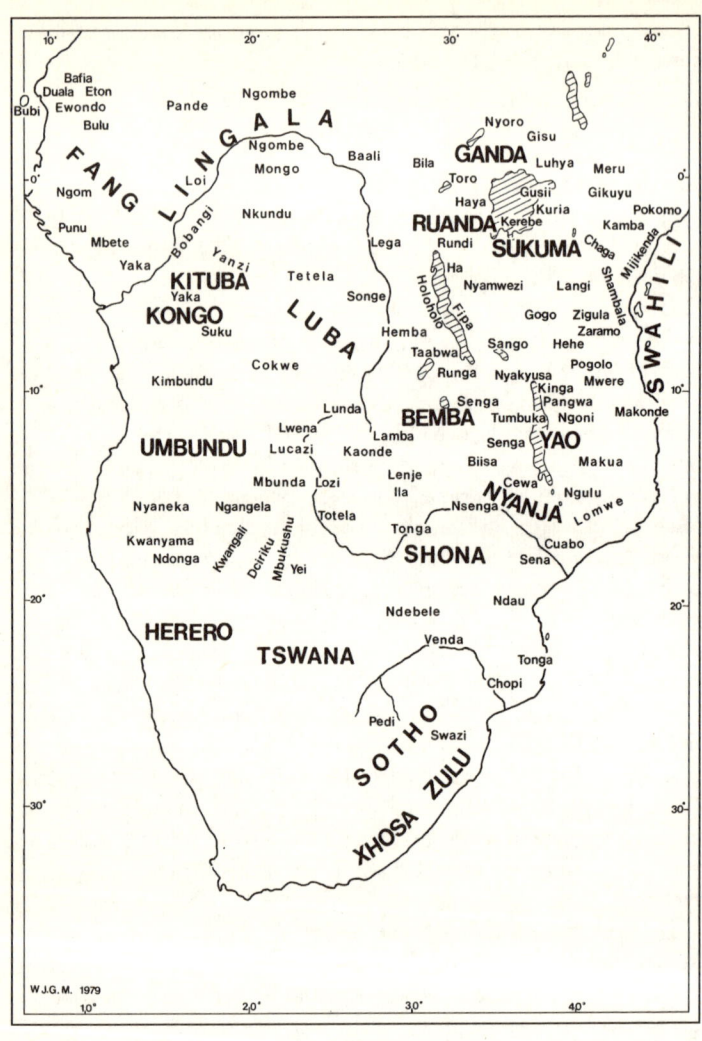

Die Verbreitung der Bantusprachen
aus: Heine/Schadeber/Wolff 1981

Mit mehr als 170 Mio. Menschen stellen die Bantu-Völker die stärkste kollektive Gruppierung verwandter Ethnien in Afrika. An zweiter Stelle rangiert die Gesamtheit der → Araber und der arabisierten Bevölkerung im nördl.Teil des Kontinents. In mehreren Staaten (Südafrika, Tansania, Kenia, Uganda, Botswana u. a.) bilden Bantu-Ethnien die Bevölkerungsmehrheit. Die allermeisten Bantu-Gemeinschaften zählen jeweils nur wenige tausend Mitglieder. Größere Gruppen mit mehr als 0,1 Mio. Angehörigen gibt es etwa 60. Nur knapp ein Dutzend Ethnien hat mehr als jeweils 1 Mio. Menschen, darunter: → Hutu (11 Mio.), Zulu (9,5 Mio.), Schona (7 Mio.), Fulbe (7,6 Mio.), Xhosa (6,8 Mio.), Soto (6,5 Mio.), westl. Luba (6,3 Mio.), Kikuyu (5,4 Mio.), Kituba (4,2 Mio.), Umbundu (4 Mio.), Nyanja (4 Mio.) und die → Swahili (rund 2 Mio.).

Eine der Bantu-Sprachen, näml. Swahili, hat sich zur sprecherreichsten Verkehrssprache des zentralen und südöstl. Afrika entwickelt. Swahili wird von 2 Mio. Afrikanern (ethn. Swahili) als Muttersprache gesprochen. Weitere 30 Mio. Menschen sprechen es als Zweitsprache. Als Staatssprache fungiert Swahili in Tansania, in Kenia ist es als Nationalsprache (allerdings ohne amtl. Status) anerkannt.

Lit.: Cavalli-Sforza et al. 1994: 164 ff., Möhlig 1981

Basken (*Euskaldunak*, the Basques). Von den insgesamt mehr als 1,5 Mio. Menschen bask. Abstammung sprechen rund 0,8 Mio. Bask. als Muttersprache. 0,543 Mio. Sprecher des Bask. sind im Nordosten Spaniens beheimatet, und zwar in den drei histor. Provinzen des Baskenlandes (Euskadi), Alava, Guipúzcoa und Vizcaya, die seit 1979 in der Comunidad Autónoma Vasca (Autonome bask. Gemeinschaft) zusammengeschlossen sind. Weitere 52000 Bask.-Sprachige wohnen in der Provinz Navarra. Lediglich ein kleiner Teil der bask. Sprachgemeinschaft (etwa 85000) lebt auf der französ. Seite der Pyrenäen, und zwar in den drei histor. Départements (Labourd, Basse Navarre, Soule), die heute im Département Pyrénées Atlantiques zusammengeschlossen sind. Nur im Gebiet von Basse Navarre (64,5 %) und Soule (54,7 %) stellt die bask.-sprachige Bevölkerung die Mehrheit. In allen anderen Regionen des Baskenlandes, auf franz. wie span. Seite, sind die Basken eine Minderheit.

Die Basken nennen sich selbst *euskaldunak* (‹Sprecher des Bask.›) und ihre Sprache *euskara*. Das Bask. ist die einzige lebende Sprache Europas, für die keine Verwandtschaft mit irgendeiner anderen Sprache der Welt nachgewiesen werden kann. Das Aquitan. der Antike, das in Inschriften aus röm. Zeit überliefert ist, repräsentiert vermutl. ein älteres Entwicklungsstadium des Bask. Der Entstehungsprozeß des Bask. reicht weit in die vorröm. Periode zurück, sogar bis in die Zeit, als Westeuropa noch nicht von Indoeuropäern bewohnt war. Das Bask. ist der einzige lebende Vertreter einer ehemals weit verbreiteten vorindoeurop. Sprachschicht. Es hat seit altersher im Kontakt mit indoeurop. Sprachen gestanden. Insbesondere das Latein. und die roman. Sprachen haben das Bask. beeinflußt, und zwar sowohl das Lexikon (Lehnwörter) als auch die Grammatik (Wortbildung).

Die Basken sind der Rest einer sehr alten vorröm. Bevölkerung in der Mittelmeerregion. Nach neueren humangenet. Erkenntnissen sind die Basken wohl entfernte Nachkommen von Populationen, die Westeuropa in der Endphase der letzten Eiszeit bevölkerten. Dies waren keine Indoeuropäer. Ihre Vorfahren waren ursprüngl. aus der Kaukasusregion kommend nach Westen migriert, nicht in einer einmaligen Wanderungsbewegung, sondern in einer Langzeitdrift vor ca. 35 000–40 000 Jahren. Zur Zeit der maximalen Vereisung (zwischen 20 000 und 18 000 vor der Jetztzeit) reichte dann der Eispanzer, der das nördl. Europa bedeckte, bis nach Norditalien hinein und versperrte so die Landbrücke zwischen Ost und West. Die Entwicklung der «westl.» → Kaukasier verlief seither getrennt von der der alten Bevölkerung im Osten.

Die Populationen im Westen waren die ältesten Vertreter des modernen Menschen (Homo sapiens sapiens) in der Region. Der nach einem Fundort in der Dordogne als Cro-Magnon benannte Mensch traf dort auf den archaischen Menschen (Homo sapiens neanderthalensis). Die Neandertaler wurden teilweise verdrängt. An vielen Siedlungsplätzen des Cro-Magnon ist aber zu erkennen, daß der moderne Mensch in Siedlungsgemeinschaft mit dem archaischen Menschen gelebt hat. Der Wettbewerb zwischen beiden Menschenarten mag die Fähigkeiten des Cro-Magnon-Menschen, sich seiner natürl. Umgebung effektiv anzupassen, in besonderem Maße herausgefordert haben.

Es gibt sichtbare Spuren für diese Annahme. Die Cro-Magnon-Populationen erlebten gegen Ende der Eiszeit eine kulturelle Blüte besonderer Art. Ihnen sind die ältesten Werke der bildenden Kunst in Europa zu verdanken. Die Malereien in den paläolith. Höhlen von Südwestfrankreich (Lascaux, Pech-Merle u. a.) und Nordspanien (Altamira, La Pasiega u. a.) zeugen vom hochentwickelten ästhet. Sinn jener Menschen. Die zunehmende Erwärmung des globalen Klimas bewirkte das allmähl. Abschmelzen der Eismassen. Erst als auch die höheren Lagen der Pyrenäen und des kantabr. Berglandes eisfrei waren, drangen Menschen aus dem Tiefland auch in die Gebirgstäler und die Hochebenen vor. Aus der ethn. Fusion jener nacheiszeitl. Populationen ist das Volkstum der Basken entstanden. Bereits in röm. Zeit unterschied sich die Bevölkerung Kantabriens und der Pyrenäen deutlich von der keltiber. Bevölkerung Hispaniens und den Festlandkelten in Gallien. Die Römer nannten diese Bewohner des Berglandes *Vascones*, daraus entwickelte sich der Name der Basken in anderen Sprachen (span. *Vascos*, franz. *Basques* usw.).

Die ursprüngl. weite Verbreitung der Vorfahren der Basken ist bis heute auf der genet. Karte Westeuropas deutl. zu erkennen. Der Genotyp der Basken ist in der Terminologie der Humangenetiker ein «Außenlieger», denn das genom. Profil dieser Ethnie unterscheidet sich prägnant von der genet. Charakteristik der umgebenden roman. Völker. Besondere Kennzeichen des bask. Genotyps sind eine hohe Konzentration der Blutgruppe O in Verbindung mit einer auffälligen Häufigkeit des negativen Rhesusfaktors. Diese Konzentrationen lassen sich bis nach Nordwestfrankreich und Südostspanien nachweisen. In einem engeren Radius stimmt die prähistor. Verbreitung des bask. Genotyps mit Ortsnamen bask. Ursprungs überein. Hierzu gehören Namen im Südwesten Frankreichs, die auf -*os*, -*osse*, -*ons*, -*ost*, -*oz* enden, und im Norden Spanien solche mit Endungen auf -*ues* und -*uste*.

Im 1. Jh. n. Chr. hatte das Siedlungsgebiet der Basken seine größte Ausdehnung. Bask. war damals im Westen bis in die Gegend von Burgos, im Süden bis Zaragoza, im Osten bis in die Region von Toulouse und im Norden bis Bordeaux verbreitet. Das bask. Sprachgebiet ist seit dem 10. Jh. beständig geschrumpft. Im Verlauf des 17. Jh. verschwand das Bask. aus Städten wie Vitoria, Pamplona und Tafalla, wo es noch im 16. Jh. gesprochen wurde. Im 19. und 20. Jh. verstärkte sich die Assimilation der Basken ans Span. im Zuge der Industrialisierung des Baskenlandes. In jener Zeit wanderten viele Basken aus, nach Mittelamerika (Mexiko, Costa Rica), nach Argentinien und Nordamerika. In Amerika leben heute rund 0,11 Mio. Sprecher des Bask.

Trotz tiefgreifender Assimilationsprozesse und einer weitgehenden Akkulturation an die umgebende span. bzw. franzöz. Mehrheitsbevölkerung haben die Basken ihre Sprache und Kultur bis heute bewahrt. Wilhelm von Humboldt, der sich zu Beginn des 19. Jh. mit der bask. Sprache beschäftigte, zeigte sich besorgt über deren Erhaltungsmöglichkeiten in der Zukunft und prophezeite ein Aussterben des Bask. für die Zeit um 1900. Er behielt nicht Recht. Das Bask. steht zwar ständig unter dem situationellen Druck des Span. und Franzö̈s., seine Vitalität wird aber bis heute durch das Selbstbewußtsein der Sprecher gewährleistet.

Lit.: Aurrekoetxea 1997, Haarmann 1998b, Heiberg 1989

Belgier (franzö̈s.: *Belges*, niederländ.: *Belgen*, the Belgians). In vielen Zusammenhängen, insbesondere im polit. Leben, spricht man von den Belgiern als Volk. Damit ist aber kein Volk im ethn. Sinn gemeint, sondern die Belgier als Staatsvolk, als die Gesamtheit der Staatsbürger Belgiens. Die Bevölkerung Belgiens ist multiethnisch., multinational und multilingual. 92 % der Einwohner Belgiens sind einheim. Wallonen, Flamen und Deutsch-Belgier. Der Anteil der Ausländer liegt bei 8 %. Dies sind zumeist Arbeitsimmigranten (davon 60 % aus EU-Ländern) und/oder Neubürger Belgiens, die als ehemalige Asylanten aus Ländern der Dritten Welt stammen.

Im Süden Belgiens, in der histor. Landschaft Wallonie, leben die Wallonen, die Franzö̈s. sprechen und sich als regionale Kulturgemeinschaft fühlen. Ethn. gesehen sind die Wallonen kein Volk. Nach ihren anthropolog. Charakteristika gehören sie zur roman. Bevölkerung Nordfrankreichs; kulturell sind sie aufs Engste mit dem Franzosentum assoziiert. Daß eine Minderheit der Wallonen eine vom übrigen Franzö̈s. abweichende Sprachvariante spricht, die von der EU als Regionalkultur anerkannt ist, macht diese Gemeinschaft nicht zu einem Volk.

Die Flamen sind ebensowenig ein eigenes Volk im ethn. Sinn. Sie bewohnen den Norden Belgiens und konzentrieren sich in der histor. Landschaft Flandern. Im Hinblick auf ihr Volkstum, ihre kulturellen Traditionen und ihre Sprache sind sie eng mit den → Niederländern verwandt. Aufgrund der polit. Geschichte, in deren Verlauf der südl., kathol. Teil (Flandern) vom nördl., protestant. Teil (Holland) getrennt wurde, ist das kulturelle Kontinuum dieser germanophonen Landschaft unterbrochen worden und hat zur Ausbildung einer fläm. Regionalkultur geführt.

Im Osten Belgiens wohnt eine → deutsche Außengruppe. Das Zusammenleben dieser Deutschsprachigen mit den Wallonen und den Flamen in der belg. Gesellschaft sowie die Erfahrung im Umgang mit den belg. Institutionen (Parlamentarismus, Arbeitsmarkt, Dienstleistungen u.ä.) hat innerbelg. Solidaritäten geschaffen, die die deutsche Außengruppe in Belgien von anderen deutschen Volksgruppen unterscheidet.

Der belg. Staat ist das Produkt der Neuordnung Europas nach den Beschlüssen des Wiener Kongresses (1815). Die damals beschlossene Union der Niederlande mit Belgien war nur von kurzer Dauer, und Belgien errang im Jahre 1830 seine Unabhängigkeit. Die innenpolit. Geschichte der ethn. Gruppen Belgiens im 19. Jh. ist die der sozialen, kulturellen und sprachl. Emanzipation der Flamen gegenüber der Dominanz der frankophonen Bevölkerung und deren Sprache und Kultur. Trotz des Sprachengesetzes von 1898, womit Belgien zum zweisprachigen Staat erklärt wurde, blieb das Französ. die wichtigste Geschäftssprache des Landes. Seit den 1930er Jahren wurden wiederholte Versuche unternommen, die sprachpolit. Verhältnisse zu stabilisieren.

In den 1960er Jahren wurden die Sprachzonen Belgiens territorial festgelegt. Die Verfassungsreform von 1993 hat den internen Föderalismus der autonomen Regionen Belgiens (*entités fédérées*) administrativ festgelegt. Dies sind die einsprachige, frankophone Region Wallonie (mit französ. Amtssprache), die einsprachige germanophone Region Flandern (mit niederländ. Amtssprache) und die zweisprachige Region Großbrüssel. Die germanophone Region mit deutscher Bevölkerung in Ostbelgien (mit französ. und deutscher Amtssprache) ist administrativ der Wallonie zugeordnet.

Lit.: Coenen/Lewin 1997, Kloss 1969: 317 ff., Pavy 1999

Bengalen (*Bengali*, the Bengals). Mit mehr als 190 Mio. Angehörigen gehören die Bengalen zu den großen → indo-arischen Völkern. Die Mehrheit (rund 120 Mio.) ist in Bangladesch beheimatet, im Nachbarstaat Indien sind es mehr als 70 Mio. Bengalen (hauptsächl. im Bundesstaat Westbengalen). Etwa eine halbe Million Bengalen lebt in Außengruppen in arab. Staaten (Saudiarabien, Vereinigte Arab. Emirate), in Europa (Großbritannien) und in den USA.

Indo-Arier haben sich im 2. Jt. v. Chr. in mehreren Migrationen über ganz Nordindien verbreitet und das Flußtal des Ganges besiedelt. In der histor. Landschaft Bengalen, die das verzweigte Gangesdelta und dessen Umgebung umfaßt, hat sich das bengal. Volkstum aus dem indo-ar. sprachl. und kulturellen Kontinuum ausgegliedert. Bengalen ist eine Kontaktregion, wo sich seit dem Mittelalter hinduist. und islam. Einflüsse gekreuzt haben. Bald nach der Gründung des Sultanats von Delhi

(1192) eroberte Mohammed von Ghûr ganz Bengalen. Zwischenzeitl. regierten lokale Sultane die Region. Im Jahre 1576 wurde Bengalen in das Reich der Großmoghulen eingegliedert. Islam. Kultureinfluß wirkte auch nach dem Niedergang der Moghulenherrschaft (1707) weiter.

Die ersten engl. Kaufleute gelangten in der ersten Hälfte des 17. Jh. nach Westbengalen, wo 1690 ein Handelskontor der English East India Company eingerichtet wurde. Seit dem 18. Jh. wurde Bengalen von brit. Gouverneuren regiert und 1833 als Provinz dem brit. Kolonialbesitz in Indien angeschlossen. Im Jahre 1947 wurde die Region geteilt. Westbengalen mit seiner überwiegenden Hindu-Bevölkerung wurde Indien angegliedert, der vorwiegend von Muslimen bewohnte Teil Bengalens wurde polit. als Ost-Pakistan mit dem Nachbarstaat Indiens verbunden. Im Jahre 1971 erklärte dieser vom übrigen Pakistan territorial getrennte Landesteil als Staat Bangladesch seine Unabhängigkeit. Die große Mehrheit der Bevölkerung Bangladeschs sind Muslime (87%, überwiegend Sunniten).

Die Nationalsprache der Bengalen, das Bengal., ist eine Kultursprache mit einer Schrifttradition, die bis ins 11. Jh. zurückgeht. Die moderne Schriftsprache basiert auf dem Sprachgebrauch des Bengal. in Calcutta. Das Kulturschaffen in Bengalen blieb lange Zeit im Schatten der Kulturleistungen im übrigen Indien. Weltniveau erreichte die bengal. Literatur mit den Werken des Bengalen Rabindranath Thakur (Tagore, 1861–1941), der im Jahre 1913 den Literaturnobelpreis erhielt.

Lit.: Frédéric 1987: 183 ff., Lutze 1995: 215 ff., Reid 1993: 27 ff.

Berber, berber. Ethnien (the Berbers). Mehr als zwei Dutzend berber. Ethnien sind im nördl. Afrika verbreitet (s. Karte dort). Rund 11 Mio. Menschen, etwa die Hälfte der heutigen Bevölkerung Nordafrikas, sind i.w.S. Berber, d.h. sie sprechen eine Berber-Sprache, stammen von Berbern ab oder haben mindestens einen Berber-Vertreter in der Großelterngeneration. Die Bevölkerungsdichte der Berber nimmt von Westen (Marokko) nach Osten (Libyen) beständig ab. Die → Tuareg sind die südlichste Berber-Population. Die Sprachgemeinschaften mit berber. Muttersprache liegen wie Inseln inmitten der arab.-sprachigen Mehrheitsbevölkerung. Die Zahl derjenigen, die aktiv eine der Berber-Sprachen sprechen, beläuft sich noch auf ca. 6 Mio. Die sprecherreichsten berber. Sprachen sind Tamaschek/Tamazight (3,5 Mio.), Taschelheit/Tachelhit (3,5 Mio.) und Kabylisch (3 Mio.). Viele haben die berber. Muttersprache ihrer Eltern aufgegeben und sich ans Arab. assimiliert; andere sind zweisprachig (mit einer Berber-Sprache als Primärsprache und Arab. als Zweitsprache).

Die ethn. Identität der Berber ist das Ergebnis einer Fusion zwischen autochthonen mesolith. Populationen der Caspian-Periode und neolith. Migranten, die als Ackerbauern aus dem Nahen Osten nach Nordafrika einwanderten. Die letztere Komponente hat auch entscheidende kulturelle und sprachl. Impulse vermittelt. Die Berber-Sprachen sind ein Zweig der afroasiat. Sprachfamilie. Das histor. Verbreitungsgebiet der berber. Bevölkerung lag in röm. Zeit weiter im Norden und konzentrierte sich im Küstengebiet des Mittelmeeres. Zur Zeit der arab. Invasion im 7. Jh. waren die Masmuda, die Sanhaja und die Zanata die Hauptvölker der Region. Durch die nachfolgende Migration von → Arabern nach Nordafrika wurden die Berber ins Landesinnere abgedrängt.

Seit der röm. Antike haben Literaten und Forscher Materialien zur Geschichte, Kultur und zu den Sprachen der berber. Bevölkerung gesammelt. Besonders arab. Historiker und Ethnographen haben sich dafür interessiert. Ibn Khaldun (1332–1406) verfaßte eine Geschichte der Berber. Der berühmteste aller Berber ist der als Kirchenvater bekannte Aurelius Augustinus (354–430), dessen Vater Berber war und dessen Mutter aus einer röm. Familie stammte. Der in einem bikulturellen und zweisprachigen Milieu aufgewachsene Augustinus hat den literar. Kanon der westl. Kirche mit seinen Werken, insbesondere mit seinem Hauptwerk «De civitate Dei» (Vom Gottesstaat), entscheidend geprägt.

Lit.: Bertrand 1977, Brugnatelli 1998, Cavalli-Sforza et al. 1994: 171 ff., Wolff 1981

Bosniaken, Bosnier (*bošnjaci, bosanci*; Bosnian Muslims/Bosniacs, Bosnians). Nicht erst mit dem Bestehen des seit 1991 unabhängigen Staates Bosnien-Herzegowina sind die beiden ethn. Bezeichnungen, die häufig falsch oder ungenau verwendet werden, zu trennen:
- «Bosniaken» (Sg. *bošnjak*, Pl. *bošnjaci*) bezeichnet die 1,9 Mio. bosn. Muslime (entspr. 48 % der Landesbevölkerung). Sie unterscheiden sich von den überwiegend katholischen → Kroaten und den christl.-orthodoxen → Serben im wesentl. durch die Religion. Islam. Lebens-

weisen gehören seit Jahrhunderten zu den Kulturtraditionen der Bosniaken.

– «Bosnier» (Sg. *bosanac*, Pl. *bosanci*) bezeichnet alle 4,06 Mio. (2001) Einwohner des Staaates, also Bosniaken, Serben, Kroaten und die Angehörigen der verschiedenen Minderheiten.

Die Besiedlung Bosniens durch südslaw. Stämme erfolgte ab Anfang des 7. Jh. Danach war die Region jahrhundertlang Zankapfel zwischen Kroaten, Serben, Byzanz und auch Ungarn. Ende des 12. Jh. formierte sich eine eigenständige bosn. Herrschaft, die sich im 14. Jh. sogar als Königreich Bosnien etablierte und bis zur Adriaküste ausdehnte. Die Funktion einer bosn. «Staatskirche» übernahm in dieser Zeit die häret. Bogomilenbewegung, deren manichäisches Ideengut dem der Katharer in Südfrankreich ähnelte. Im 15. Jh. wurden Bosnien und die Herzegowina in die balkan. Provinzen des Osman. Reiches eingegliedert. Sehr schnell traten rund zwei Drittel der Bevölkerung zum Islam über. Eine Zwangsmissionierung gab es jedoch unter den Osmanen nicht, im Gegenteil, die Toleranz gegenüber nicht-islam. Glaubensgemeinschaften zog Angehörige verfolgter Religionen aus ganz Europa, wie etwa die spanischen → Juden, an.

Dank des Übertritts zum Islam waren die Bosniaken von der Zwangsrekrutierung (*devşirme*) christl. Jungen für den Armeedienst und den Verwaltungsapparat des Sultans befreit. Sie bezahlten auch weniger Steuern als Christen und Juden. Die bosn. Muslime waren sehr kooperationsbereit und genossen bald das Vertrauen der türk.-osman. Obrigkeit. Es bildete sich eine bosn.-muslim. Aristokratie heraus, deren Ländereien erblich waren. Trotz der intensiven Akkulturation an den Islam hielten die Bosniaken aber selbstbewußt an ihrer Sprache fest. Ernsthafte Versuche von osman. Seite, die Bosniaken auch sprachl. zu assimilieren, wurden nicht unternommen.

Im Zeitalter des Nationalismus gerieten die Bosniaken ins Kreuzfeuer der polit. Interessen ihrer südslaw. Nachbarn. Als Entscheidung des Berliner Kongresses 1878 wurde Bosnien dem Habsburger Reich (d. h. der österreich.-ungar. Doppelmonarchie) als Protektorat unterstellt, 1908 offiziell angeschlossen. Zwar war das Siedlungsgebiet der Bosniaken damit serb. Großmachtplänen entzogen, es gab aber auf kroat. Seite Bestrebungen, Kroatien, das ebenfalls zu Österreich-Ungarn gehörte, und Bosnien in einem südslaw. Staatsverband unter kroat. Führung zu einigen. Gegen solche Hegemoniebestrebungen formierte sich auf Seiten der Muslime ein nationales Selbstverständnis (*bosanstvo*).

Im 1918 gegründeten Königreich der Serben, Kroaten und Slowenen wurden die Bosniaken nicht einmal im Staatsnamen erwähnt. Die Verwaltung Bosniens war von Serben dominiert, die ein negatives Image der Bosniaken als «Asiaten» (wegen ihrer islam. Lebensweisen) propagierten und der bosn. Bevölkerung keine Möglichkeiten einräumten, an der Verwaltung der Region teilzunehmen. Im Jahre 1929 wurde Bosnien in vier Provinzen eingeteilt, in der die Bosniaken jeweils in der Minderheit waren. Im sozialist. Jugoslawien unter Tito war die Religionsausübung stark eingeschränkt, wenn auch nicht verboten. Den bosn. Muslimen wurde jedoch 1967 der Status als eigene Nation gewährt. Der Zerfall des alten Jugoslawien im Jahre 1991 brachte zwar nominell die staatl. Souveränität, aber erst nach äußerst blutigen Kriegsjahren wurde Bosnien-Herzegowina 1995 auch de facto selbständig und wird seither in zwei weitgehend getrennten Entitäten (einer bosniak.-kroat. und einer serb.) regiert.

Das Bosniak. ringt um seinen Status als eigenständige Standardsprache, die von den Bosniaken gegen den Willen der Serben «bosn. (nicht: bosniak.) Sprache» genannt wird. Es ist eine südslaw. Sprache und mit dem Serb. sowie Kroat. sehr eng verwandt, nach Auffassung mancher Linguisten fast identisch. Von den beiden Nachbarsprachen unterscheidet es sich durch die Vielzahl türk. Lehnwörter, die Differenziertheit islam. Terminologie, durch die Verwendung türk. Suffixe in der Wortbildung sowie durch einige wenige lautl. Besonderheiten. In Bosnien wurden im Laufe der Jahrhunderte zahlreiche Schriftarten verwendet. Im Mittelalter waren es die glagolit. und kyrill. Schrift, aber auch das Griech. nahm mit seiner Schriftkultur Einfluß. Das kyrill. Alphabet wurde in Bosnien in einer stilisierten Form verwendet, der sog. *bosančica* (‹bosn. Schrift›). Vom 16. bis ins 19. Jh. entstand eine breit gefächerte, von bosn. Muslimen verfaßte Literatur in arab., pers. und türk. Sprache. Slaw., aber mit arab. Schrift (*arebica*) war dagegen die sog. Alhamijado-Literatur (nach dem arab. Ausdruck für ‹nichtarabisch, fremd›), sie entstand in der Zeit vom 17. bis Ende des 19. Jh. Die Variante der *arebica*, die in den Koranschulen verwendet wurde, nannte man *mektebica* (aus *mekteb* ‹Koranschule› + slaw. Suffix *-ica*). Heute werden in Bosnien sowohl das kyrill. Alphabet als auch die Lateinschrift verwendet.

Lit.: Fernández-Armesto 1994: 240 ff., Goebl et al. 1997: 1434 ff., Völkl 2002

Bretonen (*Breizhiz*, the Bretons, französ.: Bretons). Die ca. 1,5 Mio. ethn. Bretonen, die im Nordwesten Frankreichs leben, sind die einzige kelt. Sprachgemeinschaft auf dem europ. Festland. Seit dem 19. Jh. sind Bretonen in großer Zahl in andere Regionen Frankreichs abgewandert. Deren Nachkommen haben sich vollständig an französ. Lebensweisen akkulturiert und ans Französ. assimiliert. Zur Zahl dieser Franzosen mit breton. Vorfahren gibt es weder Zählungen noch Schätzungen. Noch etwa 0,85 Mio. Bretonen haben Kenntnisse ihrer Nationalsprache, aber nur noch 0,25 Mio. (17 %) können Breton. aktiv sprechen.

Das Hauptverbreitungsgebiet der breton. Bevölkerung liegt heute in der Basse-Bretagne, und zwar im gesamten Département Finistère sowie im Ostteil der Départements Morbihan und Côtes-d'Armor. Früher gehörte auch die Region der Haute-Bretagne zum breton. Siedlungsgebiet. Seit dem 19. Jh. ist aufgrund des französ. Assimilationsdrucks ein ständiger Rückgang der breton. Bevölkerung zu beobachten. Gegen Ende des 19. Jh. wurde Breton. noch östl. von Vannes, Pontivy und Guingamp gesprochen. In neuerer Zeit hat die Erschließung v. a. der ländl. Gebiete für den Tourismus den Vormarsch des Französ. auf Kosten des Breton. gefördert.

Die Bretonen sind Kelten, allerdings nicht die direkten Nachkommen der Festlandkelten (Gallier) Frankreichs. In vorröm. Zeit hatten sich fünf kelt. Städte (*oppida*) zu einem Bund zusammengeschlossen, dessen polit. Stellung unter anderem daran zu erkennen ist, daß der Städtebund eine eigene Münzprägung hatte. In der Zeit zwischen 56 v. Chr. und 486 n. Chr. stand die histor. Landschaft, die von den Römern Armorica genannt wurde, unter röm. Vorherrschaft. Zwischen dem 5. und 7. Jh. erlebte die Bretagne einen bedeutenden soziodemograph. Wandel. Die ständigen Angriffe sächs. Piraten sowie die Landnahme sächs. und angl. Siedler im Süden Britanniens trieb viele der dortigen Inselkelten in die Flucht. Die Flüchtlinge überquerten in mehreren Schüben den Ärmelkanal und landeten in der Bretagne. Die Immigranten stellten bald die Mehrheitsbevölkerung der Region. Aus deren Fusion mit den Resten der festlandkelt. Bevölkerung entstand das Volkstum der Bretonen. Das Breton., welches seit dem 15. Jh. als Schriftsprache verwendet wird, ist eine inselkelt. Sprache und aufs Engste mit dem Kymr. (Walis.) verwandt.

Im 9. und 10. Jh. dehnten die Bretonen ihr Siedlungsgebiet nach Osten aus. Ihr Einfluß reichte damals bis in die Normandie und bis nach Angers im Süden. Zwischen 915 und 1532 war die Bretagne als Herzogtum ein unabhängiger polit. Machtfaktor, danach (bis 1790) eine Provinz Frankreichs mit begrenzter regionaler Selbstverwaltung. Als Folge der Gleichschaltung aller Regionen des Landes nach der Französ. Revolution von 1789 verlor die Bretagne sämtl. bis dahin gültigen Sonderrechte. Bis heute wird die Region von der Pariser Zentralregierung verwaltet.

Seit der zweiten Hälfte des 19.Jh. profitiert die breton. Sprachgemeinschaft vom Aufschwung, den das literar. Schaffen in der Bretagne erlebt hat. Das Kulturschaffen in breton. Sprache ist heutzutage aktiver als früher. Dies ist in gewisser Weise ein Paradox, denn die literar. Aktivität ist inzwischen vom Milieu der Muttersprachler in die Kreise breton. Akademiker übergewechselt, die Breton. überwiegend als Zweitsprache sprechen. Das Sprachengesetz von 1951 (Loi Deixonne) hat die Möglichkeit eröffnet, das Breton. im Grundschulunterricht zu verwenden. Aber erst fünfzehn Jahre später wurde es in die Sekundarstufe eingeführt. An den Universitäten Brest und Rennes wird Breton. in allen Ausbildungsstufen unterrichtet.

Die kelt. Kulturtradition der Bretagne hat der französ. höfischen Kultur des Mittelalters wesentl. Impulse vermittelt. Der Mythenstoff, der sich um König Artus und die Ritter seiner Tafelrunde rankt, wurde in der mittelalterl. Literatur Frankreichs *matière de Bretagne* (‹Stoff der Bretagne›) genannt. Seine sublimste Ausdrucksform fand die Artusepik in den höfischen Romanen des Chrétien de Troyes und in den Reimdichtungen der Marie de France im 12.Jh. Von Frankreich aus gelangte der Artusstoff nach Deutschland und wurde dort in der mittelhochdeutschen Literatur verarbeitet (z.B. Wolfram von Eschenbach). Seine weitere Verbreitung in vielen anderen Literaturen Europas hat den Artusstoff zu einem Themenkreis von Weltrang gemacht.

Lit.: Balcou/Le Gallo 1987, Le Berre/Le Dû 1997

Briten (*the British, the Britons*). Briten sind die Bewohner des Britischen Königreichs, genauer gesagt, dessen Staatsbürger. Ursprünglich bezog sich die Sammelbezeichnung «Briten» auf die Bewohner aller britischen Inseln (einschließlich Irland). Seit der Anerkennung Irlands als Freistaat (1923) sind die → Iren keine Briten mehr. Lediglich die Bewohner im Nordteil der Insel, der bis heute als Northern Ireland zum Britischen Königreich gehört, sind weiterhin Briten. Wenn heutzutage die Rede von den Briten ist, bezieht sich dieser Begriff überwiegend auf die Bevölkerung der Hauptinsel Britannien (Britain).

Ethn. gliedern sich die Briten in verschiedene Völker: in die Bevölkerungsmehrheit der →Engländer, die nah verwandten →Schotten, die →Iren Nordirlands und die →Waliser, die kelt. Bevölkerung des histor. Landesteils Wales. Hinzu kommen die Einwanderer und deren Nachkommen: darunter sind rund 3 Mio. Angehörige ethn. Minderheiten wie Schwarzafrikaner oder Immigranten aus der Karibik, aus Südasien (Indien, Bengalen, Pakistan, Vietnam), Chinesen u. a. Diese brit. Staatsbürger sprechen Engl. entweder als Primär- oder Zweitsprache. Das Beispiel der ethn. Minderheiten verdeutlicht den begriffl. Unterschied zwischen den in der Umgangssprache häufig verwechselten «Briten» und «Engländern»: Ein Brite kann ein Weißer oder ein Farbiger sein, ein Engländer oder Kelte. Das Volk der Engländer ist ledigl. eine unter den zahlreichen Ethnien Großbritanniens, aus denen sich die brit. Bevölkerung zusammensetzt.

Lit.: Goebl et al. 1997: 1059 ff.

Bulgaren (*Bălgari*, the Bulgarians). Von den rund 9 Mio. Bulgaren sind die meisten (7,3 Mio.) in Bulgarien beheimatet. Dort stellen sie die Mehrheitsbevölkerung (85,7 %). Zu den ethn. Minderheiten des Landes gehören Balkantürken, →Roma, →Armenier, →Rumänen, →Griechen u. a. Bulgar. Außengruppen leben in anderen Staaten Südosteuropas (Moldova: 0,3 Mio., Ukraine: 0,234 Mio. u. a.), in der Türkei (0,27 Mio.) und in Übersee (davon 25 000 in Nordamerika).

Die Region, die später den Namen Bulgarien erhält, tritt mit dem Volk der Thraker (in griech. Quellen *Threikes* bzw. *Thrâkes* genannt) ins Licht der Geschichte. Die Blütezeit der thrak. Kultur in Bulgarien war die Periode vom 4. bis 2. Jh. v. Chr. Im Jahre 46 n. Chr. wurde das histor. Thrakien röm. Provinz. Die Thraker sind berühmt für ihre Goldschmiedearbeiten. Bislang ist ungeklärt, ob der Fund des ältesten Goldschatzes der Welt im Gräberfeld bei Varna, der in die Periode zwischen 4500 und 4400 v. Chr. datiert wird, in irgendeiner Verbindung mit der thrak. Tradition der Metallverarbeitung steht. Die Kulturgeschichte der Thraker endet zwar mit dem 6. Jh. n. Chr., als deren Sprache ausstirbt, sie hat aber im kulturellen Gedächtnis der Bulgaren eine Renaissance erlebt. Die Erinnerung an die Thraker als das erste histor. faßbare, wenn auch ethn. keineswegs verwandte Volk auf dem Boden Bulgariens lebt weiter in der Identität vieler heutiger Bulgaren.

Die Initiative für die älteste Staatsbildung im Gebiet der südslaw.

Stämme der Region ging nicht von diesen selbst aus, sondern von den sog. Protobulgaren, einem Turkvolk, das nach der Zerschlagung seiner Herrschaft in Südrußland nach Südosteuropa abgewandert war und im Jahre 681 n.Chr. am Unterlauf der Donau ein neues Reich gründete. Etwa 150 Jahre lang stellten diese «Donaubulgaren» die Führungsschicht des Landes. Die von ihnen regierten Slawen nannten sich später nach dem Namen ihrer Elite selbst Bulgaren. Der bedeutendste protobulgar. Herrscher in Bulgarien war Khan Krum (reg. 803–814); der erste Slawe an der Führungsspitze war Fürst Boris (reg. 852–889).

Die bulgar. Kultur strahlte im Mittelalter weit über die Grenzen des Landes hinaus. Vom Ende des 9. bis zum Anfang des 11.Jh. entstand ein reiches christl.-religiöses Schrifttum, das in den beiden slaw. Alphabeten, in Glagolica und Kyrillica, aufgezeichnet worden ist. Damals stand auch Makedonien unter der polit. Vorherrschaft Bulgariens. Die Trends in den beiden Kulturzentren (Preslav in Bulgarien und Ohrid in Makedonien) des 10.Jh. waren gleichgerichtet. Während der Abhängigkeit des Landes von Byzanz (11. und 12.Jh.) erlahmte das bulgar. Kulturschaffen. Im 13. und 14.Jh. erlebte Bulgarien eine zweite kulturelle Blüte. Damals war Tărnovo das wichtigste Zentrum. Für lange Zeit (1396–1878) gehörte Bulgarien als Provinz zum Osman. Reich.

Das Kulturschaffen belebte sich mit der Entstehung einer bulgar. Nationalliteratur im 19.Jh. Seit den 1850er Jahren wurde die neubulgar. Schriftsprache immer populärer und löste die bis dahin verwendeten Schriftmedien ab, das archaisierende Altbulgar. und das Kirchenslaw. russ. Prägung. Die Normen der neubulgar. Standardsprache festigten sich gegen Ende des 19.Jh.

Die kulturelle und sprachl. Identität der Bulgaren ist zwar nach dem Ende der osman. Herrschaft nicht mehr prinzipiell eingeschränkt worden, wohl aber hat sich die Periode, als Bulgarien ein Satellitenstaat der Sowjetunion im Ostblock war, lähmend auf die Entfaltung des Kulturschaffens ausgewirkt. Nach der Wende von 1989 öffnete sich das Land den technolog. Innovationen der Informationsgesellschaft. Die fest in den eigenen Kulturtraditionen verwurzelte Identität der heutigen Bulgaren sucht zusätzl. Rückhalt in der Annäherung an die polit. Trends Westeuropas und insbesondere an die Europ. Union.

Lit.: Diels 1963: 68 ff., Fernández-Armesto 1994: 225 ff., Salminen 2000

Bündnerromanen, Rätoromanen (*Rumantschs,* the Rhetoromans, französ.: Rhétoromans des Grisons). Das verbindende Element der bündnerroman. (rätoroman.) Gemeinschaft ist deren Sprachkultur oder, genauer gesagt, es sind die sprachökolog. Bedingungen der Zweisprachigkeit von Bündnerromanisch (Rätoromanisch, Eigenbezeichnung: *Rumantsch*) und Deutsch als Kontaktsprachen. Das Hauptverbreitungsgebiet der Bündnerromanen ist der Kanton Graubünden im Südosten der Schweiz. Von den 0,174 Mio. Bewohnern der Region sprechen 0,113 Mio. Deutsch als Muttersprache, 19000 Italien. und 29700 Bündnerroman. Weitere 10000 Bündnerromanen leben außerhalb Graubündens. Die größte Anziehungskraft für die Binnenmigranten haben Wirtschaftszentren wie Chur und Zürich.

Alle Bündnerromanen sind zweisprachig. Diejenigen, die Rumantsch sprechen, haben als Zweitsprache auch Deutsch erworben, das die wichtigste Verkehrssprache in Graubünden ist. Im Mittelalter gab es noch ein zusammenhängendes bündnerroman. Siedlungsgebiet. Die Einwanderung der Walser im 13. und 14. Jh. sowie die Ausdehnung deutschsprachiger Siedlungen im Churer Rheintal im 15. Jh. haben zur Fragmentarisierung lokaler Sprachgemeinschaften in den Alpentälern geführt. Es gibt innerhalb des bündnerroman. Siedlungsgebiets kein Kulturzentrum. Chur liegt außerhalb der bündnerroman. Sprachzone. Die sursilvan. Variante des Bündnerroman. ist derjenige Dialekt, der von den meisten Personen (16800) gesprochen wird. Das Bündnerroman. wurde 1938 als vierte Nationalsprache der Schweiz anerkannt. Aber erst 1996 erhielt das Bündnerroman. auch den Status einer Amtssprache. Seither werden Schriftstücke der Schweizer Bundesbehörden, die den Kanton Graubünden betreffen, außer in Deutsch auch in Bündnerroman. ausgefertigt.

Das Gruppenbewußtsein der Bündnerromanen ist ein Grenzfall von ethn. Identität. Aufgrund äußerer Kriterien (Sprachkultur, lokale Siedlungsgeschichte, gemeinsame Abstammung) kann man die bündnerroman. Gemeinschaft identifizieren, und zwar als eine durch ihre Zweisprachigkeit in die deutsche Sprachkultur geöffnete Gemeinschaft. Allerdings ist das Eigenbewußtsein bei den Bündnerromanen selbst schwach entwickelt. Die nationale Bewegung des 19. Jh. hat zwar auch bei den Intellektuellen Bemühungen angeregt, eine bündnerroman. Nation zu definieren, diese Idee hat aber in der Bevölkerung selbst wenig Widerhall gefunden. Die Sprachloyalität der meisten Bündnerromanen orientiert sich am Deutschen. Die kulturelle Identität kristallisiert sich

jeweils an lokalen Sprachzonen aus. Erst seit 1982 gibt es eine alle Dialekte überdachende Schriftsprache (*Rumantsch grischun*), die aber bisher ein gesamtbündnerroman. Sprachbewußtsein kaum nennenswert
gefördert hat. Das Kulturschaffen in Bündnerroman. liegt seit langem in
den Händen intellektueller Enthusiasten.

Das Bündnerroman. wird seit dem 16. Jh. als Schriftsprache verwendet, und zwar bis in die 1980er Jahre in Form lokaler Sprachvarianten.
Die weltanschaul. Auseinandersetzung zwischen Katholizismus und
Protestantismus schlug sich in zahlreichen Übersetzungswerken religiöser Literatur nieder. Bis zum 17. Jh. hatten insgesamt sechs schriftsprachl. Varianten des Bündnerroman. Eigenprofil gewonnen: Ober-
engadinisch (seit 1527), Unterengadin. (seit 1562), Protestant.-Surselv.
(seit 1611), Kathol.-Surselv., Sutselv. (seit 1601, Sprachreform 1944),
Surmiran. (seit 1673, Sprachreformen 1857 und 1921). Heute wird fast
ausschließl. *Rumantsch grischun* verwendet. Die Textproduktion in
dieser schriftsprachl. Ausgleichsform, die dialektale Eigenarten aus
allen Varianten berücksichtigt, hat sich in den letzten Jahren verviel-
facht.

Lit.: Kraas 1992, Solèr 1997

Burjaten (*Burjaad*, Buriats). Die Burjaten sind mit insgesamt 0,56 Mio.
die zweitgrößte Ethnie unter den → mongolischen Völkern nach dem
Hauptvolk der Mongolen. Die überwiegende Mehrheit (0,422 Mio.)
lebt in der Russ. Föderation, rund 64000 im Nordosten der Mongolei
und 65000 in China, im Hulun Buyr-Distrikt der Inneren Mongolei.
Von den Burjaten in Rußland sprechen nur 0,318 Mio. (75 %) Burjat.,
die übrigen haben sich ans Russ. assimiliert.

Lit.: Heissig/Müller 1989, Tiškov 1994: 118 ff.

Burmesen/Birmanen (*Myanma/Myanmar*, the Burmese, französ.:
Birmaniens). Die meisten der 34 Mio. Burmesen sind in Myanmar (seit
1989 Landesname anstelle des älteren Burma) beheimatet, wo sie rund
70 % der Bevölkerung stellen. Die bevölkerungsreichste burmes.
Außengruppe ist die im benachbarten Bangladesch (0,23 Mio.). Burmes.
Minderheiten leben auch in Europa (Großbritannien) und in Amerika
(USA, Kanada). Die Nationalsprache der Burmesen, das Burmes., wird
von ca. 9 Mio. Nicht-Burmesen als Zweitsprache gesprochen. Dies sind

Angehörige der 110 ethn. Minderheiten Myanmars. Am zahlenstärksten ist das Volk der Shan (2,92 Mio.).

Burmes. ist eine Sprache der sino-tibet. Sprachfamilie und gehört zur lolo-burmes. Gruppe des tibeto-birman. Sprachzweigs. Burmes. wird seit dem 11. Jh. geschrieben. Zu den ältesten Texten gehört die Inschrift von Myazedi in vier Sprachen: Burmes., Pali, Mon, Pyu. Bis zum 15. Jh. wurden burmes. Texte in Stein gemeißelt, danach schrieb man auf Papier und Palmblätter.

Die Burmesen sind in den ersten Jahrhunderten unserer Zeitrechnung in ihr heutiges Siedlungsgebiet eingewandert. Zunächst bewohnten sie nur den Norden und den mittleren Teil Burmas. Die Zeit früher Reichsgründungen in Burma fällt in die Periode vom 2. Jh. v. Chr. bis 9. Jh. n. Chr. Im Süden blühte das Reich der → Mon auf. Ind. Einfluß machte sich über die Handelskontakte schon früh geltend. Bereits im 4. Jh. n. Chr. war der Theravada-Buddhismus weit verbreitet. Die beiden polit. und kulturellen Zentren der Mon waren Thaton und das später gegründete, weiter im Norden gelegene Pegu. Die Pyu, ethn. und sprachl. mit den Burmesen verwandt, siedelten in Zentralburma und gründeten im 7. Jh. ein Reich, das bis ins 13. Jh. Bestand hatte. Auch dort wirkten kulturelle Einflüsse aus Indien. Anders aber als bei den Mon im Süden waren im Reich der Pyu verschiedene Religionen verbreitet: Brahmanismus, Hinduismus und Buddhismus.

Der Aufstieg des burmes. Königreichs von Pagan (bzw. Bagan) ist mythisch verklärt. Die Gründung der Hauptstadt Pagan soll schon im 2. Jh. erfolgt sein; archäolog. nachzuweisen sind erste Bautätigkeiten für das 9. Jh. Von diesem erstarkenden Machtzentrum aus erweiterte sich das Reich der Burmesen beständig nach Süden, Osten und Norden. Unter König Anawrahta (reg. 1044–1077) entwickelte sich das Reich zur Großmacht. Das Reich der Mon im Süden wurde mit der Eroberung von dessen Hauptstadt Thaton im Jahre 1047 unterworfen. Die Mon-Elite wurde aber nicht diskriminiert, sondern in der Verwaltung und im Kulturleben Pagans eingesetzt. Auch die kulturellen Institutionen der Pyu wurden noch Jahrhunderte nach der Eroberung von deren Reich im Jahre 832 von den burmes. Herrschern beibehalten. Das Rechtswesen wurde durch die Gesetzeskodifikation in burmes. Sprache vereinheitlicht.

Der Niedergang des Reichs von Pagan begann in der zweiten Hälfte des 13. Jh., als es zum polit. Interessenkonflikt mit dem expandierenden Mongolenreich kam. Chines. Truppen unter mongol. Führung eroberten Pagan im Jahre 1287. Im 14. Jh. entstanden mehrere Kleinstaaten, die sich gegenseitig befehdeten. Die bedeutendsten waren die Königreiche von Ava und Pegu. Erst im 16. Jh. gelang es König Tabinshwethi (reg. 1531–1550), Herrscher von Taungu, Pegu und Ava zu erobern und erneut, aber nur für kurze Zeit das Land zu einigen. Zu den alten Gegensätzen zwischen dem Süden und Norden kamen die Auseinandersetzungen mit den → Thai hinzu, die von Osten her nach Burma drängten. Erst im Jahre 1753 (Beginn der Herrschaft der burmes. Konbaung-Dynastie) gelang die Reichseinigung. Hauptstadt dieses modernen Reichs war Ava, zu anderen Zeiten Amarapura (südl. von Mandalay).

Die Burmesen betrieben eine aggressive Politik gegenüber ihren Nachbarn. In den 1760er Jahren fiel das burmes. Heer in Thailand ein und zerstörte die Hauptstadt des Thai-Reichs, Ayuthia (Ayutthaya). In den 1780er Jahren unternahmen die Burmesen militär. Operationen in Richtung Westen und eroberten Arakan. Damit standen Burmesen und → Briten in einem polit. Interessenkonflikt. Als Folge dreier Kriege (1824–26, 1852/53, 1885/86) etablierten die Briten ihre Macht in Burma und gliederten das Land dem Territorium Brit.-Indiens als Provinz ein. Als Verwaltungszentrum der Region wurde Rangun (heute Yangon) gewählt. Bis zur Entlassung in die Unabhängigkeit im Jahre 1948 war Burma Teil des brit. Kolonialreichs. Brit. geprägt blieben die Verwaltung und das Ausbildungswesen des Landes. Zwar wurde das Engl. zwischenzeitl. vom Burmes. als Nationalsprache verdrängt, seit den 1980er Jahren dominiert die ehemalige Kolonialsprache aber wieder die höhere Schulausbildung und den universitären Unterricht.

Lit.: Dittmar 1989, Maung Nyunt 1999, Yoe 1963

Buruscho, auch: Hunzakut (*Burusho,* the Burusho). Die rund 55 000 Buruscho leben in zwei Tälern des Karakorum-Gebirges, die administrativ (Distrikt Gilgit) zu Pakistan gehören. Ihren Ursprung führen die Buruscho selbst auf die Zeit der Kriegszüge Alexanders des Großen im 4. Jh. v. Chr. zurück. Angebl. seien sie Nachkommen der Soldaten Alexanders. Tatsächl. aber sind die Buruscho die letzten Nachkommen der Urbevölkerung des Ind. Subkontinents. Ihre Vorfahren bewohnten die Region Hunza, die seit 1974 zu Pakistan gehört, bereits zur Zeit der Ankunft der → Indo-Arier im 17. Jh. v. Chr., denn in ihrer Sprache, dem Burushaski, finden sich sehr alte vedische Lehnwörter. Das Burushaski ist eine isolierte Sprache und mit keiner anderen Sprache der Welt verwandt.

Im Mittelalter kontrollierten die Buruscho die Karawanenstraße zwischen Indien und China und profitierten von Zolleinnahmen oder Plünderungen. An der Spitze ihrer sozialen Hierarchie standen seit dem 11. Jh. *mir* genannte Herrscher, die derselben Sippe angehörten. Die traditionellen Glaubensvorstellungen der Buruscho wurden unter dem Einfluß des Islam aufgegeben, der aber erst spät, gegen Ende des 19. Jh., die abgelegene Gebirgsregion erreichte. Die Rolle des *mir* wurde durch die Position eines religiösen Führers (*pir*) ersetzt. Die ursprüngl. geograph. Isolation hat im Rahmen der verkehrstechn. Erschließung der Region Ende der 1970er Jahre, als der Karakorum Highway gebaut wurde, ein Ende gefunden.

Lit.: Kostyal 2002: 22

Buschmann-Bevölkerung → San

C

Chamorro (*Tjamoro*, the Chamorro). Das Volk der Chamorro auf der Insel Guam in den Marianen, einer Außenbesitzung der USA, zählt heute wieder rund 60 000 Menschen. Etwa 17 000 weitere leben in den nördl. Marianen. Die Chamorro gehören ethn. zu den Mikronesiern, ihre Sprache ist mit dem Trukes. und Mokiles. verwandt.

Die Entwicklung dieser Ethnie ist ein Beispiel für einseitige Veränderungen ursprüngl. intakter Verhältnisse im insularen Lebensraum Ozeaniens, also des pazif. Raums östlich von Neuguinea und → Australien. Bereits um 1600 wurde Guam regelmäßig von den span. Schiffen angelaufen, die die Manila-Acapulco-Route befuhren. Im Jahre 1668 kamen jesuit. Missionare mit der Absicht auf die Insel, dort eine ständige Siedlung einzurichten. Nach ihrer Schätzung lebten damals rund 70 000 Eingeborene, Chamorro genannt, auf Guam und auf den benachbarten Inseln. Zu Beginn des 19. Jahrhunderts waren von den Insulanern nurmehr 1300 übrig. Die anderen waren getötet oder als Sklaven auf die Philippinen verschifft worden, oder sie waren an von Europäern eingeschleppten Krankheiten gestorben. Dank der verbesserten hygien. und sozialen Bedingungen ist die Gemeinschaft der Chamorro heute wieder auf ihre Größe von vor 200 Jahren angewachsen. Die Chamorro auf Guam machen 40 % der Inselbevölkerung aus, zu der außerdem → Filipinos, → Chinesen, Nauruaner (Angehörige der polynes. Bevölkerung des Inselstaates Nauru) u. a. gehören.

Lit.: Nile/Clerk 1996: 68, 125 f.

Chanten, älterer Name: Ostjaken (*Chandek, Kantek*, russ.: Chanty, engl.: Khanty). 22 500 Chanten leben in den autonomen Bezirken Chanty-Mansijsk und Jamalo-Neneck im Verwaltungsgebiet Tjumen und im Gebiet Tomsk der Russischen Föderation. Drei regionale Gruppen (eine nördl., eine südl. und eine östl.) unterscheiden sich markant nach Kultur und Sprache. Die Chanten gehören zu → finno-ugrischen Kleinvölkern in → Nord(west)sibirien. Ihre Ethnogenese ist gekennzeichnet durch die ethn. Fusion von autochthonen Populationen im

Ural und von Ugriern, die von Süden her in das Ob-Irtys-Bassin migrierten. Das Chant. ist eine obugr. Sprache, eine Gruppierung der
finn.-ugr. Sprachen (ihrerseits ein Zweig der ural. Sprachfamilie). Die
am nächsten verwandte Sprache ist das Mansische. Die ersten ethnograph. Studien über die Chanten entstanden im 18. Jh.

Lit.: Funk/Sillanpää 1999: 22 ff., Tiškov 1994: 380 ff.

Chinesen (*Hanren*, the Chinese). Die Chinesen sind mit mehr als
1,2 Mrd. Angehörigen das mit Abstand zahlenstärkste Volk auf der
Welt. Kein anderes Volk lebt in einer so hohen demograph. Dichte bei
gleichzeitig extrem weiter geograph. Ausdehnung wie die Chinesen.
Kein anderes Volk lebt in so vielen Außengruppen zerstreut in so vielen
Staaten wie die Chinesen. Das Ethnonym ‹Chinesen› ist ein Sammelbegriff, unter dem zahlreiche regionale ethn. Gruppen zusammengefaßt
sind, die sich sprachl. stark unterscheiden. Über 90 % der Chinesen sind
Angehörige der Han-Nationalität. Weitere Gruppen wie die Hui, Wu
oder Hakka leben teilweise verstreut v. a. in Nord- und Mittelchina. Gemeinsam sind allen diesen Gruppen eine Reihe kultureller Traditionen.
In → Südchina sind zahlreiche nationale Minderheiten beheimatet, von
denen nur ein Teil ethn. und sprachl. mit den Chinesen verwandt ist.

Der weitaus größte Teil der chines. Bevölkerung konzentriert sich in
Ostasien. Zu den zahlenstärksten Gruppen der Chinesen gehören die
folgenden:
– 1,041 Mrd. in der Volksrepublik China (836 Mio. Sprecher des Man-
  darin-Chines., 77,2 Mio. Wu, 46,3 Mio. Yue, 45 Mio. Jinyu, 36 Mio.
  Xiang, 25,7 Mio. Hakka (Kejia), 25 Mio. Min Nan, 24,7 Mio. Min
  Dong, 20,6 Mio. Gan, 10,3 Mio. Min Bei)
– 6,1 Mio. in der Autonomen Region Hong Kong (5,3 Mio. Yue, 0,54
  Mio. Min Nan, 0,19 Mio. Hakka)
– 21 Mio. in Taiwan (14,4 Mio. Min Nan, 4,3 Mio. Mandarin, 2,4 Mio.
  Hakka)
– 4,3 Mio. in Malaysia (hauptsächl. Min Nan, Hakka, Yue und Mandarin)
– 2,2 Mio. in Singapur (hauptsächl. Min Nan, Yue und Mandarin)
– 2 Mio. in Indonesien (hauptsächl. Min Nan, Hakka, Mandarin und
  Yue)
– 1,7 Mio. in den USA (hauptsächl. Hakka, Mandarin, Min Nan and
  Yue)
– 1,2 Mio. in Thailand (hauptsächl. Min Nan)

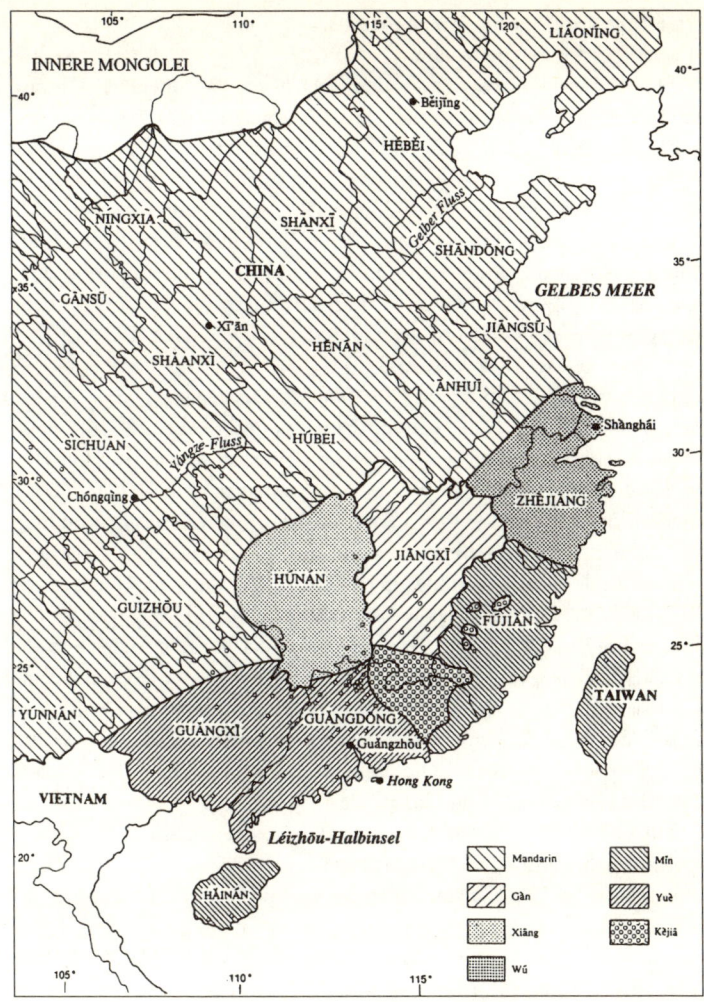

Regionale Varianten des Chinesischen
aus: Li 1992

– 0,6 Mio. auf den Philippinen (hauptsächl. Min Nan)
– 0,5 Mio. in Vietnam (Yue) u. a.

Die Unterschiede zwischen den regionalen Varianten des Chines. sind teilweise erheblich, so daß sie auch gegenseitige Verständigungsschwierigkeiten bedingen. Beispielsweise sind chines. Filme, die in Hong Kong produziert und in Beijing gezeigt werden, mit chines. Untertiteln versehen, um die Probleme zu überbrücken, die Mandarin sprechende Chinesen mit dem südl. Kantones. haben. Die chines. Schriftsprache ist somit das überdachende kulturelle Medium, das die Solidarität aller regionalen Gruppen der Chinesen in einer allumfassenden chines. Identität gewährleistet. Daher ist der chines. Kulturkreis auch als Schriftkulturkreis charakterisiert worden.

Der Name des Landes in den Sprachen Asiens (Sanskrit *Cina*, altpers. *Sini*, Pali *Cin* oder *Cinistan*) und Europas (altgriech. *Saini*, dt., engl. *China*, französ. *la Chine*, russ. *Kitaj* u. a.) leitet sich von einem alten chines. Wort für Seide ab. Die westl. Sprachen haben den Namen in einer ostiran. Sprachform als *Cyn* vermittelt bekommen. Die Verwendung von Seidengarn ist in China bereits für die Zeit um 2700 v. Chr. nachgewiesen. In der Shang-Periode (ab ca. 1600 v. Chr.) entstanden die ersten Webstoffe aus Seide. Im 8. Jh. v. Chr. schließlich wurde Seide bereits zur Herstellung farbiger Stoffe (Brokat) verwendet. Es gibt Anzeichen dafür, daß Seide bereits im 5. Jh. v. Chr. in Athen bekannt war. Der Chiton-Umhang, der für die Monumentalstatue der Athene im Parthenon aus Anlaß des alljährl. Panathenaia-Festes hergestellt wurde, war wahrscheinl. aus Seide gewebt. Die Kontakte zwischen China und Europa über die Seidenstraße sind also mindestens so alt.

Das Chines. ist eine alte Kultursprache, dessen Tradition als Schriftsprache mehr als drei Jahrtausende zurückreicht. Chines. ist die weltweit bekannteste Sprache der sino-tibet. Sprachfamilie und der Hauptvertreter des sinit. Sprachzweigs. Das Tibet. ist die Hauptsprache des tibeto-birman. Zweigs. Die regionalen Varianten des Chines. (Mandarin, Wu, Yue, Jinyu, Xiang, Min Nan, Hakka, Gan, Min Bei) sind teilweise so weitgehend ausdifferenziert, daß manche Forscher von mehreren chines. Sprachen sprechen.

Seit ca. 1200 v. Chr. ist das Chines. verschriftet. Die ältesten Texte sind Orakelinschriften auf Schildkrötenpanzern und auf den Schulterblätterknochen von Hirschen. Früh schon wurden auch Bronzekessel sowie Steinobjekte beschriftet. Der Zeichenschatz der Orakelinschriften ist rein piktographisch. Die Lesung vieler dieser Zeichen ist bis heute unbekannt oder umstritten. Etwa 1400 der alten Schriftzeichen leben in transformierter Form im Repertoire der chines. Schriftzeichen weiter. Während der Han-Periode (206 v. Chr.–220 n. Chr.) wurde der Zeichenbestand systematisiert. Damals entstand das klassische System der Schriftzeichen (*hanzi* ‹Han-Zeichen› genannt). Die Schreibung des Chines. ist prinzipiell logograph. (bzw. ideograph.) mit einer phonograph. Komponente (Rebus-Element). Dies bedeutet, daß in der Schreibung grundsätzlich die Bedeutung eines Wortes den Ausschlag gibt, daß es aber häufig graph. Zusatzelemente gibt, die Hinweise auf die Lautung eines Wortes geben.

Die chines. Schrift ist nicht nur auf das Chines. beschränkt geblieben. Als Instrument der chines. Kulturpolitik in den histor. Kolonien sind auch andere Sprachen mit chines. Schriftzeichen geschrieben worden: das Vietnames., das erst zu Beginn des 20. Jh. einen systemat. Umschwung zur Lateinschrift erlebte; das Korean., das zwischen dem 7. bis 15. Jh. ausschließl. in chines. Schrift geschrieben wurde (und anschließend in einer einheim. Alphabetschrift, Onmun bzw. Hangul); das Japan., für dessen Schreibung bis heute 1945 chines. Zeichen und zwei einheim. Syllabare mit jeweils 48 (von chines. Basiszeichen abgeleiteten) Zeichen verwendet werden. Zahlreiche Minderheitensprachen in → Südchina werden ebenfalls mit Hilfe chines. Zeichen (bzw. deren Ableitungen) geschrieben (z. B. Yi).

Die modernen Chinesen sind die Nachkommen der autochthonen Bevölkerung, die Nordchina seit dem Neolithikum bewohnte. Bereits in den ältesten Quellen der chines. Historiographie wurde zwischen «echten» Chinesen (*huaxia* ‹Han-Leute›) und Nicht-Chinesen unterschieden. Nicht-Chinesen galten allgemein als Barbaren, da sie nach ihrer Kulturentwicklung nicht den Standards der chines. höfischen Kultur mit ihrer Schrifttradition entsprachen. Bezeichnenderweise bleibt die ethn. Identität der Shang-Leute mit ihrer bronzezeitl. Kultur im Dunkeln. Nach ihnen ist die Periode der Shang-Dynastie benannt worden, die China zwischen ca. 1600 und 1027 v. Chr. regierte. Die Zhou-Leute, deren Elite die Regentschaft zwischen 1027 und 221 v. Chr. übernahm, gehörten einer anderen ethn. Gruppe an. Die Ethnogenese der Chinesen reicht mindestens bis ins 5. Jt. v. Chr. zurück. Die Bewohner der in der Nähe von Xian entdeckten neolith. Siedlung Banpo aus der Zeit um 4700 v. Chr. hatten sinide anthropolog. Merkmale. Aus der ethn. Fusion regionaler sinider Bevölkerungsgruppen in Nordchina entstand die histor. Ethnie der (Han-)Chinesen.

Die Entstehung der chines. Zivilisation wird in der Überlieferung mythisch verklärt. Es heißt, die verschiedenen kulturellen Errungenschaften, deren Anfänge sich teilweise archäolog. für die Periode vor der mythischen Ära nachweisen lassen, wurden von drei legendären Kulturheroen, den legendären Kaisern des 3. Jt. v. Chr., vermittelt. Jene Periode der Einführung kultureller Innovationen ist später, im Laufe des Mittelalters, in der chines. Historiographie als ein Goldenes Zeitalter gepriesen worden. Fuxi (Fu-hsi ‹Rinderzähmer›) brachte den Chinesen das Jagen und den Fischfang bei, lehrte sie, Tiere zu domestizieren und Musikinstrumente herzustellen. Shennong (Shen-nung ‹der göttl. Landmann›) gilt als der Erfinder des Pflugs. Dieser Kulturheros lehrte die Chinesen den Anbau von Hirse und die Verwendung von Heilpflanzen. Wichtige Einrichtungen der Zivilisation Altchinas wie der Kalender, die Töpferei, Architektur in Holz, Transportmittel wie der zweirädrige Wagen und Boote werden Huangdi (Huang-ti ‹der gelbe Kaiser›) zugeschrieben.

Die Xia-Dynastie (ca. 21.–Ende 17. Jh. v. Chr.) ist die älteste Phase einer Reichsbildung, die sich archäolog. dokumentieren läßt. Die Shang- und Zhou-Dynastien sind bereits histor. faßbar. Aus lokalen Teilreichen, die in der Zeit zwischen dem 5. und 3. Jh. v. Chr. (Periode der Streitenden Reiche) fast permanent in krieger. Auseinandersetzungen verstrickt waren, entstand im Jahre 221 v. Chr. das erste einheitl. Reich Altchinas unter der Qin- (bzw. Ch'in-)Dynastie. Die Einigung wurde von Zheng erreicht, der die Bürgerkriege siegreich beendete. Unter seiner straffen Führung wurde das imperiale China geeint. Zheng, der sich den Titel Shi Huangdi (Shih Huang-ti ‹Erster Erhabener Göttlicher›) gab, vereinheitlichte Maße, Gewichte, das Geldwesen und führte eine Schriftreform durch, setzte einen einheitl. Gesetzeskodex durch und reformierte das Kalenderwesen. Es entstand ein weit verzweigtes Straßennetz und auch ein Kanalsystem, über das die Schiffahrt zwischen den Gewässern des Hwangho im Norden, des Jangtsekiang in Zentralchina und des Xijiang im Süden mögl. wurde. Hauptstadt dieses Einheitsreiches war Xianyang (in der Nähe von Xi'an).

Die Herrschaft der Qin-Dynastie dauerte zwar nur bis zum Jahre 207 v. Chr., die Idee des Einheitsreiches aber lebte weiter und wurde nie aufgegeben. Seine klassische Blüte und imperiale Größe erlebte das Reich der Mitte unter der Han-Dynastie (206 v. Chr.–220 n. Chr.). Nach jahrhundertelangen, von Unruhen und Reichsteilungen geprägten Zeiten erfolgte eine erneute territoriale Einigung unter der Tang-

Dynastie, deren Herrscher von 618 bis 907 n. Chr. regierten. In jener Periode erlebte China einen bedeutenden kulturellen Aufschwung. Dieser resultierte aus einem internen dynam. Drang nach Modernisierung, zum anderen aus der Vielfalt fremder Einflüsse, die sich über asiat. Ausländerkolonien in der Hauptstadt Chang'an und in den anderen großen Städten (Luoyang, Kanton, Yangzhou) verbreiteten. Die Ausländer kamen aus Persien, aus Indien, aus der arab. Welt, aus dem Byzantin. Reich und aus anderen Länder des Orients. Zum ersten Mal in der Geschichte Chinas entfaltete sich das Leben der sozialen Elite des Landes mit kosmopolit. Flair.

Die Seidenstraße, die von Xi'an aus in westl. Richtung bis nach → Zentralasien führte und sich dort in mehrere Richtungen ausfächerte, wurde zum wichtigsten Verbindungsweg zwischen China und dem Westen. In der chines. Historiographie bezieht sich der Hinweis auf den Westen nicht nur auf die Verbindungen der Karawanenstraßen über Zentralasien bis in die Region nördl. des Kaspischen Meeres und nach Südosteuropa, sondern er schließt auch den Verkehrsweg nach Süden, nach Indien ein. Von dort aus gelangte im 1. Jh. n. Chr. die Kenntnis der buddhist. Lehre nach China. Zunächst hauptsächl. von Immigranten aus Zentralasien und Indien gepflegt, verbreitete sich die Religion seit dem 3. Jh. bei breiteren Kreisen der Bevölkerung. In der Folgezeit wandelte sich die buddhist. Religion von einem ursprüngl. ausländ. Kulturimport zu einer volkstüml. chines. Tradition. Seinen eigentl. Durchbruch aber verdankte der Buddhismus dem Umstand, daß er sich einer zunehmenden Beliebtheit bei den chines. Aristokraten erfreute. Dieser Trend ist seit dem 7. Jh. zu beobachten. In jener Zeit verbreitete sich die buddhist. Religion auch in Tibet.

Einschneidend war die Fremdherrschaft der → Mongolen in China, die von 1280 bis 1368 dauerte und in der chines. Historiographie als die Periode der Yuan-Dynastie behandelt wird. Mongol. Staatsbeamte kontrollierten den chines. Verwaltungsapparat, Mongol. war erste Amtssprache, die Rolle des Chines. war zweitrangig. Es behielt seinen amtl. Status nur im Kontakt mit den Vertretern der Lokaladministration in den einzelnen Provinzen des Reiches. Die Herrschaft der Mongolen dauerte nicht einmal hundert Jahre, der Schock der Eroberung des Reichs der Mitte durch fremde Mächte wirkte aber lange nach. Alle Herrscher der nun folgenden Ming-Dynastie (1368–1644), schenkten in ihren militär. Überlegungen der Verteidigung des Reiches gegen die Nomaden aus dem Norden besondere Aufmerksamkeit.

China erlebte allerdings eine neue Fremdherrschaft, diesmal unter der Vormacht der → Manchu (Mandschuren), die das Land in der Qing- oder Mandschu-Dynastie (1644–1911) regierten. Das öffentl. Leben in China unter den Manchu war weniger von ausländ. Verhaltensregeln bestimmt als während der Mongolenzeit.

Anfang 1912 wurde die Republik ausgerufen, die sich seit den 1930er Jahren mit der japan. Okkupation weiter Teile Nordost-Chinas und der militär. Opposition der Kommunisten konfrontiert sah. Im Kampf gegen die japan. Armee und im Bürgerkrieg wurde die alte Ordnung unwiderrufl. erschüttert. Die Säuberungsaktionen der Kommunisten in den 1940er und 1950er Jahren und die unheilvollen Auswirkungen der Kulturrevolution in den 1960er Jahren bewirkten nicht nur physische Vernichtung und soziales Elend für die Verfolgten, sondern diese Auswüchse des polit. Systems haben sich auch als bleibendes Trauma im kulturellen Gedächtnis der heutigen Chinesen niedergeschlagen. Die polit.-ideolog. Teilung des Landes in die Volksrepublik und die Republik Taiwan ist bis heute ein brisanter Konfliktstoff, der die Erinnerung an das histor. Erbe Chinas belastet.

Lit.: Barnes 1993, Fuwei 1996, Johnston 1995, Krjukov et al. 1993, Liu 1998

D

Dänen (*Danske*, the Danes). Von den weltweit 5,3 Mio. Dänen sind 5,05 Mio. in Dänemark beheimatet. Dän. Außengruppen finden sich in Westeuropa (Deutschland: 48 000 in Südschleswig, Norwegen: 12 000) und in Übersee (Grönland: 7800, USA: 0,19 Mio., Kanada: 27 000). Im Mittelalter haben Dänen auch auf den Brit. Inseln gesiedelt, denn die Wikinger, die ihre Staatswesen in England und Irland gründeten, kamen fast ausschließl. aus Dänemark. Knud (reg. 1018-35) regierte über Dänemark, Norwegen und England. Das Volkstum der damals nach England migrierten dän. Siedler ist in den Kulturtraditionen der → Engländer aufgegangen.

Die Dänen gehören zu den skandinav. (nord.) Völkern, einer histor. Gruppierung der → german. Völker. Eine ethn. Identität läßt sich für die Dänen als regionale Gruppe der Wikinger bereits im Frühmittelalter feststellen. Der engl. König Alfred der Große schloß im 9. Jh. einen Vertrag (Danelaw) mit den Wikingern in England. Sprachl. sind die Dänen am nächsten mit den → Schweden verwandt.

Die histor. Identität der Dänen kristallisiert sich an den drei Hauptfiguren aus, die für die Gründung und Konsolidierung des mittelalterl. Staatswesens verantwortl. sind. Dies sind Harald Blåtand (‹Blauzahn›), der gegen Ende des 10. Jh. getauft wurde, Sven Estridsen, der in der Mitte des 11. Jh. sein Land in Bistümer einteilte, und Knud, der im Jahre 1085 die Kathedrale in Lund (Skåne) einweihte, wo 1104 das älteste skandinav. Erzbistum eingerichtet wurde. Bis 1157 dauerte die Einigung der verschiedenen Landesteile in einem gemeinsamen, nach dem Vorbild des mittelalterl. Frankreich organisierten Hofstaat.

Dänemark, an der Schnittstelle hanseat. Verkehrswege gelegen, beteiligte sich aktiv am Handel der Hanse. Im Verlauf des 14. Jh. war deren Einfluß so stark, daß der gesamte dän. Handel unter ihre Kontrolle kam. Gleichzeitig aber Begann die Entwicklung Dänemarks zur Großmacht im Ostseeraum. Die dän. Herrschaft dehnte sich nach Norwegen aus, und die dynast. Beziehungen in Skandinavien kulminierten mit der Kalmarer Union von 1397 in einer polit. Konstellation, wo auch Schweden von Dänemark abhängig war. 1536 wurde die protestant.Reformation eingeführt. Von dem einst territorial weit ausgedehnten Königreich sind als Außenposten nur Grönland und die Färöer-Inseln geblieben. Diese Regionen sind autonom (die Färöer seit 1948, Grönland seit 1979) und verwalten sich selbst. Nur die Außen- und Sicherheitspolitik wird vom Mutterland Dänemark vertreten.

Ab dem 17. Jh. setzt der Niedergang als Großmacht ein: 1660 fiel das geschichtsträchtige Skåne an Schweden; 1814 endete die Kontrolle über Norwegen; der dän.-deutsche Krieg von 1864, eine Folge des deutschen Expansionsdrangs, brachte territoriale Einbußen. 1940 bis 1945 erlebte Dänemark die Okkupation durch Hitlerdeutschland. Mit dem Eintritt in die NATO und dem Beitritt zur Europ. Wirtschaftsgemeinschaft im Jahre 1973 hat sich aber auch die Beziehung zum ehemaligen Feindstaat Deutschland in eine soldar. Partnerschaft gewandelt. Die wirtschaftl. und kulturellen Bindungen Dänemarks an West- und Zentraleuropa sind gefestigt.

Das zur Gruppe der ostnord. Sprachen gehörende Dän. wird seit dem 9. Jh. geschrieben, zunächst in Runenschrift, seit dem 12. Jh. in Latein- schrift. Eine Zeitlang wurden beide Schriftarten verwendet. Die Runen- schrift kam im 14. Jh. außer Gebrauch. Die Sprache der Bibelüberset- zung (1550 erschien die Bibel Christians III.) prägte den Schriftstandard des Neudän. Die moderne dän. Standardsprache (*rigsdansk*) lehnt sich an den Sprachgebrauch der Region von Kopenhagen an.

Lit.: Fernández-Armesto 1994: 29 ff., Henningsen et al. 1997, Hørby 1993

Dayak-Völker. Von der vor-malaiischen Bevölkerung Malaysias und Indonesiens haben sich nurmehr Restgruppen erhalten. Auf dem Fest- land (West-Malaysia) sind es die → Orang Asli (mal. ‹einheim. Men- schen›), die sich in den trop. Regenwald zurückgezogen haben und auf diese Weise dem Druck der malaiischen Mehrheitsbevölkerung gewi- chen sind. Die Nachkommen vor-malaiischer Populationen leben auch auf der Insel Borneo, deren Nordteil (Sarawak) zu Malaysia (Ost-Ma- laysia) und deren größerer Südteil (Kalimantan) zu Indonesien gehört. Diese Gruppen sind unter dem Namen Dayak-Völker bekannt. Die Dayak-Völker gliedern sich in zwei Hauptgruppen, in die an der Küste wohnenden See-Dayak (Iban) und in die zahlreichen kleinen Ethnien der Land-Dayak (Bidayuh). Zu den im Inland lebenden Gruppen ge- hören auch die ca. 9000 Penan. Dies sind die letzten Waldnomaden in Asien.

Mehr als zwei Dutzend Kleinvölker der Dayak leben auf Borneo. Ihre Bevölkerungszahl macht rund 0,8 Mio. aus. Die bevölkerungsreichste Ethnie sind die Iban (0,415 Mio.). Die Vorfahren der heutigen Dayak gehören zu den ältesten Populationen des modernen Menschen (Homo sapiens sapiens), die → Südostasien und den Inselarchipel (s. Karte dort) vor mehr als 70 000 Jahren bevölkerten. Anthropolog. am nächsten stehen den Dayak die → Melanesier. Von den alten Sprachen hat sich nichts erhalten, wohl aber verschiedene kulturelle Traditionen. Die Dayak unterscheiden sich von der sie umgebenden malaiischen Bevölkerung nach ihren religiösen Traditionen, nicht aber sprachl., denn sie sprechen mit dem Malaiischen verwandte austrones. Sprachen. Nur ein kleiner Teil der Dayak hat sich akkulturiert und den Islam angenommen. Die meisten haben ihre einheim. Traditionen bewahrt, die animist. geprägt sind. Die bis heute fortlebenden Vorstellungen, wonach alle Dinge in der natürl. Umgebung von Geistern belebt sind (z.B. Baum-, Wasser-, Erdgeister), finden ihre Wurzeln in der Periode vor der Ankunft der Malaien im 3. Jt. v. Chr.

Die Land-Dayak betreiben traditionell Feldbau mit Brandrodung. Wenn ein Feld erschöpft ist, zieht die Lokalgruppe an einen anderen Ort und läßt den Boden sich einige Jahre regenerieren. Die typ. Siedlungsform ist das Leben in Sippen mit mehreren Dutzend Familien, deren Angehörige in Langhäusern untergebracht sind. Der natürliche Lebensraum der Dayak ist in den vergangenen Jahrzehnten immer mehr eingeschränkt worden, denn sowohl auf malays. als auch auf indones. Seite ist der trop. Regenwald systemat. abgeholzt worden.

Die See-Dayak leben vom Fischfang, bis ins 19. Jh. auch von der Piraterie. Die Tradition der Kopfjagd ist bei ihnen noch stärker verankert als bei den Land-Dayak. Die abgeschnittenen Köpfe von im Kampf getöteten Gegnern oder im Schlaf überraschten Widersachern werden im eigenen Heim gehortet und als mag. Kraftquellen verehrt. Es heißt, die Kraft des Getöteten gehe in den Besitzer des Kopfes über. Daß diese Tradition der Kopfjagd noch nicht in Vergessenheit geraten ist, beweist ihre Wiederbelebung bei den Unruhen Anfang 2001 in Kalimantan, als die lokale Dayak-Bevölkerung die von der indones. Regierung dorthin umgesiedelten → Maduresen teilweise massakrierte oder vertrieb.

Lit.: Bromlej 1988: 166 f., Kostyal 2002: 35 f., Ludwig 1994: 66 ff.

Deutsche (the Germans, französ.: Allemands). Die allermeisten Deutschen (ca. 97 Mio.) leben in einem geschlossenen Siedlungsraum in Mitteleuropa, und zwar mit Konzentration in Deutschland und dessen Anrainerstaaten. In den 1940er Jahren hat sich aufgrund «ethn. Säuberungen» (Deportationen, Vertreibungen und Fluchtbewegungen) das Profil der deutschen Siedlungen in Osteuropa verändert, im Vergleich zur Situation vor dem Zweiten Weltkrieg hat eine Westverschiebung stattgefunden.

Weltweit gibt es mehr als 100 Mio. Deutsche. Nach dem Kriterium der Muttersprache ist die Zahl geringer als nach dem Kriterium der Abstammung. In Rußland (Sibirien), in Kasachstan und in den USA leben mehrere Millionen Menschen deutscher Abstammung, d.h. die Eltern und Großeltern oder jeweils ein Mitglied der älteren Generation ist (bzw. war) selbst deutschstämmig. Die deutschen Gruppen in Südosteuropa (Rumäniendeutsche, Banater Schwaben und Siebenbürger Sachsen in Ungarn, Donau-Schwaben in der serb. Vojvodina u. a.) kämpfen heute um ihr kulturelles Überleben. Zweisprachigkeit und Bikulturalismus sind charakteristisch für alle deutschen Außengruppen.

Aus anthropolog. Sicht definiert sich die deutsche Ethnizität als Fusion westgerman. Stämme der Spätantike (→ Germanen). Im 8.Jh. kristallisierte sich eine Population heraus, die in althochdeutscher Sprache mit dem Attribut *diutisc* benannt wurde. Dieser Ausdruck geht auf einen german. Wortstamm zurück, der eher unspezifisch ‹volksmäßig, dem Volke eigen› bedeutet. Die Deutschen werden in anderen Sprachen zum Teil mit Namen benannt, in denen sich alte Stammesgliederungen spiegeln (vgl. engl. *Germans*, franz. *Allemands*, finn. *saksalaiset*). Seit dem Mittelalter waren an der ethn. Fusion des Deutschtums als Folge der Ostkolonisation auch → slawische Bevölkerungsteile beteiligt, die sich assimilierten. Gemischt-ethn. Familiengründungen waren in jener Zeit maßgebl. für humangenet. Ausgleichstendenzen.

Deutschsein, Deutschtum und Zugehörigkeit zur deutschen Sprachgemeinschaft sind heutzutage begriffl. anders zu fassen als in den Zeiten des aufkeimenden Nationalbewußtseins und dann im Zeitalter des Nationalismus, als ursprüngl. sprachl.-kulturelle Begriffe politisiert wurden. Im Hinblick auf die Selbstidentifizierung haben sich regionale Identitäten herausgebildet, so daß das Deutschsein neben dem → Österreichersein, → Schweizersein und → Belgiersein steht. Allerdings überdacht bis heute die deutsche Schriftsprache auch die

Peripherien des deutschen Sprachraums in Österreich, in der Schweiz, in Belgien und in Südtirol, so daß das Kulturschaffen trotz regional variierender Phraseologie von einem relativ einheitl. Kommunikationsmedium gesteuert wird. Die Regionalkultur der → Luxemburger ist durch ganz eigenwillige Verhältnisse geprägt, die von den anderen Regionen mit deutscher Sprachkultur deutlich abweichen. Auch im Elsaß haben sich besondere Bedingungen des Deutschen im Kontakt mit dem Französ. entwickelt. Hier wird die Umgangssprache der alteingesessenen Bevölkerung nicht von der deutschen Hochsprache überdacht. Standardsprache der Elsässer ist das Französ., und das nur noch von einer Minderheit gesprochene Elsäss. ist eine dachlose Außenmundart des Deutschen.

Die Aufklärung des 18. Jh. setzte neue Maßstäbe für die interethn. Beziehungen der Völker Europas. Mehr als in früheren Zeiten dachten Literaten, Philosophen und andere Kulturschaffende über die Ursprünge des Volkes nach, dem sie sich zugehörig fühlten. Im deutschen Sprachraum war Johann Gottfried Herder (1744–1803) mit seiner «Abhandlung über den Ursprung der Sprache» (1770, gedruckt 1772) ein wichtiger Impulsgeber für das aufkeimende Nationalbewußtsein. Die Definition dessen, was als «deutsch» und wer als «Deutscher» zu gelten hatte, wurde im wesentl. von der Sprache abhängig gemacht.

Die Vertreter der deutschen Nationalbewegung konstruierten ein imaginäres Bild vom deutschen Volk als einer homogenen deutschsprachigen Gemeinschaft. Als im 19. Jh. der Gedanke staatl. Einheit für das deutsche (d. h. sprachl. definierte) Volk zum Haupttrend der Nationalbewegung wurde, nahm die Vorstellung von der Einheitlichkeit der Sprachgemeinschaft polit.-ideolog. Züge an. Einer der Vorreiter dieser Ideologie war der preuß. Statistiker Richard Böckh (1824–1907), der eine Reihe von Gleichungen aufstellte, von denen er aber nur eine für richtig hielt:

- Nationalität ≠ Histor.-polit. Gemeinschaft («Statist. oder histor. Zusammengehörigkeit kein Zeichen der Nationalität»)
- Nationalität ≠ Gemeinschaft der Staatsbürger («Staatsangehörigkeit kein Kennzeichen der Nationalität»)
- Nationalität ≠ Kulturgemeinschaft («Eigenthümlichkeiten des äußern Volkslebens keine genügende Merkmale der Nationalität»)
- Nationalität ≠ Angehörige gleicher Rasse («Körperbeschaffenheit kein brauchbares Kriterium der Nationalität»)
- Nationalität ≠ Gemeinschaft der Individuen gleicher Abstammung

(«Abstammungszeichen nicht ausreichend zur Feststellung der Nationalität»)
– Nationalität = Sprachgemeinschaft = Volksgemeinschaft

In dieser allein am sprachl. Kriterium orientierten Definition des deutschen Volksbegriffs finden sich keine Anzeichen für die Auswüchse einer rassist. Ideologie späterer Zeit. Die Kombination von «Sprache und Boden» wurde erst dort zum brisanten Politikum, wo Kontakte mit Anderssprachigen die Grenzziehung des imaginären deutschen Einheitsstaates erschwerten.

Die Idee der überdachenden Staatsbildung eines einheitl. Deutschland orientierte sich daran, daß alle diejenigen, die «deutscher Zunge» waren, diesem Staat als Bürger angehören sollten. Das sog. «klein-deutsche» Kaiserreich war somit eine Art Kompromißlösung: Einerseits wurden viele Nichtdeutsche als Staatsbürger mit eingeschlossen (z.B. → Polen in Westpreußen), andererseits verblieben viele deutsche Außengruppen (z.B. in Siebenbürgen, im Baltikum und an der Wolga) außerhalb der Staatsgrenzen.

Die polit. Realität des deutschen Einheitsstaates mit seiner imaginären homogenen Volksgemeinschaft wurde zum Impulsgeber für politisierende Begriffsbestimmungen der «Deutschen Nation», die nunmehr nicht nur sprachl., sondern auch abstammungsorientiert definiert wurde. Aus der ursprüngl. Kombination «Sprache und Boden» erwuchs die erweiterte Begrifflichkeit «Sprache, Blut und Boden». Hier sind die Wurzeln des banalen Rassismus deutscher Prägung zu suchen. Der Wahlspruch «Am deutschen Wesen soll die Welt genesen», dessen Geist die Kolonisatoren in die deutschen Kolonien nach Übersee verpflanzten, beinhaltete außer der sprachl.-kulturellen Komponente auch eine rass.-stereotyp. Wertung des Deutschseins im Gegensatz zum «Anderssein».

Als Folge der nationalsozialist. Rassenideologie, der Verfolgung und massenweisen Ermordung «Fremdrassiger», des Holocaust ist eine sachl. Diskussion über das Verhältnis von Sprache, Nation und anthropolog. Gruppenzugehörigkeit kaum mehr möglich. Es scheint so, als ob sich Deutsche bis heute mit der Frage «Was macht einen Deutschen zum Deutschen?» schwer tun. Die Regionalismusdebatte in der Europ. Union hat jedoch ebenso wie die Ausländerproblematik in Deutschland dazu beigetragen, daß sich Deutsche wieder zunehmend die Frage nach ihrer nationalen Identität stellen.

Deutschsein wird heute mehr und mehr im Sinne der Staatsangehörigkeit verstanden, ist damit also ein multiethn. Begriff, d. h. ein Sprecher des Deutschen (ein sprachl. Deutscher) kann ein Weißer oder ein Farbiger, Europäer, Afrikaner oder Asiate sein. Damit nähert sich der Begriff des Deutschseins strukturell ähnl. Begriffen wie Englischsein, Französischsein oder Spanischsein an, denn auch damit werden multiethn. Situationen beschrieben. Die deutsche Sprachgemeinschaft ist heute ein Milieu sprachl.-kultureller Interaktion, in die alle Beteiligten die unterschiedlichsten soziokulturellen Bedingungen einbringen. Die deutsche Gesellschaft ist in einem Prozeß der Umstrukturierung zum multikulturellen Pluralismus begriffen. Dabei geht es nicht um eine statische Koexistenz verschiedener Kulturen, sondern um multikulturelle Wechselseitigkeit, für die die deutsche Sprache als überdachendes Kommunikationsmedium fungiert.

Lit.: Goebl et al. 1997: 1753 ff., James 1989, Kolinsky/Will 1998, Mirow 1990

Dolganen (*Dolgan, Tyakichi,* russ.: Dolgany). Die knapp 7000 Dolganen in der Russ. Föderation leben im autonomen Bezirk Dolgano-Nenecki in der Region Chabarovsk, einige Gruppen in Jakutien/Sacha. Sie sind eine relativ junge Ethnie, die im Zeitraum vom Ende des 18. bis zum Anfang des 19. Jh. als Fusion verschiedener Bevölkerungsgruppen (→ Evenken, →Jakuten, → Evenen, → Russen) entstanden ist. Sie zählt zu den altaischen Kleinvölkern in → Nordsibirien, ihre Sprache gehört zum Zweig der tungus.-mandschur. Sprachen der altaischen Sprachfamilie. Die Dolganen leben von der Jagd auf wilde Rentiere und von der Rentierhaltung.

Lit.: Funk/Sillanpää 1999: 110 ff., Tiškov 1994: 149 f.

Draviden (Dravidians). Die dravid. Populationen gliedern sich in mehr als 30 Ethnien aus, jede mit ihrer eigenen Sprache. Das Hauptverbreitungsgebiet der dravid. Bevölkerung sind das südl. Pakistan, das südl. Indien und der Norden Sri Lankas. Von den Indern im Norden des ind. Subkontinents unterscheiden sich die Draviden im Süden v. a. durch ihre allgemein dunklere Hautfarbe. Andererseits gehören die meisten Draviden wie die Mehrheit der → Indo-Arier auch zur Religionsgemeinschaft der Hindu. Die bevölkerungsstärksten Ethnien sind in Südindien und in Sri Lanka konzentriert.

Ethnie	Bevölkerung	Siedlungsgebiet
Telugu	73 Mio	Südindien (Bundesstaat Andhra Pradesh und angrenzende Regionen); Malaysia; Singapur u. a.
Tamilen	63 Mio.	Südindien (Tamil Nadu und angrenzende Regionen); nördl. Sri Lanka; Malaysia; Südafrika u. a.
Malayali	34 Mio.	Südindien (Kerala, Laccadive-Inseln); Vereinigte Arabische Emirate u. a.
Kanaresen	34 Mio.	Südindien (Karnataka, Andhra Pradesh, Tamil Nadu, Maharashtra)
Gondi	2,63 Mio.	Südindien (Madhya Pradesh, Maharashtra)
Brahui(di)	2,2 Mio.	Südl. Pakistan; östl. Afghanistan; südöstl. Iran
Kurux	2,05 Mio.	Südindien (Bihar, Madhya Pradesh, Westbengalen, Orissa, Assam, Tripura); Bangladesch
Pardhan	0,12 Mio.	Südindien (Andhra Pradesh, Madhya Pradesh, Maharashtra)
Kolami	0,115 Mio.	Südindien (Maharashtra, Andhra Pradesh, Madhya Pradesh)
Irula	75 000	Südindien (Tamil Nadu, Karnataka, Andhra Pradesh)
Gadaba (Ollari)	15 000	Südindien (Orissa)

Die Draviden siedelten vor der Ankunft der → Indo-Arier im 17. Jh. v. Chr. im Nordwesten Indiens. Dorthin sind sie bereits im 4. Jt. v. Chr. eingewandert. Histor. werden altdravid. Populationen in den Städten der Indus-Zivilisation um 2600 v. Chr. faßbar. Draviden waren die Träger der Kultur von Mohenjo-Daro, Harappa und den anderen Städten im Tal des Indus und seiner Nebenflüsse. Diese Zivilisation zerfiel um 1800 v. Chr. In Resten hat sie sich an der südöstl. Peripherie bis in die Zeit nach der indo-ar. Landnahme gehalten.

Die Tradition dravid. Schriftsprachen ist wesentl. älter als die der sie umgebenden indo-ar. Kontaktsprachen. Altdravid. wurde zwischen 2600 und 1800 v. Chr. geschrieben. Danach dauerte es viele Jahrhunderte, bevor die Schrifttradition mit Inschriften in tamil. Sprache und in Brahmi-Schrift um 200 v. Chr. erneut einsetzte. Das Kannada und das

Telugu wurden seit dem 6. Jh. n. Chr. als Schriftsprache verwendet, das Malayalam seit dem 9. Jh. Kleinere Dravida-Sprachen wie das im ind. Bundesstaat Andhra Pradesh verbreitete Koya, das Kudiya in Kerala, das Kaikadi in Karnataka und das Pengo in Orissa sind schriftlos.

Lit.: Andronov 1978, Bromlej 1988: 157 f.

E

Engländer (*the English*). Die Zahl der ethn. Engländer beläuft sich auf
ca. 52 Mio. Es sind weiße brit. Staatsbürger mit engl. Sprache, engl. Kulturtraditionen und engl. Vorfahren. Auch viele andere weiße → Briten
sprechen Engl. und pflegen engl. Kulturtraditionen, sind aber keine
Engländer, sondern → Schotten (schott. Tiefland) und → Kelten (Wales,
schott. Hochland, Nordirland). Engländer stellen die Mehrheit im Vielvölkerstaat Großbritannien (59 Mio. E).

Bis ins 17. Jh. waren – von den kelt. Assimilanten im Königreich England abgesehen – die allermeisten Sprecher des Engl. Engländer. Heutzutage stellen weder Engländer noch Briten die Mehrheit aller Engl.-
Sprachigen. Im Gegenteil, Engländer sind eine kleine Minderheit im
multiethn. Kaleidoskop der Völker mit engl. Primär- oder Zweitsprache. Engl. wird von 572 Mio. Menschen in aller Welt gesprochen. Davon sind 337 Mio. Primärsprachler und 235 Mio. Zweitsprachler. Deren
Proportionen sind in den einzelnen Staaten sehr ungleich verteilt; z.B.
USA: 240 Mio. Primärsprachler gegenüber 30 Mio. Zweitsprachlern;
Kanada: 19,7 Mio. vs. 6 Mio.; Südafrika: 3,6 Mio. vs. 10 Mio. Zählt man
außerdem diejenigen Menschen dazu, die passive Sprachkenntnisse des
Engl. besitzen, also Engl. verstehen können, dann steigt die Gesamtzahl
derer, die über das Medium Engl. kommunizieren können, auf 1 bis
1,5 Mrd.

Die Ethnogenese der Engländer beginnt mit der Immigration german. Populationen nach Britannien. Als Ergebnis der röm. Präsenz
(43–407 n. Chr.), waren ledigl. kleinere kelt. Bevölkerungsgruppen im
Südosten der Insel romanisiert. Der größte Teil der Kelten (einschließl.
der Bewohner der schott. Lowlands) hatte aber einheim. Kulturtraditionen bewahrt. Noch während der röm. Ära machten Germanen (Angeln, Sachsen und Jüten) als Piraten die Küsten unsicher, später immer
nahmen sie immer mehr Land in Besitz. Die einheim. kelt. Bevölkerung
wurde verdrängt oder assimilierte sich.

Vom 5. bis 7. Jh. waren die Siedlungsgebiete der german. Stämme
noch voneinander getrennt. Die Angeln siedelten im Südosten, die Jüten in der Region Kent, die Sachsen im Westen Englands. Sie waren in

kleinen lokalen Königreichen organisiert: Kent, East Anglia, Sussex, Wessex, Mercia und Northumbria. Wessex erstarkte auf Kosten der anderen Reiche, als diese durch die Invasion der Wikinger (insbesondere Normannen aus Dänemark) im 9. Jh. geschwächt wurden. Unter König Alfred dem Großen (reg. 877–891) begann eine Ära gemeinsamer Regierung in den von german. Stämmen besiedelten Gebieten außerhalb der polit. Kontrolle der Dänen.

Mit dem sog. Danelaw, das den dän. Territorialbesitz auf engl. Boden anerkannte, wurde ein friedl. Ausgleich zwischen den christl. Nachbarstämmen etabliert. Unter der Regierung von Edgar (reg. 957–975) vollzog sich die endgültige Fusion der german. Stammesgruppen in eine neue ethn. Identität, die der Engländer. In diesem Fusionsprozeß akkulturierten sich auch die dän. Bevölkerungsgruppen. Zum Zeitpunkt der normann. Invasion Englands im Jahre 1066 war er vollständig abgeschlossen. Damals war England nach der ethn. Zusammensetzung seiner Bevölkerung ein fast reiner Nationalstaat. Unter normann. Herrschaft, v. a. unter Wilhelm dem Eroberer (reg. 1066–1087). wurde das engl. Königreich polit. und wirtschaftl. straff organisiert und nach französ. Vorbild modernisiert.

Während sich mit der Erweiterung des engl. Machtbereichs engl. Sprache und Kultur in Irland (seit dem 12. Jh.), in Schottland (seit dem 12. Jh.) und in Wales (seit dem 13. Jh.) verbreiteten, wurde in England selbst das Französ. Kanzleisprache, und die engl. Elite hatte französ. Lebensweisen angenommen. Das Engl. gewann seinen Status im öffentl. Leben – in Schulen, bei Gericht, in den Gildenstatuten – im Verlauf des 14. Jh. zurück; die endgültige Ablösung des Französ. als Kanzleisprache erfolgte im Jahre 1430. Der Standard der engl. Kanzleisprache orientierte sich an der Sprachvariante der Midlands. In jener Zeit hatte sich das polit. Schwergewicht des Landes nach London verlagert.

Im 17. Jh. begann für Großbritannien dank seiner erfolgreichen Flotte die Ära der Öffnung in die Welt, es folgte die militär. und wirtschaftl. Erschließung von Kolonien in Übersee. Der größte Teil des nordamerikan. Kolonialbesitzes ging im Unabhängigkeitskrieg der USA (1776-83) verloren. Danach aber normalisierten sich die angloamerikan. Beziehungen, und die Interessenlagen Großbritanniens und der USA decken sich seither in allen großen polit. Entscheidungen, auch in Kriegen.

Im Laufe des 18. und 19. Jh. eroberte Großbritannien ständig neue Territorien in allen Teilen der Welt, insbesondere in Afrika und Asien.

Gleichzeitig entwickelte sich das nationale Selbstbewußtsein, nicht mehr engl., sondern brit. Staatsbürger zu sein. Bis zum Ende des Zweiten Weltkriegs war Großbritannien mitsamt seinen Kolonien der größte Territorialstaat der Welt. Aber die letzte Großregion, die Großbritannien im 19. Jh. als Kolonialbesitz erworben hatte, Indien, war auch das erste Territorium, das in die Unabhängigkeit entlassen wurde (1947). In den 1960er Jahren folgte die sukzessive Auflösung des brit. Kolonialgebiets. Durch die Abtrennung der Republik Irland im Jahre 1923 ist der brit. Territorialbesitz heute sogar kleiner als im ausgehenden Mittelalter. Es gelang jedoch, die ehemaligen Kolonien als selbständige Staaten im wirtschaftl. und kulturpolit. Interessenverband des British Commonwealth zusammenzuschließen.

Das Bewußtsein kolonialer Größe war in das insuläre Selbstverständnis einer *splendid isolation* umgeschlagen. Der Eintritt Großbritanniens in die Europäische Wirtschaftsgemeinschaft im Jahre 1972 förderte den Abbau dieser Haltung. Die polit. Interessen Großbritanniens stehen allerdings weiterhin nicht selten im Konflikt mit denen der kontinentaleurop. Staaten. So setzt sich die Rivalität der ehemaligen Kolonialmächte Großbritannien und Frankreich bis heute in der Frage der Amtssprachenwahl in den Brüsseler Behörden und in der Europ. Kommission fort.

Das Engl., die Nationalsprache der Engländer, wird seit dem 7. Jh. geschrieben. Die ältesten Schriftzeugnisse sind Runeninschriften. Der älteste Text des Altengl. in Lateinschrift ist das in einer westsächs. Version überlieferte Versepos «Beowulf» aus dem 9. Jh. Während des Mittelalters wurden verschiedene landschaftl. gebundene Schriftsprachen verwendet. Der entscheidende Durchbruch zur Konsolidierung einer einheitl. neuengl. Standardsprache ist dem Reformator John Wycliff (gest. 1384) und dem Dichter Geoffrey Chaucer (gest. 1400) zu verdanken, außerdem William Caxton (gest. 1491), der den Buchdruck in England einführte. Im Laufe seiner Verbreitung in den Kolonialgebieten hat sich das Engl. im Kontakt mit lokalen Sprachen verändert und regionale Varianten ausgebildet. Dazu gehören das amerikan. Engl., das Engl. in Indien, in Australien, die zahlreichen Pidgins und Kreolsprachen auf engl. Basis. Engl. ist heutzutage Amtssprache in 59 Staaten.

Lit.: Baker 1997, Görlach 2000, Haarmann 2001b: 101 ff., Millett 1990, Smith 1996

Enzen (*Ennece,* russ.: Ency), auch: Jenisej-Samojeden. Die Enzen gehören zu den samojed. Ethnien in → Nordsibirien, das Samojed. bildet
einen Hauptzweig der ural. Sprachfamilie. Ende der 1980er Jahre wurden noch rund 340 Enzen im autonomen Bezirk Taimyr in der Region
Krasnojarsk gezählt, von denen nur noch 90 Personen Enzisch sprachen. Die übrigen haben sich ans Russ. assimiliert. Die Enzen gliedern
sich in eine nördl. Gruppe (Tundra-Enzen) und in eine südl. Gruppe
(Wald-Enzen). Zu den traditionellen Wirtschaftsformen gehören die
Jagd auf wilde Rentiere und der Fischfang.

Lit.: Funk/Sillanpää 1999: 45 ff., Tiškov 1994: 420 f.

Eskimo → Inuit

Esten (*Eestlased,* the Estonians). Von den 1,12 Mio. Esten in der Welt
sind 0,963 Mio. in Estland beheimatet (entspr. 62 % der Landesbevölkerung). Die Zahl der Sprecher des Estnischen in Estland (1,065 Mio.) ist
größer als die Bevölkerungszahl der ethn. Esten, weil ein Teil der russ.
Bevölkerung des Landes (0,1 Mio.) ebenfalls Estn. spricht. Rund
0,15 Mio. Esten leben außerhalb des Kernlandes in anderen Staaten. Die
zahlenstärksten Außengruppen sind die Esten in Schweden (67 000),
Rußland (46 300) und in den USA (21 000). Die Generation der Esten,
die vor 1991 ihre Schulausbildung absolviert haben, spricht Russ. als
Zweitsprache. Die jüngeren Esten lernen kaum noch Russ.

Finn.-ugr. Stammesgruppen siedelten im estn. Kernland bereits im
5. Jt. v. Chr. Im Verlauf des 3. Jt. v. Chr. gewann die ostseefinn. Bevölkerung mit regionalen Spezifika in Kultur und Sprache ihr Eigenprofil. Im
2. Jt. v. Chr. entfalteten sich die Kontakte zwischen der ostseefinn. Bevölkerung im Norden und → baltischen Stammesgruppen im Süden.
Diese Kontakte setzen sich kontinuierl. bis heute fort. Im Verlauf des
1. Jt. v. Chr. bildete sich die estn. Ethnie heraus. Seit Mitte des 1. Jt. unserer Zeitrechnung stehen die Esten im Kontakt mit Ostslawen, später
v. a. mit → Russen. Auch diese Kontakte bestehen bis heute. Während
der Zeit der zarist.-russ. und sowjet. Herrschaft stand die estn. Gemeinschaft unter starkem Akkulturationsdruck, der seine sprachl. Spuren im
Sprachwechsel zum Russ. bei bestimmten Bevölkerungsgruppen und in
der Zweisprachigkeit der Moderne hinterlassen hat.

Die längste Zeit ihrer polit. Geschichte waren die Esten abhängig von
fremden Staaten. Im 13. Jh. stand das estn. Siedlungsgebiet unter der

Kontrolle des Deutschen Ritterordens. Ledigl. das Gebiet von Setu gehörte territorial zum russ. Fürstentum Pskov. Im 16. Jh. rivalisierten die Großmachtinteressen Polens, Dänemarks, Schwedens und Moskaus in der Region. Zwischen 1629 bis 1721 gehörte Estland zu Schweden, ab dem von Schweden verlorenen Nord. Krieg gegen Rußland dann zum Zarenreich. Die Unabhängigkeit Estlands (zwischen 1918 und 1940), war immer wieder, erst von deutscher, dann von sowjetruss. Seite, bedroht und brachte keine wirtschaftl. oder polit. Stabilität. Der deutschen Besetzung (1940–44) folgte eine Erneuerung der Sowjetherrschaft, die bis zur Auflösung der Sowjetunion (1991) dauerte. Trotz anfängl. Unstetigkeit zeichnete sich die Entwicklung in den 1990er Jahren durch den Aufbau eines modernen, wirtschaftl. stabilen Staatswesens aus. Seit Mai 2004 ist Estland Mitglied der Europ. Union.

Das Estn., eine ostseefinn. Sprache, wird seit dem 17. Jh. geschrieben. Die engen Beziehungen zu den kulturell wie sprachl. verwandten Nachbarn, den → Finnen, haben v. a. seit dem 19. Jh. das Selbstwertgefühl der Esten gestärkt sowie die Pflege des estn. Volkstums und der Sprache motiviert. Das Bewußtsein der engen Verwandtschaft beider Sprachkulturen und der Verankerung beider Gesellschaften in der Tradition des Protestantismus hat die Esten auch an den Engpässen der Sowjetära vorbeigeführt und ihren Widerstand gegen den russ. Assimilationsdruck mobilisiert. Auch über den kulturellen Bereich hinaus sind die finn.-estn. Kontakte sehr eng, so in der Wirtschaft und im Tourismus.

Lit.: Goebl et al. 1997: 1900 ff., Järv 1995, Rannut 1997

Europa. In der modernen ethnokulturellen Landschaft Europas gibt es drei Hauptkomponenten: (1) → indoeuropäische, (2) → uralische und (3) → türkische Ethnien.

(1) Die meisten Völker sind solche mit indoeurop. Sprache und indoeurop. Kulturtraditionen. Die Bevölkerungsgeschichte Europas ist die Geschichte der Indoeuropäisierung dieses Kontinents. Dieser demograph. Entwicklungstrend setzte im 5. Jt. v. Chr. ein und zieht sich bis heute hin. Das moderne Stadium der Indoeuropäisierung sind die Assimilationsprozesse nichtruss. Ethnien ans Russentum im europäischen Teil Rußlands. Von den nichtindoeurop. Populationen und ebenso von den ethn. Mischkulturen akkulturierten und assimilierten sich fast alle im Lauf der Antike. Im östl. Europa haben die Indoeuropäer die ural.

Die Völker Europas im Überblick
nach: Janich/Greule 2002

Urbevölkerung immer weiter nach Norden abgedrängt oder assimiliert. In diesem weiträumigen und intensiven Assimilationsprozeß haben sich ganze Völker aufgelöst, etwa finno-ugrische Völker wie die Merier und Muromer, deren Angehörige im Verlauf des 11. Jh. eine ethn.-kulturelle Fusion mit den → Russen eingingen. Als Folge ihrer Verbreitung über den gesamten Kontinent haben die indoeurop. Populationen mit der Zeit ethnokulturelle Gravitationszentren mit regional begrenzter Ausstrahlung entwickelt. Auf diese Weise entstanden die Kulturkomplexe der → Balten, → Slawen und → Iranier im Osten Europas, der → Germanen im Norden Europas, der → Kelten in Mitteleuropa, der Italiker im Süden, der Illyrer, Thrako-Daker und → Griechen auf dem Balkan. Diese ethnokulturellen Gravitationzentren, deren regionale Eigenheiten bereits im Verlauf des 2. Jt. v.Chr. Profil gewannen, waren die Basis für die Ethnogenese der europ. Einzelvölker, die zu verschiedenen Zeiten ins Licht der Geschichte traten. Westeuropa hat auch die Ausbildung einer Reihe von Einzelvölkern aus einem Prozeß sekundärer Ethnogenese erlebt, näml. der → roman. Völker, die aus einer ethn. Fusion ital. Kolonisten und autochthoner Populationen in den Provinzen des Römischen Reichs entstanden sind.

(2) Im Norden (Finnland, Estland) und Nordosten Europas (im europ. Teil Rußlands) sowie in Mitteleuropa (Ungarn) sind ural. Völker beheimatet, die mit einer Ausnahme Sprachen des finn.-ugr. Zweigs sprechen. Zu ihnen gehören die → Finnen, → Esten, → Ungarn, → Karelier, → Syrjänen, → Mari, → Mordwinen, → Udmurten und einige Kleinvölker (→ Finno-ugrische Völker in Rußland). Ein anderer Sprachzweig des Ural., das Samojed., ist nur mit einer Sprache vertreten, dem Nenz. (Jurak.). Die → Nenzen leben überwiegend auf der sibir. Seite des Uralgebirges, ein kleiner Teil auch auf der europ. Seite.

(3) Im Gebiet der Wolga und ihrer Nebenflüsse sowie im Kaukasusvorland leben → Turkvölker, deren bevölkerungsreichstes die → Tataren (7 Mio., davon 5,5 Mio. in Rußland) sind. In den Balkanstaaten finden sich türk. Enklaven, die zahlenstärkste in Bulgarien (mehr als 0,7 Mio.). Dies sind histor. Relikte aus der Zeit, als fast die gesamte Balkanregion eine Kolonie des Osman. Reichs war. Die Turkvölker Europas sind – von zwei Ausnahmen abgesehen – muslim. Gemeinschaften. Die Tschuwaschen (1,78 Mio.) an der mittleren Wolga sind überwiegend Christen. Auch die Gagausen (0,223 Mio.), die in drei regionalen Gruppen im Süden Moldovas, im Südwesten der Ukraine und im Nordosten Bulgariens beheimatet sind, sind Christen.

In Europa sind drei Völker verbreitet, die mit den übrigen nicht verwandt sind und in genet. Hinsicht gleichsam Außenlieger (*outliers* in der engl. Terminologie der Humangenetik) sind: die → Basken im Südwesten Frankreichs und im Norden Spaniens, das einzige nichtindoeurop. Volk in Westeuropa, dessen kulturelle Eigenständigkeit sich bis heute erhalten hat; die → Malteser, die arab. Bevölkerung mit eigener Sprache und christl. geprägter Kultur auf den Inseln Maltas; und die → Kalmüken im Gebiet zwischen Wolga und der Nordwestküste des Kasp. Meeres, auch europ. Oiraten genannt; dieses mongol. Volk, dessen Vorfahren im 17. Jh. nach Europa eingewandert sind, bildet die einzige geschlossene buddhist. Gemeinschaft auf europ. Boden.

Im Windschatten nationalist. Strömungen der «großen Nationen», die nach und nach in Kriegen mit ihren Nachbarn ihre territorialen Grenzen festigten, hat sich das nationale Selbstwertgefühl auch kleinerer Völker geschärft. Auch kleinere ethn. Gemeinschaften hatten im 20. Jh. die Möglichkeit zur Staatsbildung. Für die Länder des Baltikums begann im Jahre 1991 die zweite Ära staatl. Souveränität, die Unabhängigkeit von Staaten wie Georgien, Armenien und Moldova ließ die Erinnerung an histor. Phasen der Eigenstaatlichkeit jener Länder aufleben, die Tschechoslowakei löste sich in die Landesteile Tschechien und Slowakei auf. Lediglich auf dem Balkan geriet der Entscheidungsprozeß über nationale Selbstbestimmung und Eigenstaatlichkeit außer Kontrolle und uferte in die Balkankriege der 1990er Jahre aus (1991 in Slowenien, 1991–1992 in Kroatien, 1993–1995 in Bosnien-Herzegowina, 1999 im Kosovo). Zu keiner Zeit hat es in Europa so viele souveräne Einzelstaaten gegeben wie zu Beginn des 21. Jh.

Von peripheren Ländern wie Island und Malta abgesehen, deren Insellage eine monoethn. Bevölkerungsstruktur begünstigt hat, ist das Ideal eines Nationalstaates nirgendwo in Europa erreicht worden. Dies gilt nicht nur für die traditionsreichen Nationalstaaten wie Frankreich (mit seinen ethn. Minderheiten: → Bretonen, Basken, Elsässern, Flamen, → Occitanen, → Katalanen) oder Spanien (mit den regionalen Ethnien der Katalanen, → Galicier, Andalusier und Basken), sondern auch für die jungen souveränen Staaten an der Peripherie Rußlands, die sich aus der nationalen Konkursmasse der ehemaligen Sowjetunion abgelöst haben und in denen mehr als 20 Mio. Russen als ethn. Minderheiten leben.

Die rechtl. Lage der ethn. Minderheiten in den traditionellen Nationalstaaten Europas variiert extrem, von fakt. Diskriminierung wie im

Fall der slaw. Volksgruppe der → Makedonen in Nordgriechenland, der türk. Minderheit in Bulgarien oder der ungar. Außengruppe in der Slowakei bis hin zu weitreichender innenpolit. und kulturell-sprachl. Autonomie wie seit 1984 in Katalonien, seit 1986 für die → Friesen in den Niederlanden oder seit 1992 für die → Saamen in Nordnorwegen. Bis heute liegt die kulturpolit. Verantwortung für die Statusbestimmung und Wertstellung ethn. Minderheiten in den Nationalstaaten schwerpunktmäßig bei deren Regierungen. Als Gegengewicht zu dieser einzelstaatl. Tradition sind Schutzbestimmungen auf supranationaler Ebene formuliert worden, die speziell auf die ethnopolit. Verhältnisse in Europa Bezug nehmen. Für die Staaten in der Europäischen Union sind Regionalkulturen und deren Sprachen identifiziert worden, und die 1992 vom Europarat verabschiedete «European Charter for Regional or Minority Languages» zielt auf den Schutz von Regionalkulturen ab, unabhängig von deren Bindung an bestimmte administrative Territorien. Damit sind auch Ethnien eingeschlossen, die nicht konzentriert in einer bestimmten Region leben wie beispielsweise die → Roma in Ungarn oder die aschkenas. → Juden mit jidd. Kultur und Sprache in Schweden.

Zusätzl. zu den faktisch multinationalen, allerdings nominellen Nationalstaaten gibt es in Europa Länder, die sich offiziell als multinationale Staaten verstehen. Dazu gehören westeurop. Vielvölkerstaaten wie die Schweiz und Belgien sowie osteurop. wie Finnland und Rußland.

Seit einigen Jahrzehnten sind Millionen von Menschen aus anderen Kontinenten eingewandert. Allein in Westeuropa leben über 12 Mio. Menschen außereurop. Herkunft, die entweder legal als Asylsuchende aufgenommen worden sind, oder die sich illegal in Staaten der EU aufhalten. Mit 3,2 Mio. legalen und schätzungsweise 1,2 Mio. illegalen «Neu-Europäern» steht Deutschland an der Spitze der Statistik (Frankreich: 2,5 Mio. bzw. rund 1 Mio., Italien: gut 1 Mio. bzw. 0,25 Mio.). In den einzelnen Ländern wohnen bestimmte Ethnien schwerpunktmäßig, so → Türken in Deutschland, Algerier in Frankreich, Marokkaner in Spanien, → Paschtunen und → Bengalen in Großbritannien. Auch die Länder Osteuropas sind zur neuen Heimat für Flüchtlinge von außerhalb Europas geworden. Allein in Moskau lebten vor dem Afghanistankrieg (Spätherbst 2001) mehr als 50000 illegale Flüchtlinge aus jenem Land. Zu keiner Zeit in seiner Geschichte war die Bevölkerungsstruktur Europas so multiethnisch wie zu Beginn des 21. Jh.

Lit.: Bardet/Dupâquier 1997, Bartlett 1993, Davies 1996, Duroselle 1990, Fernández-Armesto 1994, Haarmann 1993, Tibi 1998, Wilson/Dussen 1995

Evenen *(Even, Oročel,* russ.: Eveny), ältere Bezeichnung: Lamuten. Rund 17200 Evenen leben verstreut in → Nord(ost)sibirien, in Jakutien/Sacha, in der Region Chabarovsk, im Gebiet Magadan und im Gebiet Kamtschatka. Diese Ethnie ist die zweitgrößte unter den → altaischen Kleinvölkern in dieser Region; ihre Sprache gehört zum Zweig der tungus.-mandschur. Sprachen der altaischen Sprachfamilie. Die traditionalen Wirtschaftsformen der Evenen sind in erster Linie die Rentierhaltung, außerdem Jagd und Fischfang.

Lit.: Funk/Sillanpää 1999: 70 ff., Tiškov 1994: 419 f.

Evenken *(Evenki,* russ.: Evenki). 29900 Evenken siedeln im autonomen Bezirk der Evenken in der Region Krasnojarsk, Russ. Föderation. Weitere 20000 leben in Nordost-China und in der Mongolei. Sie sind die zahlenmäßig stärkste Ethnie unter den → altaischen Kleinvölkern in → Nordsibirien, ihre Sprache gehört zum Zweig der tungus.-mandschur. Sprachen der altaischen Sprachfamilie. Sie sind vorwiegend Rentierzüchter. Ihre Sozialstruktur ist exogam, d.h. sie heiraten vorwiegend Jakuten, die zu den → Turkvölkern in Rußland gehören.

Lit.: Funk/Sillanpää 1999: 62 ff., Tiškov 1994: 416 ff.

F

Färinger (*Færinger*, the Faroese). Die Färinger sind die Bewohner der Färöer-Inseln, diese gehören administrativ zu Dänemark und besitzen seit 1948 Autonomie. Der dän. Staat ist durch einen Kommissar (dän. *rigsombudsmand*) im Verwaltungszentrum Tórshavn vertreten. Der wichtigste Wirtschaftszweig der Färinger ist der Fischfang und die fischverarbeitende Industrie. Die seit den 1870er Jahren praktizierte Hochseefischerei hat den Färingern materiellen Wohlstand gebracht und einen hohen Lebensstandard ermöglicht.

Die Färinger sind Skandinavier, deren Vorfahren um 800 n. Chr. von Norwegen her die Inseln besiedelt haben. Ähnl. wie in Island wurde auch auf den Färöern schon früh ein Parlament (*thing*) eingerichtet, dessen Anfänge auf die Zeit um 900 zurückgehen. Seit dem 11. Jh. war die Inselgruppe polit. abhängig, zunächst von Norwegen, seit dem 14. Jh. unter dän. Vorherrschaft. Die moderne Autonomie der Färöer-Inseln ist so weitreichend, daß nur die Außen- und Sicherheitspolitik von Dänemark vertreten wird. Die polit. Selbstverwaltung der Färöer drückt sich u. a. darin aus, daß die Inselgruppe im Gegensatz zum Mutterland Dänemark nicht Teil der Europäischen Union ist.

Das Färing. gehört zur Gruppe der nordgerman. (skandinav., nordischen) Sprachen und wird von rund 47000 Menschen gesprochen. Nach Aussprache und Wortschatz steht es dem Norweg. nahe, im Hinblick auf seinen grammat. Bau dem Isländ. Seit dem 11. Jh. wird das Färing. geschrieben. Aus dem 13. Jh. stammt das bedeutendste Schriftdenkmal des Mittelalters, die «Færeyinga saga» (Färöer-Saga). Die Normen für die moderne Standardsprache wurden in den 1850er Jahren geschaffen.

Lit.: Fernández-Armesto 1994: 22 ff., Hagström 1997

Filipinos (*Filipinos, Pilipinos*, the Filipinos) sind (a) im weiteren Sinne die Bewohner der Philippinen, also alle 75 Mio. Bürger des Staates, (b) im engeren Sinn die Gemeinschaft derjenigen, die Tagalog (seit 1897 Nationalsprache der Philippinen) als Muttersprache sprechen, d. h. rund 17 Mio. Menschen (22 % der Landesbevölkerung). Diese Filipinos sind

→ Austronesier (→ Malaien), deren Vorfahren bereits im 4. Jt. v. Chr. aus dem südl. China kamen und die großen Inseln der Philippinen (Luzon, Mindoro) besiedelten.

Tagalog gehört zum malaio-polynes. Zweig der austrones. Sprachfamilie. Es wird seit dem 16. Jh. als Schriftsprache verwendet. Tagalog wird außer von den ethn. Filipinos auch von vielen anderen der insgesamt mehr als 160 Ethnien gesprochen, die auf den Philippinen leben. Seit 1937 wird die Nationalsprache Filipino/Pilipino genannt. Zu denjenigen, die ihre Muttersprache bewahrt haben, zusätzl. aber Tagalog als Zweitsprache sprechen, gehören Bicolano, Kalinga, Manobo u. a., die ethnisch ebenfalls zu den Austronesiern gehören.

Lit.: Bromlej 1988: 480 f., Haarmann 2002a: 317 ff.

Finnen (*Suomalaiset*, the Finns). In Europa sind 5,1 Mio. Finnen beheimatet, die meisten davon in Fenno-Skandien (d. h. in Finnland und im grenznahen Gebiet Nordost-Schwedens). Finn. Außengruppen gibt es in Estland, in der Gegend von St. Petersburg und als Immigranten in den Staaten Westeuropas. Nach Schätzungen leben rund 1,2 Mio. Menschen finn. Abstammung außerhalb Europas, hauptsächlich in Nordamerika. Von diesen haben sich viele an die Sprache der Mehrheitsbevölkerung assimiliert und sprechen Engl. Finnen sind bereits im 17. Jh. als Auswanderer nach Amerika gelangt; im 19. Jh. war die Emigration über den Atlantik am stärksten.

Als selbständiges Volk treten die Finnen erst im Verlauf des Mittelalters auf. In der ältesten Überlieferung werden Finnen insbesondere wegen ihrer abweichenden Lebensart in einen Kontrast zu den skandinav. → Schweden und zu den → Russen gestellt. Mit den Schweden kamen die Finnen im Verlauf des 8. Jh. in Kontakt, als sich Wikinger im südwestl. und südl. Küstensaum Finnlands niederließen. Mit den Russen standen finn. Populationen seit dem Mittelalter im Kontakt, damals v. a. im Handelszentrum Novgorod, wo Russen, → Balten und Finnen in einer Kultursymbiose lebten. Ein gesamtfinn. ethn. Bewußtsein gab es allerdings noch nicht; man unterschied die «eigentl. Finnen» (finn. *varsinais-suomalaiset*) im Südwesten von den Tavastiern (finn. *hämäläiset*) im südl. Landesinnern und den → Kareliern (finn. *karjalaiset*). Im Osten gewann auch ein vierter Stamm Eigenprofil, die Leute von Savo (finn. *savolaiset*). Die Unterschiede in den regionalen Lebensweisen und in der Mentalität sind bis heute spürbar, und im Rahmen der Förderung der Regionalkulturen in der Europ. Gemeinschaft haben sich die mittelalterl. Stammesunterschiede im kulturellen Gedächtnis der Finnen revitalisiert.

Das Finn. ist eine der ostseefinn. Sprachen. Innerhalb dieses Sprachzweigs der ural. Sprachfamilie ist es enger mit dem Karel. und Estn. verwandt. Über seine Kontakte mit den Nachbarsprachen hat das Finn. seit dem Mittelalter vielerlei Einflüsse auf seinen Wortschatz, sein Lautsystem und seine grammatischen Strukturen erfahren. Das Russ. hat dem Finn. einige hundert Lehnwörter vermittelt, das Schwed. sogar Tausende. Der Sprachgebrauch in den wissenschaftl. Fachdisziplinen und in den Massenmedien ist heute aber stark anglisiert.

Im genom. Profil der finn. Bevölkerung lassen sich noch Anteile des uraliden Genpools identifizieren. Dies sind etwa 20% des finn. Genprofils. Die Ethnogenese der Finnen ist durch eine kontinuierl. Indoeuropäisierung gekennzeichnet. Über diesen Prozeß ethn. Mischung ist der Anteil europider Gene auf 80% angewachsen. Aus diesen genom. Disproportionen begründet sich unter anderem der Sachverhalt, daß Finnen aussehen wie Skandinavier und nicht wie typ. Uralide, z.B. → Mari oder → Mansen. Es gibt aber Eigenschaften im Körperbau mancher Finnen, die augenfällig auf das uralide Erbe weisen, z.B. Kleinwüchsigkeit in Korrelation mit Stämmigkeit. Im Volksmund werden Finnen mit solchen anthropolog. Zügen scherzhaft «Waldfinnen» genannt.

Finnland war bis 1809 Teil des Königreichs Schweden. Die finn. Gesellschaft hatte sich seit dem 16. Jh. an den Protestantismus lutherischer Prägung gewöhnt (heute sind mehr als 85% der Finnen Protestanten). Die Wirtschaft war weitgehend agrar. orientiert, und die sozialen Verhältnisse waren viel freier als im Nachbarland Rußland. In Finnland gab es näml. keine Leibeigenschaft. Während des Industrialisierungsprozesses migrierten viele Finnen in die von Finnland-Schweden bewohnten Städte an der Küste, wo sie in den Fabriken und als Dienstpersonal Arbeit fanden. Noch bis ins 20. Jh. lag die Kontrolle über das Industriekapital (v.a. Holzindustrie) überwiegend in Händen der finnlandschwed. Bevölkerung; erst dann bildete sich auch eine Elite finn. Industrieller aus.

Zwischen 1809 und 1917 war das Land ein autonomes Großfürstentum des Zarenreichs; der russ. Zar trug den Titel des Großfürsten. Wie in vielen Regionen Europas erlebte die Bevölkerung auch in Finnland ihr «nationales Erwachen». Die national-finn. Emanzipationsbewegung im Wettstreit mit den Finnland-Schweden prägte bis in die zweite Hälfte des 19. Jh. die gesellschaftl. Entwicklung. Gegen Ende des Jahrhunderts kollidierten die polit. Interessen der finn. Kulturnation und ihr Streben nach Unabhängigkeit mit den zarist. Maßnahmen zur Russifizierung aller nichtruss. Völker des Landes. Die Spannungen entluden sich im Unabhängigkeitskampf 1917/18, als dessen Folge Finnland staatl. Souveränität erlangte.

In den Zweiten Weltkrieg wurde Finnland durch die Sowjetunion hineingezwungen. Nach dem Winterkrieg 1939/40 mußte Finnland den größten Teil Kareliens an den Sowjetstaat abtreten. Im Bündnis mit Nazi-Deutschland trat Finnland erneut im Sommer 1941 in den Krieg gegen die Sowjetunion ein. Die finn. Armee wurde nach schweren Abwehrgefechten im Sommer 1944 zum Waffenstillstand gezwungen. Finnland behielt zwar seine Selbständigkeit und wurde auch nicht von sowjet. Truppen besetzt, die territorialen Verluste von 1940 wurden aber erneut bestätigt. Außerdem verlor das Land das Industriegebiet von Petsamo und damit seinen Zugang zum Eismeer.

Die zusätzl. Forderungen der Sowjetunion nach der Zahlung von Kriegsreparationen (bis 1952) zwangen Finnland, in wenigen Jahren seine Wirtschaft zu modernisieren und einen gewaltigen Entwicklungssprung von einer Agrargesellschaft zur Industriegesellschaft zu tun. In der Nachkriegszeit war die Politik Finnlands, das nicht zum Ostblock gehörte, geprägt durch ein vorsichtiges Taktieren, unter Berücksichtigung der Interessenlage des sowjet. Nachbarn, da man überzeugt war, daß sich ein kleines Land wie Finnland am Rande einer Supermacht keine polit. Alleingänge leisten könne. Dieser Pragmatismus wurde von westl. Politikern als polit. Duckmäusertum mißverstanden und mit dem verzerrenden Begriff ‹Finnlandisierung› belegt. Finnland wurde allerdings während der Ära des Kalten Krieges als neutrales Land geschätzt, und 1975 wurde die Konferenz für Sicherheit und Zusammenarbeit in Europa (KSZE) in Helsinki abgehalten.

Die Mitgliedschaft in der Europäischen Union (seit 1995) sicherte dem Land einen Vorteil in seiner Schlüsselposition für den Ost-West-Handel. Die finn. Gesellschaft hat in jüngster Zeit den Aufschwung ins Informationszeitalter erlebt, und das finn. Gesellschaftsmodell hat weltweites Interesse wegen seiner flexiblen Anpassungsfähigkeit an den Prozeß der Globalisierung erregt. Finnland ist zum Prototyp eines weitgehend konfliktfreien Übergangs zur Wissensgesellschaft geworden.

Finnland ist nominell kein Nationalstaat, obwohl rund 94 % der Bevölkerung ethn. Finnen sind. Die besondere histor. Entwicklung des Landes hat dazu geführt, daß der finnland-schwed. Volksgruppe in der Verfassung von 1919 ein gleichberechtigter Status mit den Finnen als Gründernation des finn. Staates zugestanden worden ist. Die Finnland-Schweden genießen kulturelle wie sprachl. Autonomie, und Finnland ist offiziell zweisprachig, mit Finn. und Schwed. als gleichberechtigten Kommunikationsmedien. Faktisch allerdings dominiert das Finn. den offiziellen und inoffiziellen Sprachgebrauch.

Lit.: Alho 1997, Klinge 1997, Schoolfield 1995

Finno-ugrische Völker in Rußland. Die meisten finno-ugr. Ethnien, überwiegend Klein- und Kleinstvölker, sind auf dem Territorium Rußlands verbreitet. Sie gehören zur Makrogruppierung der → uralischen Völker. Die bevölkerungsreichsten finno-ugr. Gemeinschaften leben außerhalb Rußlands, und zwar → Finnen, → Esten und → Ungarn in eigenen Staaten. Bis zum Ende der sowjet. Ära gehörten auch die Siedlungsgebiete der Esten und der Liwen zum Sowjetstaat. Heute leben insgesamt zwölf finno-ugr. Völker in Rußland, davon zehn im europ. Teil und zwei in Westsibirien. Das Verbreitungsgebiet finn. Völker konzentriert sich an der mittleren Wolga und deren Nebenflüssen sowie im Nordosten Europas. Die beiden ugr. Völker in Westsibirien leben dort im wesentl. isoliert von den übrigen Finno-Ugriern.

Nach der näheren Verwandtschaft ihrer Sprachen werden die finno-ugr. Ethnien Rußlands folgendermaßen gruppiert:
– Ostseefinnen: → Karelier (72 000), Wepsen (12 100), → Woten (50); Ingrier (eine eng mit den Finnen verwandte, protestant. Ethnie im russ.-estn. Grenzgebiet Ingermanland) und Ischoren (300, russ.-orthodoxe Christen, deren Sprache eng mit dem Karel. und Wot. verwandt ist)
– → Saamen (auf der Kolahalbinsel, 2000)
– Permische Völker: Komi-Völker (→ Syrjänen/0,336 Mio.; Permjaken/0,115 Mio.) → Udmurten (0,723 Mio.)
– Wolgaische Völker: → Mari (0,651 Mio.), → Mordwinen (0,418 Mio.)
– Ugr. Völker: → Chanten (22 200), → Mansen (8200).

Finno-ugr. Völker haben im Mittelalter in einer zusammenhängenden Zone Nordeuropas gesiedelt, die sich von der Region um Novgorod über das Küstengebiet der östl. Ostsee und in einem breiten Gürtel westl. des Uralgebirges bis zur mittleren Wolga erstreckte. Ostslaw. Stämme, und später → Russen, haben weite Gebiete mit ursprüngl. finno-ugr. Populationen übervölkert. Spuren der ehemaligen Präsenz von Finnougriern findet man noch in zahlreichen Orts- und Gewässernamen. Beispielsweise ist der Name des Flusses Moskwa finn. Ursprungs. Die Stadt Moskau wurde auf den Ländereien eines Bojaren mordwin. Abstammung (mit dem Namen Stepan Kutsko, von mordwin. *kut's'kan* ‹Adler›) aufgebaut.

Seit jener Zeit haben finno-ugr. Völker im ständigen Kontakt mit dem Russentum gestanden. Da das Russ. als Sprache der Mehrheitsbevölkerung seit jeher dominant ist, sind bei allen Finno-Ugriern seit langem Akkulturationsprozesse wirksam, entweder sind sie sprachl. vollständig assimiliert oder sprechen Russ. als Zweitsprache. Die Zahl derer, die die Nationalsprache ihrer Ethnie sprechen, ist in allen Fällen geringer als die der ethn. Gemeinschaft.

Das Niveau der Spracherhaltung ist sehr verschieden. Es liegt bei den Mari über 80 %, bei den Syrjänen, Permjaken und Udmurten über 70 %, bei den Mordwinen und Chanten über 60 %, bei den Wepsen über 50 %, bei den Kareliern, Saamen und Ischoren unter 50 %. In einigen ethn. Gemeinschaften ist der Schrumpfungsprozeß erheblich. Beispielsweise ist bei den Kareliern das Niveau der Spracherhaltung von 71,3 % im Jahre 1959 auf 47,8 % im Jahre 1989 gesunken.

Mit Ausnahme des Ischor. und Wot. werden die finn.-ugr. Sprachen Rußlands heute als Schriftsprachen verwendet. Die Anfänge eines Schrifttums in syrjän. Sprache gehen auf die Periode der Christianisierung gegen Ende des 14. Jh. zurück, im 14. und 15. Jh. entstanden zahlreiche religiöse Texte. Die schriftl. Überlieferung in den anderen finn.-ugr. Sprachen Rußlands ist viel jünger. Im Fall des Mordwin. (in seinen beiden regionalen Sprachvarianten, dem Mokschan. und Erzjan.) und des Mari setzt sie im 18. Jh. ein. Die anderen (Udmurt., Permjak., Chant., Mans., Karel., Weps.) sind junge Schriftsprachen, die erst im Rahmen der sowjet. Sprachplanung der 1920er und 1930er Jahre kodifiziert wurden. Von allen finn.-ugr. Schriftsprachen ist das Syrjän. die vitalste. Diese Sprache spielt auch eine aktive Rolle als Amtssprache (neben dem Russ.) in der Republik der Komi im Nordosten Europas.

Lit.: Bartens 2000, Bátori 1980, Haarmann 2001b: 202 ff., Tiškov 1994

Flamen → Niederländer, Belgier

Franzosen (*Français*, the French). Der Name «Franzosen» wird meistens verstanden im Sinne der Gesamtheit der Bewohner Frankreichs. Diese Begriffsbildung orientiert sich ausschließl. an der Staatszugehörigkeit und nimmt Bezug zum histor. Konzept der französ. Staatsnation. Die Einwohner Frankreichs sind aber nicht alle Franzosen im ethn. Sinn. Ein → Bretone ist französ. Staatsbürger, aber kein ethn. Franzose. Dies gilt ebenfalls für → Occitanen, Elsässer, Flamen, → Korsen, → Katalanen und → Basken. Die große Mehrheit der Bevölkerung Frankreichs (rund 88 %) sind Franzosen, deren Hauptunterscheidungskriterium gegenüber anderen Ethnien Frankreichs die französ. Sprache ist. In der Aosta-Region Italiens sind 0,1 Mio. Sprecher des Französ. beheimatet, die sich als Franzosen fühlen. Die frankophonen → Schweizer und → Belgier (Wallonen) dagegen haben ein jeweils eigenes regionalpolit. Bewußtsein entwickelt. Für diese ist die *francophonie* eine Sprach- und Kulturgemeinschaft, wie für Kanadier aus Québec oder für Afrikaner aus dem Senegal.

Histor. betrachtet konzentrierte sich das Volkstum der Franzosen im Norden Frankreichs und artikulierte sich sprachl. in der *langue d'oïl* (altfranzös. *oïl* > neufranzös. *oui* ‹ja›). Davon unterschieden sich im Mittelalter deutl. die Bewohner des südl. Frankreich mit ihrer occitan. Kultursprache, der *langue d'oc* (*oc* ‹ja›). Die Ethnogenese der Franzosen steht im Zeichen kultureller und sprachl. Langzeitkontakte zwischen der vorröm. Bevölkerung, den festlandkelt. Galliern und den zugewanderten ital. Kolonisten. Bis zum Ende der Antike hatte sich die gall. Bevölkerung fast vollständig an röm. Lebensart akkulturiert und ans Sprechlatein. assimiliert. Die Erinnerung an die Kontakte zwischen Galliern und Römern lebt bis heute im kulturellen Gedächtnis der Franzosen fort. Der gall. Hahn gehört als Symbol des kelt. Kulturerbes ebenso zum Selbstverständnis der Romanen Nordfrankreichs wie die Mentalität der Cartoon-Figur des Asterix, des streitsüchtigen Galliers, der sich mit seinen Anhängern den Römern widersetzt.

Als sich die Franken im Jahre 486 n. Chr. im nördl. Teil Galliens (zwischen Somme und Loire) niederließen, sprach die Bevölkerung des nördl. Frankreich bereits Latein. Zahlenmäßig waren die fränk. Siedler in der Minderheit und assimilierten sich an Sprache und Kultur der frühroman. Bevölkerung. Lediglich die fränk. Elite, die die Geschicke des Landes jahrhundertelang bestimmte, hielt noch bis ins 9. Jh. an ihren → german. Kulturtraditionen und an ihrer Sprache fest. Spuren der fränk. Besiedlung Nordfrankreichs findet man in zahlreichen Ortsnamen Nordostfrankreichs. Mehr als 80% der dortigen Ortsnamen sind german. Herkunft. Im Französ. sind Hunderte fränk. Lehnwörter bewahrt (z.B. *salle* ‹Saal›, *jardin* ‹Garten›, *blanc* ‹weiß›).

Das antike Kulturerbe wurde durch die Reformen Karls des Großen (747–814) für die Nachwelt gesichert, indem von ihm beauftragte Kopisten den größten Teil der damals noch existenten röm. Originalliteratur kopierten. Ohne die Tätigkeit der Kopisten wären viele Texte latein. Autoren nicht überliefert, und ihr Inhalt wäre nur in verstümmelter Form kolportiert worden.

Im Sprachgebiet der *langue d'oïl* entfaltete sich im 12. Jh. die höfische Kultur des Mittelalters, deren Zentren hauptsächlich in der Champagne, in der histor. Landschaft im Nordosten Frankreichs, lagen. Damals sind etl. Werke der Weltliteratur entstanden, so die höfischen Romane des Chrétien de Troyes (ca. 1135–ca. 1190). Aus seiner Feder stammt die berühmte Erzählung vom heiligen Graal («Le conte du Graal», 1182) mit dem Helden Perceval (Parsifal), die Literaten, Künstler und Musiker bis in die Moderne beeinflußt hat.

Ihre sublime Ausdrucksform erhielt die höfische Kultur im 16. Jh. Damals avancierte Paris zum polit. Zentrum ganz Frankreichs. Die klassische Kultur des französ. Königshofes im 17. Jh., deren geistige Grundlagen von Literaten wie Pierre Corneille (1606–1684), Jean-Baptiste Poquelin, genannt Molière (1622–1673), und Jean Racine (1639–1699) entscheidend geprägt wurden, strahlte über ganz Europa aus. Damals festigte sich der Stereotyp von der *civilisation française*, von französ. geprägter Bildung und Lebensart. Die Verbreitung des Französ. als Kultursprache, zunächst in West- und Mitteleuropa, über das Gedankengut der Aufklärung im 18. Jh. auch in Rußland, förderte die Wertschätzung französ. Kulturiertheit bei den Vertretern der sozialen Elite, der Aristokratie, in ganz Europa.

Vom Milieu der französ. Kultur, die sich immer mehr auch bei den ethn. Minderheiten Frankreichs durchsetzte, gingen im 18. Jh. zwei weltanschaul. Grundströmungen aus, die das Geistesleben der Europäer auf Dauer beeinflußten. Dies war einmal das Gedankengut der Aufklärung, die zwar ebenso in Deutschland und England wirkte, aber in Frankreich ihr ganz eigenes Gepräge annahm. Die Werke von Voltaire (1694–1778), Jean-Jacques Rousseau (1712–1778) und Denis Diderot (1713–1784) haben die europäische Philosophie und Literatur bis heute beeinflußt. Mit der französ. Revolution von 1789 gewann auch ein Grundkonzept der polit. Geschichte der Franzosen weite Verbreitung, die Idee der Staatsnation. Als Franzose wurde damals jemand bezeichnet, der Französ. sprach und französ. Kultur pflegte. Da die Vertreter ethn. Minderheiten polit. ohne Einfluß blieben, bezog sich der Volksbegriff in Frankreich in polit. Hinsicht auf alle Staatsbürger mit Stimmrecht. Die polit. Entwicklung jener Zeit hat den Begriff der etatist. Nation geprägt und gefestigt.

Die französ. Besiedlung Kanadas geht auf das frühe 17. Jh. zurück. Im Jahre 1604 wurde die erste französ. Kolonie in Akadien gegründet, seit 1608 ist Québec von Franzosen besiedelt. In Kanada sprechen heute 6,7 Mio. Menschen Französ. (5,9 Mio. in der Provinz Québec, 0,5 Mio. in Ontario, rund 0,3 Mio. sprechen den akadischen Dialekt des Französ.). Louisiana im Süden der USA wurde erst 1682 von Franzosen in Besitz genommen, im 18. Jh. ließen sich dort vemehrt Franzosen aus Akadien nieder. In Louisiana sprechen etwa 1 Mio. Menschen Cajun-Französ., eine Variante des Akadischen. Nach einer langen Phase kulturellen Assimilierungsdrucks durch das Engl. wird es heute wieder bewußt gepflegt.

Mit dem Aufbau des französ. Kolonialreiches wurde die *civilisation française* in viele Regionen der Welt transferiert, v. a. ins nördl. und westl. Afrika sowie nach Indochina, wozu außer Vietnam auch Laos und Kambodscha gehörten. Über 60 Mio. Sprecher des Französ. leben in afrikan. Ländern. Dies ist fast die Hälfte der Gesamtzahl aller Französ.-Sprecher in der Welt (131 Mio.). In den ehemaligen Kolonialgebieten hat sich das Französische entweder als Bildungssprache (z.B. in Algerien und Vietnam) und/oder als Amtssprache wie in Benin, Burkina Faso, Burundi, in der Demokratischen Republik Kongo (dem früheren Zaire), Kongo (Brazzaville), in Dschibuti, Elfenbeinküste, Gabun, Guinea, Kamerun, Madagaskar, Mali, Niger, Ruanda, im Senegal, auf den Seychellen, Togo, im Tschad, in der Zentralafrikan. Republik gehalten. Die Kulturpolitik dieser Länder der *francophonie* ist auf die Pflege französ. Sprache und Kultur ausgerichtet. Das Mutterland Frankreich ist hierbei der eigentl. Motor und Vorreiter. In der Entwicklung des amtl. Sprachgebrauchs in den Institutionen der Europ. Gemeinschaft hat in den 1990er Jahren ein entscheidender Wandel stattgefunden. Das Französ. verlor seine langjährige aktive Rolle als interne Arbeitssprache an das Engl. Ledigl. am Europ. Gerichtshof in Luxemburg fungiert es weiterhin als Arbeitssprache.

Lit.: Darcos 1992, Picoche/Marchello-Nizia 1996, Riché 1991, Werner 1995

Friesen (*Friezen*, the Frisians). Die fries. Bevölkerung, die heutzutage noch aktiv Fries. spricht (0,75 Mio.), ist der Rest einer wesentl. größeren Sprachgemeinschaft, die sich in einem langwierigen Assimilationsprozeß ans Niederländ. sowie ans Deutsche allmähl. aufgelöst hat. Mehr als die Hälfte der Friesen (0,4 Mio.) ist in der Provinz Fryslân/Friesland im Nordosten der Niederlande beheimatet. Weitere 0,3 Mio. leben in anderen Teilen des Landes. Friesen bewohnen auch die Inseln Skylge (Terschelling) und Skiermûntseach (Schiermonnikoog) vor der niederländ. Küste. In Deutschland gibt es drei Siedlungsinseln mit fries. Bevölkerung. Dies ist einmal die Region an der Nordseeküste Schleswig-Holsteins sowie die Insel Helgoland, wo insgesamt 9000 Friesen leben, außerdem einige Dörfer im ostfries. Saterland (Kreis Oldenburg) mit rund 1500 Friesen. In Übersee leben mehr als 30000 Nachkommen fries. Auswanderer, die meisten davon in den USA.

Die Friesen (latein. *Frisii*) werden zum ersten Mal (12 v. Chr.) in röm. Quellen erwähnt. Ihr Verbreitungsgebiet (Frisia Magna) war damals und noch bis weit ins Mittelalter wesentl. ausgedehnter als heute. Die heutige Provinz Friesland lag in etwa im Zentrum dieser Region. Im frühen Mittelalter waren die Friesen bekannt als seefahrendes und Handel treibendes Volk. Die Nordsee wurde damals auch das Fries. Meer genannt. Legendär ist die Idee «fries. Freiheit», ein Privileg, das zusammen mit der *Lex Frisionum* von Karl dem Großen im Jahre 802 verliehen worden sein soll. Die Friesen verloren ihre Selbständigkeit im Jahre 1524, als Friesland ins Habsburgerreich eingegliedert wurde. Auch die ehemalige Funktion des Fries. als Urkundensprache wurde aufgehoben und stattdessen das Niederländ. eingeführt. Das letzte Dokument in altfries. Sprache stammt aus dem Jahre 1573.

Im Verlauf des Spätmittelalters wurde das fries. Siedlungsgebiet immer stärker von den niederländ. und deutschen Nachbarn übervölkert. Die Trennung des westfries. vom ostfries. Gebiet erfolgte im 15. Jh. Nach der Loslösung der Nordprovinzen der Niederlande vom span. Kolonialbesitz Flanderns und Walloniens wurde Friesland im Jahre 1579 im Rahmen der Utrechter Union als eine der sieben autonomen Provinzen in die Vereinigten Niederlande integriert. Die Elite Frieslands nahm rasch das Niederländ. als Bildungssprache an. Der Assimilationsdruck des Niederländ. auf das Fries. verstärkte sich im Laufe der Zeit auch bei breiteren Bevölkerungsschichten. Im 17. Jh. verlor das Fries. seine Funktion ebenfalls als Kirchensprache. Bis weit ins 20. Jh. blieb das Niederländ. auch die alleinige Sprache des Schulunterrichts in Friesland.

Der Zeitgeist des Nationalismus erfaßte im 19. Jh. auch die fries. Bildungselite, und es formierte sich eine Bewegung zur Pflege fries. Kultur und Sprache. Im Jahre 1844 wurde die Selskip foar Fryske Tael en Skriftekennisse (‹Gesellschaft für fries. Sprache und Literatur›) gegründet, deren Vertreter sich für die Verwendung des Fries. im Theater, in der Literatur und in der Schulausbildung einsetzten. Es sollte Jahrzehnte dauern, bis Fries. an den Schulen zugelassen wurde (1937 als Wahlfach, 1955 als Unterrichtssprache). Als Gerichtssprache ist es in Friesland seit 1956 in Gebrauch, als Sprache des Gottesdienstes seit den 1970er Jahren, und seit 1986 fungiert das Fries. neben dem Niederländ. als fakultative Amtssprache in der Provinz Friesland. Im Jahre 1992 wurde das Friesentum als Regionalkultur der Europ. Gemeinschaft anerkannt.

Das Fries., eine westgerman. Sprache, wird seit dem 13. Jh. als Schriftsprache verwendet. Aus dem Mittelalter sind zahlreiche nichtliterar. Texte erhalten, und zwar administrative Dokumente wie Urkunden, Verträge, Verordnungen und Statute. In der zweiten Hälfte des 16. Jh. kam das Fries. als Urkundensprache außer Gebrauch. In der Folgezeit verlagerte sich der Schwerpunkt des sprachorientierten Kulturschaffens in den literar. Sektor. Die «Fryske Rymlerije» (‹Fries. Dichtung›) aus dem Jahre 1668 von Gysbert Japicx ist bis heute populär geblieben. Das Westfries. ist die bei weitem gebräuchlichste der beiden regionalen schriftsprachl. Varianten. Das Nordfries. wird nur gelegentl. geschrieben, das Ostfries. gar nicht.

Lit.: Gorter 1987, 1997, Plank 1984, Salverda 1998

Friauler/Friulaner (*Friulani*, the Friulians). Die Friauler sind das zahlenstärkste der kleinen roman. Alpenvölker, zu denen außerdem die → Ladiner und → Bündnerromanen gehören. Von den insgesamt 1 Mio. Angehörigen dieser Ethnie sind 0,7 Mio. im nördl. Teil der Region Friuli-Venezia Giulia im Nordosten Italiens beheimatet. Die Region besitzt seit 1963 administrative und kulturpolit. Autonomie. Das Friulan., eine Sprachvariante des Alpenroman., die seit dem Ende des 14. Jh. geschrieben wird, genießt seit 1996 Schutz- und Förderungsrechte. Für prakt. Zwecke und in den Massenmedien wird das Friulan. neben dem Italien. (Standarditalien.) verwendet. Rund 0,3 Mio. Menschen friaul. Abstammung leben in Übersee (v. a. in den USA, außerdem in Südafrika, Australien u. a.).

Die Region war in vorröm. Zeit überwiegend von den Karniern,

einem kelt. Stamm, besiedelt. Die militär. und administrative Erschließung durch die Römer setzte mit der Gründung von Aquileia im Jahre
181 v. Chr. ein. Die Romanisierung machte rasche Fortschritte, und die
autochthone Bevölkerung erlebte schon bald einen Sprachwechsel zum
Sprechlatein. Aus der lokal gefärbten Umgangssprache entwickelte sich
im frühen Mittelalter ein roman. Idiom, das Friulanische. Die Gliederung des friaul. Siedlungsgebiets in getrennte Diözesen (Aquileia und
Concordia) wirkte sich entspr. auf die Differenzierung von friaul.
Volkstum und Sprache aus.

Als polit. Machthaber der Region wechselten sich die Langobarden
und Franken ab. Die mittelalterl. Geschichte Friauls seit 1077 ist im wesentl. die des Patriarchats von Aquileia. Im Jahre 1420 erfolgte eine Teilung der Region. Die Ländereien des Patriarchats fielen an die Republik
Venedig, der östl. Teil an die Grafschaft Görz (Gorizia). Dieser Teil
Friauls war von damals bis 1918 eingebunden in die Geschichte Österreichs. Dies gilt auch für den von Venedig regierten Teil für die Jahre 1814
bis 1866. Seit 1918 gehört die gesamte Region zum Staatsgebiet Italiens.

Die Friauler sind mehrsprachig und sprechen außer ihrer Muttersprache andere Sprachen. Als Zweitsprache ist das Standarditalienische
am verbreitetsten. Viele sprechen auch Venezian. Mehr als die Hälfte
(55 %) sprechen im Familienkreis nur Friulan. Auch in der Interaktion
mit Freunden und Bekannten überwiegt das Friulan. (46 %) gegenüber
der zweisprachigen Kommunikation (28 %).

Lit.: Marcato 1997

G

Galicier (*Galegos*, the Galicians). Die Galicier (Schreibung mit -c-) haben nichts mit den Galiziern (Schreibung mit -z-) zu tun. Galicien (span., galic. Galicia) ist eine histor. Landschaft im Nordwesten Spaniens, Galizien dagegen liegt am anderen Ende Europas im Südwesten der Ukraine. Die Galicier sind ein eigenes Volk, die Galizier eine regionale ukrain. Bevölkerungsgruppe. In Spanien sind 3,15 Mio. Galicier beheimatet (entspr. 8,1 % der Landesbevölkerung). Die Galicier, deren Wohngebiet seit 1981 den Status einer autonomen Region besitzt, sind zweisprachig und sprechen außer ihrer Muttersprache Galic. (*galego*) Span. (*castellano*) als Zweitsprache.

Die Sonderstellung der galic. Sprachkultur kristallisierte sich im Königreich Asturien während der Reconquista heraus, der Rückeroberung der von den Mauren auf der Pyrenäenhalbinsel besetzten Gebiete. Im Zuge der Südverschiebung der roman. Siedlungsgrenze gliederte sich seit dem 11. Jh. eine «neugalic.» Sprachvariante aus, die histor. Basis des späteren Portugies. In der Zeit zwischen dem 12. und 15. Jh. erlebte die galic. Sprachkultur ihre Blütezeit. Damals entstanden die umfangreichen Sammlungen höfischer Literatur (*cancioneiros*). Die polit. Einigung Spaniens unter der Führung Kastiliens in der zweiten Hälfte des 15. Jh. hatte zur Folge, daß Galicien seine polit. Selbständigkeit verlor. Die literar. Tradition kam zum Erliegen, und das Galic. wurde als Kirchensprache wie auch im Amtsverkehr durch das Span. ersetzt. Rund 500 Jahre lang wirkten Akkulturationsprozesse in der galic. Bevölkerung.

Das Bewußtsein des Eigenwerts der galic. Sprachkultur für die Identität der Bevölkerung Galiciens regte sich im 19. Jh. unter dem Einfluß der ganz Europa erfassenden Zeitströmung des nationalen Erwachens. Wie die Galicier so erlebten auch die → Katalanen im Nordosten Spaniens eine Renaissance. Im Unterschied zur progressiven Entwicklung des Kulturschaffens in Katalonien entfaltete sich die kulturelle Renaissance (*rexurdimento*) in Galicien nur schwach. Dem bemerkenswerten Auftakt der neugalic. Literatur, der im Jahre 1863 erschienenen lyrischen Sammlung der «Cantares gallegos» von Rosalía de Castro und den Werken von Eduardo Pondal sowie von M. Curros Enríquez, folgten keine weiteren nennenswerten literar. Höhepunkte.

Bis weit ins 20. Jh. blieb der Status des Galic. unterprivilegiert. Das Autonomiestatut von 1936 konnte seine Wirkung nicht entfalten, da die Regionen Spaniens in den Bürgerkrieg (1936–1939) verwickelt wurden. Erst die Überwindung der regressiven Nationalitätenpolitik während des Franco-Regimes (1939–1975) durch die Erneuerung des Autonomiestatuts Anfang der 1980er Jahre brachte einen Interessenausgleich in Galicien. Das Galic. ist neben dem Span. als regionale Amtssprache anerkannt und es wird an den Schulen unterrichtet. In den letzten Jahren emanzipiert sich das Galic. zunehmend im öffentl. Leben, so im Wirtschaftsleben und in den Massenmedien.

Lit.: Fernández Rei 1997, Ramallo/Rei Doval 1997

Georgier (*Kartv-el-i*, the Georgians), auch: Grusinier. Die Georgier sind im westl. und zentralen Kaukasus beheimatet. Rund 4 Mio. Georgier leben in dem seit 1991 unabhängigen Georgien. Weitere 0,2 Mio. Georgier sind in Enklaven verstreut in den Anrainerstaaten Georgiens (Rußland, Armenien, Aserbaidschan), außerdem in → Zentralasien (Kasachstan, Usbekistan) und im Iran.

Als Nachkommen der einheim. Bevölkerung gehören die Georgier zu den autochthonen Völkern des Kaukasus. Eng verwandt mit den Georgiern sind die Mingrelier und Svanen, die im Nordwesten Georgiens leben. Die Sprachen dieser ethn. Gruppen sowie der überwiegend auf türk. Seite an der Schwarzmeerküste siedelnden Lasen bilden die südl. (kartvel.) Gruppe der kaukas. Sprachen.

Das westl. Georgien war bereits in der Antike eine Kontaktregion, wo Europäer und → Kaukasier in Nachbarschaft lebten und Handel trieben. Nahe der heutigen Stadt Suchumi (in der Autonomen Republik Abchasien, die Teil Georgiens ist) findet man die Ruinen von Dioskurias, einer der griech. Kolonien an der Schwarzmeerküste (Kolchis bzw. im Georg. Kolhida). Schon früh kreuzten sich in Georgien kulturelle Einflüsse aus dem Norden und Süden. Die Kontakte zu Steppenvölkern wie Skythen und Sarmaten hatten Langzeitwirkung. Noch heute leben Angehörige eines iran. Volkes im Norden Georgiens, die → Osseten (in der autonomen Region Südossetien).

Die kulturelle Identität der Georgier ist durch eine lange christl. Tradition geprägt. Seit dem 3. Jh. wirkten Missionare in den Städten an der

Schwarzmeerküste, und um die Mitte des 4. Jh. war der größte Teil Georgiens christianisiert. Mit dem Aufbau des Kirchen- und Klosterlebens eng assoziiert war die Schaffung eines einheim. Schrifttums. Schöpfer der georg. Alphabetschrift ist der armen. Bischof Mesrop. Die ältesten Texte in Georg. stammen aus dem 5. Jh. Die georg. Kirche spaltete sich zusammen mit der Armeniens von der übrigen christl. Welt ab, denn in beiden Ländern hielt man an der Lehre vom Monophysitismus (einheitl. göttl. Natur Jesu) fest, während auf dem Konzil zu Chalkedon (451) der Dyophysitismus (doppelte, menschl. wie göttl. Natur Jesu) beschlossen wurde.

Später allerdings (607) setzten sich in der georg. orthodoxen Kirche die Dyophysiten durch; damit lösten sich die engen kulturellen Beziehungen zu Armenien. Bei den Georgiern weit verbreitet ist die Überzeugung, daß das Christentum eine unverzichtbare Komponente der georg. Identität ist. Von den georg. Christen werden die islamisierten Georgier der Region Meshketi im Grenzgebiet zur Türkei nicht als echte Georgier, sondern als → Türken angesehen. Mehr als 0,1 Mio. Meshketier wurden im Jahre 1944 nach Zentralasien deportiert. Ihre Rückkehr nach Georgien ist bisher von den Behörden Georgiens verhindert worden.

Der östl. Teil Georgiens stand von 655 bis 1122 unter arab. Herrschaft. Unter David IV. (reg. 1089–1125) errang Georgien erneut Unabhängigkeit. Das 12. und 13. Jh. gelten als die Blütezeit des mittelalterl. Königreichs, und die Herrschaft von Königin Tamar (reg. 1184–1213) wird als das «goldene Zeitalter» in der Historiographie Georgiens verklärt. Damals entstand auch das georg. Nationalepos «Der Mann im Pantherfell», dessen Autor Shota Rust(a)veli ist. Die polit. Macht Georgiens wurde von den → Mongolen gebrochen. In der Zeit nach der mongol. Invasion herrschten nurmehr Epigonen in lokalen Königreichen und Fürstentümern. In sukzessiven Annexionen löste sich das Territorium Georgiens auf und wurde von den polit. mächtigen Nachbarn besetzt. Auf diese Weise geriet der Westteil des Landes unter die polit. Kontrolle der Osmanen, der Ostteil wurde pers. Provinz. Seit Ende des 18. Jh. stand Ostgeorgien unter zarist. Herrschaft, die 1801 nach Mingrelien und 1804 nach Imereti ausgedehnt wurde.

Die Georgier widersetzten sich erfolgreich den Russifizierungskampagnen der zarist. Regierung, und georg. Sprache und Kultur überlebten die jahrzehntelange Repression. Das nationale Selbstbewußtsein fand in Prinz Ilia Tsh'avtsh'avadze (1837–1907), der jetzt heilig gesprochen ist, seinen Kristallisationspunkt. Dem kurzen Intermezzo polit.

Selbständigkeit unter einer Menschewisten-Regierung (1918–1921) folgte der zwangsweise Anschluß an die Sowjetunion, die von dem weltweit bekanntesten Georgier betrieben wurde, von Josif Dshughashvili (alias Stalin). Das Kulturschaffen in Georgien fand während der Sowjetära einen Nischenplatz, der dem Georg. und seinem Schrifttum neben dem im öffentl. Leben dominierenden Russ. eine bescheidene Blüte erlaubte.

Die erneute Unabhängigkeit Georgiens hat zwar eine Stärkung des Nationalbewußtseins bei den Georgiern zur Folge gehabt, gleichzeitig aber sind ethn. Konflikte aufgebrochen, die lange Zeit unter dem Deckmantel der Sowjetideologie verborgen geblieben waren. Die polit. Opposition zwischen dem rußlandfreundl. Eduard Shevardnadze und dem Mingrelen Zviad Gamsakhurdia entlud sich im Bürgerkrieg des Jahres 1993, und die georg. Armee stand jahrelang in Kämpfen mit den ethn. Minderheiten im Norden (Osseten) und im Westen (→ Abchasen). Der polit. Status der Republik Abchasien ist bis heute polit. unklar. Die Georgier betrachten Abchasien weiterhin als Teil Georgiens, die Bewohner Abchasiens fühlen sich dagegen als Bürger eines selbständigen Staates.

Lit.: Fernández-Armesto 1994: 367 ff., Hewitt 1998, Rayfield 1994

Germanen, germanische Völker (Germanic peoples). Zu den german. Ethnien gehören zehn Hauptvölker und zahlreiche regionale Volksgruppen mit insgesamt rund 190 Mio. Angehörigen. Einige der german. Völker sind bevölkerungsstark wie die → Deutschen (97 Mio.), die → Engländer (52 Mio.) und die → Niederländer (22,5 Mio.), andere sind kleinere Völker wie die → Friesen (0,75 Mio.), die → Isländer (0,3 Mio.) und die → Färinger (47000). German. Völker und Volksgruppen sind in der ganzen Welt verstreut (wie die Elsässer, die → Luxemburger, die Afrikanser, in Südafrika geborene weiße Nachfahren der Niederländer, die Deutschen in Kasachstan u. a.). Die Verbreitung außerhalb Europas geht auf die Migration von Europäern nach Übersee seit dem 17. Jh. zurück.

Die german. Ethnien gehören zwei Gruppen an:
- westl. german. Völker: Deutsche, Engländer, → Schotten, Niederländer (einschließl. Flamen), Friesen;
- nördl. german. Völker: → Dänen, → Schweden, → Norweger, Isländer, Färinger;

– östl. german. Völker: Goten, Wandalen, Sueben u. a. (sämtl. ausgestorben).

Seit dem frühen Mittelalter standen german. Populationen in engen interethn. Kontakten sowohl untereinander als auch mit nicht-german. Völkern. Als landnehmende Migranten, die aus dem Raum Dänemark und Norddeutschland nach Britannien übersetzten, gelangten Angehörige dreier german. Stämme auf die Insel: Angeln, Sachsen und Jüten. Auf brit. Boden erlebten diese Gruppen eine ethn. Fusion. Das dominierende Element im Prozeß dieser Fusion waren die Sachsen. Es kam sowohl zur Konfrontation mit als auch zur Assimilation von → keltischen Bevölkerungsteilen. Feindselig waren zunächst auch die Beziehungen zwischen den ersten, inzwischen heimischen Immigranten in Britannien und den nordgerman. Skandinaviern, die als krieger. Wikinger im 8. Jh. ins Land kamen und den Angelsachsen ihre polit. Oberhoheit streitig machten. Allerdings entwickelte sich zwischen den kulturell und sprachl. verwandten german. Völkerschaften ein Leben in Koexistenz und auch in Nachbarschaft mit friedl. Sozialbindungen.

Über ihre Handelskontakte und militär. Eroberungen nahmen die Skandinavier Einfluß nicht nur in Britannien, sondern auch in vielen Regionen Kontinentaleuropas, über ihre Kolonie in Grönland sogar bis nach Nordamerika. Das solidar. Selbstwertgefühl der nord. Völker als Nachkommen der Wikinger hat sich ungebrochen in ihrem kulturellen Gedächtnis erhalten, sowohl bei → Isländern und → Färingern als auch bei den → Norwegern. Weniger ausgeprägt ist die Erinnerung an das Kulturerbe der Wikinger bei → Schweden und → Dänen.

An der westl. Peripherie entfalteten sich ethn. Fusionsprozesse über Jahrhunderte. Die roman.-german. Siedlungs- und Sprachgrenze war in kontinuierl. Bewegung begriffen. Der Haupttrend führte von Osten aus in westl. Richtung. Beispielsweise wurde noch im frühen Mittelalter im Moseltal ein lokales Roman. gesprochen. Deren Sprecher wurden in der Folgezeit von der deutschsprachigen Bevölkerung assimiliert, die nach Westen vordrang. Die Bewegung ist bis heute nicht abgeschlossen.

Die histor. Landschaften Elsaß und Lothringen sind seit Jahrhunderten Gebiete mit bikultureller und zweisprachiger Bevölkerung. Hier hat sich das Französ. als dominante Sprache etabliert, während das Deutsche in seiner alemann. Variante auf bestimmte funktionale Nischenplätze beschränkt ist. In anderen Regionen hat die einzelstaatl. Sprachenpolitik Sprach- und Kulturgrenzen fixiert. Dies ist der Fall in Belgien mit der territorialen Trennung einer germanophonen Region im

Norden (Flandern) und einer roman. Sprachzone im Süden (Wallonie). Eine zweisprachige Kontaktzone existiert in der Schweiz, und zwar in den zweisprachigen Kantonen Wallis/Valais, Fribourg/Freiburg und Bern/Berne. In Luxemburg wird das Letzeburg. auf german. Basis vom Französ. als Hochsprache überdacht. Diese Sprachkontakte entfalten sich in einem deutl. Prestigegefälle zugunsten des Französ.

Im östl. Mitteleuropa hat die deutsche Ostkolonisation die ethnograph. Landschaft bleibend verändert. Die elbslaw. Bevölkerung (→ Slawen), die zwischen Elbe und Oder gesiedelt hatte, wurde entweder assimiliert oder geographisch isoliert, wie die Polaben im Kreis Lüneburg und die → Sorben in der Lausitz. An den Assimilationsprozessen müssen größere Bevölkerungsgruppen beteiligt gewesen sein. «Augenfällige» Hinweise darauf findet man in den modernen humangenet. Karten. Im Hinblick auf das genom. Profil der ethn. Gruppen in Mitteleuropa ist festzustellen, daß diese Region sich wie eine weite Ebene ohne besondere Hügelformationen präsentiert. Es haben also zwischen german. und slaw. Populationen während des gesamten Mittelalters und zu Beginn der Neuzeit weitreichende genet. Ausgleichstendenzen durch Mischung stattgefunden.

Die Entwicklung der german. Sprachgemeinschaften ist sehr unterschiedl. Wege gegangen. Einige der westgerman. Sprachen haben sich zu Kommunikationsmedien mit überregionalem Geltungsbereich entfaltet, so das Deutsche als histor. Verkehrssprache in Mitteleuropa und das Engl. mit seiner globalen Ausstrahlung. Die nordgerman. Sprachen sind auf Nordeuropa beschränkt. Eine Ausnahme bildet die temporäre Präsenz der Wikinger in verschiedenen Regionen Europas während des Mittelalters. Skandinav. Runeninschriften sind von Grönland bis nach Südosteuropa, von den Brit. Inseln bis nach Nordwest-Rußland gefunden worden. Die konservativsten german. Sprachformen finden sich an der westl. Peripherie, auf Island und den Färöer-Inseln. Von den ostgerman. Sprachen ist keine erhalten.

Lit.: Ament 1986, Bernhard 1986, König/Auwera 1994, Mallory/Adams 1997: 218 ff.

Griechen (*Hellines,* the Greeks). Von den mehr als 12 Mio. Griechen, die in vielen Staaten der Welt leben, sind 10 Mio. in Griechenland beheimatet. Die zahlenmäßig stärkste Außengruppe sind die griech.-sprach. Zyprioten (0,58 Mio.). Im Gebiet der ehemaligen Sowjetunion leben

0,35 Mio. ethn. Griechen, von denen sich aber die meisten sprachl. assimiliert haben. Nur noch 0,13 Mio. sprechen Griech. als Muttersprache
(die meisten Sprecher in Georgien, 0,1 Mio.), die übrigen Russ.,
Ukrain., Georg. und andere Sprachen. Über eine halbe Million Griechen haben in West- und Mitteleuropa eine neue Heimat gefunden, die
meisten davon in Deutschland (0,314 Mio.).

Eine besondere Außengruppe sind die Griechen in Süditalien
(46800), entfernte Nachkommen derjenigen Griechen, die in der Antike
Städte in Sizilien und Unteritalien gründeten. Damals lebte der größte
Teil der griech. Bevölkerung nicht in Griechenland selbst, sondern im
Süden der Apennin-Halbinsel (Magna Graecia ‹Großgriechenland›).
Von den Griechen Italiens sprechen noch 16500 (35 %) Griech., die
übrigen haben sich sprachl. ans Italien. assimiliert.

Das Griechentum hat eine lange Geschichte. Indoeurop. Völkerschaften gelangten gegen Ende des 3. Jt. v. Chr. bis in die südl. Region
der Balkanhalbinsel. Dort kam es zu einer ethn. Fusion zwischen der
einheim. nicht-indoeurop. Bevölkerung und den Einwanderern. Deren
Kultur und Sprache dominierte nach einigen Generationen, die Urbevölkerung hat aber ihren genet. «Fingerabdruck» im Genpool der Griechen hinterlassen. Das genom. Profil der Griechen weicht signifikant
vom dem der sie umgebenden Populationen ab. Genetiker sprechen
vom «mediterranen Genotyp» als Außenlieger. Auch die Kulturtraditionen der vorgriech. Bewohner der Region haben nachgewirkt. Der
alte Göttinnenkult erlebte im griech. Pantheon eine Nachblüte. Weibl.
Gottheiten wie Aphrodite, Demeter, Artemis und Athene gehen alle auf
vorgriech. Gestalten zurück. Die vorgriech. Sprachen haben Hunderte
von Substratwörtern ans Griech. vermittelt. Dazu gehören nicht nur
Benennungen für die einheim. Flora (*daphne* ‹Lorbeer›) und Fauna
(*thunnos* ‹Thunfisch›), für Landschaftsformen und Gewässer (*thalassa*
‹Meer›), sondern auch für Dinge aus dem Milieu der frühen vorgriech.
Agrargesellschaft Südosteuropas (z.B. *thalamos* ‹Zimmer›, *keramos*
‹Ton›). Viele haben über die Verbreitung griech. Kulturwörter Eingang
in die modernen Sprachen Europas gefunden (z.B. Aroma, Zypresse,
Keramik, Olive).

Die Griechen der Antike waren sich dieser alten ethn. Fusionsprozesse durchaus bewußt, obwohl sich v. a. die Athener als Griechen rei-
neren Blutes im Vergleich zu den Spartanern betrachteten. Es gab allerdings ein einigendes kulturelles Band, das die Griechen in den Kolonien
an den Küsten des Schwarzen Meeres, im Nahen Osten und Ägypten

und im gesamten Mittelmeerraum zusammenhielt, und dies war das Bewußtsein des hohen Prestiges von griech. Kulturtradition und Sprache. Der Eigenwert der griech. Zivilisiertheit wurde gleichsam überhöht im Spiegelbild des Barbaren. Jeder Nichtgrieche war ein *barbaros*, ob Kelte, Thraker, Iberer oder Angehöriger eines anderen Volkes. Dazu gab es nur zwei Ausnahmen: die Ägypter mit ihrer von den Griechen hochgeschätzten alten Kultur, als deren Erben und Nachfolger sich die Griechen sahen, und die Römer, die zwar nicht als ebenbürtig zivilisiert betrachtet wurden, deren organisator. Leistungen (Staatswesen, Zivilverwaltung, militär. Organisation) man aber anerkannte.

Im Zeitalter der Aufklärung wurde die griech. Zivilisation der Antike mit ihren vorgriech. Komponenten und ihren nahöstl. Einflüssen nicht als Fusionsprodukt verstanden, sondern zum Ideal rein europ. geistigen Schaffens, zum Bild von der Wiege der europ. Zivilisation hochstilisiert.

Die Griechen können auf die längste ununterbrochene Schriftkultur Europas zurückblicken. Die Anfänge des griech. Schrifttums reichen bis ins 17. Jh. v. Chr. zurück. Das älteste Schriftzeugnis in myken.-griech. Sprache ist eine in Linear B geschriebene Weihinschrift aus dem heiligen Bezirk von Olympia. Linear B, eine Ableitung der altkret. Schrift Linear A, wurde in den myken. Kulturzentren auf dem Festland und in den Verwaltungszentren der Mykener auf Kreta (Paläste von Knossos und Chania) verwendet. Anfang des 12. Jh. v. Chr. erlosch zwar diese Schrifttradition, das Griech. wurde aber weiter als Schriftmedium verwendet, und zwar auf Zypern. Dort wurde es in der kyprisch-syllab. Schriftart geschrieben. Später wechselten die Griechen zum Alphabet über, das seit dem 8. Jh. v. Chr. die gebräuchliche Schrift war.

Seit den ersten Schriftzeugnissen hat sich das Griech. in seinen verschiedenen sprachl. Entwicklungsstadien als Schriftsprache entfaltet: Frühgriech. und archaisches Griech. (17.–9. Jh. v. Chr.), Altgriech. (8. Jh. v. Chr.– ca. 450 n. Chr.), Mittelgriech. bzw. byzantin. Griech. (5. Jh.–1. Hälfte des 15. Jh. n. Chr.), Neugriech. (seit dem 15. Jh.). Vieles von dem griech. Originalschrifttum der Antike wäre ohne die Übersetzungstätigkeit der Araber vom 8. bis 10. Jh. verloren gegangen. Über die im 12. Jh. gegründete Übersetzungsschule von Toledo ist viel vom griech. Gedankengut für die Nachwelt gerettet worden. Im 15. Jh. erlebte die Pflege der antiken Sprachen und ihres Schrifttums eine neue Blüte im Humanismus, der in Italien einsetzte, bald aber ganz Westeuropa erfaßte. Am umfassendsten schließlich war die Revitalisierung und gleichzeitige Idealisierung des antiken griech. Kulturerbes in der Epoche des nationalen Erwachens zu Beginn des 19. Jh.

Das griech. Ideengut, die griech. Spracheinflüsse und die Schrifttradition, die seit der Antike über vielerlei Transformationen bis in die Moderne nachwirkten, hätten ihre Ausstrahlung nicht erlebt ohne die Kolonisation des Mittelmeerraums, ohne die Erweiterung des griech. Kulturkreises bis nach Indien und Ägypten im Zeitalter des Hellenismus, ohne den imperialen Glanz des Oström. Reiches und des Byzantin. Reiches. Die Renaissance der klass.-griech. Kulturtraditionen während der Aufklärung war genau genommen eine späte Nachblüte, die sich zu einer Zeit entfaltete, als Griechenland als osman.-türk. Provinz polit. bedeutungslos war.

Mit dem Streben nach Befreiung von der osman.-türk. Kolonialherrschaft rückte Griechenland in den Sog nationalpolit. Strömungen. Im Unabhängigkeitskampf gelang es den Griechen 1822, den südl. Teil des Landes zu befreien. Ähnlich wie die USA in ihrer Unabhängigkeitserklärung von 1776, bezeichneten auch die Griechen ihre nationale Staatsbildung als Naturrecht. Sie war die erste Gründung eines Staates für eine sprachorientierte Kulturnation in der europ. Neuzeit. Der Charakter dieses jungen griech. Staates als Nationalstaat mit rein griech. Bevölkerung war ein polit. Ideal, das die Realitäten der Multikulturalität verdeckte. Denn auch in Griechenland gab es damals wie heute ethn. Minderheiten. Die Nationalstaatidee des 19. Jh. lebt allerdings in der Mentalität der Griechen bis heute weiter. Ein multiethn. Selbstverständnis von ihrem Staat ist bei den Griechen in der Regel nicht vorhanden, Schutzbestimmungen für die Minderheiten (→ Makedonen, → Albaner, Aromunen, → Türken) existieren nicht. Als Zweitsprachler des Griech. werden Angehörige ethn. Minderheiten zur gräkophonen Bevölkerung des Landes gezählt.

Die glorreichen Zeiten der griech. Großmachtperioden sind eine stabile Komponente im kulturellen Gedächtnis der Griechen, deren Nationalstolz sich nicht zuletzt aus der Erinnerung daran speist, daß sich griech. Kultureinfluß einst im gesamten Mittelmeerraum und darüber hinaus geltend machte.

Lit.: Dihle 1994, Konstantinou 1995, Osborne 1996, Powell 1995

Grönländer → Inuit

H

Hausa (*Hausa*, the Hausa). Die Hausa sind mit 22 Mio. Angehörigen das zahlenmäßig stärkste Volk im subsaharan. Afrika. Lange Zeit verstanden sich die Hausa als Sprachgemeinschaft und weniger als Volk. Spätestens im Verlauf des 20. Jh. hat sich das Selbstverständnis in einem Bewußtsein sowohl sprachl. als auch ethn. Identität ausbalanciert. Die Zugehörigkeit zur muslim. Glaubensgemeinschaft und zum islam. Kulturkreis sind weitere Kriterien, die das Zusammengehörigkeitsgefühl stärken. Die kleine christl. Minderheit spielt keine Rolle im Selbstverständnis der Hausa.

Die große Mehrheit der Hausa ist in den nördl. Provinzen (Sokoto, Kaduna, Katsina, Kano, Bauchi) Nigerias beheimatet. Dies sind 18,5 Mio. Nigerianer, die 30 % der Landesbevölkerung ausmachen. Im Nachbarland Niger leben 3,3 Mio. Hausa. Bevölkerungsreiche Außengruppen von Hausa finden sich auch in anderen Staaten Afrikas: Sudan (0,42 Mio.), Kamerun (23 500), Togo (9600) und im Kongo (Brazzaville; 4000).

Die Sprachgemeinschaft des Hausa ist weitläufiger als die Gemeinschaft der ethn. Hausa; sie setzt sich aus 22 Mio. Primärsprachlern (ethn. Hausa) und 16 Mio. Afrikanern zusammen, die Hausa als Zweit- oder Drittsprache sprechen. Dies sind Angehörige der ethn. Gruppen in Nigeria, die andere Muttersprachen als Hausa sprechen. Hausa besitzt weder in Nigeria noch in Niger amtl. Status, fungiert allerdings als Unterrichtssprache in Nigeria. Als Handelssprache und interethn. Verkehrssprache hat Hausa weite Verbreitung.

Hausa ist ein Vertreter der afroasiat. Sprachfamilie und gehört zum engeren Kreis der Tschad-Sprachen. Das islam. Kulturmilieu hat bei den Hausa die Verwendung des Arab. als Hochsprache gefördert. Daher dauerte es lange, bis auch die einheim. Sprache geschrieben wurde. Seit der zweiten Hälfte des 18. Jh. wird Hausa geschrieben, zunächst verwendete man das arab. Alphabet (das bis heute in den Koranschulen üblich ist), seit Anfang des 20. Jh. die Lateinschrift. Bis heute haben die Hausa eine reiche mündl. Erzähltradition bewahrt.

Die Gemeinschaft der Hausa-Sprachigen wird histor. im Mittelalter faßbar. Den Kern der Hausa-Gruppen bildeten die Hausa Bakwài («echte Hausa»). Diese waren die Träger von sieben histor. Staaten (Daura, Gobir, Katsina, Kano, Rano, Biram, Zaria bzw. Zazzau), deren Mittelpunkt jeweils eine befestigte Stadt war. Dies waren Handelszentren, in denen Waren aus Nordafrika, aus dem westl. Sudan und aus den Staaten von Guinea (Asante, Benin, Dahomey, Oyo) umgeschlagen wurden. Die Hausa produzierten eigene Waren. Dazu gehörten Artikel aus Leder (Kissen, Taschen, Schuhe, Pferdegeschirr), Textilien und Keramik. Bei den Hausa gab es auch eine alte Tradition des Schmiedehandwerks, insbesondere Gelbguß im Verfahren mit Wachsausschmelzen. Anfang des 19. Jh. wurden die Hausa-Herrscher von den Fulbe (einer bevölkerungsstarken → Bantu-Ethnie) entmachtet, und an die Stelle der einheim. Elite trat eine fulbisch-muslim. Oberschicht.

Über Handelskontakte gelangten arab. Kaufleute und Gelehrte aus arab. Ländern zu den Hausa. Diese behielten aber lange Zeit ihre einheim. animist. Religion bei. Erst im Verlauf des 19. Jh. verbreitete sich der Islam rasch. Bis heute allerdings haben sich animist. Bräuche erhalten, wobei sich islam. Lebensweisen mit einheim. Überlieferungen symbiot. verbinden.

Lit.: Khaleel 1996, Newman 1987

Hindustani. Die Sprachgemeinschaft des Hindi in Indien gehört zu den → indo-arischen Völkern und gliedert sich in zahlreiche lokale Gruppen aus. Nach den Angaben der Volkszählung von 1961 wurden einige der Lokalgruppen getrennt von den Hindi-Sprachigen aufgeführt, seit 1981 dagegen eingeschlossen. Dies trifft auf die Sprecher des Bihari, Bhojpuri, Maithili, Rajasthani, Harauti, Malvi, Marwari, Mewari, Kumauni und Garhwali zu. Die Zahl der Hindustani, der Muttersprachler des Hindi, beläuft sich auf 182 Mio. Menschen. Wesentl. mehr Inder allerdings sprechen Hindi als Zweitsprache (236 Mio.).

Lit.: Bromlej 1988: 494, Moseley/Asher 1994: 206

Holländer → Niederländer

Hunzakut → Buruscho

Hutu (*Hutu*, the Hutu). Die rund 11 Mio. Hutu leben mehrheitl. auf dem Territorium zweier benachbarter Staaten im zentralen Afrika, in Burundi und Ruanda, die seit 1962 unabhängig sind. In beiden Ländern stellen die Hutu zwischen 85 % und 89 % der Bevölkerung. Die Hutu sind ethn. ein → Bantu-Volk und sprechen eine Variante des Rundi (Kirundi, Rwanda bzw. Kinyarwanda). Die Lebensgewohnheiten der Hutu als Ackerbauern unterscheiden sich von denen der viehzüchtenden → Tutsi, die ebenfalls Rundi sprechen. Außer von Hutu und Tutsi wird Rundi noch von einer dritten ethn. Gruppe gesprochen, von den → Pygmäen der Twa-Gruppe.

Die Hutu in Ruanda entmachteten in den 1960er Jahren die Tutsi als soziale Elite im Land. Allerdings wird die von den Hutu gesprochene Variante des Rundi nach wie vor als Gemeinsprache angesehen, während die Tutsi-Variante als prestigereich gilt. In Burundi währt seit 1993 der Bürgerkrieg zwischen den beiden Völkerschaften, in den zwischenzeitl. Truppen der ehemaligen französ. Kolonialmacht eingriffen. Hutu-Rebellen übernahmen zeitweilig die Macht im Land, den Einfluß der Tutsi-Elite konnten sie aber nicht unterbinden. Seit Beginn dieses Jahrhunderts steht die Regierungsbildung in Burundi im Zeichen von Kompromißlösungen, an denen gleichermaßen Hutu und Tutsi beteiligt sind. Entsprechend dem Friedensvertrag von Arusha (Tansania) vom August 2000 wechselten im April 2003 Präsident und Vize-Präsident ihre Ämter, die jeweils von einem Hutu und einem Tutsi besetzt werden.

Lit.: Haarmann 2002a: 141 f., 169 f., Kostyal 2002: 215

Ilocano (*Iloco, Ilocano*, the Ilocanos). Die Ilocano (auch: Ilokano) leben im Nordwesten der Insel Luzon, einer der großen Inseln der Philippinen. Mit rund 8 Mio. Angehörigen machen sie ca. 11 % der Landesbevölkerung des Inselstaates (75 Mio.) aus. Die Vorfahren der Ilocano waren → Austronesier (→ Malaien), die vor mehr als 5 000 Jahren aus dem südl. China in die Inselwelt der Philippinen einwanderten.

Das Ilocano ist eine malaio-polynes. Sprache und mit der Sprache der → Filipinos, dem Tagalog, verwandt. Beide gehören zur austrones. Sprachfamilie. Ilocano wird seit etwa hundert Jahren im latein. Alphabet geschrieben.

Lit.: Bromlej 1988: 169 f., Haarmann 2002a: 317 ff.

Indianer (→ Algonkin, Amazonas-Indianer, Apachen, Athabasken, Irokesen, Maya, Nahuatl, Navaho, Pueblo-Indianer, Sioux, Tupí, Zapoteken; Nordwestküstenindianer). Als Indianer werden die Bewohner des präkolumb. → Amerika und deren Nachkommen bezeichnet. Diese Benennung wurde den alteingesessenen Amerikanern (Altamerikanern) von Kolumbus gegeben, der das Land, auf dessen Inseln und Küsten er gestoßen war, zunächst für Indien hielt und entspr. seine Bewohner für Inder. Die Benennung «Indianer» verbreitete sich schnell in den Sprachen Europas und ist fest eingebürgert. Bemerkenswerterweise ist der Gebrauch dieses kollektiven Namens auch stabil geblieben im modernen Trend, ältere, irreführende oder auch diskriminierende Namen für die Völker der Welt durch Eigenbenennungen zu ersetzen (z.B. → Inuit an Stelle von Eskimo, das von den Inuit selber als abwertend empfunden wird, → Saamen für Lappen, → Udmurten für Wotjaken).

Auch die Indianer selbst, die sich bewußt sind, daß die Bezeichnung eine Mißbenennung (engl. *misnomer*) ist, bezeichnen sich dennoch als «Indianer» (engl. *Indians*, span. *indios*). Im angloamerikan. Sprachgebrauch der Humanwissenschaften hat sich der Ausdruck *Amerindians* anstelle des älteren *Indians* verbreitet. Für das Deutsche, wo der Aus-

Die Hauptsprachzonen Südamerikas
nach Bright: 1992, 4

Altamerikanische Sprachen und Ethnien in Nordamerika
nach: Hoxie 1996

druck «Indianer» auf allen Stilebenen und in allen Textsorten (wissenschaftl., literar., publizist.) verwendet wird, kann man ihn als wertneutral einstufen, ganz im Gegensatz zu «Neger», das durch pejorative
Wertungsnuancen belastet ist.

Lit.: McCarty/Zepeda 1999

Indo-Arier, indo-arische Völker (Indo-Aryans). Diese Benennung bezieht sich auf Populationen (über 700 Mio. Menschen), die mehr als
10% der Weltbevölkerung ausmachen. Der Begriff «Arier» mag deutsche Leser wegen seines Mißbrauchs in der nationalsozialist. Rassenideologie befremden. Tatsächl. ist er international verbreitet und bis
heute in der Fachterminologie der verschiedensten Disziplinen wie der
Humangenetik, Archäologie, Indologie, Sprachwissenschaft (Indo-

europäistik), in den Altertumswissenschaften und im Bereich ethn. Studien wertneutral und durchaus üblich.

Die zahlreichen indo-ar. Völker sind vorwiegend in der Staatenwelt des ind. Subkontinents verbreitet, d. h. in Indien, Bangladesch, Nepal, Pakistan und in Sri Lanka. Kleinere Gruppen leben auch im Nordosten Afghanistans, in Myanmar und in den Ländern Europas (→ Roma, → Sinti). Dazu gehören sowohl bevölkerungsreiche Ethnien wie → Bengalen (190 Mio.) sowie die Sprachgemeinschaften der → Hindustani (182 Mio. Primärsprachler), der Urdu-Sprachigen (56 Mio.), der Gujarat (45,5 Mio.), der Kashmir-Sprachigen (4,5 Mio.) als auch Kleinstethnien wie → Veddah (300), Majhi (ca. 250) oder Hinduri (ca. 150). Die indo-ar. Völker sprechen 219 verschiedene Sprachen. Etwas mehr als die Hälfte aller indoeurop. Sprachen sind solche des indo-ar. Sprachzweigs. Eines der indo-ar. Völker hat seinen Weg mitsamt seiner Sprache gegen Ende des Mittelalters nach Europa gefunden: die → Roma mit dem Romani.

Die Indo-Arier verblieben als letzte der indoeurop. Populationen in der proto-indoeurop. «Urheimat», ein Gebiet, das man maximal zwischen der Nordwestküste des Kasp. Meers und dem Flußtal des Don ansetzt. Um 1800 v. Chr. waren proto-indo-ar. Bevölkerungsgruppen bereits weit nach → Zentralasien und sogar bis nach Xinjiang (im heutigen Nordwest-China) migriert. Sie waren Träger der sog. Andronovo-Kultur (ca. 2000–900 v. Chr.). Indo-Arier müssen im 2. Jt. v. Chr. auch im Mittleren Osten Einfluß ausgeübt haben, denn die Herrscher des Königreichs von Mitanni (ca. 1400–1330 v. Chr.) verwendeten indo-ar. Namen, beteten Götter der Indo-Arier an, und im Wortschatz ihrer hurrit. Sprache gibt es indo-ar. Lehnwörter aus dem Bereich der Reitkunst und der Handhabung von Streitwagen.

Die frühesten Kontakte der Indo-Arier mit den Ureinwohnern Indiens gehen auf das 17. Jh. v. Chr. zurück. Damals drangen Träger der Gandhara-Grab-Kultur von Swat (ca. 1700–1400 v. Chr.) ins nördl. Industal vor. Im Zuge jener krieger. Landnahme gelangte auch das Pferd nach Indien. Erinnerungen an die Kämpfe zwischen den Einheimischen und den indo-ar. Eindringlingen findet man in den Texten des «Rgveda». Diese Sammlung von 1028 Hymnen (überliefert in mehr als 10000 Liedstrophen) entstand zwischen ca. 1500 und 1000 v. Chr., sie wurde ursprüngl. nur mündl. überliefert, schriftl. Überlieferungen gibt es erst seit dem 11. Jh. n. Chr.

Die Indo-Arier drängten die einheim., überwiegend dravid. Bevölkerung nach Süden und Südosten ab. In einigen Regionen, etwa im heutigen ind. Bundesstaat Gujarat, entfaltete sich dagegen eine kulturelle Symbiose zwischen → Draviden und Indo-Ariern.

Die langjährigen Sprachkontakte kommen auch in der Übernahme dravid. Lehnwörter in ind. Sprachen zum Ausdruck. Nach seiner Kodifizierung durch den Grammatiker Panini um 400 v. Chr. fossilierte das Sanskrit allmählich, und die gesprochene Umgangssprache gliederte sich vom 5. Jh. v. Chr. bis um 1100 n. Chr. in regionale Varianten aus, die Prakrit genannt werden. Seit etwa 1100 machen die Prakrit-Sprachen einen Wandlungsprozeß durch, bei dem immer deutlicher Entwicklungstrends der neuind. Sprachen in Erscheinung treten. Die sprecherreichsten Sprachen Indiens, Bengalens, Nepals, Pakistans und Sri Lankas sind heutzutage neuind. Sprachen.

Die Kultur der Indo-Arier hat weit nach → Zentralasien, → Südostasien und Ostasien ausgestrahlt. V.a. in vier Bereichen hat sich der Einfluß indo-ar. Kulturschaffens bleibend in den Kulturen anderer Länder Asiens niedergeschlagen – in der Schriftkultur, der Religion, den Künsten (Malerei, Bildhauerei, Tanz) und in der Architektur. Grundelemente dieser Kulturmuster sind in den ersten Jahrhunderten unserer Zeitrechnung aus Indien und Sri Lanka nach Westen und Osten exportiert worden. Nach Westen und Nordwesten (d.h. nach Zentralasien und Xinjiang) liefen die Verbindungen über die Seidenstraße und ihre Nebenrouten. Nach Osten gelangten ind. Waren und ind. Kultureinfluß über den Seeweg, der die Küstenländer Südostasiens miteinander verbindet. Diese Handelsroute erstreckte sich im 6. Jh. sogar bis nach China.

Die im indo-ar. Kulturmilieu entwickelten Schriftarten und das dort entstandene Schrifttum wurden von vielen Völkern adaptiert, transformiert und modifiziert. In Indien ist die Schrift selbst ein Fremdimport von außen: Sämtl. ind. Schriftarten gehen auf zwei Adaptionen (Kharosthi, Brahmi) der aramäischen Schrift zurück. Mit ind. Schriftarten sind iran., dravid., austroasiat. und austrones. Sprachen Asiens geschrieben worden. Einige Werke der Weltliteratur in ind. Sprachen sind in vielfachen Transformationen in den Kulturen Südostasiens populär geworden, und die Beliebtheit ind. Erzählstoffe hält bis heute an. Ein illustratives Beispiel sind die zahlreichen lokalen Adaptionen des Epos «Ramayana», dessen Originalversion zum Kreis der spätklass. Sanskrit-Literatur zählt.

Der indo-ar. Kulturkreis hat zwei Weltreligionen hervorgebracht, von denen die eine, der Hinduismus, allein wegen der Zahl ihrer Anhänger Weltrang besitzt. Die Gesamtzahl der Hindus beläuft sich auf 804 Mio., davon leben 787 Mio., also ca. 95 % in Indien. Dort sind mehr als 80% aller Bewohner Hindus. Die andere religiöse Tradition, die ebenfalls im nördl. Indien ihren Ursprung hat, von dort aber nach Südostasien, Mittelasien, nach China, Korea und Japan gelangte, ist der Buddhismus: ihm gehören heute weltweit etwa 324 Mio. Menschen an.

Mit den religiösen Lehren gelangte auch die Kenntnis religiöser Architektur und Kunst aus Indien in andere Länder. Die wohl augenfälligsten Einflüsse sind die Tempeltürme (*stupa*), deren Architektur sich in einer Vielzahl nationaler Stile ausgefächert hat, die religiöse Plastik mit regionalen Eigenheiten (z.B. die Buddhastatuen mit spezif. anthropolog. Merkmalen der lokalen Bevölkerung in Myanmar, Kampuchea, Laos oder China), die ind. inspirierte Freskenmalerei in den buddhist. Klöstern Mittelasiens und Südostasiens sowie die Tradition der Apsara-Tänze. Der Tanz der Apsara(s), der himml. Jungfrauen, dominiert bis heute die Tanzkultur in Südostasien und China. Jede der nationalen Kulturen hat eine spezif. lokale Tradition dieser Tanzform ausgebildet.

Lit.: Erdosy 1995, Kam 2000, Kuz'mina 1994, Mallory/Adams 1997: 303 ff., Richman 2000, Sims-Williams 2002

Indoeuropäer (Indo-Europeans). Indoeurop. Populationen haben sich im Laufe der Geschichte über die ganze Welt verbreitet, seit dem 5. Jt. v. Chr. in Migrationswellen aus der Region zwischen Wolga und Don über ganz Europa, in den Mittleren Orient und nach Südasien. Im Zeitalter des Kolonialismus sind viele Europäer seit dem 17. Jh. in andere Kontinente migriert und haben sich dort niedergelassen. In vielen Regionen, wohin Europäer migriert sind, stellen ihre Nachkommen heute die Bevölkerungsmehrheit (z.B. in Kanada und in den USA, in Australien).

Aus dem proto-indoeurop. Kontinuum haben sich verschiedene kulturelle und sprachl. Komplexe ausgegliedert, aus deren Milieu sich in einem langen Transformationsprozeß die histor. und rezenten Völker entwickelt haben, die wir als Indoeuropäer kennen. Zu diesen Kulturkomplexen, die in verschiedenen Regionen Europas und Asiens ihr Eigenprofil ausgeprägt haben, gehören die der → Balten, → Kelten, → Germanen, → Slawen, → Iranier, → Indo-Arier sowie anderer Einzelvölker wie → Armenier, → Griechen, → Albaner und untergegangener Völker wie Tocharer, Hethiter, Phryger u. a.

Die genannten Ethnien sind sozusagen primäre Ausgliederungen indoeurop. Volkstums. Es gibt auch Völker, deren Ethnogenese sich aus sekundären Ausgliederungsprozessen erklärt. Dies gilt für die → roman. Völker, deren Volkstum aus einer ethn. Fusion ital. Kolonisten und autochthoner Bevölkerungsgruppen in den Provinzen des Imperium Romanum entstanden ist.

Lit.: Mallory/Adams 1997

Inguschen (*Galgai*, the Ingush). Die 0,24 Mio. Inguschen leben überwiegend in der Tschetschenien benachbarten Republik Inguschetien, die territorial zur Russ. Föderation gehört. Gleich zu Beginn des 2. Tschetschenienkriegs (seit 1999) sind zahlreiche Flüchtlinge aus Tschetschenien nach Inguschetien gekommen, wo viele von ihnen bis heute in Lagern leben. Die Gesamtbevölkerung Inguschetiens hat sich durch die Flüchtlinge drastisch erhöht und liegt bei 0,46 Mio.

Die Inguschen sind die Nachkommen der kaukas. Urbevölkerung der Region. Ihre Sprache, die erst seit den 1920er Jahren verschriftet ist, ist eng mit dem Tschetschen. verwandt. Beide Sprachen gehören zur Familie der nordöstl. Kaukasussprachen. Bis zum 16. Jh. lebten die Inguschen vorwiegend im Bergland und siedelten sich erst zögerlich im nordkaukas. Tiefland an.

Die Inguschen sind sunnit. Muslime und leben überwiegend von der Viehhaltung sowie – in der Ebene – vom Ackerbau. Obwohl der Drang nach polit. Unabhängigkeit bei den Inguschen nicht so stark ausgeprägt ist wie bei ihren Nachbarn, den › Tschetschenen, streben auch sie nach weniger Bevormundung durch Moskau und mehr polit. Souveränität.

Lit.: Bromlej 1988: 170 f., Tiškov 1994: 161 ff.

Inuit-Völker (*Inuit*, the Inuit). Regionale Gruppen von Inuit-Populationen leben in einem breiten Gürtel in der subarkt. Zone der nördl. Hemisphäre (s. Karten → Nordsibirien, → Indianer).

Die Fremdbezeichnung der Inuit, Eskimo, wird als abwertend empfunden. In der wissenschaftl. Terminologie hat sich der Name allerdings etabliert (z.B. eskimo-aleut. Sprachen). Betrachtet man das geograph. Kontinuum am Rande des nördl. Eismeeres vom Standort Amerika aus, so sind die westlichsten Ethnien (Ungasiki, Uqeghllistun/Sirenik-Eskimo, Nuvuqaq/Naukan-Eskimo) in Ostsibirien (Tschukotka) beheimatet, die östlichste Ethnie (Inuktitut) in Grönland. Die meisten Ethnien sind von Alaska bis nach Labrador und auf den nordöstl. kanad. Inseln (z.B. Baffin Island) verbreitet. Es gibt rund 0,11 Mio. ethn. Inuit. Von diesen sprechen noch etwa 77 000 regionale Varianten des Inuit.

Die sprecherreichste Variante ist Grönländisch (*Kalaallisut*, 40 000 in Grönland und 7000 in Dänemark). Die kleinsten Gemeinschaften leben im östl. Sibirien (an der Ostküste der Tschuktsch. Halbinsel und auf der Wrangel-Insel). Die Eigenbezeichnung der Eskimo dort ist *Jupigyt* bzw. *Jugyt* ‹wirkliche Leute›. Es werden drei Gruppen mit kulturellen und sprachl. Besonderheiten unterschieden: Naukaner (Navukagmit), Tschaplincer (Ungazigmit) und Sirenikcer (Sirenigmit). Die Sirenikcer sprechen nicht mehr ihren lokalen Dialekt, sondern haben sich an die Sprachvariante der Tschaplincer assimiliert.

In allen regionalen Inuit-Bevölkerungsgruppen wirken Akkulturations- und Assimilationsprozesse. Der Grad der Erhaltung der Muttersprache variiert stark. Einige Gruppen zeigen eine stärkere Resistenz gegenüber assimilatorischen Einflüssen als andere:

Ethnische Gruppe	Verbreitungsgebiet	Inuit-Sprecher (Niveau der Spracherhaltung in %)
Ungasiki (1700)	Küstengebiet der Bering-Straße	884 (52 %)
Sivuqaghmiistun (1100)	St. Lawrende Island	1050 (95 %)
Yugcetun (18 000)	westl.-zentrales Alaska	12 000 (67 %)
Inupiatun (13 000)	nordwestl. Alaska	4000 (31 %)
Sugtestun (3100)	südl. Alaska	600 (19 %)
Inuktitut (östl. kanad. Inuit; 17 500)	westl. der Hudson Bay und östl. bis Baffin Island, Québec, Labrador	14 000 (80 %)
Inuktitut (westl. kanad. Inuit; 7500)	westl. Kanada (bis zum Mackenzie-Delta)	4000 (53 %)

Einige der regionalen Sprachgemeinschaften sind sehr klein und in Auflösung begriffen. So wurden bei der letzten Erhebung 1989 für das Nau-
kan. noch ca. 75 Sprecher registriert, das Sirenik. ist 1997 mit dem letzten Sprecher ausgestorben. Die Inuit-Sprachen bilden zusammen mit
dem Aleutischen auf den Aleuten-Inseln die Gruppe der eskimo-aleut.
Sprachen. Bereits vor ca. 4000 Jahren erfolgte die Trennung der Sprach-
zweige. Das Niveau der Spracherhaltung liegt bei den Aleuten sehr niedrig. Ihre Muttersprache (*Unangam tunuu*) wird noch von 400 Menschen gesprochen (entspr. 19 % der 2100 ethn. Aleuten).

Die Inuit gehören zur ältesten Bevölkerung der subarkt. Zone und
der Arktis. Die Vorfahren der heutigen Inuit sind spätestens um 8000
v. Chr. von Ostsibirien mit der dritten Migrationswelle nach Alaska gelangt. Möglicherweise gingen die Migration der Na-Dene-Populatio-
nen, die mit der zweiten Einwanderungswelle nach Amerika kamen,
und die der Inuit von derselben Region im östl. Sibirien aus. Um 1000
v. Chr. hatte sich die Kultur der Inuit bereits von Alaska bis nach West-
grönland verbreitet. Um 1000 n. Chr. erfolgte die letzte Migration von
Inuit nach Grönland.

Die Inuit-Ethnien haben jahrhundertelang unter kolonisator. Druck
gestanden, in → Nordsibirien unter russ. Hegemonie, in Nordamerika
unter dem Akkulturationsdruck der engl.-sprachigen Bevölkerung, die
Grönländer unter dän. Herrschaft. Heute ist Grönland eine polit. autonome, selbstverwaltende Region, die ledigl. über seine Außen- und Ver-
teidigungspolitik noch mit Dänemark verbunden ist. Das Grönländ.
besitzt amtl. Status und wird häufiger verwendet als das ebenfalls als
Amtssprache zugelassene Dänisch.

Lit.: Hallamaa 1997, Kaplan 1992, Kolga et al. 2001: 47 ff.

Iranier, iranische Völker bezeichnet die Gesamtheit der Ethnien, die
in der Vergangenheit und/oder in der Gegenwart iran. Sprachen gesprochen haben oder sprechen. Im Unterschied hierzu sind «Iraner» die Angehörigen der ethn. Mehrheitsbevölkerung im modernen Staat Iran. Es
gibt insgesamt 81 moderne iran. Sprachen. Rechnet man ausgestorbene
iran. Sprachen wie das Skythische, Sarmatische, Sakische hinzu, erhöht
sich die Gesamtzahl auf mehr als 90. Das Siedlungsgebiet iran. Ethnien
erstreckt sich von der Osttürkei (→ Kurden) über die Kaukasus-Region
(→ Osseten, Talyschen, Taten), den Iran (→ Perser, Baluchi), → Zentralasien (→ Tadschiken), Afghanistan (Dari) bis nach Pakistan

(→ Paschtunen bzw. Pathanen). Histor. iran. Völker haben auch in Gebieten gesiedelt, die heutzutage von Turkvölkern bewohnt sind. Dies gilt für die Saken in Nordwestchina, im heutigen Siedlungsgebiet der → Uighuren.

Die iran. Sprachen bilden zusammen mit den indo-ar. Sprachen den indo-iran. Sprachzweig der indoeurop. Sprachfamilie. Sprecherreiche iran. Sprachen sind das Pers. (65 Mio.) in einer westl. (Farsi) und östl. Variante (Dari), das Pashto (20 Mio.) in drei regionalen Varianten und das Kurd. (14 Mio.) in einer nördl. und einer südl. Variante. Die Ausgliederung der iran. Sprachen erfolgte nicht direkt aus dem proto-indoeurop. Kontinuum, sondern aus dem Proto-Indo-Ar., das noch im 3. Jt. v. Chr. im Gebiet der Urheimat der Indoeuropäer verbreitet war. Als Folge der Siedlungstrennung zwischen westl. Populationen, die in der südruss. Steppe verblieben, und östl. Populationen, deren Siedlungsgebiet nach Mittelasien expandierte, kam es um 2000 v. Chr. zur Spaltung des Proto-Indo-Ar. in einen westl. Komplex (Proto-Iran.) und in einen östl. Komplex (Proto-Indo-Ar.). Durch Siedlungsbewegung haben sich iran. Populationen mit ihren Sprachen aus der Region zwischen Kasp. Meer und dem Flußtal des Don in den Kaukasus, nach Persien und später auch nach Mittelasien ausgebreitet.

Die iran. Völker lassen sich entsprechend den Besonderheiten ihrer Sprachen in drei Hauptgruppen einteilen:
- West-Iranier (Meder, Perser, Tadschiken, Baluchi, → Kurden u. a.);
- Ost-Iranier (Parther, Marger, Baktrier, Sogdier, Jaghnober, Chwaresmier, Dranger u. a.);
- Nord-Iranier (Saken, Skythen, Sarmaten, Alanen, → Osseten u. a.).
Die Gruppe der nordiran. Völker ist in der Moderne nur noch durch eine Ethnie, die Osseten, vertreten. Die übrigen Völker haben ihre ethn. Identität verloren, d. h. ihre Angehörigen haben sich kulturell und sprachl. an Völker assimiliert, mit denen sie in histor. Zeit in Kontakt gestanden haben. Im Volkstum der Osseten hat sich das kulturelle Erbe der Skythen und Alanen in transformierter Gestalt erhalten.

Iran. Völkerschaften (Meder und Perser) werden erstmals im 9. Jh. v. Chr. in assyr. Quellen erwähnt. Herodot berichtet im 5. Jh. v. Chr. ausführl. über die Skythen, das iran. Steppenvolk im Süden des heutigen Rußland. Seither häufen sich Erwähnungen und Beschreibungen iran. Völker.

Die älteste Literatur in iran. Sprachen ist jahrhundertelang in mündl. Form überliefert worden. Die Quellen der zwischen dem 3. und 7. Jh.

n. Chr. aufgezeichneten Avesta-Texte (17 metr. Hymnen) lassen sich auf die orale Tradition der Zeit vor dem 10. Jh. v. Chr. zurückverfolgen. In der Sprachform des Avesta sind altertüml. Züge erhalten, die entwicklungsmäßig auf das 6. bis 4. Jh. v. Chr. weisen. Verschiedene der alten iran. Sprachen sind nur spärl. überliefert, so das Med. und Skyth., die lediglich aus Namenmaterial (von Personen, Gottheiten und Orten) bekannt sind. Die Muttersprache der Taten in Dagestan wurde in den 1930er Jahren in zwei Schriftarten geschrieben, im kyrill. Alphabet für den Sprachgebrauch der Muslime und in hebräischer Schrift für die Bergjuden. Die meisten der modernen Sprachen der iran. Kleinvölker in Mittelasien (z. B. Jaghnob., Wachan., Ischkaschim., Jazguljam.) sind schriftlos.

Iran. Völker haben seit der Antike zahlreiche Reiche gegründet. Das älteste ist das der Meder im 7. Jh. v. Chr. Es folgten das Reich der Skythen (7. Jh. v. Chr. bis 3. Jh. n. Chr.) und das mächtige, langlebige Pers. Reich (6. Jh. v. Chr. bis 7. Jh. n. Chr.). Von den Reichsbildungen der Iranier in Mittelasien (die sogd. Stadtstaaten, das Reich der Kusanas) hatte keines über das 8. Jh. n. Chr. hinaus Bestand.

Im iran. Kulturmilieu ist eine der originellsten religiösen Traditionen entstanden, der Zoroastrismus, so benannt nach seinem legendären Begründer Zarathustra (griech. Namenform Zoroaster). Die Lehre Zarathustras war unter den Sassaniden (224–651 n. Chr.) Staatsreligion des Pers. Reiches. Die heiligen Texte (Hymnen, liturg. Texte, Gebete) sind zusammengefaßt im «Avesta». Die Lehre Zarathustras verbreitete sich rasch in Medien und Persien. Die dortige Priesterelite, die Magi, bemühte sich um eine präzise Wiedergabe der mündl. tradierten Originaltexte, die mit ihrem ostiran. Gepräge auf die Sprecher des Westiran. fremdartig wirkten. Die alten oralen Texte sind heute nicht mehr verständlich, dies wird von vielen Gläubigen als exklusives Element sprachl. Sakralität gewertet, das Verstehen der alten Texte liegt danach jenseits der menschl. Auffassungsgabe. Heute gibt es rund 0,14 Mio. Anhänger der zoroastr. Religion. Dies sind einmal die Farsi-sprachigen Zoroastrier Irans und zum anderen die Parsi in Indien, die Gujarati oder Engl. sprechen. Die wichtigsten Kulturzentren der Zoroastrier sind Mumbay (Bombay) und Teheran. Die zoroastr. Gemeinden im Iran haben sich größtenteils nach der islam. Revolution von 1979 aufgelöst. Die meisten iran. Anhänger der Lehre Zarathustras leben außerhalb Irans in der Diaspora.

Lit.: Mallory/Adams 1997: 303 ff.

Iren (*Éireannaigh* ‹the Irish›, *muintir na hÉireann* ‹the people of Ireland›). Der Begriff «Ire» kann vielerlei bedeuten: (a) jemand, der Irisch als Muttersprache spricht; (b) jemand, der Irisch als Zweitsprache spricht; (c) jemand, der Engl., aber kein Irisch spricht, allerdings ir. Kulturtraditionen pflegt; (d) jemand, der Engl. spricht, nicht bewußt ir. Kulturtraditionen pflegt, aber stolz auf seine ir. Abstammung ist; (e) jemand, der weder traditions- noch abstammungsbewußt ist, dessen ir. Herkunft nurmehr am Familiennamen zu erkennen ist.

Die Gesamtzahl derer, auf die eine der genannten Kategorien ethn. Zugehörigkeit zutrifft, beläuft sich auf über 10 Mio. Der engste Kreis ist der der ir. Muttersprachler (a), von denen es nur noch 56500 gibt. Diese leben in den Gaeltacht areas, die in der Republik Irland verteilt sind, insbesondere im Südwesten, Westen und Nordwesten. Die Zahl der Muttersprachler nimmt beständig ab. Insgesamt 1,18 Mio. Iren sprechen ihre Nationalsprache als Zweitsprache (b), d.h. sie haben Ir. in der Schule gelernt. Die Sprachfertigkeiten der Zweitsprachler (verstehen, sprechen, lesen, schreiben) können von Individuum zu Individuum sehr verschieden sein. Die Sprachzugehörigkeit jedenfalls hat heutzutage als Merkmal der ir. Identität keine zentrale Bedeutung mehr.

Nach dem Kriterium der Abstammung (d.h. Iren mit ir. Eltern oder Großeltern) gibt es in Europa 5,4 Mio. Iren. Davon sind 3,7 Mio. in der Republik Irland beheimatet und 1,67 Mio. in dem zu Großbritannien gehörenden Nordirland. Die größte Zahl der Iren außerhalb Europas lebt in den USA. Dort gibt es mindestens 5 Mio. US-Amerikaner ir. Abstammung. Bereits um 1850 waren rund 2 Mio. Iren in die USA eingewandert (entspr. 42% der Gesamtzahl der europ. Immigranten). In den folgenden Jahrzehnten wanderten weitere 4 bis 6 Mio. Iren nach Nordamerika aus. Viele Amerikaner ir. Herkunft sind sich ihrer ethn. Wurzeln bewußt und pflegen die Erinnerung daran. Der vielleicht prominenteste US-Bürger ir. Abstammung ist der von 1981 bis 1988 amtierende 40. Präsident der USA, Ronald Reagan.

Die Ethnogenese der Iren beschränkt sich nicht auf die Ausgliederung der ir. Kultur- und Sprachgemeinschaft aus dem inselkelt. Kontinuum der vorröm. Ära. Vielmehr waren daran auch die vorkelt. Populationen beteiligt, die Irland seit dem 6. Jt. v. Chr. besiedelten. Diese gehörten einer vorindoeurop. Schicht an, die auch in anderen Regionen Westeuropas vor der Ankunft der Indoeuropäer dominierte. Zu den visuellen Spuren der vorkelt. Bewohner Irlands gehören die Megalithbauten der Insel, die in der Zeit vor 2500 v. Chr. entstanden. Im genom. Profil der

Iren ist eine markante «atlant.» Komponente vertreten, die darauf hinweist, daß sich die vorindoeurop. Bevölkerung mit den frühen → Kelten der Region ethn. vermischt hat.

In den Kulturtraditionen Irlands scheinen entfernte Anklänge an die vorindoeurop. Population auf. Im ir. Sagenkreis, so in dem «Book of Invasions» (im 12. Jh. aufgezeichnet), ist davon die Rede, daß die *Tuatha Dé Danann* («die Leute der Göttin Danu») bereits in Irland wohnten, als die Kelten, «die Söhne des Mil», dorthin gelangten. Bezeichnenderweise wird die Tradition des druid. Wissens, also der kelt. Gelehrsamkeit, mit den «Leuten der Göttin Danu» in Verbindung gebracht. In der ir. Mythologie fällt die Vielzahl weibl. Gottheiten auf, was wohl auf eine Tradition weist, die mit dem indoeurop. Götterpantheon und seiner Dominanz männl. Gottheiten deutl. kontrastiert. Auch diesbezügl. scheint sich vorindoeurop. Kulturgut erhalten zu haben.

Auch nachdem die kelt. Einwanderer in Irland heimisch geworden waren, brachen deren Kontakte nach Kontinentaleuropa nicht ab. In ir. Gräbern der vorröm. Zeit hat man etrusk. Kulturgüter gefunden, was auf rege Handelsbeziehungen mit dem Süden weist. Ebenso lebhaft waren die späteren Kontakte mit der röm.-latein. Welt. Irland wurde nicht von den Römern erobert und war zu keiner Zeit Teil des Imperium Romanum, dennoch strahlte röm. Kultur auch auf die Insel aus. Beispielsweise hat die Kenntnis der latein. Alphabetschrift die Ausbildung des einheim. Ogham-Schriftsystems als Buchstabenschrift inspiriert. Im Verlauf des 5. Jh. gelangte das latein. geprägte Christentum über Wales nach Irland. Während im Süden Englands die christl. Tradition durch die Immigration von Angeln und Sachsen unterbrochen wurde, entfaltete sich dieses spätröm. Kulturmuster in Irland in symbiot. Verflechtung mit den kelt. Traditionen der vorröm. Zeit. Das Mittelalter war eine Periode aktiven ir. Kulturschaffens mit Schrifttum in zwei Sprachen (Latein., Ir.) und in zwei Schriftsystemen (Lateinschrift, Ogham). Sprachl. setzte sich nach und nach das einheim. Ir. durch, von den Schriftarten dominierte seit etwa 650 das latein. Alphabet. Während dieser Blütezeit ir. Kulturschaffens setzte auch die Tätigkeit ir. Missionare auf dem Kontinent ein. Zwischen 600 und 1200 pilgerten ir. Mönche und Gelehrte in die Länder Westeuropas und hatten entscheidenden Anteil an der lokalen Klosterkultur. Ein beredtes Zeichen dieser ir. Missionstätigkeit sind die mittelalterl. Manuskripte. In Irland sind aus der Zeit vor 1000 nur zehn Handschriften erhalten, in den Bibliotheken auf dem Kontinent finden sich aus der gleichen Periode mehr als fünfzig.

Ir. Mönche waren in Frankreich, Belgien, Deutschland, in der Schweiz (v. a. St. Gallen) und in Norditalien (Bobbio, Mailand), im Milieu der christl. Kultur der Langobarden tätig. St. Gallen ist eine ir. Gründung des 7. Jh. Das Monopol der röm.-kathol. Kirche ist im Heimatland Irland stabil geblieben. Nur im äußersten Norden, in dem Teil Irlands, der zu Großbritannien gehört, hat der Protestantismus Fuß gefaßt. Die polit. Unruhen in Nordirland beruhen weitgehend auf den im Konflikt stehenden polit. Interessen von ir. Katholiken und Protestanten.

Die Invasion der Insel durch die Wikinger im 9. Jh., die entlang der Küste Handelsstützpunkte errichteten und für die Gründung der ersten Städte Irlands verantwortl. sind, leitete eine Ära der Fremdherrschaft ein, die sich im 12. Jh. mit der Ankunft der Normannen fortsetzte. Die militär. Kampagnen der Tudor-Herrscher im 16. und 17. Jh. schufen schließl. die Voraussetzung für die Annexion Irlands an das Königreich England, in dessen Territorialbesitz die Insel bis ins 20. Jh. verblieb. Im Zuge einer intensiven Anglisierungskampagne wurde zunächst die einheim. ir. Elite, dann auch die einfache Bevölkerung akkulturiert. Die polit. Bevormundung durch die engl. Herrschaft, der Druck der engl. Landbesitzer, die ir. Pächter in wirtschaftl. Abhängigkeit hielten, sowie die wirtschaftl. Misere während der Ernteausfälle der 1840er Jahre (the Great Famine) trieben viele Iren in die Emigration.

Andererseits entfaltete sich in den Zeiten des größten polit. und wirtschaftl. Drucks eine bodenständige Bewegung, die sich polit. Unabhängigkeit und Landreform zu ihren Zielen machte und in den 1880er Jahren schließl. in die Forderungen nach Home Rule mündete. In einer langen Kampagne, die von Rebellion (wie 1916) und Bürgerkrieg (1921–23) unterbrochen wurde, erlangten die Iren die Anerkennung als Freistaat (1921) und später als Republik (1948). Die Mitgliedschaft in der Europ. Wirtschaftsgemeinschaft (seit 1973) brachte den Anschluß an die westeurop. Integration. In einem langwierigen Prozeß hat sich Irland von einem Agrar- zu einem Industriestaat verändert und ist heutzutage ein modernes Staatswesen mit hohem Lebensstandard.

Das Ir. wird seit dem 4. Jh. geschrieben. Es ist diejenige moderne Schriftsprache Europas mit der längsten kontinuierl. Tradition. Die ältesten Inschriften im Ogham-Alphabet stammen aus der vorchristl. Periode. Die längste Zeit ist das Ir. in Lateinschrift geschrieben worden. Das Schrifttum des Mittelalters ist reich an verschiedenen Genres und Textformen. Die ir. Tradition der illuminierten Bücher ist eine eigene Kunstform, in der sich die röm.-latein. Kultur wie die einheim.-kelt.

Tradition (z.B. Tierstilmotive) gleichermaßen auskristallisierten. In den Jahrhunderten der engl. polit. Dominanz erlebte das ir. Kulturschaffen seinen Niedergang. Zur Revitalisierung der Sprachkultur wurde 1893 die Gaelic League eingerichtet. Als Unterrichtssprache an Schulen wurde das Ir. erst in den 1920er Jahren eingeführt. In der Verfassung von 1937 wurde der Status des Ir. als Nationalsprache und (nominell) erster Amtssprache der Republik festgeschrieben. Zwar werden Dokumente sowohl in Ir. als auch in Engl. ausgestellt, faktisch (und v. a. im mündl. Amtsverkehr) dominiert aber das Engl. Das Ir. gehört nicht zum Kreis der EU-Sprachen, die in amtl. Funktionen in Brüssel verwendet werden, wohl aber ist es eine der Amtssprachen des Europ. Gerichtshofes in Luxemburg.

Lit.: Fuchs 1990: 35 ff., Haarmann 1997a, O Riagáin 1997

Irokesen (*Iroku,* the Iroquois). Die kollektive Benennung «Irokesen» bezieht sich auf sieben moderne Völker im Nordosten des nordamerikan. Kontinents. Irokes. Ethnien sind hauptsächl. auf dem Territorium der USA, außerdem im östl. Kanada verbreitet. Aufgrund der näheren Verwandtschaft ihrer Sprachen, die eine eigene Sprachfamilie bilden, werden zwei Hauptgruppen unterschieden:
– nördl. Irokesen: Tuscarora (1000; nahe den Niagara-Fällen im Staat New York), Seneca (8000; im westl. Teil des Staates New York), Cayuga (10; Six Nations in Ontario), Onondaga (1000; nahe Syracuse in New York), Oneida (50; nahe London in Ontario/Green Bay in Wisconsin), Mohikaner/Mohawk (30000; in Québec/Kanada; in Ontario und New York/USA);
– südl. Irokesen: Cherokee (0,308 Mio.; North Carolina und Oklahoma).
   Viele Irokesen haben sich ans Engl. assimiliert. Der Grad der Erhaltung der Muttersprache ist bei allen Ethnien gering: Tuscarora (10 Sprecher), Seneca (200), Onondaga (15), Mohikan. (1670), Cherokee (22500). Für das Kontinuum der irokes. Einzelsprachen ist eine ursprachl. Protoform rekonstruiert worden, die sich um 2000 v. Chr. ausbildete. Die modernen Sprachen haben sich um ca. 500 n. Chr. ausgegliedert. Der protosprachl. Wortschatz läßt darauf schließen, daß die Irokesen damals eine entwickelte Jäger- und Sammlerkultur besaßen. An den Anbau von Nutzpflanzen (einschließl. Tabak) gewöhnten sich die nördl. Irokesen vor etwa 2000 Jahren.
   Die Zahl der irokes. Ethnien und Sprachen war zur Zeit der Ankunft

der Europäer größer. Damals existierten noch inzwischen ausgestorbene Völker wie die Huronen, Wyandot, Petun, Neutral, Erie, Susquehannock, Meherrin und Nottoway. Irokesen waren es, auf die Jacques Cartier im Jahre 1534 nahe der Mündung des St. Lawrence traf. Aus der Sprache jener Indianer stammt der Name des Landes Kanada (irokes. *kaná:ta'* ‹Siedlung›).

Als die Europäer ins Land kamen, hatte sich die Irokes. Konföderation der fünf Nationen (Mohikaner, Oneida, Onondaga, Cayuga, Seneca) bereits konstituiert. Nach der mündl. Überlieferung geht die Gründung dieser polit. Union auf das 11. oder 12. Jh. zurück. Mit Sicherheit bestand die Konföderation seit dem späten 15. Jh. In Handelskontakten und friedl. diplomat. Beziehungen fungierte die Konföderation ebenso wie zu Zeiten krieger. Auseinandersetzungen mit fremden Indianerstämmen oder mit europ. Einwanderern. Im Jahre 1722 schlossen sich auch die Tuscarora der Konföderation an, die seither der Bund der sechs Nationen genannt wird. Die Irokesen nennen ihre Konföderation *Haudenosaunee* (wörtl. ‹Leute des Langhauses›), ein Ausdruck, der wohl auf die beratende Versammlung anspielt. Der Bund der sechs Nationen besteht nominell bis heute.

Die irokes. Gesellschaft ist matrifokal organisiert. Da die Ausdrücke für Mutter und Schwester der Mutter ident. sind, geht man davon aus, daß es sich bei den sozialen Gruppen in histor. Zeit um matrilineare Großsippenverbände gehandelt hat. Zur matrifokalen Sozialordnung gehört die Sitte, daß Männer in die Sippe ihrer Frauen einheiraten, von ihrer eigenen Sippe wegziehen und mit der Frau und deren Verwandten leben. Die matrifokale Tradition findet ihr Echo im Ursprungsmythos. Die Urmutter ist die Himmelsfrau (Sky Woman), die Zwillinge gebiert und so die Urheimat der Irokesen bevölkert. Die Zwillinge sind charakterl. so verschieden wie die bibl. Brüder Kain und Abel. Das wichtigste Fest ist die Mittwinter-Zeremonie mit Tänzen, Traumdeuten, Danksagungen an die Naturkräfte und Namengebungsritualen.

Lit.: Mohawk 1996, Snow 1994

Isländer (*Íslendingar*, the Icelanders). Die Isländer sind ein kleines Volk mit rund 0,3 Mio. Angehörigen. Davon sind 0,265 Mio. in Island beheimatet. Rund 36 000 Personen isländ. Abstammung leben in Nordamerika. Die größte Außengruppe sind die Isländer in Winnipeg, in der kanad. Provinz Manitoba. Von den dort ansässigen 28 000 Isländ.-Kanadiern sprechen nur noch wenige Isländ. Symptomat. für die Selbstidentifizierung der kanad. Isländer ist die Zeitschrift «Icelandic Canadian». Alle Artikel sind in Engl. geschrieben, die behandelten Themen betreffen aber sämtl. isländ. Kulturtraditionen. Die ersten isländ. Auswanderer kamen in den 1870er Jahren nach Kanada. Damals hatte die kanad. Regierung ein Selbstverwaltungsprojekt nördl. von Winnipeg angeboten, die Republic of New Iceland. Heutzutage sind die Isländer Kanadas integriert in die multikulturelle Gesellschaft des Landes.

Die Isländer (und die → Färinger) sind diejenigen Skandinavier, die die Kulturtraditionen und das sprachl. Erbe der Wikingerzeit am besten bewahrt haben. Diese Konzentration nord. Elemente im kulturellen Gedächtnis der Inselbewohner täuscht darüber hinweg, daß die Isländer in anthropolog. Hinsicht keine reinen Skandinavier sind. Die Typik der Blutgruppen weist ebenso auf kelt. wie skandinav. Ursprung. Diese Ambivalenz erklärt sich aus den Besonderheiten der Zeit der Landnahme (*landnámsöld*). Die nord. Siedler kamen nach Island aus zwei Richtungen, sowohl von Westnorwegen als auch von den brit. Inseln. Die letzteren brachten kelt. Sklaven mit, die mit den Neusiedlern auf Island lebten und sich später auch mit ihnen vermischten. Der Anteil der → Kelten an der Inselbevölkerung muß erhebl. gewesen sein, da sich deren anthropolog. Erbe bis heute im Blut der Isländer nachweisen läßt.

Ende des 8. Jh. erkundeten ir. Mönche die Insel, die sie Thule nannten. Vor der eigentl. Landnahme (870–930) lebten diese Iren (in isländ. Quellen *Papar* genannt) in einigen Enklaven auf Island. 930 wurde das älteste Parlament Europas ins Leben gerufen, der Althing(i), eine landesweite Versammlung mit beschlußfassender Autorität. Einmal im Jahr, und zwar im Sommer, trafen sich alle gewählten Mitglieder dieses Rates für mehrere Tage und trafen Entscheidungen. Auf der Althing-Versammlung des Jahres 999 wurde beschlossen, das Christentum anzunehmen.

Dieser Beschluß wird zumeist dahingehend mißverstanden, als ob seit jener Zeit alle Isländer Christen gewesen seien und heidnische Traditionen außer Kraft gesetzt worden wären. Tatsächl. wurde damals das Christentum ledigl. als Religion anerkannt, lange Zeit bestanden beide Traditionen nebeneinander. Die Erinnerung an das mittelalterl. Kulturschaffen, das sowohl skandinav.-heidn. als auch christl. Elemente beinhaltet, ist zu allen Zeiten wach geblieben und bis in die Moderne ungebrochen.

Die Sprache, das in seiner Entwicklung konservative Isländ., ist eine

wesentl. Komponente in der Selbstidentifizierung der Isländer. Die
Sonderstellung des Isländ. wird zuerst in einem grammat. Traktat aus
dem 12.Jh. hervorgehoben. Ein Trend zur Sprachpflege entwickelte
sich allerdings erst wesentl. später, und zwar im 17.Jh. Auch das Schrifttum in isländ. Sprache besitzt einen hohen Stellenwert für das kulturelle
Selbstverständnis der Inselbewohner. Die Inhalte der isländ. Sagas, der
Skalden-Dichtung und die Textüberlieferungen der «Edda» (in einer
Prosafassung, einem um 1220 entstandenen Traktat über Mythologie
und Poetik, und in einer Anthologie lyrischer Dichtung, Codex Regius,
vom Ende des 13.Jh.) sind bis heute populär und prägen die kulturelle
Identität der Isländer.

Lit.: Durrenberger/Pálsson 1989, Stefánsson 1993, Vésteinsson 2000

Italiener (*Italiani*, the Italians). 56 Mio.Italiener sind in Italien, dem seit
1861 bestehenden Nationalstaat, beheimatet, über 4 Mio. Menschen
italien. Abstammung leben in Außengruppen verstreut. Die zahlenstärksten Gruppen findet man in Argentinien (1,5 Mio.), Frankreich
(ca. 1 Mio.), in den USA (0,9 Mio.), in Kanada (0,76 Mio.) und Deutschland (0,55 Mio.). Zu diesen ethn. Minderheiten gehören nicht nur diejenigen, deren Italienertum sich an ihrer Nationalsprache, dem Italien.,
zeigt, sondern auch solche Personen, die sich an die Sprache der fremden Mehrheitsbevölkerung assimiliert haben und ihre italien. Identität
in Kulturtraditionen ihrer Vorfahren finden. Allgemein ist der Grad der
Spracherhaltung bei den italien. Außengruppen hoch. Viele Auslands-
italiener stehen im Kontakt mit der alten Heimat über Verwandte und
Freunde. In Italien selbst gibt es etl. lokale Vereine zur Kulturpflege für
die im Ausland lebenden Italiener.

Das Italien. ist eine → romanische Sprache, und das Bewußtsein,
Nachkommen der Römer zu sein und im Herzen der roman. Welt zu leben, ist bei den meisten Italienern tief verwurzelt. Die roman. Sprachen
sind ein Zweig der indoeurop. Sprachfamilie. Strukturell steht das Italien. als Tochtersprache von allen roman. Sprachen der Mutter, dem Latein., am nächsten. Auch im Hinblick auf die Kulturtraditionen – insbesondere solche mit lokaler Verbreitung – gilt festzustellen, daß sich
diese zumeist kontinuierl. seit der Spätantike und dem Frühmittelalter
entwickelt haben.

Das Bewußtsein kollektiver Zusammengehörigkeit in der italien.
Sprachgemeinschaft ist, genau betrachtet, nur die oberste Schicht der

ethn. Identität. Unter dem Firnis einer gesamtitalien. Selbstidentifizierung (im Sinne von Italiener-Sein im Unterschied zum Franzose- oder Deutscher-Sein) entfaltet sich ein facettenreiches, lokal-kulturelles Selbstbewußtsein in einem breiten Spektrum. Das Italiener-Sein findet seine eigentl. Verwurzelung in der Lokalkultur. Man ist Römer, Napolitaner, Florentiner, Genuese oder Venezianer. Nicht nur die Städtekultur ist von Bedeutung, auch die landschaftl. Bindungen spielen eine große Rolle. Man ist Piemonteser, Norditaliener, Sizilianer oder man fühlt sich mit der Toskana als Landschaft und Kulturmilieu verbunden. In jeder Region entfaltet sich ein reges Kulturschaffen, jede Region hat ihre eigenen Dichter und Schriftsteller. Der Kulturregionalismus in Italien hat sogar weitreichende polit. Konsequenzen. Die Popularität der norditalien. Unionspartei (Lega Nord) gründet sich auf deren Forderungen nach Loslösung des industriell starken und reichen Norditalien aus dem italien. Staatsverband.

Die lokalpatriot. Facetten der ethn. Selbstidentifizierung wurzeln im polit. Partikularismus vergangener Jahrhunderte, als Italien polit. aufgeteilt war in regionale Königreiche und Stadtrepubliken. Die Geschichte dieses Partikularismus beginnt mit der territorialen Rivalität zwischen dem Vatikanstaat mit seinem Zentrum in Rom und dem Reich der Langobarden mit seinen kulturellen Zentren in Norditalien. In gewisser Weise spiegelt sich die facettenreiche Kulturlandschaft Italiens auch im genom. Profil Italiens. Die Ethnogenese der Italiener war ein komplexer Prozeß, an dem nicht nur ital. Populationen, sondern auch Nichtindoeuropäer beteiligt waren. In den Adern der Italiener fließt das Blut von Römern ebenso wie das etrusk. Vorfahren, nordital. Kelten oder german. Immigranten. Auf der humangenet. Karte sind deutlich die alten Siedlungsräume ital. und nichtital. Populationen der Apennin-Halbinsel zu erkennen. Die stärkste Konzentration einer genet. Abweichung in Italien findet man in der Toskana, wo sich das anthropolog. Erbgut der nichtindoeurop. Etrusker augenfällig im Genprofil der Italiener manifestiert.

Erst in der zweiten Hälfte des 19. Jh. entwickelte sich als Folge der Gründung des italien. Einheitsstaats ein nationales Zusammengehörigkeitsgefühl bei allen Italienern. Sozioökonomisch richtungweisend ist bis heute der Norden geblieben, und zwar dank seiner frühen industriellen Erschließung und seines regen Kulturschaffens. Die Bevölkerung im Süden des Landes war immer eingebunden in extreme Autoritätsstrukturen. Traditionellerweise dominierte die kathol. Kirche das spirituelle Leben und die sozialen Verhaltensweisen der Menschen. Sozioökonom. stand die Entwicklung der Region Süditalien immer im Schatten der mächtigen Mafia-Clane, deren Einflußbereich sich mit den italien. Auswanderern aus Sizilien in die USA ausweitete.

Der kulturelle Partikularismus verdeckt in gewisser Weise das Bild Italiens als multinationalem Staat. Der histor. Nationalstaat ist Heimat zahlreicher ethn. Minderheiten, deren Bevölkerungszahl sich auf insgesamt 3,5 Mio. Personen beläuft. Die bevölkerungsstärksten sind die → Sarden auf der Mittelmeerinsel Sardinien, die → Friauler (Friulaner) in Friuli-Venezia Giulia und die → Deutschen in Südtirol. Die Vertreter der ethn. Minderheiten sprechen Italien. als Zweitsprache, außer diejenigen, die sich assimiliert und ihre lokale Muttersprache aufgegeben haben. Mit all seinen zahlreichen Kulturregionen und lokalen Populationen ist Italien ein Kernland der Europ. Gemeinschaft.

Lit.: Bárberi Squarotti et al. 1992, Brütting 1995, Petraccone 2000, Werner/ Schwarze 2000

Itelmenen (*Itenm'i*, russ. Itel'meny), älterer Name: Kamtschadalen. Etwa 2400 Itelmenen leben auf der Halbinsel Kamtschatka und im Gebiet Magadan der Russ. Föderation. Seit Ende des 17. Jh. wurden sie nach ihrem Wohngebiet Kamtschadaly genannt; erst seit 1927 wird nach ihrer Selbstbezeichnung in ethnolog. Beschreibungen der Name «Itelmenen» benutzt. Bei Ankunft der → Russen zu Beginn des 18. Jh. bewohnten die Itelmenen noch die gesamte Halbinsel Kamtschatka. Die Ethnie gehört zu den paläoasiat. Kleinvölkern in → Nordsibirien. Rund 1800 Itelmenen haben die Sprache ihrer Vorfahren, das mit dem Korjak. und Nivch. verwandte Itelmen., als Muttersprache bewahrt. Heutzutage verwenden aber alle Itelmenen das Russ. als Hauptsprache in der Alltagskommunikation. Die Jagd ist die traditionale Wirtschaftsform.

Lit.: Funk/Sillanpää 1999: 158 ff., Tiškov 1994: 164 ff.

J

Jakuten → Turkvölker Rußlands

Japaner (*Nihon-jin*, the Japanese). Von den rund 127 Mio. Japanern in der Welt leben die meisten (124 Mio.) in Japan. Zu den zahlenstärksten Außengruppen zählen die folgenden: Japaner in den USA (0,804 Mio.), Brasilien (0,38 Mio.), Peru (0,1 Mio.). Die Bevölkerungszahl der japan. Immigranten liegt in anderen Staaten deutlich niedriger, in Kanada (43 000), Mexiko (35 000), Argentinien (32 000), Deutschland (21 000), Singapur (20 000) u. a.

Japan. wird von 126 Mio. Menschen gesprochen. Von der Gesamtzahl der ethn. Japaner haben sich nur relativ wenige sprachl. assimiliert (insbesondere in den USA). Der Grad der Erhaltung der Muttersprache ist in allen lokalen japan. Außengruppen hoch. Das Japan. steht im Kreis der Sprachen der Welt isoliert. Bislang ist keine nähere Verwandtschaft mit irgendeiner anderen Sprache nachgewiesen worden. Es wird angenommen, daß das Japan. in einer entfernten Beziehung zu den altaischen Sprachen steht.

Über die Herkunft der Japaner und ihre Entstehung als Volk ist viel gerätselt worden. Nach neueren Erkenntnissen ist es in prähistor. Zeit zu multilateralen ethn. Fusionen zwischen alten Völkerschaften des japan. Inselarchipels gekommen, in deren Verlauf die an der Fusion beteiligten Populationen ihre frühere Identität verloren und eine neue kollektive Identität entstand, die japan. Zusätzl. weisen zahlreiche anthropolog. Merkmale auf eine kaukas. (d. h. westasiat.) Komponente. Zu diesen Merkmalen gehört, daß die Schenkel im Verhältnis zur Beinlänge auffällig stark sind.

Der älteste und gleichzeitig tiefgreifendste Einfluß auf japan. Kultur und Sprache kam aus China. Die chines. Kultur wirkte einerseits direkt ein, andererseits über korean. Vermittlung. Korean. Missionare waren es, die den Buddhismus im 5. Jh. n. Chr. nach Japan einführten. Dort ist diese Religion rasch verwurzelt und hat sich zu einer festen Komponente in der japan. Gesellschaft entwickelt. Allerdings ist die einheim. Tradition des Animismus, der Shintoismus, nicht verdrängt worden.

Beide Religionen – und als dritte Facette des religiösen Lebens das Christentum – haben einen festen Platz in der japan. Gesellschaft. Religionszugehörigkeit in Japan artikuliert sich nicht als einseitiges Bekenntnis zu einer der Hauptreligionen. Die meisten Japaner besuchen sowohl buddhist. Tempel als auch Shinto-Heiligtümer, und Festlichkeiten werden nach beiden Traditionen abgehalten. Auch das Christentum ist wegen einiger Zeremonien für Japaner attraktiv. So ist es keine Ausnahme, wenn in derselben Familie eine Kindtaufe nach shintoist. Ritual, eine Hochzeit nach christl. Tradition und eine Beerdigung nach buddhist. Ritus begangen wird.

Am augenfälligsten hat sich der chines. Einfluß im Schriftgebrauch niedergeschlagen. Insgesamt 1945 chines. Schriftzeichen werden seit der Reform von 1981 verwendet. Mit diesen Zeichen werden japan. Wurzelwörter geschrieben. Endungen und syntakt. Bindeelemente (z.B. Konjunktionen) werden mit den 48 Zeichen eines einheim. Schriftsystems geschrieben, des Hiragana-Systems. Weitere 48 Schriftzeichen (des Katakana-Systems) dienen zur lautl. Wiedergabe westl. Lehnwörter. Der Wortschatz des Japan. ist durch zwei Hauptquellen beeinflußt worden, durch das Chines. und in der Moderne durch das Engl. Andere Sprachen haben wesentl. weniger stark auf das Japan. eingewirkt, wie das Deutsche oder Französ.

Die Sozialkontakte der Mitglieder der japan. Gesellschaft sind durch vielerlei ritualisierte Verhaltensweisen gekennzeichnet. Elementare Variablen der Interaktion sind der Grad der Öffentlichkeit von Handlungen, die soziale Distanz zwischen Interaktionspartnern und die Beziehungen zwischen den Geschlechtern. Diese Grundvariablen bestimmen den rituellen Charakter der Interaktion, wozu Verbeugungen und formale Verhaltensweisen ebenso wie sprachl. Elemente gehören (z.B. der korrekte Gebrauch von Honorifika-Pronomen, die Differenzierung einer speziellen Sprachvariante für Frauen, Wortwahl gemäß unterschiedl. sozialen Registern). Ritualisierte Verhaltensnormen sind bis heute bewahrt worden, unabhängig vom amerikanisierten Lebensstil junger Leute. Wenn diese jungen Leute in die japan. Arbeitswelt integriert werden, stehen sie wie alle anderen Japaner auch unter dem situationellen Druck traditioneller Verhaltensnormen. Dieses typisch japan. System sozialer Normen in der Gesellschaft (*wakimae* genannt) ist ein wichtiger Baustein in der ethn. Identität der Japaner, die in ihrem Denken bis heute den Mythos von ihrer Einzigartigkeit pflegen.

Einzigartig war der Kontrast zwischen der fast vollständigen Abgeschlossenheit Japans gegenüber der Außenwelt (während der Edo-Periode, zwischen 1639 und 1864) und der Öffnung nach Europa und Nordamerika (seit Beginn der Meiji-Restauration) in der Zeit danach. Die Abgeschlossenheit war auch eine Folge davon, daß sich die jesuit. Missionare, die seit dem 16. Jh. in Japan tätig waren, in polit. Querelen verstrickten und der Shogun Tokugawa alle Ausländer des Landes verwies. Nur den Holländern, die Handelsstützpunkte auf der südl. Insel Kyushu unterhielten, war der Aufenthalt in Japan gestattet. Die Öffnung Japans im 19. Jh. hatte dessen rasante Modernisierung zur Folge. Innerhalb weniger Jahrzehnte wurde die japan. Gesellschaft nach ausländ. (insbesondere brit., französ., deutschem und US-amerikan.) Vorbild modernisiert. Bereits vor 1914 trat Japan in der Pazifikregion als Kolonialmacht auf. Als Wirtschaftsriese hat das Land seit den 1970er Jahren weltweit Aufsehen erregt und Anerkennung bekommen. Auch dieser Sprung von einer asiat. Großmacht vor 1945 zu einem Motor der globalen Wirtschaftsentwicklung ist eine Ingredienz des japan. Mythos von der Einzigartigkeit des Japanertums.

Lit.: Coulmas 2003, Hijiya-Kirschnereit 1988, Ikegami 1991, Miller 1982, Yamaguchi/Kojima 1982

Javaner (*Djawa*, the Javanese). Die Javaner sind das bevölkerungsreichste der → malaiischen Völker. Zwei Drittel (d. h. 75 Mio.) der Bevölkerung Javas – einer der Großen Sundainseln im südostasiat. Archipel – sind Javaner. Über Handelskontakte gelangte ind. Kultureinfluß, u. a. der Hinduismus und Buddhismus, im Frühmittelalter nach Java. Blütezeit der ind. geprägten Kultur und eines frühen malaiischen Staatswesens ist die Periode zwischen 750 und 900 n. Chr. In jener Zeit entstand das größte buddhist. Heiligtum der Welt, die 44 m hohe Stufenpyramide von Borobudur. Der Islam, der im 15. Jh. von arab. Kaufleuten ins Land gebracht wurde, verdrängte die älteren Religionen nicht. Vielmehr haben sich vielerlei synkretist. Besonderheiten in der Religiosität der Javaner ausgebildet, die aus der Fusion verschiedener religiöser Traditionen stammt (z. B. der Ahnenkult javan. Muslime). Traditionsreich ist auch das javan. Theater mit Schattenfiguren (*wayang kulit*). Das javan. Kunsthandwerk ist für seine Wachsbatiken (für prakt. wie auch künstler. Zwecke) bekannt geworden.

Lit.: Bromlej 1988: 534 f., Kostyal 2002: 36 f.

Juden (*Jehudim*, the Jews). Das Judentum der Welt, d. h. die zahlreichen regionalen Gruppen jüd. Populationen in allen Kontinenten der Welt, läßt sich nach einem Hauptkriterium definieren, und dies ist das Verhältnis zur monotheist. jüd. Religion bzw. den damit verbundenen Traditionen. Auch nichtgläubige Juden identifizieren sich als Juden. Abstammungskriterien sind insofern relevant, als die Definition eines Angehörigen des jüd. Volkes das Mutterprinzip berücksichtigt. Jude ist, wessen Mutter selbst jüd. Abstammung ist. Anthropolog. Merkmale sind wenig bestimmend, denn das humangenet. Profil regionaler Gruppen zeigt häufig mehr Übereinstimmungen mit Kontaktgruppen als untereinander. Auch die Zugehörigkeit zu einer bestimmten Sprachgemeinschaft ist kein allgemeines Erkennungsmerkmal des Judentums, denn es gibt keine einzige, sondern zahlreiche jüd. Sprachen.

Von Juden kann man berechtigterweise erst sprechen, als sich nach der Deportation der israelit. Elite durch die Babylonier im Jahre 587 v. Chr. im multiethn. Milieu Judas ein neues Volkstum aus dem Sozialkontakt der Israeliten mit Samaritanern, Edomitern und einheim. Kannanitern ausbildete. Nachdem die israelit. Elite nach einem halben Jahrhundert im babylonischen Exil (hebräisch *galut*) nach Juda zurückkehrte, gab es eine jüd. Identität, die sich von der Ethnizität der histor. Israeliten unterschied.

Die Definition des jüd. Volkes schließt eine elementare soziodemograph. Variable ein, die des Lebens in Diaspora (griech. ‹Zerstreuung›). Seit dem 6. Jh. v. Chr., als jüd. Bevölkerungsteile in verschiedene Gegenden des assyr. Reiches deportiert wurden, haben sich die Juden einem Leben in der Diaspora angepaßt: sie suchen ihren Zusammenhalt unter sich in ihrer Religion und in ihren Traditionen, bei gleichzeitiger flexibler Anpassung an ihre anderssprachige Umgebung. Juden in der Diaspora sind in der Regel mehrsprachig und sind außer mit jüd. Traditionen auch mit den Sitten und Gebräuchen der sie umgebenden Mehrheitsbevölkerung vertraut.

Jüd. Identität setzt sich aus den verschiedensten Komponenten zusammen, wobei die Beziehung zum jüd. Monotheismus gleichsam die Basis des Jüd.-Seins bildet. Jüd. Lebensweisen leiten sich davon ab und konstituieren das kulturelle Beziehungsnetz, das auch Judaismus genannt wird. Wichtige Faktoren der jüd. Identität sind aber auch die Wertungen der Juden über sich selbst und über andere (d. h. Nicht-Juden). Die Überzeugung, Angehörige eines von Gott (Jahwe) auserwählten Volkes zu sein, hat in manchen Regionen zu unterschiedl. Zeiten antisemit. Reaktionen bei den Kontaktvölkern ausgelöst. Im Spiegel solcher negativen Wertungen der die jüd. Minderheiten umgebenden Mehrheitsbevölkerung sind bei vielen Juden Identitätskonflikte ausgelöst worden, die in Selbsthaß ausufern können, ein Phänomen, das v. a. bei Aschkenasim zu beobachten ist.

Die Essenz einer jüd. Lebensweise kristallisiert sich in den Lehren der *halachah* (‹rabbin. Gelehrsamkeit›) aus, die Vorschriften für sämtl. Bereiche des alltägl. wie spirituellen Lebens beinhaltet. Sie sind in mündl. und schriftl. Form überliefert. In der myth. Verklärung wird Mose als Quelle für beide Traditionen identifiziert. Die schriftl. Überlieferung geht auf den Talmud zurück, dessen Textsammlungen in der Zeit zwischen ca. 200 v. Chr. und 500 n. Chr. entstanden. Die mündl. Überlieferung der Halachah basiert auf der Vermittlung der Lehre – über das gesprochene Wort – vom Rabbiner auf dessen Schüler.

Juden sind bereits in der Antike nach Europa gelangt. Im Jahre 321 n. Chr. werden sie erstmals als Bewohner der Stadt Köln erwähnt. In der Zeit vom 6. bis 11. Jh. migrierten Juden aus den Mittelmeerländern in den Norden Europas, in die Städte an den großen Flüssen (Seine, Rhein, Elbe, Donau). Von Anbeginn entwickelte sich das Leben jüd. Diaspora-Gruppen im Spannungsfeld von privilegiertem Status und Verfolgung. Es gab Perioden, in denen sich das Kulturschaffen jüd. Gruppen unbehindert entfalten konnte. So erlebte die jüd. Kultur Europas während des Mittelalters ihre Hochblüte im maur. Spanien und in Südfrankreich. Die Migration von Juden aus dem Rheintal nach Osten, nach Polen, in die Ukraine und nach Rußland, war andererseits bedingt durch Verfolgungen, denen die Juden Westeuropas gegen Ende des Mittelalters ausgesetzt waren.

Auf der Welt gibt es mehr als 14 Mio. Menschen, die jüd. Religion und Lebensweisen pflegen, und deren Vorfahren entweder ausschließl. oder zum Teil Juden waren. Vor dem Zweiten Weltkrieg lebten die meisten Juden in Europa. Von diesen fielen mehr als 5 Mio. dem nationalsozialist. Holocaust zum Opfer. Seit den 1950er Jahren hat sich jüd. Leben und Kulturschaffen in Westeuropa revitalisiert. Viele Juden, die geflohen waren, kehrten zurück. Allein in Frankreich leben heute fast 0,7 Mio. Juden, die jüd. Gemeinde, also die Zahl der bekennenden Juden in Deutschland, ist wieder auf 0,1 Mio. angewachsen. Mehr als 6 Mio. Menschen jüd. Abstammung leben in den USA – also mehr als in Israel (rund 5 Mio.).

Von den Juden der Welt sprechen rund 7,5 Mio. jüd. Sprachen. Ivrit ist die jüd. Sprache mit den meisten Sprechern (5,1 Mio.). Etwa 2 Mio. Juden sprechen Jidd., davon leben die meisten in den USA (1,25 Mio.). In Europa wird Jidd. heute noch von etwa 0,265 Mio. Menschen gesprochen, von denen die meisten in Osteuropa leben. Vor dem Krieg betrug die Zahl der Jidd.-Sprecher weit über 7 Mio. Die NS-Vernichtungsmaschinerie hat im Fall des Jidd. tatsächlich fast ihr Ziel erreicht: die Zerstörung jidd. Sprachkultur durch die physische Vernichtung ihrer Träger. Das Wiederaufleben des Jidd. in Europa in der Nachkriegszeit gehört in der Tat zu den seltenen Fällen von Revitalisierung einer bedrohten Sprachkultur. Andere jüd. Sprachen sind das Jüd.-Marokkan. (0,27 Mio.), das Jüd.-Irak. bzw. Jahud. (0,12 Mio.), das Judenspan. oder Ladino (0,117 Mio.) und zahlreiche andere regionale Sprachvarianten, die von den oriental. Juden gesprochen werden.

Es gibt drei histor. Hauptgruppen jüd. Populationen: oriental., sephard. und aschkenas. Juden.

– *Oriental. Juden:* Unter dieser Sammelbezeichnung kann man sinnvollerweise alle jüd. Bevölkerungsgruppen zusammenfassen, die nicht Sepharden oder Aschkenasen sind. Während die Begriffe «Sephardim» und «Aschkenasim» von Juden selbst verwendet werden, ist der Gebrauch des Sammelnamens «oriental. Juden» aber nicht allgemein verbreitet. Siedlungsgruppen oriental. Juden findet man von Marokko im Westen bis zum Iran im Osten, von Georgien im Norden bis zum Jemen im Süden. Ende der 1980er Jahre wurden rund 40000 Juden aus Äthiopien nach Israel umgesiedelt.

Die oriental. Juden sprechen die verschiedensten Sprachen: Jüd.-Marokkan. (das auf dem Maghrebin.-Arab. basierende Arab. der Juden in Marokko), Jüd.-Tadschik. bzw. Buchar. (in Tadschikistan und Usbekistan), Jüd.-Jemenit. (im Jemen), Jüd.-Tat. (in Dagestan und Israel), u. a. Die sprachl. Vielfalt der oriental. Juden ist größer als bei Sephardim und Aschkenasim. Die Assimilationsprozesse jüd. Bevölkerungsgruppen in den Ländern Nordafrikas, des Nahen und Mittleren Ostens sowie in Mittelasien haben seit Jahrhunderten gewirkt und haben spezif. jüd. Fusionssprachen hervorgebracht.

Das oriental. Judentum war in einigen Regionen sehr einflußreich. Deutl. wird dies bei der Betrachtung mittelalterl. Kulturströmungen. Im Frühmittelalter machte sich jüd. Einfluß jenseits des Kaukasus in Osteuropa geltend. Im 10. Jh. gab es eine jüd. Gemeinde in Kiev. Noch früher breitete sich der Judaismus im Kaukasusvorland aus. Dort hatte sich im 7. Jh. n. Chr. das Khanat der Chasaren, eines Turkvolkes, konsolidiert. Im 8. Jh. n. Chr. konvertierte der mächtige Khan Bulan (reg. 786–809) zusammen mit der aristokrat. Elite des Landes zum jüd. Glauben. Der Legende nach fand zuvor ein Streitgespräch über den rechten Glauben statt, an dem Vertreter des Christentums, des Islam und des Judentums teilnahmen. Die Argumentation des jüd. Gelehrten soll Bulan am stärksten beeindruckt haben. Als Folge der Konversion wurden jüd. Gelehrte und Rabbiner nach Chasaria gerufen, wo sie eine Zeitlang wirkten. Das Reich der Chasaren wurde im Jahre 965 von dem Kiever Fürsten Svjatoslav zerschlagen. Das jüd. Erbe lebt aber bis heute fort, und zwar in den jüd. Kulturtraditionen der Karaimen, eines Turkvolkes, dessen Angehörige Untertanen der Chasaren waren, später auf die Halbinsel Krim und von dort in die Ukraine, nach Litauen und Polen migrierten.

Die Existenzbedingungen der oriental. Juden waren dort erträgl., wo sie inmitten einer islam. Mehrheitsbevölkerung lebten. Dies gilt für die meisten lokalen Gruppen der jüd.-oriental. Diaspora. Diskriminierender, bis hin zu staatl. gelenkter Aggression, gegenüber oriental. Juden waren die Christen, etwa im Kaukasus, in Armenien und in Georgien. Insgesamt haben die oriental. Juden weniger unter dem Antisemitismus ihrer Kontaktvölker gelitten als vergleichsweise die Sepharden und im besonderen Maße die Aschkenasen.

– *Sephard. Juden.* Die Zahl der sephard. Juden, d. h. derjenigen Juden, die heute noch Ladino (auch: Judenspan., *judeoespañol*) sprechen, beläuft sich auf nurmehr 0,16 Mio. Davon sind rund 0,12 Mio. in Israel beheimatet, die übrigen leben als kleine Gruppen urbaner Minderheiten in der Türkei (Istanbul), in den Balkanländern (Griechenland: Saloniki, Bulgarien: Sofia; Rumänien, Serbien) und in Westeuropa (Paris, Brüssel, London). Bis zum Beginn des 19. Jh. konnte sich das Jüd.-Portugies. in den sephard. Gemeinden von London und Amsterdam erhalten. Der bekannteste Sepharde jüd.-portugies. Herkunft war der Philosoph Baruch Spinoza (gest. 1677).

Die Sepharden (‹span. Juden›, nach dem hebr. Namen für das mittelalterl. Spanien, *Sefarad*) erlebten ihre kulturelle Blüte unter der maur. Herrschaft Spaniens. Sephardim wohnten v. a. in den Städten Sevilla, Córdoba und Granada. Das jüd. Kulturschaffen auf der Pyrenäenhalbinsel zieht sich über einen Zeitraum von 500 Jahren hin. Aufgrund der günstigen sozialen Bedingungen der Juden unter maur. Herrschaft wird diese Periode als das «goldene iber. Zeitalter» bezeichnet. Im 12. Jh. migrierten Juden aus der Pyrenäenhalbinsel nach Südfrankreich. In der

Provence erlebte das hebr. Kulturschaffen eine neue Blüte. In jenem Milieu entstand die Kabbalah, das religiös-philosoph. Schrifttum des jüd. Mystizismus als neue Gattung von Literatur in Hebr. Das kabbalist. Schrifttum war auch für christl. Gelehrte von besonderem Interesse. Hier wurden näml. Deutungen zu einem Themenkreis angeboten, der in der christl. Lehre unbekannt war: zur Beschaffenheit des Universums jenseits der sichtbaren Welt. Giordano Bruno (1548–1600) ist wohl der bekannteste nichtjüd. Kabbalist. Er wurde ein Opfer seiner Gesinnung, und sein Lebensweg endete auf dem Scheiterhaufen.

Das Hebr. diente den Sepharden als Bildungs- und Sakralsprache in folgenden Domänen: religiöses Schrifttum, und zwar die Aufzeichnung der zahlreichen Kommentare zu bibl. Themen, die den Midrasch (eine Sammlung homilet. Literatur zur Auslegung der Heiligen Schrift) beständig ergänzten; religiöse Dichtung; weltl. Dichtung; philosoph. Schrifttum, für das Hebr. in dieser Funktion wurde eine eigene minutiöse Terminologie geschaffen, deren Effektivität sich in den Meisterwerken der jüd. Philosophie Spaniens entfaltete, in den Traktaten des Maimonides (gest. 1204) aus Córdoba.

Das maur. Spanien bot ein multikulturelles und multilinguales Milieu. Zusätzl. zum heim. Hebr. verwendeten die Juden Spaniens auch Arab., und zwar für wissenschaftl. Zwecke. Diesbezügl. eignete sich das Hebr. weniger. Das Arab. wirkte ganz allgemein auf das Hebr. ein, das arab. Elemente entweder direkt entlehnte oder neue Ausdrücke als Lehnübersetzung nach arab. Vorbild schuf.

Im Jahre 1492 setzte der große Exodus der Sepharden ein, die aus Spanien wie aus allen anderen Gebieten Kastiliens und Aragons vertrieben wurden. Deshalb mußten die Juden auch ihre Wohngebiete auf Sardinien (z.B. in der Stadt Alghero) verlassen. Eine unmittelbare Folge für das span. Kernland war, daß viele Regionen kulturell und wirtschaftl. verarmten. Mit den sephard. Flüchtlingen verlagerte sich deren Kulturschaffen in die Aufnahmeländer (die Balkanregion und Holland). Die Sepharden wurden als Flüchtlinge ins Osman. Reich aufgenommen, dessen Herrscher, Sultan Bayezid II. (reg. 1481–1512), bereits die in Istanbul bestehende jüd. Gemeinde gefördert hatte. Das Niveau des sephard. Kulturschaffens im osman. Herrschaftsbereich blieb aber deutlich geringer als im maur. Spanien. Als klassisches Werk der judenspan. Literatur ist das «Me'am Lo'ez», ein rabbin. Kommentar zur Bibel, von Jacob Culi zu nennen, das 1730 in Istanbul erschien, zahlreiche Auflagen erlebte und lange Zeit Grundlage jüd. Erziehung war.

– *Aschkenas. Juden.* Die Muttersprache der aschkenas. Juden ist das Jidd. Im Talmud wird *Ashkenaz* mit Germania identifiziert. Als Aschkenasim wurden im Mittelalter ganz allgemein die Juden in Westeuropa (Deutschland, Frankreich, England) bezeichnet. Zwischen 1050 und 1300 dominierten bevölkerungsmäßig und nach ihrem Kulturschaffen die Juden im deutschsprachigen Raum. Später, nachdem die Juden aus Westeuropa vertrieben worden waren und in Polen und Rußland eine neue Heimat gefunden hatten, wurde der Name Aschkenasim auf alle Juden Europas (mit Ausnahme der Sepharden auf der Pyrenäenhalbinsel) bezogen.

Die meisten Aschkenasim mit jidd. Muttersprache sind heutzutage in den USA beheimatet (1,25 Mio.). Von den jidd.-sprachigen Aschkenasim in Europa (0,265 Mio.) lebt der überwiegende Teil in den Ländern Osteuropas (Ukraine: 68000, Rußland: 47700, Belarus: 15000, Moldova: 9200 u. a.). In Westeuropa gibt es nicht mehr als 75000 Sprecher des Jidd. In Antwerpen, London und Manchester wohnen zahlenmäßig bedeutende Gruppen von Aschkenasim. Hier ist auch das Kulturschaffen am lebendigsten. Die Zahl der ethn. Aschkenasim ist bedeutend größer als die Sprecherzahl des Jidd. Wie groß die Disproportionen zwischen beiden Kategorien sind, kann man sich an den Zahlenkontrasten verdeutlichen, wie sie die Ethnostatistik für die ehemalige Sowjetunion ausweist. Bezogen auf das Territorium des modernen Rußland (d. h. ohne die nichtruss. Anrainerstaaten im Westen, ohne die Kaukasus-Region und ohne Mittelasien) wurde die Zahl der ethn. Aschkenasim im Jahre 1989 mit 0,537 Mio. ermittelt. Von diesen sprachen aber nur noch 47700 Jidd. (entspr. 8,9 % der jüd. Bevölkerung Rußlands); die übrigen haben sich ans Russ. assimiliert.

Die aschkenas. Juden hatten sich im Mittelalter sprachl. bereits vollständig an die deutsche Sprache assimiliert. Dennoch wiesen sie sich als gesonderte Ethnie aus, da sie wegen ihrer religiösen Segregation von der christl. Mehrheitsbevölkerung in Deutschland abweichende kulturelle Traditionen pflegten. Seit dem 11. Jh. flammte aus den verschiedensten Anlässen immer wieder Antisemitismus auf, so anläßl. der Kreuzzüge ab 1096, dann später 1347–48 im Zusammenhang mit der Pestepidemie, für die man die Juden verantwortl. machte. Die daraus resultierenden Verfolgungen führten dazu, daß ab dem 15. Jh. die Aschkenasim aus dem Westen nach Polen und später auch nach Rußland emigrierten. In ihren neuen Wohngebieten assimilierten sich die Juden lange Zeit nicht, sondern behielten ihre mit Hebraismen durchsetzte deutsche Heimsprache bei. In der Fusion mit Kontaktsprachen wie dem Hebräischen und Poln. (verstärkt durch spätere Einflüsse des Ukrain. und Russ.) bildete sich dann eine selbständige Sprache aus, das Jidd. Spätestens seit dem 16.Jh. ist das Jidd. – auch im Verständnis von Nichtjuden – das sprachl. Identitätssymbol der Aschkenasim.

Das Kulturschaffen der Aschkenasim ist seit dem 17.Jh. immer stärker von pietist. Strömungen bestimmt gewesen. Die Chassidim-Bewegung des 18.Jh. hat einerseits den inneren Zusammenhalt der aschkenas. Bevölkerungsgruppen gestärkt, hat andererseits aber auch zu einer immer stärkeren kulturellen Isolation des Judentums in Osteuropa geführt. Die Reaktionen der Mehrheitsbevölkerung in Polen, und insbesondere in Rußland, waren Verfolgung und Diskriminierung. Sprichwörtl. dafür stehen die zahlreichen zarist. Pogrome des 18. und 19.Jh. Die Verfolgungen im Osten Europas lösten eine erneute Migration aus, die einerseits zurück nach Westeuropa, andererseits nach Übersee führte. Mit den aschkenas. Emigranten gelangten auch deren Kultur und Sprache nach Nordamerika.

Die aschkenas. Juden hatten aufgrund ihrer intensiven Kontakte zu den dominanten Kulturen Europas Anteil an den Zeitströmungen. Der Schriftsteller Heinrich Heine (1797–1856) steht mit seinem dichter. Werk als ein illustratives Beispiel dafür, wie vollständig die Integration der aschkenas. Juden in der Kontaktkultur der sie umgebenden Mehrheitsbevölkerung sein konnte.

Humanismus, Aufklärung und auch der Trend des nationalen Erwachens wirkten sich auf das Geistesleben der Aschkenasim aus, insbesondere bei den Juden in Westeuropa. Der Schriftsteller Theodor Herzl (1860–1904), Begründer des modernen Zionismus, ist ein typischer Vertreter des Judentums mit seinen Bindungen an die abendländ. Zivilisation. In seinem Hauptwerk «Der Judenstaat» (1896) propagiert Herzl die Gründung eines modernen Staates Israel für die Juden in aller Welt, auf dem Boden des Heiligen Landes. Herzl organisierte im Jahre 1897 den ersten Zionistenkongreß in Basel und gründete die zionist. Bewegung.

Der Holocaust hat schwere Einbrüche in Volkstum und Kulturschaffen der europ. Juden zur Folge gehabt, die jüd. Kultur der Aschkenasim ist aber nicht ausgelöscht worden. Trotz der physischen Vernichtung vieler Träger der jidd. Sprachkultur hat sich das Kulturschaffen nach dem Krieg allmähl. revitalisiert. Als äußeres Zeichen dafür, daß diese Kultur eine solche von Weltrang ist, mag man die Vergabe des Nobelpreises für Literatur im Jahre 1978 an den jidd.-sprachigen Schriftsteller Isaac Bashevis Singer werten. Insgesamt hat sich im Kulturschaffen der Aschkenasim aber wohl nicht die Vielfalt ausgebildet, durch die sich die Kultur der Sephardim im maur. Spanien auszeichnete.

Lit.: Bel Bravo 1997, Frankel/Teutsch 1992, Gilman 1992, Haarmann 1986: 60 ff., 1998a, Séphiha 1991, Strauss 1997b, Wigoder 1989

Jukagiren (*Vadul, Odul,* russ.: Jukagiry). Die etwas mehr als 1000 Jukagiren leben in Jakutien/Sacha und im Gebiet Magadan in → Nordsibirien. Sie gehören zu den paläoasiat. Kleinvölkern dieser Region, ihre Sprache steht in einem entfernten verwandtschaftl. Verhältnis zu den ural. Sprachen. Die Jukagiren leben in zwei Gruppen: Tundra-Jukagiren und Taiga-Jukagiren.

Lit.: Funk/Sillanpää 1999: 133 ff., Tiškov 1994: 428 f.

K

Kalderaš → Roma

Kalmüken (*Xal'mg*, russ.: Kalmyki), auch: europ. bzw. asiat. Oiraten. Die Kalmüken sind ein → mongolisches Volk, und zwar das zahlmäßig drittgrößte nach dem Hauptvolk der Mongolen und den → Burjaten. Aus ihrer asiat. Urheimat ist die große Mehrheit der Kalmüken Anfang des 17. Jh. nach Europa abgewandert und hat sich im Jahre 1632 an der unteren Wolga niedergelassen. Bis heute haben sie ihre Gliederung in vier Stämme bewahrt, in die Dörböd, Torgut, Busawa und Sart.

Insgesamt gibt es 0,52 Mio. Kalmüken: 0,174 Mio. europ. Oirat-Kalmüken in Rußland (Republik Kalmükien/Chal'mg-Tanhč), 0,14 Mio. asiat. Oiraten in China (autonome Präfekturen Bayan Gool und Bortala); kalmük. Außengruppen leben in der Mongolei, in Kirgisistan, in Deutschland, in den USA und anderswo. Das heutige Kerngebiet Kalmükien erstreckt sich zwischen Don und Wolga und grenzt an die Nordwestküste des Kasp. Meeres. Die Kalmüken stellen mit einem Anteil von 45,4 % zwar nicht die Mehrheit der Republiksbevölkerung, wohl aber sind sie die zahlenstärkste ethn. Gruppe. Die zweitstärkste Gruppe sind die → Russen, deren Anteil 37,7 % ausmacht.

Die Kalmüken sind die einzige geschlossene buddhist. Gemeinschaft auf europäischem Boden.

Lit.: Doerfer 1965, Haarmann 2002c, Tiškov 1994: 178 ff.

Kanaken (*Kanak* ‹Menschen›, the Kanaks). Die mehr als 70000 Kanaken sind die Nachfahren der melanes. Urbevölkerung der Insel Neukaledonien. Zusammen mit den polynes. Immigranten machen sie rund 44 % der Landesbevölkerung (0,2 Mio.) aus. Die Vorfahren der Kanaken sind mit der ersten Migrationswelle nach Ozeanien gelangt, d. h. vor rund 2500 Jahren.

Die Urbevölkerung Neukaledoniens spricht 40 verschiedene Sprachen, die zur austrones. Sprachfamilie gehören. Keine dieser Sprachen besitzt überregionale Verbreitung. Lediglich das Ajie (bzw. Wailu) wird von der Amtskirche als Verkehrssprache verwendet. Französ. ist Amtssprache in dem französ. Außengebiet (territoire d'oûtre-mer) Neukaledonien.

Die brit. Regierung zeigte kein Interesse für die 1774 von James Cook entdeckte Insel. Mitte des 19. Jh. nahm Frankreich Neukaledonien in seinen Kolonialbesitz. Ähnl. wie die Briten Australien als Sträflingskolonie benutzten, so verbrachten die Franzosen ihre Sträflinge (u. a. Aktivisten der Pariser Kommune von 1871) nach Neukaledonien. Die Kanaken wurden sukzessive in unwirtl. Regionen abgedrängt. Das Verhältnis der französ. Administration zur Urbevölkerung war langfristig gespannt, und es kam zu mehreren bewaffneten Erhebungen der Kanaken gegen die repressive Landnahmepolitik. Französ. Militär schlug diese Aufstände, die sich bis zum Beginn des 20. Jh. wiederholten, nieder. Bis heute sind mehr als die Hälfte des Ackerlands im Besitz der rund 30000 Franzosen, die als Nachkommen von Kolonisten auf Neukaledonien geboren wurden.

Am allgemeinen Trend der 1970er Jahre, ehemalige Kolonien Ozeaniens in die Unabhängigkeit zu entlassen (Fidschi: 1970, Papua-Neuguinea: 1975, Salomonen: 1978, Vanuatu: 1980), hatten die Kanaken trotz aktiver Unabhängigkeitsbestrebungen keinen Anteil. Im Juli 1984 verabschiedete die französ. Regierung ein Gesetz über die innere Autonomie Neukaledoniens. Die Abstimmungsergebnisse späterer Referenden über die Unabhängigkeit der Insel waren wegen zu niedriger Wahlbeteiligung ungültig. Es bleibt abzuwarten, ob das 1998 in Kraft gesetzte Übergangsstatut Neukaledonien einen konfliktfreien Übergang in die Souveränität garantieren kann.

Lit.: Bromlej 1988: 200, Ludwig 1994: 112 ff.

Karelier (*Karjalaized*, the Carelians). Das Siedlungsgebiet der Karelier schließt im Osten an das finnische an. Die meisten der knapp 0,13 Mio. Karelier haben sich ans Russ. assimiliert. Weniger als die Hälfte (rund 60000) haben ihre Muttersprache bewahrt. Die karel. Ethnie steht seit über hundert Jahren in einem permanenten Schrumpfungsprozeß. Noch in den 1920er Jahren gab es rund eine Viertel Million Karelier. Die heute in der Republik Karelien (russ. Karelija) als Teil der Russ. Föderation lebenden Karelier machen kaum 10 % der Landesbevölkerung aus. Rund 85 % der Bewohner sind slaw. Abstammung (vorwiegend → Russen und → Ukrainer). Karel. Außengruppen leben verstreut in russ.

Gebiet, die südlichste Gruppe in der Enklave von Tver' nordwestl. von Moskau.

Von den → finno-ugr. Völkern im Ostseeraum sind die Karelier ethn. und sprachl. am engsten mit den → Finnen verwandt. Das Gebiet der südöstl. Dialekte des Finn. stellt eine Übergangszone zwischen Finn. und Karel. dar. Aufgrund ihrer russ.-orthoxe Religion und der dadurch geprägten Lebensweisen unterscheiden sich die Karelier aber deutl. von den überwiegend protestant. Finnen.

Ursprüngl. siedelten die Karelier rings um den Ladogasee, von wo sie unter dem Siedlungsdruck slaw. Bevölkerungsgruppen nach Norden abwanderten. Die histor. Landschaft Karelien erstreckt sich auf beiden Seiten der finn.-russ. Grenze. Die polit. Entwicklung der Finnen im Westen und der Karelier im Osten verlief aber schon seit dem Mittelalter getrennt. Im Westen dominierte schwed., im Osten russ. Einfluß. Die in unmittelbarer Nachbarschaft der Finnen siedelnden Karelier haben sich schon früh ans Finnentum assimiliert. In einer Novgoroder Urkunde aus dem Jahre 1143 werden die Karelier (*Korela*) erstmals erwähnt. Ab 1478 wurde die zentralist. Regierungsgewalt des erstarkenden Moskowiterstaats auch in Karelien spürbar. Die nutzbaren Ländereien gingen in den Besitz russ. Aristokraten und Klöster über. Die orthodoxen Kirche Rußlands sorgte für eine rasche Christianisierung. Karelien wurde für Jahrhunderte zum polit. Zankapfel der damaligen Großmächte Schweden und Rußland. Im Frieden von Stolbova (1617) erhielt Schweden ganz Karelien einschließl. der Küstenregion am Ladogasee. Das rigide Regiment der schwed.-protestant. Administration hatte einen Massenexodus der orthodoxen Karelier nach Rußland zur Folge. Auf diese Weise entstanden die karel. Enklaven in Nordrußland. Als Folge der napoleon. Kriege gehörten Finnland und Karelien ab 1809 beide zu Rußland. Die administrative Trennung des damaligen autonomen Großfürstentums Finnland von Russ.-Karelien festigte sich als finn.-russ. Territorialgrenze im Jahre 1918.

Während der Sowjetära wurde Russ.-Karelien zum bevorzugten Experimentierfeld für polit. Autonomieprojekte. 1923 wurde Karelien zunächst als autonome Republik (Kategorie der A.S.S.R.) eingerichtet; 1940 erfolgte die Aufwertung zur selbständigen Sowjetrepublik (russ. Karelo-Finskaja S.S.R.). Nach dem polit. Kalkül Stalins sollte damit die ethn. Verwandtschaft zwischen Finnen und Kareliern und deren sozialist. Solidarität demonstriert werden, nachdem es 1939/40 nicht gelungen war, Finnland dem sowjet. Machtbereich anzugliedern. Zwischen

1944 und 1946 wurde die finn. Bevölkerung aus der im Krieg verlorenen Karel. Landenge evakuiert und auch aus den angrenzenden russ. Gebieten vertrieben. Systemat. wurden Russen angesiedelt, so daß die Region bald weitgehend «entkarelisiert» war. 1956 wurde die selbständige Sowjetrepublik wieder zur A.S.S.R. unter der Verwaltung der Moskauer Zentralregierung herabgestuft.

Sowjet. Sprachplaner bemühten sich – ähnlich wie bei den → Nenzen, → Osseten oder → Tschetschenen – das bis ins 20. Jh. nur sporad. als Schriftsprache verwendete Karel. zu verschriften. Zwischen 1931 und 1937 entstand einiges Schrifttum in der Sprachvariante der Tver'-Karelier. Dieses Projekt wurde aufgegeben und ein neues Schriftsprachenkonstrukt mit kyrill. Alphabet geschaffen. Es war zwischen 1937 und 1940 in Gebrauch und brachte mehr als 200 Publikationen hervor. Nach dem Winterkrieg wurde diese Variante einer karel. Schriftsprache ersatzlos aufgegeben.

Die Neukonstituierung der Republik Karelien im Jahre 1991 bedeutete zunächst eine Revitalisierung des lange Zeit unterdrückten Kulturbewußtseins bei den Kareliern. Ein eigentl. Nationalbewußtsein hat sich aber nicht entwickelt. Das Kulturschaffen in karel. Sprache ist bescheiden geblieben und hat eher nostalg., weniger prakt. Charakter. Seit Ende der 1990er Jahre wird Karel. an den Schulen unterrichtet. Weiterhin ist aber das Russ. in Russ.-Karelien die einzige Amtssprache. Seit März 2004 ist Karel. offiziell als Minderheitensprache Kareliens anerkannt. In der Regionalpresse ist Russ. die Hauptsprache, gelegentl. werden auch Finn. und Karel. verwendet.

Lit.: Kangaspuro 2000, Kosmenko/Kočkurkina 1996, Winkler 2002a

Kasachen (*Kazach,* the Kazakhs). Von den 9,2 Mio. Kasachen leben 7,3 Mio. in Kasachstan (entspr. 45 % der Landesbevölkerung). Die zweitstärkste ethn. Gruppe in Kasachstan sind Russen (5 Mio. = 35 %). Kasach. Außengruppen finden sich in den anderen Staaten Mittelasiens, die zahlenmäßig stärkste Gruppe sind die Kasachen in Usbekistan (0,8 Mio.).

Die Kasachen sind ein Turkvolk. In ihrer Physiognomie zeigen sie stärkere mongolide (altaische) Züge als die meisten anderen Turkvölker → Zentralasiens. Die Erkenntnisse der Humangenetik haben die Verankerung dieser auffallenden äußeren anthropolog. Merkmale im Genpool bestätigt. Die Ethnogenese der Kasachen findet ihren Ursprung im

15. Jh., als bestimmte türk. Stammesgruppen in das heutige Kasachstan abwanderten, und sich dort ein lokales ethn.-kulturelles Eigenprofil entfaltete. Diejenigen, die damals aus den Gebieten des heutigen Usbekistan abwanderten, wurden «Abtrünnige» bzw. «Unabhängige» genannt. Darauf basiert das Ethnonym der Kasachen.

Die alte Stammesgliederung ist bis heute ein vitaler Parameter der sozialen Identitätsfindung. Für einen Kasachen ist es wichtig zu wissen, welcher Horde (*zhus*) seine Vorfahren und damit er selbst angehören. Unterschieden wird zwischen der Kleinen Horde (Westen), der Mittleren Horde (Norden) und der Großen Horde (Süden).

Das seit dem 19. Jh. als Schriftsprache verwendete Kasach. fungiert seit 1991 als Amtssprache Kasachstans. Das Russ., die ehemalige Kolonialsprache, ist aber weiterhin unverzichtbar in den gleichen Funktionen und als Sprache der technolog.-naturwissenschaftl. Wissenschaftsbereiche in der universitären Ausbildung.

Lit.: Bromlej 1988: 194 f., Haarmann 2002a: 300 f., Kostyal 2002: 22 f.

Katalanen (*Catalans*, the Catalans). Die 6,15 Mio. Katalanen sind Nachkommen der altroman. Bevölkerung im Nordosten der Pyrenäenhalbinsel. Katalanen leben auf dem Territorium von vier Staaten. Das Kernland katalan. Siedlung liegt in Spanien. Dazu gehören Katalonien (Generalitat de Catalunya) und der größte Teil der autonomen Region von Valencia (Comunitat Valenciana). Katalanen leben auch in der östl. Randzone der Provinz Aragón sowie in der Provinz Murcia. Die Baleareninseln Mallorca, Menorca, Eivissa/Ibiza und Formentera sind seit dem Mittelalter von Katalanen bewohnt. Auf span. Territorium sind insgesamt 5,8 Mio. Katalanen beheimatet. Weitere 0,3 Mio. siedeln auf der französ. Seite der Pyrenäen im Département Pyrénées-Orientales. In Andorra leben 22000 Katalanen. Ebenso bevölkerungsstark ist die katalan. Außengruppe in der Stadt Alghero auf Sardinien. Dies ist die einzige im Mittelalter gegründete katalan. Kolonie, die sich bis heute als Sprachinsel erhalten hat.

Das Katalan. *(el català)* besitzt amtl. Status in zwei Staaten. Seit den 1980er Jahren fungiert es als regionale Amtssprache in der autonomen Region Katalonien, in der Region von Valencia und auf den Balearen. In Andorra ist Katalan. Staatssprache (d. h. alleinige Amtssprache). In Frankreich und in Italien besitzt es keine amtl. Funktionen. Die Ausdehnung des katalan. Siedlungsgebiets auf beiden Seiten der Pyrenäen ist das Ergebnis der mittelalterl. Südverschiebung altroman. Siedlung im Zusammenhang mit der Reconquista (‹Wiedereroberung›) der von Arabern besetzten Gebiete Spaniens. Das Katalan. wird zur Gruppe der iberoroman. Sprachen gezählt, wozu außerdem das Span., Portugies. und Galic. gehören. Typolog. aber nimmt das Katalan. eine Brücken-stellung ein zwischen der Iberoromania und der Galloromania, d. h. den Sprachen Frankreichs, von denen das Occitan. am nächsten steht.

Die Sonderentwicklung katalan. Kultur und Sprache begann im 9. Jh. mit der Einrichtung der sogenannten «Span. Mark» während der Regie-rungszeit Karls des Großen (gest. 814). Fränk. Truppen eroberten einen Teil des von den Muslimen kontrollierten Nordostens Spaniens. Im 11. Jh. konsolidierte sich das katalan. Kernland (Perpignan, Gerona, Barcelona, Tarragona), das sog. «Altkatalonien» (Catalunya Vella). Dies war die Ausgangsbasis für die Ausdehnung der katalan. Siedlungen in Richtung Süden. Valencia wurde im Jahre 1238 von der maur. Herr-schaft befreit. Die Gebiete im Süden bilden das sog. «Neukatalonien». Die Sonderstellung der katalan. Kultur in der Iberoromania wird unter-strichen durch die polit. Entwicklung des Königreichs Aragón, zu des-sen Territorium der größte Teil des katalan. Siedlungsgebiets gehörte. Unter der Regierung von Jaume I. (1213–1276) wurde Katalan. zur Amtssprache Aragóns erhoben. In jene Zeit fällt auch der Ausbau des von Katalonien ausgehenden Mittelmeerhandels. Katalan. Kaufleute befuhren das gesamte östl. Mittelmeer. Im 14. und 15. Jh. unterhielten die Katalanen Handelsstützpunkte in Sardinien, Sizilien, Neapel und Griechenland. Die Gesetzessammlung «Llibre de Consolat de Mar» wurde zur Grundlage des späteren internationalen Seerechts. Auch die katalan. Literatur des Mittelalters erlebte damals ihre Blütezeit. Der wohl berühmteste katalan. Philosoph, Ramon Llull (1232–1315), ver-faßte seine Werke auf Katalan.

Im Verlauf der Reconquista entwickelte sich das Königreich Aragón in Nachbarschaft des erstarkenden Kastilien zu einem wichtigen polit. Machtfaktor. Erst 1479 wurde die Vormachtstellung abrupt mit der Vereinigung beider Reiche durch die Ehe Isabellas von Kastilien und Ferdinands von Aragón abgebaut, denn von da an dominierte polit. Ka-stilien, und das Span. verdrängte das Katalan. als Kanzleisprache. Diese polit. Abhängigkeit Kataloniens von Kastilien prägte die Geschichte der Katalanen bis ins 20. Jh. Jahrhundertelang haben Assimilationspro-zesse gewirkt, und aufgrund des situationellen Drucks des Span. wurde das Katalan. vielerorts verdrängt. Der kulturellen Bewegung zur Revitalisierung von katalan. Kultur und Sprache (katalan. *renaixença*) im frühen 19.Jahrhundert folgte ein polit. motiviertes nationales Erwachen. Im 20.Jh. erlebte Katalonien einen mehrfachen Wechsel von diktator. Herrschaft und Autonomie. Der Diktatur Primo de Riveras (1924–1931) folgte eine kurze Periode kultureller und polit. Autonomie (1931–1936). Während der Franco-Herrschaft (1939–1975) wurden katalan. Sprache und Kultur diskriminiert. Erst mit der Einrichtung der autonomen Regionen in Spanien in den 1980er Jahren, von der auch die Katalanen profitieren, ist ein Ausgleich der polit. Interessen geschaffen worden.

Lit.: Boix et al. 1997, Riquer i Permanyer 2000, Solsona 1999

Kaukasier (Caucasians). Seit der Antike ist den Europäern und den Bewohnern des westl. Asien bekannt, daß im Bergland des Kaukasus viele Völker mit vielen verschiedenen Sprachen leben. Der älteste Bericht über die Völkervielfalt stammt von Herodot (1, 203) aus dem 5.Jh. v.Chr. In dem Werk «Geographica» des Geographen Strabo (63 v.Chr.–20 n.Chr.) finden sich detaillierte Hinweise auf die ethn. Vielfalt der Stadtbevölkerung in der griech. Kolonie Dioskurias (in der Nähe von Suchumi). Auf die Sprachenvielfalt in Dioskurias, wo die röm. Kaufleute ihre Handelsgeschäfte angeblich durch 150 Dolmetscher abgewickelten, weist der röm. Historiograph Plinius der Ältere (23–79 n.Chr.) in seiner «Historia Naturalis» (6, 5) hin. Auch die Araber, die die Kaukasusregion im Zuge der arab.-islam. Expansion im 8.Jh. kennenlernten, waren beeindruckt. Im 10.Jh. schrieb Al Mas'udi: «Allah allein zählt die verschiedenen Völker, welche in den Bergen des Kaukasus leben. Das Kaukasusgebirge ist ein Gebirge der Sprachen.»

Seit dem Mittelalter sind immer wieder Versuche unternommen worden, die Zahl der Völker und Sprachen im Kaukasus festzustellen; arab. Ethnographen (Ibn Haukal im 10.Jh., Abulfida im 14.Jh.) zählten mehrere hundert. Erst im 20.Jahrhundert ist es gelungen, die ethn. Verhältnisse jener Region genauer zu bestimmen. Man geht heute aus von 37 autochthonen kaukas. Ethnien («Kaukasier» im eigentl. Sinne) und 20 weiteren Immigranten-Völkern anderer ethn. Affiliation («Völker des Kaukasus» im weiteren Sinne).

Zu den nicht-einheim. Völkern gehören indoeurop. Ethnien (z.B. → Armenier, → Osseten, → Kurden), Turkvölker (z.B. → Aserbaidschaner, Nogaier, Kumüken) und oriental. → Juden (z.B. Bergjuden Dagestans, georg. Juden). Die Ankunft einiger der nicht einheim.-kaukas. Völker liegt weit zurück. Hethit. Inschriften vom Ende des 2. Jt. v. Chr. erwähnen bereits die indoeurop. Armenier in ihrer jetzigen Heimat im südl. Kaukasus.

Die lebenden autochthonen Völker der Region gliedern sich nach der Verwandtschaft ihrer Sprachen in drei Gruppen aus:

– westkaukas. (bzw. nordwestkaukas.) Ethnien: → Abchasen, Adygeier (Tscherkessen), Kabardiner, Abasiner

– ostkaukas. (bzw. nordostkaukas. bzw. dagestan.) Ethnien: → Tschetschenen, → Inguschen, Nachen, Awaren, Lakken, Lesgen, Tsachuren, Artschiner u. a.

– südkaukas. (bzw. kartvel.) Ethnien: → Georgier, Mingrelier, Svanen u. a.

Die bevölkerungsstärksten der einheim. Ethnien sind die Georgier (4 Mio.), die Tschetschenen (0,95 Mio.), die Awaren (0,6 Mio.) und die Lesgen (0,466 Mio.). In der Republik Dagestan im östl. Kaukasus sind zahlreiche Kleinvölker beheimatet, deren Bevölkerungszahlen zumeist nur wenige tausend ausmachen. Dazu gehören u. a. Agulen (18740), Anden (8000), Artschiner (7000), Kryser (4000), Bagwalalen (4000), Botlicher (3000) und Buduchen (1000).

Seit der Antike stand der Kaukasus im Kreuzfeuer polit. Interessen. Die Völker jener Region haben Perioden staatl. Unabhängigkeit erlebt (das Urartäische Reich, die christl. Königreiche Armeniens und Georgiens im Mittelalter, das Emirat Aserbaidschan im Mittelalter), aber auch Zeiten der polit. Vorherrschaft fremder Mächte. Seit Ende des 18. Jh. machte sich im Norden die Herrschaft des Zarenreiches geltend, während im Süden der polit. Druck des osman. Reiches und des pers. Reiches zunahm. Im 20. Jh. lag die Kaukasus-Region die längste Zeit an der Peripherie der sowjet. Einflußsphäre. Die Auflösung der Sowjetunion im Jahre 1991 schuf die Voraussetzungen für die erneute Unabhängigkeit Georgiens, Armeniens und Aserbaidschans. Bestrebungen nach polit. Souveränität regten sich ebenfalls in den autonomen Regionen. Im Falle von Tschetschenien ist eine Lösung des blutig ausgetragenen Konflikts bisher nicht in Sicht.

Der Kaukasus ist eine Kontaktregion, in der schon sehr früh Kultureinflüsse aus den verschiedensten Richtungen wirksam wurden. Die Anfänge des Schriftgebrauchs gehen auf das 9. Jh. v. Chr. zurück. Die älteste hier verwendete Schriftart war eine Variante der mesopotam. Keilschrift, mit der das Urartäische geschrieben wurde. In sukzessiver Aufeinanderfolge und auch synchron sind andere Schriften zu den Völkern des Kaukasus gelangt, so die griech., latein., syr. und hebräische. Im Kulturmilieu des Kaukasus sind auch Originalschriften entstanden, so die armen. und die georg. Schrift, die seit dem 5. Jh. n. Chr. in Gebrauch sind. Die georg. Schrift ist wohl von demselben Mesrop geschaffen worden, der als Schöpfer der armen. Schrift in die Annalen eingegangen ist. Neuere Importe von Schriftarten, die bei den Völkern des Kaukasus in Gebrauch waren oder noch sind, sind die arab. und die kyrill. Schrift.

Von den 37 einheim. Sprachen der Kaukasus-Völker sind lediglich 12 verschriftet. Die kaukas. Sprache mit der ältesten schriftsprachl. Tradition und zugleich mit dem reichhaltigsten Schrifttum ist das Georg. Eine gleichsam exot. Kulturblüte des Schrifttums im Kaukasus ist die Sonderentwicklung des Tatischen, einer iran. Sprache, die sowohl vom iran. Volk der Taten als auch von der jüd. Bevölkerung in Dagestan (Bergjuden; russ. *gornye evrei*) gesprochen wird. Es entstanden zwei Varianten der tat. Schriftsprache, und zwar eine für die tat. Muslime (in kyrill. Schrift) und eine andere für die Bergjuden (in hebräischer Schrift).

Lit.: Baskakov 1969, Kolga et al. 2001, Lieven 1998

Kelten, keltische Völker (the Celts). Die Kelten sind Indoeuropäer, deren Ethnogenese bis ins 2. Jt. v. Chr. zurückreicht. Die seit Jahrhunderten andauernden Assimilationsprozesse bei den regionalen kelt. Ethnien haben sich dahingehend ausgewirkt, daß von der Gesamtheit der kelt. Bevölkerung nurmehr ein Bruchteil das kelt. Spracherbe bewahrt hat. In Europa leben mehr als 9,5 Mio. Menschen kelt. Abstammung, davon 3,7 Mio. in der Republik Irland, 1,67 Mio. in Nordirland, 2,8 Mio. in Wales, 1,5 Mio. in der Bretagne. In Großbritannien stellen die Kelten die bevölkerungsreichste Gruppe der Nicht-Engländer. Im 19. und 20. Jh. sind rund 9 Mio. → Iren in die USA migriert. Von diesen haben aber viele außer ihrem Namen kaum noch Erinnerungen an das Volkstum ihrer Vorfahren. Von der Gesamtzahl der Menschen kelt. Abstammung sprechen nur noch ca. 2,7 Mio. kelt. Sprachen. In Großbritannien und in Irland stehen die kelt. Sprachen unter dem situationellen Druck des Engl., in der Bretagne ist das Französ. für die fortschreitende Assimilation verantwortlich. Bei den heute noch lebenden kelt. Sprachen – dem Irischen, dem Schott.-Gälischen, dem Kymrischen in Wales und dem Bretonischen – ist seit Jahrzehnten ein beständiger Schwund an aktiven Sprechern festzustellen.

Nach der zahlenmäßigen Stärke ihrer Sprachgemeinschaften stehen die kelt. Sprachen in folgender Rangfolge: Ir. (1,095 Mio. in der Republik Irland, davon 56 500 Primärsprachler; 0,142 Mio. Personen mit ir. Sprachkenntnissen in Nordirland), Breton. (0,85 Mio.), Kymr. (0,58 Mio.), Schott.-Gäl. (68 400). Die Verhältnisse des Ir. sind besondere, weil die meisten Sprecher dieser Sprache Engl. als Primärsprache erworben und Ir., ihre Nationalsprache, in der Schule gelernt haben.

In kelt. Sprachen ist eine reiche Literatur entstanden. Die produktivste aller kelt. Schriftsprachen ist das Ir., dessen Tradition bis in die vorchristl. Zeit Irlands zurückreicht. Die ältesten Inschriften in der ir. Originalschrift (Ogham) stammen aus dem 4. Jh. n. Chr. Damit ist das Ir. – vom Griech. mit seinem kontinuierl. Schriftsprachengebrauch seit der Antike abgesehen – diejenige der modernen Sprachen Europas mit der längsten Schrifttradition. Seit der Christianisierung im 5. Jh. entfaltete sich die ir. Schriftkultur, und mit der regen Missionstätigkeit ir. Mönche in Westeuropa wurde die hochentwickelte ir. Buchkunst auf dem Kontinent bekannt. Die schriftl. Überlieferung des Kymr. setzt im 6. Jh. ein.

Der kelt. Beitrag zur abendländ. Zivilisation macht sich auch deutl. geltend in Stoffen und Motiven der Weltliteratur. Der Themenkreis von König Artus und den Rittern der Tafelrunde zieht sich durch die europ. Literatur und inspiriert bis heute Schriftsteller, Künstler und Filmemacher. Hinter der myth.-literar. Figur des Artus (latein. Arturus, engl. Arthur, französ. und dt. Artus) verbirgt sich eine quasi-histor. Person, ein christianisierter kelt. Heerführer, der im 6. Jh. den Kampf der Inselkelten gegen die in Britannien vordringenden Sachsen führte. Nach anfängl. Erfolgen unterlag aber das kelt. Heer schließl. den Invasoren, und die Kelten waren fortan in einem permanenten Rückzug vor den landnehmenden Germanen begriffen.

Bereits im 8. Jh. wurde über König Artus berichtet. Eine ganz neue historiograph. Dimension erreicht der Artus-Stoff mit dem Werk «Historia Regum Britanniae» (1137) des Geoffrey von Monmouth. Artus wird an den Anfang der brit. Königsliste gestellt und somit als der Begründer des Königtums in Britannien gefeiert. Als sein Ahnherr wird der Troianer Brutus «identifiziert», der Urenkel des Aeneas, der auf Irrwegen nach Britannien gelangt sein soll. Geoffreys Artusbild hat bis in unsere Tage nachgewirkt. Vor wenigen Jahren ist Artus in seiner Rolle als Begründer des Königtums offiziell vom brit. Königshaus bestätigt worden.

Der Motivschatz der Artus-Legende wurde nach der Übernahme

durch die Vertreter der höfischen Schriftkultur in Frankreich immer mehr erweitert. Eine wichtige kulturvermittelnde Rolle spielte Eleanore von Aquitanien, in erster Ehe mit dem französ. König Ludwig VII., in zweiter Ehe mit Heinrich Plantagenêt, dem späteren König Heinrich II. von England, verheiratet.

In den mittelalterl. Dichterschulen entfaltete sich eine eigene literar. Strömung, die *«matière de Bretagne»* (Stoff aus der kelt. Bretagne) in höfischen Romanen verarbeitete. Als Begründer der Artus-Literatur wurde schon zu seinen Lebzeiten Chrétien de Troyes anerkannt, der zwischen 1160 und 1190 seine Versromane «Erec et Enide», «Lancelot ou le chevalier de la charette», «Yvain ou le chevalier au lion» und «Perceval ou le conte del graal» verfaßte. In der französ. Bearbeitung des kelt. Mythenstoffs fällt auf, daß Namen, v. a. aus Artus' Entourage, und Einzelmotive verarbeitet werden, nicht aber geschlossene Erzählungen aus Wales oder der Bretagne.

Die Romane über Erec, Yvain und Perceval wurden bald schon ins Kymr. übertragen, womit die kelt. Motive der Erzählungen in höfischer Verkleidung wieder in den kelt. Kulturkreis zurückwanderten. Die Popularität dieser als die drei Romanzen (kymr. «Y Tair Rhamant») bezeichneten Literatur bei den Walisern begründete sich v. a. mit der modernen Lebensart am französ. Königshof, die sich in der Handlung artikulierte. Im deutschen Sprachraum wurden Chrétiens Romane in den Bearbeitungen von Hartmann von Aue (zwischen 1180 und 1205) und von Wolfram von Eschenbach bekannt, der um 1200 den «Perceval» in einem Epos von ungefähr 25 000 Zeilen mit dem Titel «Parzival» nachdichtete. In der Ära des Celtic Revival im 19. Jh. wurden die mittelalterl. Romane erneut populär, und diese Renaissance der Artus-Epik hat das kulturelle Gedächtnis der Europäer bis heute beeindruckt.

Lit.: Green 1995, Haarmann 1997a, Mackey 1995, Maier 2000, Williams 1999

Keten (*Ket*, russ.: Kety), älterer Name: Jenisej-Ostjaken. Diese Ethnie gehört zu den paläoasiat. Kleinvölkern im russ. → Nordsibirien. Es gibt noch etwas mehr als 1000 Keten. Sie siedeln verstreut in weit voneinander entfernten Gruppen in den Tälern des Elogui, Surgut und der Kureika, Nebenflüssen des Jenisej in der Region Krasnojarsk. Ende der 1980er Jahre haben die Keten die traditionelle Rentierhaltung endgültig aufgegeben. Die meisten Keten sind heute seßhaft und betreiben Ackerbau (in nach Clans organisierten Großfarmen). Ihre Sprache, das Ketische, ist mit dem Jukagir., Tschuktsch. und Itelmen. verwandt. Ket. wird seit den 1930er Jahren geschrieben.

Lit.: Funk/Sillanpää 1999: 126 ff., Tiškov 1994: 189 ff.

Khmer, Kambodschaner (*Khmer*, the Khmers/Cambodians). Etwa 7,2 Mio. Khmer sind in Südostasien beheimatet, die meisten (6 Mio.) in Kampuchea (Kambodscha). In den Nachbarstaaten Kampucheas gibt es Außengruppen der Khmer, und zwar in Vietnam (0,7 Mio.), in Thailand (0,5 Mio.) und in Laos (11000). Weitere 0,1 Mio. Khmer leben außerhalb Asiens, und zwar in Frankreich (50000) und in den USA (50000). Vor der Machtübernahme der «roten Khmer» in den 1970er Jahren lebten fast 10 Mio. Khmer in der Region. Die Genozidverbrechen des Pol-Pot-Regimes haben nicht nur krasse Lücken im demograph. Profil der Khmer-Bevölkerung aufgerissen, sondern diese traumat. Geschehnisse haben auch tiefe Spuren im Selbstverständnis der Khmer hinterlassen.

Die Khmer sind entfernte Nachkommen der austroasiat. Urbevölkerung. Ihre Sprache, das Khmer, gehört – wie auch das Vietnames. – zum Mon-Khmer-Sprachzweig. Sie wird seit dem 7. Jh. als Schriftsprache verwendet und in einer Variante der südind. Schriften geschrieben. Aus dem Mittelalter, aus der Zeit des Khmer-Reiches, sind Inschriften nicht nur in Kampuchea selbst, sondern auch in Vietnam, Laos und Thailand gefunden worden. Das themen- und genrereiche Schrifttum in Khmer findet sich auf den verschiedensten Beschreibstoffen (Steinstelen, Palmblätter, Papier und Textilien).

In anthropolog. Hinsicht unterscheiden sich die Khmer deutl. von ihren Nachbarvölkern, den → Vietnamesen, → Thai und Laoten. Die Khmer haben im allgemeinen einen kompakten Körperbau und volle, weiche Gesichtszüge. In den Werken der religiösen Plastik, in Reliefs und Wandmalereien, treten die Eigenheiten dieses anthropolog. Typs augenfällig in Erscheinung. Insofern ist es relativ leicht, Skulpturen hinduist. Gottheiten, von Buddhastatuen oder bildhaften Darstellungen von Apsaras (himml. Jungfrauen) wegen dieser typischen Merkmale als Werke von Khmer-Künstlern zu identifizieren.

Die Khmer sind eine alte Kulturnation. In den ersten Jahrhunderten unserer Zeitrechnung verbreitete sich der Hinduismus in Kambodscha, einige Zeit später gelangte auch der Buddhismus dorthin. Diese Religionen verloren bald ihren Charakter als kulturelle Fremdimporte und verwurzelten in ihrem neuen Wirkungskreis. Es kam aber zu keiner Kollision mit der einheim. animist. Tradition, deren spirituelle Welt erhalten blieb. Die alte, auf das Königtum gestützte Zivilisation der Khmer geht in ihren Anfängen auf das frühe Mittelalter zurück. Als Folge des Niedergangs des Reiches von Funan gründeten deren frühere Vasallen, darunter auch die Khmer, ein eigenes Reich, und zwar das Reich von Chenla im 7. Jh.

In der ersten Hälfte des 9. Jh. gründete Jayavarman II. (reg. 802–850) das Reich von Angkor, das bis ins 15. Jh. Bestand hatte. Seinen Namen hat es von der rund 230 km nordwestl. von Phnom Penh gelegenen Ruinenstadt Angkor, die im Jahre 889 von Yasovarman I. gegründet wurde. Jayavarman II. hatte das Gottkönigtum (Devaraja) eingeführt. Die Metropole Angkor mit ihrem Verwaltungszentrum Angkor Thom, den zahlreichen Satellitenstädten und dem im 12. Jh. von Suryavarman II. ausgebauten rituellen Zentrum Angkor Wat wurde den imperialen Ansprüchen des Khmerreiches voll und ganz gerecht. Im 12. Jh. erlebte dieses Reich seine größte Ausdehnung und erstreckte sich über den größten Teil Südostasiens. Im Jahre 1434 wurde die Hauptstadt von Angkor Thom nach Caturmukha (Phnom Penh) verlegt. Diese Neuorganisation beschleunigte aber nur den Niedergang des Reiches, das von den Thai in der zweiten Hälfte des 15. Jh. vernichtet wurde. Die ehemalige Elite des Khmer-Reiches wurde damals größtenteils deportiert. Damit endete die Ära der klassischen Khmer-Zivilisation.

In späteren Epochen waren die Khmer polit. abhängig von den Herrschern der Thai-Dynastien. Im Jahre 1864 wurde Kambodscha zum französ. Protektorat erklärt. Nach einigen Jahren als unabhängiger Staat innerhalb der französ. Union (nach 1946) wurde Kampuchea 1954 unabhängig. In den 1970er Jahren wurde Kampuchea in die Wirren des Vietnam-Krieges hineingezogen, erlebte den Terror der «roten Khmer» und ist heute auf das Niveau eines Entwicklungslandes mit schwachen sozioökonom. Organisationsstrukturen abgesunken. Die Erinnerung an die Ära imperialer Größe des Khmer-Reiches prägt aber weiterhin das kulturelle Gedächtnis der Khmer. Angkor Wat ist bis heute ein spirituelles Zentrum des Buddhismus mit einem Kloster, es ist die Hauptattraktion des Tourismus in → Südostasien und es hat im Selbstverständnis der meisten Khmer den Stellenwert eines wichtigen Symbols ihrer kulturellen Identität bewahrt.

Lit.: Osborne 1997, Roveda 1997, 2001, Vickery 1998

Kirgisen (*Kyrgyz*, the Kirghiz). Die Mehrheit der insgesamt 3,1 Mio. Kirgisen lebt in der ehemaligen kirgis. Sowjetrepublik, dem seit 1991 unabhängigen Kirgisistan. Dort sind 2,7 Mio. Kirgisen beheimatet (entspr. 56,5 % der Landesbevölkerung). Kirgisistan liegt im Südosten → Zentralasiens und grenzt an China. Kirgis. Außengruppen sind in den anderen Staaten der Region verstreut. Die meisten Kirgisen bewohnen die Täler des Tienschan-Gebirges.

Die Kirgisen sind ein Turkvolk, Nachkommen der türk. Migranten, die im Mittelalter von Südsibirien her nach Mittelasien eingewandert sind. Die traditionelle Wirtschaftsform der Kirgisen ist der Viehnomadismus. Während der Sowjetära wurde versucht, die Kirgisen in eine seßhafte Lebensweise zu zwingen, allerdings mit nur mäßigem Erfolg. Ihre Nationalsprache, das Kirgis., ist die jüngste der türk. Schriftsprachen in Mittelasien. Es wurde erst in den 1920er Jahren im Zuge der sowjet. Sprachplanung verschriftet. Das Kirgis. besitzt seit 1991 den Status einer Amtssprache in dem jungen Nationalstaat. Wie zu sowjet. Zeiten wird aber weiterhin auch das Russ. verwendet, im amtl. Bereich ebenso wie in der universitären Ausbildung.

Lit.: Bromlej 1988: 215 ff., Haarmann 2002a: 302 f., Menges 1995: 14 ff.

Komi → Syrjänen

Kopten (*Qibt*, the Copts). Die Kopten sind seit Jahrhunderten nurmehr eine religiöse Gemeinschaft, aber kein Volk im ethn. Sinn mehr. Trotz ihrer kulturellen Sonderstellung betrachten sich auch die kopt. Christen Ägyptens selbst nicht als Volk, sondern als religiöse Minderheit. Als Nachkommen der Bevölkerung des alten Ägypten haben sich die ethn. Kopten im Verlauf des Mittelalters an die Bevölkerungsmehrheit der → Araber assimiliert, die sich seit dem 7. Jh. in Ägypten angesiedelt hatten. Die kopt. Sprache ist die jüngste Entwicklungsstufe des Ägypt., einer afroasiat. Sprache, die ab dem 3. Jh. n. Chr. in Ägypten verwendet wurde. Als gesprochene Sprache kam das Kopt. im 14. Jh. außer Gebrauch. Als Sprache der Liturgie lebt es bis heute weiter.

Lit.: Bourguet 1980

Koreaner (*Choson Saram, Hanguk Saram*, the Koreans). Koreaner leben in mehr als 30 Staaten der Welt. Die korean. Gesamtbevölkerung beläuft sich auf 75 Mio. Menschen. Die meisten Koreaner sind in den beiden Korea-Staaten beheimatet: Südkorea (42 Mio.), Nordkorea (20 Mio.). Größere Außengruppen gibt es in China (1,92 Mio. in der südl. und östl. Mandschurei), in den USA (0,7 Mio., davon 50000 auf Hawaii), in Japan (0,67 Mio. in der Region von Osaka) und in Rußland (0,107 Mio.). Die korean. Siedlungsgruppen in den zentralasiat. Staaten (Usbekistan: 0,1 Mio., Kasachstan: 51500, Kirgisistan: 18000) sind Nachkommen der Koreaner, die von den Stalinisten im Jahre 1937 aus der Region von Chabarovsk und Vladivostok nach → Zentralasien deportiert worden waren. Von den heute dort lebenden Koreanern sprechen weniger als 60% die Sprache ihrer Vorfahren.

Die Sprache ist eines der zentralen Kennzeichen der korean. Identität. Eine entfernte Verwandtschaft des Korean. ist mit der altaischen Sprachfamilie postuliert worden, obwohl diese Zuordnung weiterhin umstritten ist. Wenn das Korean. eine altaische Sprache ist, muß sie sich schon sehr früh als eigener Sprachzweig (vergleichbar mit der Isolation des Griech. innerhalb der indoeurop. Sprachfamilie) ausgegliedert haben. Das Korean. wurde lange Zeit ausschließl. mit chines. Schriftzeichen geschrieben. Seit dem 7. Jh. war das Ido-System in Gebrauch, dessen Zeichen von chines. Vorbildern abgeleitet waren. Im 15. Jh. wurde der Schriftgebrauch mit der Einführung einer phonet. Schriftart revolutioniert. Der histor. Überlieferung zufolge ist König Sejong (reg. 1418–1450) der Schöpfer der als Onmun (vulgäre Schrift) bekannten Alphabetschrift, die seit den 1880er Jahren Hangul (Schrift der Han-Leute, d. h. der Koreaner) genannt wird.

Onmun hatte lange Zeit das Image eines «niederen» Schriftmediums. Männer verwendeten überwiegend die chines. Schrift und schrieben in Chines., einige auch das Ido-System zur Schreibung des Korean. Es waren in erster Linie weibl. Aristokraten, denen die Pflege der korean. Schriftsprache in Onmun zu verdanken ist. In Onmun wurden lyr. Dichtung, Volkslieder und einfache Prosa aufgezeichnet. Den eigentl. Durchbruch für die Popularität des korean. Alphabets brachte die im Jahre 1887 erschienene Übersetzung des Neuen Testaments ins Korean. Heutzutage wird Hangul in beiden Korea-Staaten verwendet, im Norden ausschließlich, im Süden mit der Zusatzkomponente von ca. 1800 chines. Schriftzeichen.

Bestimmte Elemente der korean. Kultur aus der Zeit, bevor Korea zur chines. Einflußsphäre gehörte, sind bis heute im kulturellen Gedächtnis der Koreaner fest verankert. Dazu gehört der Ursprungsmythos. Als myth. Urvater aller Koreaner gilt Tangun. Er ist nicht nur der legendäre Gründer des ersten Königreiches Alt-Choson, des Landes der ‹Morgenruhe›, sondern auch Kulturheros, der den Koreanern die wichtigsten Kulturgüter brachte. Das altaisch-tungus. Erbe dieses Mythos ist daran zu erkennen, daß Tanguns menschl. Mutter eine von göttl. Einwirkung verwandelte Bärin war. Der Bär als Totem des korean. Volkes weist auf altaische und paläoasiat. Traditionen. Der Bärenkult war bei allen sibir. Völkern verbreitet.

Tungus. Viehzüchternomaden kamen im 4. Jh. v. Chr. nach Korea und gründeten das älteste Reich in der dortigen Region. Die Öffnung Koreas nach China erfolgte im Jahre 194 v. Chr. mit der Gründung des Teilreiches Wi-ssi-Choson durch einen Warlord des Yen-Staates. Das imperiale China der Han-Dynastie regierte über Teile Koreas seit 108 v. Chr. Bis ins 7. Jh. n. Chr. hatten drei tungus. Teilreiche Bestand (Koguryo im Norden, Paekche im Südwesten, Alt-Silla im Südosten). Danach machte sich der polit. und kulturelle Einfluß Chinas in ganz Korea geltend. Die ursprüngl. Trennung der Region in eine tungus. und in eine chines. Einflußsphäre spiegelt sich auch in den anthropolog. Merkmalen der korean. Bevölkerung. Im nördl. Teil Koreas dominieren sinide und siberide Eigenheiten (Schlankheit und größere Körperlänge als im Süden, ovale Gesichtsform), im Süden dagegen altaische und paläoasiat. Merkmale (gedrungener Körperbau, flache Gesichtsform mit breitem Nasenansatz).

Die korean. Kultur ist eine Mosaikkultur, in der Elemente des altaisch-tungus. Erbes untrennbar mit den Komponenten der chines. Kontaktkultur verwoben sind. Beispiele dafür finden sich in den verschiedensten Bereichen. Animist. Traditionen und schamanist. Rituale haben sich in Korea wie bei den → Tungusen, → Samojeden und anderen Völkern → Nordsibiriens erhalten. Eine Besonderheit des korean. Schamanismus ist der Sachverhalt, daß Rituale von weibl. Schamanen durchgeführt werden, die *mudang* oder *mansin* (‹zehntausend Geister›) genannt werden. Schamanist. Rituale stehen auch im Dienst des Ahnenkults, der sich unter chines. Einfluß in Korea entfaltet hat. In der Sprache sind rein korean. Strukturelemente und solche chines. Herkunft (sino-korean. Komponente) eng miteinander verzahnt. Im System der Numeralia werden korean. und sino-korean. Zahlwörter in strenger funktionaler Distribution verwendet. Korean. Zahlwörter dienen zur

Angabe der Stunden bei der Zeitangabe und von Stunden und Monaten bei Hinweisen auf Zeitdauer. Mit sino-korean. Zahlwörtern dagegen werden Minuten angegeben, Tage bei Datumsangaben und Jahre bei Hinweisen auf Zeitdauer.

Die Erinnerung an den Kolonialismus (chines. Herrschaft, japan. Okkupation bis 1945) und das Bewußtsein staatl. Unabhängigkeit (die alten Reiche und die modernen Korea-Staaten) prägen das ethn. Selbstverständnis der Koreaner ebenso wie die ideolog. Spaltung der polit. Landschaft. Korea ist das einzige Land der Welt, dessen polit. Erbe aus der Zeit des «Kalten Krieges» sich wie ein Fossil bis heute erhalten hat. Die polit. Spaltung drückt sich auch in der Zweiteilung der korean. Minderheit in Japan und in deren kulturell-polit. Kontakten aus. Die Trennung der Bevölkerung unter der Herrschaft zweier polit. Systeme findet ihr Pendant in markanten sozioökonom. Kontrasten. Der wirtschaftl. Aufschwung Südkoreas und dessen ökonom. Verflechtung mit dem Weltmarkt kontrastiert scharf mit der stalinist. Kommandowirtschaft Nordkoreas und dessen Abgeschlossenheit. Die großen Unterschiede im Lebensstandard zwischen Nord und Süd haben im Selbstbewußtsein der Südkoreaner ein Gefühl der Überlegenheit gegenüber den Koreanern des Nordens entstehen lassen.

Lit.: Gohl 1976, Haarmann 1998c, Keilhauer 1986, Kho 1987, Miller 1996

Korjaken (*Čavčyv*, russ.: Korjaki). Die rund 8900 Korjaken sind die zahlmäßig zweitgrößte Ethnie unter den paläoasiat. Kleinvölkern in → Nordsibirien (Russ. Föderation). Etwa 6600 leben im autonomen Bezirk der Korjaken im Gebiet Kamtschatka, die übrigen im autonomen Bezirk der → Tschuktschen und im Gebiet Magadan. Die Korjaken leben in zwei Gruppen: Küstenbewohner (Nymylany) und Rentier-Korjaken (Tschavtschuveny).

Lit.: Funk/Sillanpää 1999: 150 ff., Tiškov 1994: 206 ff.

Korsen (*Corsi*, the Corsicans, französ.: Corses). Von den 0,24 Mio. Einwohnern der polit. zu Frankreich gehörenden Insel Korsika sind 0,167 Mio. geborene Korsen, die Kors. als Muttersprache sprechen. Die übrigen Inselbewohner sind → Franzosen vom Festland sowie Ausländer. Von den Franzosen versteht ungefähr ein Drittel Kors., von den Ausländern etwa die Hälfte. Auf dem Festland, und zwar sowohl in Frankreich als auch in Italien, leben insgesamt mehr als 0,1 Mio. Menschen kors. Herkunft. Die meisten Nachkommen kors. Vorfahren, die schon vor vielen Generationen aufs Festland abgewandert waren, haben sich sprachl. und kulturell an das sie umgebende Milieu der Mehrheitsbevölkerung assimiliert und sprechen Französ. (bzw. Italien.).

Seit dem 2. Jt. v. Chr. haben Kolonisten und Kolonisatoren vom Festland die Geschicke der Insel und ihrer Ureinwohner bestimmt, zunächst Ligurer und Keltiberer, im 6. Jh. v. Chr. gründeten phokäische Griechen Handelsstützpunkte in Alalia und an anderen Stellen der Ostküste. Später stritten sich Griechen, Etrusker und Karthager um die Insel und ihre natürl. Ressourcen. Von besonderem Interesse war Eisenerz. Die röm. Ära brachte gegenüber der früheren Kolonisation wenig Veränderungen. Ital. Kolonisten ließen sich mit Vorliebe in Küstennähe nieder, während die einheim. Bevölkerung des zentralen Berglands weitgehend unbehelligt blieb. Gegen Ende der röm. Herrschaft (Mitte des 5. Jh. n. Chr.) hatten sich allerdings das Sprechlatein, aus dem sich das lokale Kors. entwickelte, und das Christentum bei den Korsen eingebürgert.

Die Geschichte Korsikas zeigt in den folgenden Jahrhunderten keine beständige Entwicklung. Die Raubzüge und kurzfristigen Invasionen der Ostgoten, Wandalen, Langobarden und Sarazenen veranlaßten die kors. Bevölkerung, Zuflucht im Inneren der Insel zu suchen. Auch intern kam es zu Streitigkeiten zwischen lokalen Familienclans, die damit endeten, daß ein auswärtiger Verwalter ins Land gerufen wurde. Der Erzbischof von Pisa, der 1077 auf die Insel kam, leitete die Ära der festlanditalien. Kolonisation ein. Die Stadtrepubliken Pisa und Genua rivalisierten lange Zeit um die Kontrolle Korsikas. Im Jahre 1284 schaltete Genua seinen Rivalen endgültig aus, geriet aber ab 1296 in einen langandauernden Interessenkonflikt mit dem Königreich Aragón. Genua konnte die Auseinandersetzungen im Jahre 1434 zu seinen Gunsten beenden.

Dem Ende der genues. Kolonialherrschaft in der zweiten Hälfte des 18. Jh gingen stürmische Jahrzehnte voraus, die durch lokale Rebellionen gegen auferlegte Steuerlasten und durch den Versuch der Bildung eines kors. Nationalstaats geprägt waren. Im Jahre 1755 wurde Pascal Paoli, ein in Neapel aufgewachsener Exilkorse, zum «General der Nation» ausgerufen. Paoli gab den Korsen eine schriftl. fixierte Verfassung, in der u. a. das allgemeine Wahlrecht garantiert wurde und eine eigene Währung vorgesehen war. Als Hauptstadt des jungen Staates wurde

Corte gewählt, wo im Jahre 1762 die kors. Nationalversammlung erstmals tagte. Als Motiv für die Nationalflagge wurde ein stilisierter Maurenkopf (französ. *tête de More*) gewählt. Dieses Emblem ist heutzutage überall auf Korsika präsent, auf Fahnen oder zur Kennzeichnung einheim. Produkte. Das damalige Experiment einer kors. Selbstverwaltung wurde beendet, als Genua Korsika im Jahre 1769 an das Königreich Frankreich abtrat.

Das nationale Selbstbewußtsein der Korsen ist v. a. sprachl. motiviert und hat sich kontinuierl. verstärkt, nachdem das mit dem Kors. nah verwandte Italien. um die Mitte des 19. Jh. als Hochsprache vom Französ. verdrängt worden war. Damals entstand eine bis dahin unbekannte Kontaktsituation: das nur gesprochene Kors. stand im Konflikt mit der Bildungs-, Amts- und Kolonialsprache Französ. Die Bindungen an Frankreich waren aber nicht durchweg konfliktbeladen. Die Zugehörigkeit zur «Grande Nation» sowie der Zugang zu einer der bedeutenden Weltsprachen über die Schulausbildung hat aus vielen Korsen selbstbewußte Mitglieder der französ. Sprachgemeinschaft gemacht. Bis heute sind die alteingesessenen Inselbewohner stolz darauf, daß einer der berühmtesten Regenten Frankreichs ein gebürtiger Korse aus Ajaccio war: Napoléon Bonaparte (bzw. Napoleone Buonaparte, 1769–1821).

Die polit. Aktivitäten der kors. Nationalisten zielten seit den 1960er Jahren vorrangig auf eine Verbesserung der wirtschaftl. Infrastruktur der Insel ab. Außerdem wandten sie sich gegen die kulturelle und sprachl. Überfremdung durch das Französ. (*francisation*). Die Reaktionen der Pariser Zentralregierung waren zunächst ablehnend. Später jedoch wurde der Sonderstellung Korsikas in gewissem Umfang Rechnung getragen. 1974 wurde in der Erweiterung des Gesetzes zur Förderung der Regionalsprachen (Loi Deixonne von 1951) auch die Sprache der Inselbewohner in den Kreis der *langues régionales* aufgenommen. Seither wird das Kors. mit wechselndem Erfolg als Schulsprache (neben dem Französ.) gefördert. Der nominell seit 1981 bestehende Autonomiestatus Korsikas wurde im Sommer 2000 bekräftigt. Damit hat die wirtschaftl. und kulturpolit. Selbstverwaltung der Insel eine realist. Basis für ihre faktische Verwirklichung erhalten.

Lit.: Fabellini 2002, Fernández-Armesto 1994: 175 ff., Goebl 1988

Kroaten (*Hrvati,* the Croats). Von den 5,8 Mio. Kroaten sind die meisten in dem seit 1991 unabhängigen Kroatien (4,8 Mio.) beheimatet. Die größte kroat. Außengruppe (0,605 Mio.) lebt in Bosnien-Herzegowina. Kleinere Außengruppen mit kroat. Bevölkerung sind in anderen südosteurop. Staaten (Serbien, Slowenien, Ungarn, Makedonien), in Westeuropa (Deutschland, Österreich, Schweiz, Schweden u. a.) und in Übersee zu finden. Die kroat. Außengruppe in Süditalien (Molise-Kroaten) wurde von Flüchtlingen während der Zeit der osman. Herrschaft gegründet. Heute leben noch 2400 Kroaten in der Molise. Von diesen sprechen noch knapp zwei Drittel ihre Muttersprache.

Die Kroaten sind Nachkommen südslaw. Stammesgruppen, die im Frühmittelalter in die westl. Balkanregion einwanderten. Die Ankunft der Slawen ist für das Jahr 614 n. Chr. bezeugt, als Salona, die Hauptstadt der byzantin. Provinz Dalmatiens, von den verbündeten Awaren und Slawen erobert wurde. Das Volkstum der Kroaten entfaltete sich in den folgenden Jahrhunderten aus einer ethn. Fusion der südslaw. Populationen im Gebiet Kroatiens sowie aus Resten der roman. und der romanisierten illyr. Bevölkerung, die sich assimilierte. Gegen byzantin. Einfluß von Osten und fränk.-german. Einfluß von Westen erlangten kroat. Fürstentümer in der ersten Hälfte des 9. Jh. Selbständigkeit. In jene Periode fällt auch die Christianisierung der kroat. Bevölkerung.

Trotz der engen ethn. und sprachl. Verwandtschaft verlief die kulturelle Entwicklung bei → Serben und Kroaten seit dem Mittelalter unterschiedlich. Während die Serben zum Byzantin. Reich und damit zum griech.-orthodoxen Kulturkreis gehörten, orientierten sich die Kroaten weltanschaul. am Westen, d. h. an der Welt der röm.-kathol. Kirche. Dies brachte eine Annäherung an die Lebensweisen ihrer westl., ebenfalls südslaw. Nachbarn, der → Slowenen, mit sich. Mit der christl. Lehre kam auch die Schriftkultur zu den Kroaten. Es bildete sich ein kroat.-kirchenslaw. Regiolekt heraus, dessen Schrifttum zunächst in der glagolit. Schrift aufgezeichnet wurde (ab 11. Jh.), die kyrill. Schrift kam etwas später in Gebrauch (Ende des 12. Jh.). Die ältesten Schriftzeugnisse der kroat. Volkssprache sind Steininschriften (in Glagolica) aus dem 11. Jh. Die Lateinschrift setzte sich allgemein seit dem 14. Jh. durch, die glagolit. Schrift blieb aber bei den kathol. Priestern Dalmatiens gebräuchl., zum Teil noch bis ins 20. Jh. hinein.

Die Zeit der polit. Selbständigkeit endete mit der Vereinigung Kroatiens mit dem Königreich Ungarn im Jahre 1102. Im 15. Jh. wurde Kroatien – wie auch die anderen Balkanländer – als Provinz dem türk.-osman. Reich angegliedert. Das Ende der türk. Kolonialherrschaft im Jahre 1878 brachte keine Unabhängigkeit für die Kroaten. Es wurde Teil der österreich.-ungar. Doppelmonarchie. Trotz der polit. Abhängigkeit konnte sich das kulturelle Leben unter gleichgerichteten gesellschaftl. Bedingungen (Katholizismus, westeurop. Kulturtraditionen) entfalten. Die polit. Union Kroatiens mit Serbien in dem 1918 gegründeten südslaw. Staatswesen (dessen Name zunächst Königreich der Serben, Kroaten und Slowenen, später Jugoslawien war) betonte die sprachl. Verbundenheit der Kroaten und Serben, deren sprachpfleger. Aktivisten im Jahre 1850 die Vereinheitlichung der regionalen Sprachvarianten und die Ausbildung einer gemeinsamen Standardsprache, des Serbokroat., beschlossen hatten.

Nachdem im Tito-Jugoslawien alle ethn.-kulturellen Differenzen von der Idee der sozialist. Einheit zurückgedrängt worden waren, brachte das Auseinanderbrechen des jugoslaw. Staatsverbands als Folge der Loslösung Sloweniens und Kroatiens 1991 auch die markanten Unterschiede und histor. Konflikte zwischen den kathol. Kroaten und den orthodoxen Serben wieder an die Oberfläche. Die polit. Trennung hatte direkte Auswirkungen auch auf die sprachl. Einheit des Serbokroat. Die von kroat. Seite seit Ende der 1960er Jahre betriebene Abspaltung des Kroat. vom serbokroat. Standard wurde nach der militär. Auseinandersetzung zwischen Kroaten und Serben endgültig auch polit. besiegelt. Es ist wesentl. Teil des neuen starken Nationalbewußtseins in Kroatien, die Selbständigkeit der kroat. Sprache wieder vehement zu propagieren, Wortschatz und grammat. Formenbestand werden sprachpflegerisch streng gestaltet und kontrolliert.

Lit.: Banac 1992, Fernández-Armesto 1994: 235 ff., Herrmann 1986: 88 ff.

Kurden (*Kurmanji*, the Kurds). Die Mehrheit aller Kurden siedelt in der histor. Landschaft Kurdistan, die geopolit. auf die Territorien mehrerer Staaten des Nahen und Mittleren Ostens verteilt ist. Die größte geschlossene Gemeinschaft von Kurden ist in der Türkei (Gebiet des Van-Sees, Gegend von Diyarbakir und Erzurum) beheimatet. Dort leben 6,5 Mio. Menschen kurd. Abstammung, von denen noch 4 Mio. Kurd. sprechen. Die Zahl der Kurden im Iran (hauptsächl. in den Provinzen Aserbaidschan und Khorasan) beläuft sich auf 3,6 Mio., im Irak (Nordteil des Landes in der Gegend von Dahuk, Erbil, Mosul, Kirkuk und Sulaimaniyah) leben 2,8 Mio. Kurden. Mehr als eine Million Kurden sind auf andere Staaten des Nahen Ostens (Syrien: 0,94 Mio., Libanon: 70000) sowie in der Kaukasusregion (Armenien: 58000, Georgien: 33000, Aserbaidschan: 20000) verteilt. Bedeutende kurd. Außengruppen mit insgesamt mehr als 0,7 Mio. Angehörigen gibt es auch in den Ländern Westeuropas (Deutschland, Belgien, Frankreich, Großbritannien u.a.).

Von den rund 17 Mio. ethn. Kurden haben ca. 14 Mio. Kurd. als Primärsprache bewahrt. Die übrigen 3 Mio. haben sich assimiliert und einen Sprachwechsel vollzogen. Mindestens 2,5 Mio. Kurden in der Türkei sprechen Türk. und kein Kurd. mehr. Weitere 0,5 Mio. Kurden haben sich an lokale Sprachen assimiliert, im Iran ans Farsi (Neuiran.), im Irak ans Arab., usw.

Die Kurden gehören zur westl. Gruppe der → iranischen Völker. Sie sind die Nachkommen iran. Stammesgruppen, die vor ca. 4000 Jahren in das Bergland einwanderten, das bei den antiken Griechen Corduene hieß und das nach seiner Hauptbevölkerung den Namen Kurdistan erhielt. Im kulturellen Gedächtnis der Kurden lebt die myth. Erinnerung an eine vermeintl. Abstammung von den Medern weiter. Im Rahmen der Verwandtschaftsverhältnisse der iran. Sprachen lassen sich solche Assoziationen aber nicht nachweisen.

Das Kurd. gehört zur Gruppe der nordwestiran. Sprachen und ist in zwei geograph. Hauptvarianten ausgegliedert. Die Mehrheit der Kurden (ca. 8 Mio.) spricht das nördl. Kurd. (*Kurmanji, Kirmanji*), das südl. Kurd. (*Sorani, Kurdi*) wird von 6,1 Mio. Menschen gesprochen. Die Mundarten dieser beiden regionalen Varianten sind teilweise wechselseitig nicht verständlich

Als Folge der arab. Expansion und Eroberung Kurdistans im 7. Jh. wurden die Kurden islamisiert. Ca. 85 % der Kurden sind sunnit. Muslime. Seit dem Mittelalter stand das Siedlungsgebiet der Kurden in polit. Abhängigkeit von mächtigen Staaten. Die türk. Seldschuken dominierten im 11. Jh., und zwischen dem 13. und 15. Jh. machte sich mongol. Einfluß geltend. Der berühmteste aller Kurden im Mittelalter war Saladin (1137–1193), ein irak. Kurde, der seit 1175 Sultan von Syrien und Ägypten war und sich auch bei den Europäern mit seiner Eroberung Jerusalems im Jahre 1187 einen Namen machte. Später regierten die Safaviden und die Osmanen über Kurdistan.

Das 20. Jh. war eine Zeit extremer Erfahrungen für die kurd. Bevölkerung. In den Jahren zwischen 1915 und 1918 wüteten türk. Miliz und Armeeeinheiten unter der kurd. Zivilbevölkerung, die in erschreckendem Maße dezimiert wurde. Im Vertrag von Sèvres (1920), in dem die Auflösung des Osman. Reiches beschlossen wurde, war die Gründung eines autonomen Territoriums für die Kurden vorgesehen. Im Vertrag von Lausanne (1923) war davon aber keine Rede mehr. In den Jahren danach kam es zu verschiedenen Aufständen der Kurden, die sämtl. niedergeschlagen wurden. 1937 und 1938 wurden kurd. Siedlungen von der türk. Armee bombardiert, es wurde auch Giftgas eingesetzt. In den 1980er Jahren begann sich der militär. Widerstand der Kurden gegen die türk. Armee erneut zu beleben. Bis zur Verhaftung und Verurteilung des Kurdenführers Abdullah Öcalan im Jahre 1999 hielten die Kämpfe im Osten der Türkei an.

Auch in den anderen Staaten mit kurd. Minderheiten kam es zu erfolglosen Erhebungen gegen die diskriminierende Staatsgewalt, so im Iran in den 1920er Jahren und im Irak in den 1960er Jahren. Anfang der 1970er Jahre scheiterten Verhandlungen zwischen den Kurden und der Regierung des Irak über eine begrenzte Autonomie des Kurdengebiets – die Folge war ein kontinuierl. Guerrillakrieg. Unter dem Regime Saddam Husseins wurden allein im Jahre 1988 nicht weniger als 0,2 Mio. Kurden im Irak – auch mit Giftgas – getötet. Als Folge des für den Irak verlorenen Golfkriegs (1991) konnten die Kurden unter UN-Aufsicht eine autonome Region im Norden des Irak einrichten. Kurd. Einheiten unterstützten die US-Truppen im Irakkrieg vom April 2003.

Das harte polit. Klima für die Interessen der Kurden in der Türkei milderte sich mit den Reformen von 2002 und 2003, die notwendig waren, um die Türkei der Europ. Union anzunähern und das Land für eine Mitgliedschaft vorzubereiten. Es ist jetzt erlaubt, Kurden Privatunterricht in Kurd. zu erteilen, Kindern kurd. Namen zu geben und Kurd. im Radio zu verwenden. Der Schwerpunkt des kurd. Kulturschaffens liegt aber weiterhin bei den Emigrantengruppen, insbesondere bei den Kurden in Deutschland und in Frankreich. Auch ist der Gebrauch des Kurd. als Schriftsprache – eine Tradition, die bis auf das 17. Jh. zurückgeht – nicht bei den Kurden in Kurdistan verbreitet, sondern wird im Ausland gepflegt.

Lit.: Bozarslan 1997, Chaliand 1980, McDowall 1996

Kuschiten, kuschitische Völker (Cushitic peoples). Die rund 30 kuschit. Ethnien sind im Nordosten Afrikas verbreitet (s. Karte dort). Ihr
Siedlungsgebiet erstreckt sich über die Territorien des Sudan (östl. Küstengebiet), Eritreas, Äthiopiens, Somalias, Kenias und Tansanias
(Nordosten). Zu den bevölkerungsreichen Ethnien gehören die Oromo
(17 Mio. in drei regionalen Gruppen), die → Somali (mehr als 12 Mio.),
die Sidamo (1,85 Mio.), die Beja (1,2 Mio.) und die Iraqw (0,37 Mio.).
Die kuschit. Sprachen sind ein Zweig der afroasiat. Sprachfamilie.

Lit.: Bromlej 1988: 241 f., Hayward 2000

Kymren → Waliser

L

Ladiner (*Ladini*, the Ladinians). Die ethn. Identität der rund 30000 Ladiner (Sellaladiner) definiert sich nach ihrer Zugehörigkeit zur Sprachgemeinschaft des Ladinischen, dessen Eigenbezeichnung bei den Bewohnern der einzelnen Täler und Ortschaften stark variiert. Außer *ladin* werden u. a. verwendet: *marèo, badiot, gherdëina, fodóm, fascian.* Die → Deutschen in Südtirol nennen das Ladin. auch abschätzend Krautwalsch. Die Ladiner leben im zentralen Sellamassiv der Dolomiten. Haupttäler sind das Gadertal, Gröden und Fassa. Das Siedlungsgebiet erstreckt sich über drei italien. Provinzen: Bolzano/Bozen und Trento/Trentin in Südtirol (Trentino-Alto Adige) sowie Belluno. Vom Spätmittelalter (seit 1363) bis zum Ende des Ersten Weltkriegs stand die Region unter österreich. Verwaltung, seit 1919 gehört Südtirol zu Italien.

Ladin. ist eine roman. Sprache und gehört zur Gruppe der alpenroman. Sprachvarianten. Die Zersplitterung des Sprachgebiets mit seinen sieben Dialekten ist so groß, daß sich bisher keine einheitl. Schriftsprache entwickelt hat. Seit 1988 gibt es Bestrebungen zur Ausarbeitung einer gemeinsamen sellaladin. Schriftsprache (*Ladin dolomitan*).

Lit.: Craffonara 1997

Letten (*Latviesi,* the Latvians). Die Letten (1,55 Mio.) sind ein → baltisches Volk. In Lettland stellen die 1,4 Mio. Letten insgesamt nur 55 % der Landesbevölkerung, da es eine sehr starke ethn. Minderheit gibt, nämlich die → Russen mit 0,86 Mio. (33,5 %). Etwa 0,15 Mio. Letten leben außerhalb ihres Nationalstaats, davon 36 000 in den Anrainerstaaten (Rußland: 29 000, Litauen: 5000, Estland: 2000) und 0,114 Mio. in Westeuropa (Deutschland: 8000, Großbritannien: 8000, Schweden: 6000, u. a.) und in Übersee (USA: 50 000, Kanada: 15 000, Australien: 25 000). Diejenigen Letten, die während der Sowjetära ihre Schulausbildung absolviert haben, sind zweisprachig mit Russ. als Zweitsprache. Die jüngere Generation ist einsprachig lett. aufgewachsen.

Baltische Stämme haben bereits seit dem 2. Jt. v. Chr. in der Region gesiedelt, die nach ihnen den Namen Baltikum erhalten hat. Bis ins 5. Jh. n. Chr. verlief die kulturelle Entwicklung der Balten gemeinsam, dann gliederte sich der ostbalt. Komplex aus, zu dem das lett. Volkstum gehört. Im Verlauf des 7. Jh. bildeten sich Regionalkulturen, u. a. auch die lett., aus. Die Letten siedelten ursprüngl. in einem kleineren Areal. Zwischen ca. 1000 und 1550 dehnte sich das Siedlungsgebiet weiter aus. In jener Zeit akkulturierten sich etl. lokale Stämme ans lett. Volkstum. Bis heute ist die alte Stammesgliederung in der lett. Kulturlandschaft erkennbar: Lettgallen im Osten, Vidzeme rings um die Rigaer Bucht, Semgallen im Süden und Kurzeme (Kurland) im Westen.

Kultur- und Sprachkontakte haben eine entscheidende Rolle für die Ausbildung des Lettentums und ihrer Sprache gespielt, die seit dem 16. Jh. geschrieben wird. Der nördl. Dialekt des Lett., das Liwon., hat seinen Namen von der Landschaft Livland, und diese wiederum ist nach den Liwen, einem ostseefinn. Volk benannt. Mit den Liwen haben die Letten am längsten von allen ostseefinn. Völkern im Kontakt gestanden. Fast alle Liwen haben sich ans Lett. assimiliert. Nach einer Zählung im Jahre 1989 gibt es nur noch 21 Menschen, die Liw. sprechen. Die meisten Lehnwörter liw. Herkunft finden sich im Wortschatz des liwon. Dialekts. Bereits während der ältesten Phase der Ethnogenese der Letten haben die balt.-ostseefinn. Kontakte elementare Spuren hinterlassen. Von allen balt. Sprachen ist das Lett. diejenige mit den ältesten und meisten ostseefinn. Substrateinflüssen. Intensiv waren auch die Kontakte der Letten zu den Russen, die bis in die Moderne andauern. Seit dem Mittelalter hat das deutsche Bürgertum in den Städten die lett. Kultur beeinflußt, und zwar sprachl. in Gestalt des Baltendeutschen, Mittelniederdeutschen und seit Beginn des 17. Jh. in Form des Hochdeutschen.

Im 12. Jh. traten lokale lett. Fürstentümer (Koknese, Jersika, Talava) ins Licht der Geschichte. Diese Kleinstaaten waren dem russ. Fürstentum Pskov tributpflichtig. Den deutschen Kaufleuten und Missionaren folgte der Schwertritterorden, der Anfang des 13. Jh. das Siedlungsgebiet der Letten eroberte. Im Jahre 1201 wurde Riga gegründet. Die polit. erstarkten Litauer verdrängten im Jahre 1236 die Schwertritter. Im Anschluß daran kam es zum Zusammenschluß der Schwertritter mit dem Deutschen Ritterorden und zur Bildung des Liwon. Ordens. Im Jahre 1290 wurden die Semgallen unterworfen. Die polit. Entwicklung Lettlands war in der Folgezeit durch die ständige Präsenz irgendeiner der Großmächte im östl. Ostseeraum gekennzeichnet. Bis 1561 stand die Region unter der Kontrolle des Liwon. Ordens, danach wurde das Herzogtum Kurland von Polen regiert.

Als Folge des für Polen verlorenen Kriegs gegen Schweden etablierte sich die Siegermacht nach dem Frieden von Altmark (1629) in Liwland. Im Jahre 1721 fiel der größte Teil Lettlands an Rußland. Das Herzogtum Kurland geriet 1737 unter russ. Einfluss, und Lettgallen wurde nach der Teilung Polens vom Zarenreich annektiert. Bis 1918 verblieb das lett. Siedlungsgebiet territorial bei Rußland. Die Letten nahmen Teil an der ganz Europa erfassenden nationalen Bewegung. Zwischen 1862 bis 1865 publizierten die Neuletten (K. Valdemars, K. Barons, J. Alunans, u. a.) ihre polit. und sprachpfleger. Aufrufe in den «Peterburgas Avizes» (‹Petersburger Zeitung›). Der Druck der Russifizierung lastete aber auf den Letten bis zur Unabhängigkeit, die 1940 durch die sowjet. Okkupation nihiliert wurde. Der deutschen Besetzung zwischen 1941 und 1944 folgte die Reetablierung der Sowjetmacht, die bis 1991 aufrecht erhalten wurde. Der rasante wirtschaftl. Aufschwung, den Lettland seither erlebt hat, ermöglichte eine rasche Annäherung an die Europäische Union, deren Mitgliedstaat das Land seit Mai 2004 ist.

Lit.: Eckert 2002a, Fernández-Armesto 1994: 288 ff.

Litauer (*Lietùviai,* the Lithuanians). Von den 3,5 Mio. Litauern sind 3,023 Mio. in Litauen beheimatet (entspr. 80 % der Landesbevölkerung). Bevölkerungsreiche litauische Außengruppen gibt es in den Anrainerstaaten (Rußland: 60000, Lettland: 35 000, Polen: 12 000, Belarus: 7000). Mehr als 0,3 Mio. Litauer leben in Westeuropa (Großbritannien: 9000, Deutschland: 7000) und in Übersee (USA: 0,3 Mio., Kanada: 18 000, Australien: 10 000).

Die Litauer sind wie die → Letten ein → baltisches Volk. Das in seiner Sprachentwicklung konservative Litauische und das entwicklungsmäßig progressive Lett. gehören zur ostbalt. Gruppe des Balt. Das Westbalt. ist nur durch das ausgestorbene Altpreuß. vertreten. Balten haben bereits seit dem 2. Jt. v. Chr. in der Region gesiedelt, die nach ihnen benannt ist, im Baltikum. Die Ethnogenese der Litauer als Ethnie mit kulturell-sprachl. Eigenprofil setzte im 7. Jh. n. Chr. ein. Im 12. Jh. wurden aus dem Gebiet der Kiever Rus' her Versuche unternommen, im Gebiet der Litauer zu missionieren. Erfolgreich wurde die Christianisierung aber erst, seit sie im Verlauf des 13. Jh. vom Ritterorden organisiert wurde. Im Jahre 1251 wurde Fürst Mindaugas getauft. Im 13. Jh. formierte sich durch die Vereinigung verschiedener lokaler lit. Stämme ein Staatswesen, das beständig an Macht und Einfluß gewann. Die Entstehung dieses Staates, der erstmals in einer Urkunde aus dem Jahre 1219 erwähnt wird, fand seine Motivation im Widerstand gegen die Expansionspläne des Deutschen Ritterordens.

Der lit. Fürst Jogaila heiratete im Jahre 1386 die poln. Königin Jadwiga und ebnete so den Weg für die Personalunion Litauens mit Polen, die im Vertrag von Krewo (1385) verankert wurde. Dieser Zusammenschluß wurde in der Realunion von Lublin (1569) erneut bestätigt. Erst mit den poln. Teilungen im 18. Jh. wurde die Union formell aufgelöst. Litauen-Polen war vom 14. bis 17. Jh. ein bedeutender Machtfaktor im polit. Kräftespiel Osteuropas. Territorial dehnte sich dieses Reich für einige Zeit von der Ostsee bis ans Schwarze Meer aus. Als Amts- und Urkundensprache diente zunächst das Latein., später das Weißruss. Nach der Umstellung des amtssprachl. Verkehrs auf das Poln. machte sich dessen Einfluß auf die lit. Kultur und Sprache im 17. und 18. Jh. deutl. bemerkbar. Mit der Annexion Litauens durch das zarist. Rußland im Jahre 1795 orientierte sich das kulturelle Leben in Litauen nach Osten. Im 19. Jh. verstärkte sich der Russifizierungsdruck, der zu Beginn des 20. Jh. seine größte Intensität erreicht. Die staatl. Unabhängigkeit (1918–1940) unterbrach die russ. Einflußnahme nur für ein relativ kurze Periode, sie setzte sich ab 1944 im Sowjetismus fort.

Der russ. Einfluß zeitigte in Litauen allerdings eine wesentl. schwächere Wirkung als vergleichsweise im benachbarten Lettland. Seit den 1970er Jahren waren sowjet. Gesellschaftsplaner bemüht, das Russ. als Zweitsprache bei den Litauern populär zu machen und verstärkt in der zweisprachigen, national(litauisch)-russ. Schulausbildung zu fördern. Seit der wiedererlangten staatl. Souveränität im Jahre 1991 spielt das Russ. keine Bedeutung mehr in Litauen. Außer dem Litauischen als Nationalsprache, das seit Mitte des 16. Jh. als Schriftsprache verwendet wird, ist das Poln. als Minderheitensprache anerkannt. Poln. fungiert auch als regionale Amtssprache in den von → Polen bewohnten Bezirken.

Lit.: Eckert 2002b, Fernández-Armesto 1994: 283 ff.

Luxemburger (*Lëtzebuerger,* the Luxemburgers). Die 0,276 Mio. einheim. Bewohner Luxemburgs haben eine markante Regionalkultur entwickelt, deren multilinguales Gepräge in seiner Komplexität nur mit

einem anderen Staat Westeuropas vergleichbar ist, mit Andorra. Zur
0,44 Mio. Menschen zählenden Landesbevölkerung gehören außerdem
58400 → Portugiesen, 20300 → Italiener, 20100 → Franzosen, 15100 →
Belgier, 10600 → Deutsche u. a.

Das einheim. Idiom, das mit dem moselfränk. Dialekt auf deutscher
Seite eng verwandte Letzeburgisch, ist als selbständige Schriftsprache
ausgebaut und wird seit dem 19. Jh. geschrieben. Aber auch das Hoch-
deutsche wird von den Luxemburgern verwendet, wenn auch weniger
häufig als das Letzeburg. In Luxemburg überdachen daher zwei nah
verwandte Schriftsprachen die letzeburg. Umgangssprache. Hinzu
kommt außerdem ein intensiver Kontakt zur französ. Hochsprache.
Die Aufwertung des Letzeburg. als Nationalsprache (seit 1984) und
Amtssprache Luxemburgs (neben Deutsch und Französ.) macht diese
Sprache zu einem hervorstechenden Merkmal der Regionalkultur der
Luxemburger.

Lit.: Fernández-Armesto 1994: 104 ff., Newton 1996

M

Maasai (*Maasai*, the Maasai). Rund 0,9 Mio. Maasai leben beiderseits der kenian.-tansan. Grenze, in einer Region nordwestl. des Kiliman-jaro. Die traditionale Wirtschaftsform der Maasai ist die Viehhaltung, und das Besitztum von Vieh als Vorrecht des Volkes wird religiös begründet. Noch vor hundert Jahren besaßen die Maasai die besten Weidegründe zwischen Mount Kenya und Mount Elgon, wurden von dort aber vertrieben. Die Maasai sind den Europäern durch Reisebe-richte des 19. Jh. bekannt geworden (z.B. durch Joseph Thomsons Rei-sebericht «Through Masailand» aus dem Jahre 1885). Um die lang-wüchsigen Rindernomaden haben sich seither allerlei Legenden ge-rankt, sie entsprachen den romant. Idealen der Europäer vom «edlen Wilden», und solche Vorstellungen begleiten auch die Safaritouristen unserer Tage.

Die Maasai sind ein ostnilot. Volk (→ Niloten) mit einer ausgepräg-ten Stammesgliederung. In der Stammesordnung werden fünf Clans (Stämme) unterschieden, die jeweils ein eigenes Brandzeichen für ihr Vieh verwenden. Die Maasai sind exogam: geheiratet wird immer nur ein Angehöriger eines anderen Clans. Oberhaupt eines jeden Stammes ist der *laibon*, früher ein religiöser Führer, der gemäß der Tradition in der Lage war, mit dem Hauptgott der Maasai, Enkai, zu kommunizie-ren, der aber heutzutage eine Rolle als weltl. Führerfigur übernimmt.

Die Maasai haben eine lange Tradition als Kriegervolk; die Kaste der *moran* (‹Krieger›) bildete eine soziale Elite. Heutzutage befehden sich die Clans nicht mehr untereinander, obwohl weiterhin die traditionalen Initiationsriten zur Aufnahme in die Kriegerkaste praktiziert werden. Das Image als Krieger hat die Maasai womögl. davor geschützt, von den europ. Kolonialherren behelligt und rücksichtslos verdrängt zu wer-den. Als Krieger genossen die Maasai auch den Respekt der arab. Händ-ler an der ostafrikan. Küste. Karawanen, die durch Maasai-Land zogen, mußten Wegezoll entrichten. Einen legendären Ruf haben sich die Maa-sai-Krieger (Askari) erworben, die unter der Führung des deutschen Generals Lettow-Vorbeck während des Ersten Weltkriegs gegen die Briten in Ostafrika kämpften. Den zahlenmäßig weit überlegenen brit.

Kolonialtruppen gelang es jahrelang nicht, die Maasai-Krieger zu schlagen oder gefangen zu nehmen.

Das Maasai (Maa) ist eine nilot. Sprache und gehört im weiteren Rahmen zur nilo-saharan. Sprachfamilie. Seit etwa hundert Jahren wird Maasai geschrieben. Eine vollständige Bibelübersetzung erschien 1991. Der Einband der Bibel ist, abweichend vom gewöhnl. Schwarz, rot. Dies ist die heilige Farbe der Maasai: sie symbolisiert das Blut der Rinder und damit Leben schlechthin. – Der kenian. Rundfunk strahlt Sendungen in Maasai aus.

Lit.: Arhem 1985, Bromlej 1988: 293 f., Sankan 1995

Maduresen (*Madhura, Mathura,* the Madurese). Die Hauptgruppe der Maduresen ist in Indonesien beheimatet. Mit 13,7 Mio. Angehörigen gehören sie zu den zahlenmäßig bedeutenden → malaiischen Völkern. Ihr Siedlungsgebiet liegt auf der Insel Madura, auf den Sapudi-Inseln und in der nordöstl. Küstenregion Javas. In Singapur gibt es eine madures. Außengruppe. Dies sind Nachkommen madures. Einwanderer. Von den 14300 ethn. Maduresen in Singapur sprechen nur noch rund 900 Madures., die übrigen haben sich ans Chines. assimiliert.

Die große Mehrheit der Maduresen sind sunnit. Muslime; daneben gibt es eine Minderheit von Christen. Das Madures. gehört zum malaio-polynes. Zweig der austrones. Sprachen. Die Maduresen sind überwiegend zweisprachig und sprechen außer ihrer Muttersprache Madures. das Indones. (Bahasa Indonesia) als Zweitsprache. Das Madures. gehört zu denjenigen malaiischen Sprachen Indonesiens, die besonders stark von der Nationalsprache, dem Indones., beeinflußt sind.

Lit.: Bromlej 1988: 268, Haarmann 2002a: 286 f.

Makedonen (*Makedonci,* the Macedonians). Rund zwei Drittel der 2 Mio. Makedonen leben in der seit Dezember 1991 unabhängigen Republik Makedonien, wo sie mit 1,3 Mio. 66,5 % der Landesbevölkerung ausmachen. Makedon. Außengruppen gibt es in anderen Staaten Südosteuropas, und zwar in Griechenland (0,12 Mio.), Albanien und Bulgarien. Mehrere hunderttausend Europäer makedon. Abstammung sind heute in Übersee beheimatet, v. a. in den USA und in Australien.

Das → slawische Volk der Makedonen hat seinen Namen von der histor. Landschaft Makedonien. Hier fanden die Vorfahren der heutigen

Makedonen, die südslaw. Migranten, die im 6. und 7. Jh. n. Chr. als land-nehmende Ackerbauern dorthin kamen, eine Heimat. Anders als etwa im Engl. hat sich im Deutschen die begriffl. Unterscheidung zwischen «Makedonen» (auch: «Makedonier») und «Mazedonier» durchgesetzt: Die slaw. Makedonen sind scharf zu trennen vom antiken Volk der Mazedonier, die schwerpunktmäßig im nördl. Griechenland (d. h. im griech. Teil Makedoniens) siedelten. Beides sind zwar Indoeuropäer, es besteht aber keine siedlungsmäßige oder kulturelle Kontinuität in der Region. Rückgriffe moderner makedon. Nationalisten auf den Maze-donier Alexander den Großen als berühmten Vorfahren sind daher kul-turhistor. haltlos.

Im kulturellen Gedächtnis der Makedonen ist bis heute die Erinne-rung an die kulturelle Blüte des Mittelalters lebendig. Ohrid war ab dem 10. Jh. ein Zentrum der altkirchenslaw. Sprachkultur. Das mittelalterl. Kulturschaffen erlahmte bald, nachdem die Region von den Türken be-setzt worden war. Bis zum Beginn des 20. Jh. gehörte Makedonien zum Kolonialbesitz des osman. Großreichs auf dem Balkan. Das christl. Kulturerbe ist aber trotz der Jahrhunderte islam. Einflusses während der Türkenzeit bis heute erhalten geblieben. Die Mehrheit der Makedo-nen bekennt sich zum griech.-orthodoxen Glauben. Das mittelalterl. Patriarchat von Ohrid wurde wiederbelebt, und im Jahre 1967 erklärte die makedon.-orthodoxe Kirche ihre Unabhängigkeit vom serb.-ortho-doxen Patriarchat. Diese Trennung ist auch nach der Auflösung des alten Jugoslawien und der Öffnung Makedoniens in die Welt der parla-mentar. Demokratie beibehalten worden. Nur wenige zehntausend Sla-wen in Makedonien sind Muslime.

Als Ergebnis des zweiten Balkankriegs, den Griechenland, Bulgarien und Serbien um die Herrschaft über Makedonien führten, wurde die Region im Jahre 1913 auf die am Krieg beteiligten Staaten aufgeteilt (Ägäisch-Makedonien an Griechenland, Vardar-Makedonien an Ser-bien, Pirin-Makedonien an Bulgarien). Der serb. Teil Makedoniens wurde 1918 in das Königreich der Serben, Kroaten und Slowenen in-tegriert. Allein der Name des neuen Staates läßt erkennen, daß damals die nationale Identität der Makedonen als selbständiges Volk von den Nachbarvölkern nicht anerkannt wurde. Die 1930er Jahre brachten eine rigide Serbisierungspolitik. Während des Zweiten Weltkriegs hielt Bul-garien, das damals ein mit Hitler-Deutschland verbündeter Staat war, ganz Makedonien besetzt. In dem von Tito geschaffenen kommunist. Jugoslawien wurde Makedonien im Jahre 1944 kulturpolit. Autonomie zugestanden und das Makedon. als Amtssprache institutionalisiert. Damals wurden die Normen der modernen makedon. Standardsprache festgeschrieben. Bis 1991 war Makedonien eine eigene Republik innerhalb des jugoslaw. Verbundes.

Die Unabhängigkeitserklärung als «Republik Makedonien» stieß auf heftigen Widerstand Griechenlands und führte zur kompromißweisen Namensergänzung «Republic of Former Jugoslavia» (RFY) in der EU-Sprachregelung. Die polit. Spannungen mit dem Nachbarn Griechenland resultierten aus der Befürchtung der griech. Regierung, daß der sich mit der Unabhängigkeit verstärkende makedon. Nationalismus als Irredenta-Bewegung auf die slawophone Bevölkerung Nordgriechenlands übergreifen und auch zu territorialenAnsprüchen führen könnte. Befürchtungen, die griech. Makedonen könnten sich zu einer patriot. Bewegung formieren, die den Anschluß an Makedonien fordert, scheinen aber nach der derzeitigen Lage unbegründet zu sein.

Die junge Republik hat eine polit. Hypothek aus der Vergangenheit in die Gegenwart übernommen: die Spannungen zwischen der slaw. Bevölkerungsmehrheit und den ca. 0,45 Mio. Albanern, die 23% der Landesbevölkerung ausmachen. In der Nachfolge des Kosovo-Kriegs 1999/2000 eskalierten sie soagar zu einem bewaffneten Konflikt. Das Problem, in welchem Umfang die alban. Minderheit im Parlament und an der polit. Willensbildung beteiligt werden soll, scheint bislang nicht endgültig gelöst.

Lit.: Friedman 1993, Szobries 1999

Malaien, malaiische Völker (*Orang Melaiu*, the Malays) stellen die Mehrheitsbevölkerung im sogenannten Malaiischen Archipel. So wird die Inselwelt von → Südostasien und Ostasien bis hin zu den Philippinen bezeichnet. Man unterscheidet die Großen Sundainseln (Kalimantan/Borneo, Sulawesi/Celebes, Java, Sumatra), die Kleinen Sundainseln (Bali u.a.), die Molukken (Maluku) und die Philippinen. Im Unterschied zu den → Papua-Völkern Neuguineas sind die → Melanesier, die die westl. und nördl. Küstenregion Neuguineas besiedeln, Nachkommen früher malaiischer Migranten. Als Träger der Lapita-Kultur haben sie bereits im 3.Jt. v.Chr. eine von der malaiischen abweichende kulturelle Identität entwickelt. Die Malaien sind wie die Melanesier und die → Mikronesier eine Ausgliederung aus der Makrogruppierung der → Austronesier (s. Karte dort).

Die Großregion des Malaiischen Archipels ist multiethn., multikulturell und multilingual. Dort leben Hunderte von Völkern, insgesamt mehrere hundert Millionen Menschen. Zu den bevölkerungsreichen malaiischen Ethnien gehören die → Javaner (75 Mio.), Malaysier bzw. Festlandmalaien (18 Mio.), → Filipinos mit Tagalog als Muttersprache (17 Mio.), → Maduresen (13,7 Mio.), → Ilocano (8 Mio.) und → Balinesen (3,8 Mio.). Die meisten malaiischen Ethnien sind allerdings Kleinvölker mit teilweise nur wenigen tausend oder hundert Angehörigen wie die Badui (5000) auf Java, die Kioko (1000) auf Sulawesi, die Bobot (4500) auf der Molukkeninsel Seram, die Latan (2000) auf Mindoro, die Batak (2040) auf Palawan, die Lelak (220) auf Sarawak.

In der von Malaien bewohnten Großregion findet man enorme Kontraste zwischen ethn. Zugehörigkeit und sprachl. Identität. Die in der Inselwelt Südostasiens am weitesten verbreitete Variante des Malaiischen, das Indones. (*Bahasa Indonesia*), wird dort von etwa 162 Mio. Menschen gesprochen. Davon sind ca. 21 Mio. Muttersprachler, die große Mehrheit (141 Mio.) spricht das Indones. als Zweitsprache. Die indones. Standardsprache orientiert sich am Stadtdialekt von Jakarta (*Omong Jakarta*). Die sprachl. Identität korreliert allerdings nicht mit einer homogenen ethn. Identität. Sprecher des Indones. gehören Dutzenden verschiedener Völker an. Ähnlich komplex sind die Verhältnisse beim Tagalog, der Nationalsprache der Philippinen. Die Gemeinschaft derer, die sich aufgrund ihrer Muttersprache (Tagalog) als Filipinos definieren, ist kleiner als die Zahl der Angehörigen verschiedener Völker, die Tagalog als Zweitsprache sprechen (etwa 25 Mio.).

Die malaiischen Sprachen bilden die sundische Gruppe des malaiopolynes. Sprachzweigs, der zur großen austrones. Sprachfamilie (mit 1236 Sprachen nach den Niger-Kongo-Sprachen die zweitgrößte linguist. Makrogruppierung der Welt) gehört. Der Malaiische Archipel ist eine alte Kulturlandschaft. Die ältesten Zeugnisse malaiischer Schriftsprachen stammen aus dem 7. Jh. n. Chr. (aus Sumatra). Im 9. Jh. setzt die Tradition des altbalines. Schrifttums ein. Das Altjavan. ist seit dem 11. Jh. überliefert. Die Schriftlichkeit verbreitete sich bei den Malaien insbesondere unter dem Einfluß des Hinduismus und Buddhismus sowie mit deren heiligen Sprachen, dem Sanskrit und Pali. Später machte sich auch der Einfluß des Islam geltend. Jahrhundertelang wurde das Festlandmalaiische (Malays.) in arab. Schrift geschrieben, seit den 1960er Jahren in Lateinschrift.

Die Identität malaiischer Regionalkulturen bildete sich im Verlauf

des 3. Jt. v. Chr. heraus, nachdem Austronesier um 3000 v. Chr. die Inselwelt Indonesiens und der Philippinen kolonisiert hatten. Bereits in der
Frühzeit betrieben die Malaien eine kombinierte Wirtschaftsform, wozu
die Ausbeutung natürl. Ressourcen wie der Fisch- und Muschel-
bestände ebenso wie die Nahrungsproduktion (Anbau von Knollenge-
wächsen wie Jams und Taro) und die Viehhaltung (Schweine, Hühner)
gehörten. Malaiische Populationen waren am Fernhandel zwischen Indien und China beteiligt, dessen Routen durch den Archipel führten.
Die älteste malaiische Staatsgründung war die des Reiches von Srivijaya
(auf Sumatra und Bangka), das in Inschriften des 7. Jh. n. Chr. bezeugt
ist. Dessen Hauptstadt und wichtigstes Handelszentrum war Palem-
bang. Spätere politisch, wirtschaftl. und kulturell einflußreiche Reiche
entstanden auf Java (seit dem 8. Jh.) und Bali (12. Jh.).

Seit mindestens dem Beginn unserer Zeitrechnung haben Ausländer
die Inseln des Malaiischen Archipel befahren und dort Handel getrieben. Im 9. Jh. reichten die Handelskontakte der → Araber bis zu den
Philippinen. Seit dem 11. Jh. unterhielten dort → Chinesen Handelsstützpunkte. Die Präsenz der Europäer, die im Jahre 1511 mit der Eroberung der Malaiischen Halbinsel durch die → Portugiesen beginnt
und sich mit der Landung der → Spanier auf den Philippinen im Jahre
1521 und mit der ersten Expedition der → Niederländer nach Sumatra,
Java und Bali im Jahre 1595 fortsetzt, sollte das polit. und kulturelle Leben der Region entscheidend prägen. Die Ära des Kolonialismus hat
bleibende Spuren in Sprache und Kultur hinterlassen. Dies sind beispielsweise die niederländ. Lehnwörter im Indones. und Javan., die
engl. Kulturwörter im Malays., die span. Elemente im Tagalog sowie
das Kulturerbe der Lateinschrift, mit der heute das Tagalog, das Malays., das Indones. und andere malaiische Sprachen geschrieben werden.
Dazu gehört auch der lebende Kontakt zu europ. Sprachen, wie zum
Portugies., das Amtssprache des seit 2001 unabhängigen Ost-Timor ist.

Lit.: Eiseman 1989, Hall 1985, Prentice 1992, Rolf 1989

Malteser (*Il-Malti*, the Maltese). Von den 0,5 Mio. Maltesern leben 0,37
Mio. im maltes. Inselarchipel, wozu die Hauptinsel Malta, außerdem
die Nebeninseln Gozo und Comino gehören. In den Nachbarstaaten
(Italien, Tunesien) sowie in Großbritannien gibt es zahlenmäßig bedeutende maltes. Außengruppen. Die bevölkerungsreichste aber ist die
maltes. Minderheit in Australien (85000). Malteser sind im 19. und

20. Jh. auch nach Amerika ausgewandert, und zwar in die USA und nach Kanada.

Die Malteser sind ein semit. Volk, und ihre Sprache ist mit dem Arab. eng verwandt. Histor. hat sich das Maltes. aus der maghrebin. Variante des Arab. ausgegliedert. Maltes. ist die einzige semit. Sprache, die in Lateinschrift geschrieben wird. Die frühesten Schriftzeugnisse stammen aus dem 15. Jh. Heute wird Maltes. an allen Schulen unterrichtet, und sein Gebrauch als Schriftsprache erweitert sich ständig. Maltes. ist die Nationalsprache der Malteser, aber nicht Staatssprache Maltas. Das koloniale Erbe der Inseln hat sich in der offiziellen Zweisprachigkeit erhalten. Engl. fungiert als externe Amtssprache im Rahmen der Kontakte Maltas mit dem Ausland. Maltes. übernimmt die Funktionen einer internen Amtssprache zur Regelung der Amtsgeschäfte im Inland.

Die maltes. Inseln wurden in der Nachfolge der arab. Expansion in Nordafrika besetzt, und zwar 870 von Sizilien aus. Das von den → Arabern nach Malta transferierte Maghrebin.-Arab. verbreitete sich rasch bei der lokalen Bevölkerung und wurde im Sprachwechsel zu ihrer Hauptsprache. Die arab. Herrschaft über die Inseln endete mit deren Eroberung durch die Normannen im Jahre 1090. In den folgenden Jahrhunderten war die polit. Geschichte Siziliens und Maltas auf Engste miteinander verwoben. Zwar wurde Malta seit 1530 vom Johanniterorden regiert, an den der Habsburger Herrscher Karl V. die Inseln übergab, die kulturellen Bindungen an Sizilien blieben aber weiterhin bestehen. Das Maltes. stand lange unter dem Einfluß des Sizilian., später dann wirkte das Standarditalienische ein.

Das Jahr 1565 ist von großer Bedeutung für das Selbstwertgefühl der Malteser: Eine türk. Armada im Verbund mit arab. Eliteeinheiten aus Nordafrika belagerte die Festungsanlagen der Hauptinsel. Obwohl die Ordensritter und ihre Hilfstruppen zahlenmäßig unterlegen waren, leisteten sie erbitterten Widerstand. Nach monatelangen vergebl. Anstrengungen und erhebl. Verlusten zogen die Türken wieder ab. Dieser Sieg der christl. Ordensritter über die Muslime wird im kulturellen Gedächtnis der Malteser als «Rettung des christl. Europa» hochstilisiert.

Französ. Truppen unter Napoleons Kommando besetzten im Jahre 1798 Malta und vertrieben die Johanniter. Die Malteser suchten Hilfe bei den → Engländern, denen die Inseln 1814 im Frieden von Paris zugestanden wurden und die dort ihre Kolonialherrschaft etablierten. Im 19. Jh. regten sich in Malta wie anderswo in Europa auch nationale Bestrebungen, die die Sprachenfrage zum Politikum machten. Das Engl.

fungierte als Amtssprache und das Italien. als Bildungssprache. Das Lager der Nationalisten war gespalten. Die einen befürworteten die Einführung des Italien. als Unterrichtssprache in der Schulausbildung, die anderen setzten sich für die Einführung des Maltes. ein. Die engl. Administration förderte das Maltes., nicht aus Respekt vor den nationalen Interessen der Malteser, wohl aber um den Einfluß des Italien. zu schwächen. 1933 wurde das Italien. vom Maltes. als Gerichtssprache abgelöst, und ein Jahr später erfolgte die Gleichstellung des Maltes. mit dem Engl. als Amtssprache. Die amtl. Zweisprachigkeit wurde auch für den seit 1964 unabhängigen Staat Malta übernommen. Malta hat seine histor. Bindungen an Europa durch seine polit. und wirtschaftl. Annäherung an die Integrationsbewegung bekräftigt. Im Rahmen der Erweiterung der Europ. Union 2004 wurde auch Malta aufgenommen.

Lit.: Grossjohann 1989, Kontzi 1997

Manchu, Mandschuren (*Man'čžu njalma*, the Manchu). Das histor. Verbreitungsgebiet der Manchu, die Mandschurei, umfaßt im wesentl. die chines. Provinzen Heilongjiang, Jilin und Liaoning. Die Manchu sind eine der offiziell anerkannten Nationalitäten Chinas. Die Zahl der Menschen mit mandschur. Abstammung beläuft sich auf ca. 4,3 Mio. Von diesen bekennen sich rund 1,8 Mio. zur mandschur. Nationalität. Die Manchu sind → Tungusen und unterscheiden sich in anthropolog. Hinsicht deutl. von den → Chinesen. Aber seit Jahrhunderten stehen die Manchu im Kontakt mit der chines. Mehrheitsbevölkerung und haben sich kulturell wie sprachl. weitgehend assimiliert. Von den alten mandschur. (= nichtchines.) Kulturtraditionen ist nur wenig bewahrt (z.B. die besondere Konstruktion des Torbogens beim Hausbau), und es sprechen nur noch rund 70 Personen Manchu, das histor. Erkennungszeichen der Tungusen. Derart krasse Kontraste zwischen ethn. Zugehörigkeit und Sprachzugehörigkeit wie bei den Manchu findet man selten.

Die kollektive ethn. Identität der Manchu hat sich im Verlauf des Mittelalters herausgebildet. An der Ethnogenese dieses Volkes, das seit 1635 als ethn. Eigenbezeichnung den Namen «Manchu» verwendet, waren verschiedene tungus. Volksstämme beteiligt. Dominierend waren die Dschurdschen (Jurchen), die aus den chines. Quellen als Jin bekannt geworden sind. Diese gründeten im Jahre 1115 ein Reich im Norden und Nordosten Chinas, welches 1234 von den Mongolen zerstört wurde. Unter ihrem Herrscher Nurhachi (1559–1626) gelang den

Dschurdschen eine neue Reichseinigung. Der polit. Einfluß der neuen Herrscher war so groß, daß er auf ganz China ausstrahlte. In der Zeit von 1644 bis 1911 regierten Manchu-Herrscher als Qing-Dynastie das Reich der Mitte. In jener Zeit fungierte Manchu auch als Amtssprache in China.

Das Manchu, das zum tungus. Sprachzweig der altaischen Sprachfamilie gehört, wird seit Ende des 16. Jh. in einer von der mongol. Schrift abgeleiteten Variante geschrieben. Zum Originalschrifttum gehören Werke über Staatswesen und Chroniken («Altmandschur. Akten» aus der Zeit zwischen 1607 und 1637), der Bericht einer Gesandtschaftsreise nach Rußland (1712–15) sowie verschiedene religiöse Texte (mit Anweisungen für schamanist. Zeremonien). Der größte Teil des Schrifttums in Manchu sind Übersetzungen aus dem Chines., wozu histor. Werke, klass. Romane und religiöse (buddhist.) Texte zählen.

Lit.: Benzing 1956, Bromlej 1988: 286 f., Janhunen 1996

Mansen (*Mansi,* russ.: Mansi), auch: Vogulen. 8300 Mansen leben im autonomen Bezirk Chanty-Mansijsk im Verwaltungsgebiet Tjumen der Russ. Föderation. Ethn. gehören sie zu den → finno-ugrischen Kleinvölkern in → Nordsibirien. An der Ethnogenese der Mansen waren autochthone Populationen der Ural-Region, Ugrier und → indo-iran. Stämme beteiligt. Das Mansische bildet mit der Sprache der → Chanten die ob-ugr. Gruppe der finn.-ugr. Sprachen. Von den vier lokalen Gruppen haben die nördl. Mansen ihr Volkstum und ihre Sprache am besten bewahrt. Die ältesten Berichte über die Mansen stammen aus dem 18. Jh.

Lit.: Funk/Sillanpää 1999: 30 ff., Tiškov 1994: 227 ff.

Maori (*Maori,* the Maori). Heute sind etwa 0,3 Mio. Menschen in Neuseeland beheimatet, deren Vorfahren Maori waren. Ihr Anteil an der Gesamtbevölkerung des Landes macht knapp 10 % aus. Sie leben überwiegend im nördl. Teil der Nordinsel. Von den ethn. Maori sprechen nur noch rund 70 000 Personen aktiv Maori; weitere 0,1 Mio. können es verstehen. Obwohl Maori gemäß dem Maori Language Act von 1987 nominell neben dem Engl. Amtssprache Neuseelands ist, hat es praktisch keine Bedeutung. In Maori werden ledigl. einige amtl. Verlautbarungen der Form halber publiziert.

Die Maori sind Nachfahren der → Polynesier, die mit der sechsten und letzten großen pazif. Migration um 1000 n. Chr. nach Neuseeland gelangten. Diese Migration ging von den Gesellschaftsinseln (Hauptinsel Tahiti) aus. Die frühesten Kontakte mit Europäern gehen auf das 19. Jh. zurück. Im Jahre 1814 ließen sich die ersten engl. Siedler in Neuseeland nieder. Wie in anderen Regionen Ozeaniens auch schufen sich die europ. Kolonisten ihr eigenes Gemeinwesen, in dem für die Einheim. kein Platz vorgesehen war. Als Großbritannien Neuseeland als Kolonie übernahm, wurden den Maori im Vertrag von Waitangi (1840) zwar nominell ihr traditioneller Landbesitz, ihre Siedlungsplätze sowie ihre Fischgründe zugestanden, die Realität der Landnahme engl. Siedler ließ aber keinen Spielraum für die Einhaltung der vertragl. garantierten Rechte.

In der zweiten Hälfte des 19. Jh. erlebte die ethn. Gemeinschaft der Maori phys., kulturell und sprachl. einen dramat. Auflösungsprozeß. Viele Menschen starben an den von den Europäern eingeschleppten Krankheiten, andere verloren ihre kulturelle Identität und assimilierten sich ans Engl. Die Mehrheit der Maori hatte sich auf diese Weise bis zum Ende des 19. Jh. assimiliert, und die meisten hatten unter dem Missionsdruck brit. Priester das Christentum angenommen. Allerdings praktiziert bis heute rund ein Fünftel der Maori polynes. Riten. Trotz einer weitgehend neutralen Innenpolitik in dem seit 1907 mit weitreichender Selbstverwaltung ausgestatteten Land, wo sich die eingewanderten Europäer bemühten, rassist. Attitüden abzubauen und die Maori am polit. Entscheidungsprozeß teilhaben zu lassen (4 der 92 Parlamentssitze sind für Maori reserviert), blieben die meisten Maori vom wirtschaftl. Aufschwung ausgeschlossen und lebten weitgehend isoliert von den kulturellen und wirtschaftl. Zentren.

Erst in den 1970er Jahren wurde ein von den Maori selbst initiiertes Revitalisierungsprogramm (die *aatarangi*-Bewegung) ins Leben gerufen, deren Ziel es war, die Sprache ihrer Vorfahren im Kreis der Erwachsenen populär zu machen. Die meisten Maori, auch diejenigen, die sie nicht mehr beherrschen, sind sich des symbol. Werts der Muttersprache für die ethn. Identitätsfindung bewußt. Anfang der 1980er Jahre wurden auch Anstrengungen unternommen, Maori in Kindergärten zu verwenden, um Kinder im Vorschulalter daran zu gewöhnen. Diese intensive Sprachvermittlung in Vorschulgruppen wird *kohanga reo*, wörtl. ‹Sprachnest›/engl. *language nest* genannt. Ende der 1980er Jahre waren bereits 8000 Kinder an diesem Programm beteiligt. Maori wird heutzutage in mehreren hundert Schulen unterrichtet. Seit den 1980er Jahren sind die Maori auch polit. aktiver geworden und haben ihre eigenen Organisationen gegründet. Klagen bezügl. ihrer Landbesitzrechte ist durch Entscheidungen des Obersten Gerichtshofes (1986, 1987 u. a.) entsprochen worden.

Lit.: Bromlej 1988: 287 f., Le Cam 1992, Ludwig 1994: 130 ff., Nile/Clerk 1996: 62 ff.

Mari (*Mari*, the Mari/Cheremis). Die Mari (älterer Name: Tscheremissen) gehören zu den → finno-ugr. Völkern. Etwas mehr als die Hälfte der insgesamt 0,64 Mio. Mari siedelt in der Republik Marij El an der mittleren Wolga. Von der Gebietsbevölkerung sind 43 % Mari und 47 % → Russen. Es werden zwei Gruppen von Mari unterschieden: Tieflandmari und Bergmari. Die Bergmari wurden vollständig christianisiert. Bei den Tieflandmari haben sich schamanist. Bräuche und Vorstellungen von einer von Schutzgeistern belebten Natur erhalten. In den 1990er Jahren wurde das traditionelle Ritualwesen in Opferhainen wiederbelebt. Eine dritte Gruppe, die Ostmari, lebt getrennt von den übrigen im westl. Vorland des Ural (Baschkirien). Knapp 80 % aller Mari haben ihre Muttersprache bewahrt. Rund ein Fünftel ist mit Russ. aufgewachsen.

Die Sprache der Mari ist mit dem Mordwin. verwandt und bildet mit diesem die Gruppe der wolgafinn. Sprachen. Seit dem 18. Jh. gibt es Aufzeichnungen von Texten in Mari in kyrill. Schrift (1938 Orthographiereform). Im 19. Jh. entstand religiöse Übersetzungsliteratur. Der Sprachgebrauch der Bergmari ist so verschieden von dem der Tieflandmari, daß sich zwei regionale Schriftsprachen ausgebildet haben. Vorschläge von Sprachforschern aus den 1990er Jahren, die Schriftsprache zu vereinheitlichen, sind bei den Bergmari auf Ablehnung gestoßen.

Lit.: Bromlej 1988: 289 f., Saarinen 2002b

Maya (the Maya(s)). Entgegen einer weit verbreiteten Auffassung ist die Maya-Bevölkerung im 16. Jh. von den span. Konquistadoren und ihren Helfershelfern nicht ausgerottet worden. Diese vernichteten zwar den größten Teil der klass. Maya-Zivilisation und deren Träger, die Elite der Priester, der Aristokratie und der Schriftkundigen. Das einfache Volk wurde aber zu Arbeitssklaven degradiert, die für span. Großgrundbesitzer und für die Amtskirche Dienst taten. Die Nachkommen jener sozial unterprivilegierten → Indianer leben heute in den Staaten Mittelamerikas, vorwiegend in Mexiko, in Guatemala und in Belize, ein kleiner Teil auch in Honduras.

Im Hinblick auf ihre regionalen kulturellen und sprachl. Eigenheiten gibt es heute noch 68 Maya-Ethnien. Die Maya-Sprachen repräsentieren eine eigene Sprachfamilie, für die keine nähere oder entferntere Verwandtschaft mit anderen amerikan. Sprachen nachgewiesen werden kann. Die heutige Siedlungszone der Maya-Ethnien ist ebensowenig deren Ursprungsgebiet wie das präkolumb. Siedlungsgebiet im westl. Hochland. Ursprüngl. lebten die Maya an der Ostküste Mexikos, in der westl. Küstenzone des Golfs von Mexiko. Von dort wanderten sie um 2000 v. Chr. nach Süden. Die bevölkerungsreichsten Ethnien sind die Yucateken (Maya in Yucatán) mit rund 0,5 Mio., die westl. Quiché (0,355 Mio.) und die Küsten-Quiché (0,152 Mio.). Zu den kleinsten Maya-Populationen gehören die Lacandón (550), die Mochó (500) und die südöstl. Tzeltal (ca. 500).

Viele Maya haben sich assimiliert und sprechen nurmehr Span. Ihre indian. Herkunft ist aber an ihren anthropolog. Merkmalen zu erkennen. Selbst die sprachl. assimilierten Indianer pflegen ihre lokalen Kulturtraditionen (z.B. Kleidung, Konventionen des Sozialkontakts, Vitalität präkolumb. Heilriten). Die Maya im Hochland glauben an schützende Berggeister, die Sorge für eine reiche Maisernte tragen. Im Tiefland ist die Erinnerung an den Regengott Chac lebendig geblieben. Auch das totemist. Motiv des Jaguars mit seiner zentralen Rolle in der präkolumb. Mythologie ist nicht vom Christentum verdrängt worden. Die Gestalt Christi wird von den Maya als Kulturheros verehrt, der bemüht war, Ordnung in die Welt zu bringen.

Lit.: Bromlej 1988: 269 ff., Morris 1988, Münzel 1985a: 24 ff.

Melanesier (Melanesians). Das histor. Verbreitungsgebiet melanes. Ethnien umfaßt im Westen Neuguinea, reicht im Süden bis nach Neukaledonien, dehnt sich im Osten bis über den Fidschi-Archipel hinaus aus und geht im Norden in die Kulturzone Mikronesiens über. Die Melanesier bilden – wie die → Mikronesier und → Polynesier – eine Gruppierung im ethn. Kontinuum der → Austronesier (s. Karte dort).

Die meisten der über 550 melanes. Ethnien sind Kleinvölker mit wenigen tausend oder hundert Mitgliedern. Davon sind rund 370 an der

Nord- und Ostküste Neuguineas beheimatet. Hierzu gehören die Panaieti (14000), Lamogai (3600), Kapin (2350) u. a. Melanes. Kleinvölker Neukaledoniens sind beispielsweise die Dehu (15000), Caac (750), Vamale (150). Zu den Völkern Vanuatus gehören u. a. die Hano (7000), Apma (4500) und Sowa (20). Melanes. Ethnien, die auf den Salomonen leben, sind u. a. die Mono (9500), Babatana (6150) und Vano (140).

Das Ursprungsgebiet der Melanesier (bis etwa 1500 v. Chr.) liegt im östl. Teil Neuguineas und in der Inselwelt des Bismarck-Archipels. Ein Kulturgut, das auf viele Inseln Ozeaniens exportiert wurde, ist Obsidian, der schon vor rund 10 000 Jahren gehandelt wurde. Seine Hauptfundstätte ist Talasea auf New Britain. Charakterist. für die frühe melanes. Kultur ist jedoch eine bestimmte Tonware, Lapita genannt, deren Produktion um 1600 v. Chr. begann. Die Lapita-Keramik ist die archäolog. Leitform, an deren Verbreitung die Geschichte der melanes. Migration nach Süden und Osten, bis zu einer Entfernung von 2500 km vom Ursprungsgebiet, verfolgt werden kann. Bemerkenswerterweise breitete sich die Lapita-Technologie nicht weit über Melanesien hinaus aus. An der Peripherie liegen Samoa und Tonga. Ab 500 v. Chr. begann die Produktion von Lapita zu stagnieren, die Formgebung wurde stereotyp, die Verzierungen vereinfachten sich. Die letzten Spuren dieser Technologie verlieren sich auf der Yule-Insel im Golf von Papua um 1200 n. Chr.

Die Tradition des jahrtausendealten maritimen Handels lebt weiter fort. Im Kernland Melanesiens hat sich bis heute der rituelle Austausch von Prestigegütern erhalten. In einem Radius von etwa 250 km findet zwischen den Inseln ein zeremonialer Austausch statt, der als Kula-Route bekannt ist. Vom Bismarck-Archipel im Westen bis zu den Laughlan Islands im Osten, von den Trobriand Islands im Norden bis zum Louisiade-Archipel im Süden werden Muschelketten (*soulava*) im Uhrzeigersinn und im Austausch dafür Armreifen (*mwali*) entgegen dem Uhrzeigersinn von Insel zu Insel transportiert. Die an diesem zeremonialen Kula-Tauschhandel beteiligten Partner halten ein Leben lang Kontakt miteinander.

Lit.: Nile/Clerk 1996: 54 ff.

Mestizen (*mestizos,* mestizos*)* sind die Nachkommen aus Mischehen zwischen europ. Einwanderern nach Amerika und Altamerikanern (→ Indianern). Sie beherrschen heute das anthropolog. Profil der Bevölkerungen Mittel- und Südamerikas. Rein indian. Populationen sind in den meisten Regionen seit langem Minderheiten. In der Physiognomie der Mestizen überwiegen europide Merkmale. Es gibt allerdings Regionen, etwa Peru, Bolivien und Paraguay, wo indian. Merkmale im äußeren Erscheinungsbild der Mestizen (Gesichtszüge, Beschaffenheit des Kopfhaars) den Ausschlag geben.

Von den in früheren Jahrhunderten aus Spanien nach Lateinamerika migrierten Europäern haben die wenigsten ihren europ. Ursprung dadurch erhalten, daß sie nur untereinander Ehen geschlossen haben. Nachkommen aus solchen rein europ. Familien findet man beispielsweise unter den Aristokraten in Chile, die stolz auf ihre «reine» europ. Abstammung sind.

Lit.: Münzel 1985: 98 ff.

Mikronesier (Micronesians). Die Inselwelt Mikronesiens erstreckt sich nördl. der Zone, die zu Melanesien gerechnet wird. Die wichtigsten Inselgruppen in Mikronesien sind die Yap-Inseln im Westen, die Marianen im Norden, die Caroline-Inseln im Süden, die Marshall-Inseln im Nordosten und die Gilbert-Inseln im Südosten. Die ältesten Spuren menschl. Besiedlung deuten auf Immigration von Westen her. Um 1500 v. Chr. sind die Marianen von Migranten aus den Philippinen besiedelt worden (→ Austronesier, s. Karte dort). Aus der Kulturzone Melanesiens kamen Siedler um 1000 v. Chr. und aus der Region des Fidschi-Archipels in den ersten Jahrhunderten unserer Zeitrechnung.

Zu den bevölkerungsstärksten Ethnien Mikronesiens gehören die → Chamorro (82000), von denen die meisten auf Guam, der südlichsten der Marianen-Inseln, leben, sowie die Marshall-Insulaner (44000), die Ebon, und die Trukesen (41000). Die anderen rund zwei Dutzend ethn. Gruppen Mikronesiens sind Kleinvölker wie die Mokilesen (1050), die Nukuoro (860), die Satawalesen (450) u. a.

Lit.: Nile/Clerk 1996: 66 f.

Minangkabau (*Minang*, the Minangkabau). Im Westteil der Großen Sundainsel Sumatra sind 6,5 Mio. Minangkabau, ein → malaiisches Volk, beheimatet. Sie gehören zum kleinen Kreis der Millionen-Völker dieser Welt, deren Gesellschaftsordnung auf einer matrilinearen Ordnung basiert. Im Fall der Minangkabau ist dies bemerkenswert, denn der Islam, der bereits seit Jahrhunderten bei den Völkern Sumatras die Haupt-religion ist, begünstigt eine solche Sozialordnung nicht. Die Wurzeln der Matrilinearität bei den Minangkabau reichen also in vorislam. Zeit zurück. Frauen haben ein Recht auf Eigentum, und die Erbfolge läuft über die weibl. Linie. Der Familienname weist auf den der Frau. Noch heute ist die traditionelle Sippenordnung erhalten, und die Familien einer matrilinearen Sippe teilen sich ein Langhaus (*rumah gadang*). Angehei-ratete Männer ziehen ins Langhaus der Sippe der Ehefrau.

Der Bildungsstand bei den Minangkabau ist überdurchschnittl. hoch. Die Analphabetenquoten der Minangkabau-Bevölkerung sind die ge-ringsten bei den Völkern Indonesiens. Rund 0,5 Mio. Minangkabau le-ben in Jakarta (Java), darunter viele Kaufleute und Lehrer. Aus dem Kreis der Minangkabau stammen einige bedeutende Schriftsteller. Be-rühmt sind die Minangkabau auch für ihre Gastronomie und ihre her-vorragenden Köche.

Lit.: Bromlej 1988: 303 f., Kostyal 2002: 37 ff.

Mon (*Talaing*, the Mon). Die meisten Mon (0,84 Mio.) sind im südl. Teil Myanmars (Burmas) beheimatet. Ein kleinerer Teil (0,1 Mio.) lebt in an-grenzenden Gebieten Thailands. Die Mon sind mit den → Khmer ver-wandt. Sie sind entfernte Nachkommen der ältesten Populationen Süd-asiens. Die Sprachen der Mon und Khmer bilden einen eigenen Zweig in der austroasiat. Sprachfamilie. Das Mon ist eine alte Kultursprache, die seit dem frühen Mittelalter in einer Variante der Brahmi-Schrift ge-schrieben wird. Zu den ältesten erhaltenen Texten gehört die Stein-inschrift von Myazedi aus dem 11. Jh.

Die Mon haben im Mittelalter verschiedene Reiche gegründet. Dazu gehörten das Reich Ramanyadesa (nach dem Namen des ‹Monlandes› im Sanskrit und Pali), dessen Zentrum im 6. Jh. n. Chr. Thaton im Sü-den Burmas war. Thaton war bis zur Verlandung seines Hafens im 11. Jh. die Einfallspforte, durch die der Buddhismus über die Handels-kontakte mit Indien ins Land gelangte. Die Verbreitung des Theravada-Buddhismus in Myanmar geht auf den Einfluß der Mon zurück. Im 9. Jh. verlagerte sich das polit. Zentrum ins Inland nach Pegu. Auch die Mon im Gebiet Thailands erlebten eine frühe polit.-kulturelle Blüte im Reich Dvaravati, das zwischen dem 6. und 9. Jh. im Becken des Menam Bestand hatte. Im 8. Jh. wurde das Reich Haripunjaya gegründet, das am längsten selbständig blieb. Das Reich von Pegu wurde im 11. Jh. von den

→ Burmesen erobert, das östl. Mon-Reich (Haripunjaya) im 13. Jh. von den → Thai.

Die polit. Entmachtung hatte aber keine Auflösung der Mon-Gesellschaft zur Folge und hat auch deren Kulturschaffen nicht unterbrochen. Die Mon-Kultur strahlte seit dem 11. Jh. vom birman. Machtzentrum Pagan weiter aus, und der Einfluß, den die Mon über ihre östl. Reiche Dvaravati und Haripunjaya genommen hatten, war bleibend. Die Geschichte der Architektur und Kunst in Thailand ist durch den sog. Mon-Stil nachhaltig geprägt worden. Aus diesen frühen Stilformen haben sich die einheim. Formen der thailand. Architektur späterer Zeit entwickelt.

Die Erinnerung an ihre histor. Bedeutung hat bei den Mon in der Moderne kein nennenswertes Kultur- oder Nationalbewußtsein gefördert. Insbesondere die Vertreter der jüngeren Generation verwenden mit Vorliebe Myanmar (Burmes.) und haben sich an burmes. Lebensweisen gewöhnt.

Lit.: Brunner et al. 1993/2: 447 f., Dittmar 1989: 77 ff.

Mongolen, mongolische Völker (the Mongols). Wenn von den Mongolen die Rede ist, kann sich dies auf zweierlei beziehen: (a) auf die in der Republik Mongolei und in der Inneren Mongolei in China lebenden Mongolen, oder (b) auf mongol. Völker insgesamt, wobei das Hauptvolk ledigl. eines von mehreren ethn. verwandten Völkern ist.

Mongolen im engeren Sinn (a) sind 5,7 Mio. Menschen. Man unterscheidet zwischen den 3,3 Mio. West-Mongolen (auch: südöstl. Mongolen) und den 2,33 Mio. Ost-Mongolen (auch: Khalkha-Mongolen oder zentrale Mongolen). Kleinere Außengruppen leben in Taiwan (6000) und Rußland (rund 2000). In der Republik Mongolei (seit 1992) sind von der dortigen mongol. Bevölkerung 78,8 % Ost-/Khalkha-Mongolen und 6,6 % West-Mongolen. Die meisten West-Mongolen leben in der VR China, in der sog. Inneren Mongolei (autonome Region Nei Monggol Zizhiqu). Von diesen sprechen nurmehr 2,71 Mio. die Sprache ihrer Vorfahren, während sich mehr als eine halbe Million ans Chines. assimiliert haben.

Der Begriff Mongolen im weiteren Sinn umfaßt zehn (nach anderer Zählung zwölf) mongol. Ethnien, die sich auf die Territorien der Mongolei, Chinas, Rußlands und Afghanistans verteilen, darunter Kleinvölker mit nur wenigen tausend Angehörigen. Nach ihrer Größenordnung stehen die mongol. Ethnien in folgender Rangfolge:

Ethnie	Anzahl der Angehörigen der Ethnie	Siedlungsgebiet	Sprache, Spracherhaltung
Mongolen	ca. 5,7 Mio.	Mongolei; China, Innere Mongolei	2,71 Mio. (China)
→ Burjaten	0,56 Mio.	Rußland, Mongolei, China	75 %
→ Kalmüken	0,52 Mio.	Rußland, China	93 %
Dongxiang (Tung)	0,373 Mio	China, südwestl. Provinz Gansu, autonome Präfektur Linxia Hui	*
Tu (Monguor)	0,192 Mio.	China, östl. Provinz Qinghai	Monguor; 90 000/46 %
Dagur (Daur, Tahur)	0,121 Mio.	China, Innere Mongolei im Grenzland zur Provinz Heilongjiang und im Nordwesten von Xinjiang	Daur; ca. 85 000/ 70 %
Bonan (Paongan)	12 200	China, östl. Provinz Qinghai, südwestl. Provinz Gansu	*
Darkhat	4500	nördl. Mongolei, um den Khubsugul-See	*
Ost-Yuguren (Shira-Yuguren)	3000	China, nordwestl. Provinz Gansu	*
Moghol i (Mongul)	mehrere tausend*	westl. Afghanistan, in den Dörfern Kundur und Karez-i-Mulla in der Nähe von Heart	ca. 200

* keine oder keine genauen Angaben vorhanden

Charakterist. für die Gesellschaftsordnung der Mongolen ist ihre Stammes- und Clangliederung. Bis heute ist das Bewußtsein der Zugehörigkeit zu Stammesverbänden lebendig. Dies gilt beispielsweise für die Westmongolen in China, bei denen die folgenden Gruppen unterschieden werden: Khorchin, Kharachin, Bairin, Chakhar, Ordos und Ejine. In der zwischen 1227 und 1264 entstandenen «Geheimen Geschichte der Mongolen» werden die mongol. Stämme aufgezählt, die unter den Dschinggisiden aus der Sippe Borjigit geeinigt wurden: Arulat, Bagarin, Besüt, Borjigit, Dörben, Kiyat, Olqonogut, Oirat, Qongirat, Süldüs, Tumat, Urugut u. a. Die mongol. Stämme lebten ursprüngl. als Viehnomaden in den Weidegebieten südl. des Baikal-Sees. Zusätzl.

zu den Gruppen mit rein mongol. Herkunft gab es auch Stämme mit Mischbevölkerung. Dies waren ethn. Gruppierungen, an deren Namen zu erkennen war, daß dies Reste unterworfener Völker waren, die sich mit den Mongolen vermischt hatten: Tatar, Naiman, Kereit, Tangut, Kitat u. a.

Nach dem Kriterium der Verwandtschaft ihrer Sprachen gehören die Mongolen zu den → altaischen Populationen. Die mongol. Sprachen sind ein Zweig der altaischen Sprachfamilie, zu der auch die Turksprachen und die tungus. Sprachen zählen. Das Mongol., die Hauptsprache der Gruppe, wird seit dem 13.Jh. geschrieben und ist die älteste der mongol. Schriftsprachen. Die histor. Schriftart, in der mongol. Texte aufgezeichnet worden sind, ist eine Variante der uighur. Schrift. Unter sowjetischen Vorzeichen wurde das Mongol. eine Zeitlang im kyrill. Alphabet geschrieben, seit den 1990er Jahren aber wieder in der alten Schriftart. Für das Kalmükische und Burjatische ist jedoch die kyrill. Schrift bis heute beibehalten worden. Die jüngste der mongol. Schriftsprachen ist das Dongxiang, das seit 1980 im latein. Alphabet geschrieben wird. Zur Schreibung des Mogholi wurde früher das arab. Alphabet verwendet. Die literar. Aktivität in dieser Sprache ist aber erloschen.

Lit.: Bromlej 1988: 307 ff., Heissig/Müller 1989, Poppe 1964

Mordwinen (*Mordva*, the Mordvins). Nur ein kleinerer Teil der 1,15 Mio. Mordwinen (weniger als 30%) lebt in der Republik Mordowien an der mittleren Wolga. In diesem administrativ zur Russ. Föderation gehörenden Territorium sind die namengebenden Mordwinen mit 32% eine Minderheit. Die Mehrheit der Bevölkerung Mordowiens sind ethn. → Russen (61%). Der größere Teil der heutigen mordwin. Bevölkerung ist in zahlreiche Enklaven inmitten einer russ. Mehrheitsbevölkerung zersplittert, und zwar v. a. in den Verwaltungsgebieten Samara, Gor'kij, Kujbyschev und Orenburg in der Russ. Föderation.

Die mordwin. Ethnie gliedert sich in zwei ethn. Lokalgruppen aus, in die Erzjanen (ca. zwei Drittel) und in die Mokschanen (ca. ein Drittel). Die Mordwinen gehören zu den finno-ugr. Völkern. Nur etwa zwei Drittel haben ihre Muttersprache bewahrt. Für das Mordwin., das seit dem 18.Jh. schriftl. überliefert ist, existieren zwei separate Schriftstandards, die sich jeweils am Sprachgebrauch der Lokalgruppen (Erzjan., Mokschan.) orientieren. Ein Drittel der Mordwinen hat sich ans Russ. assimiliert.

Das Siedlungsgebiet der Mordwinen war im Mittelalter viel ausgedehnter und reichte weiter nach Westen und Nordwesten. Die Stadt Moskau ist im 12. Jh. auf den Gütern eines mordwin. Bojaren errichtet worden. Auch Nižnij Novgorod ist eine russ. Stadtgründung im histor. mordwin. Siedlungsgebiet. Als Folge der Landnahme russ. Siedler, die kontinuierl. nach Osten und Südosten vordrangen, löste sich das geschlossene Siedlungsgebiet der Mordwinen auf.

Lit.: Bromlej 1988: 310 ff., Saarinen 2002a

Moso, Mo-su → Naxi

Mulatten → Surinen

N

Nahuatl (*Nahuatl,* the Nahuatl), auch: Azteken. Mehr als 1,5 Mio. Nahuatl-Indianer siedeln in Zentral-Mexiko, verstreut in mehr als einem Dutzend regionaler Gemeinschaften, die sich sprachl. teilweise erhebl. voneinander unterscheiden. Die zahlenmäßig bedeutendsten Gruppen sind die Nahuatl von Huasteca (östl. Gruppe: 0,41 Mio., westl. Gruppe: 0,4 Mio.) und die Nahuatl der Sierra de Puebla (0,12 Mio.). Diese regionalen Bevölkerungsgruppen sind die Nachkommen der präkolumb. Azteken, deren Staat von den span. Konquistadoren unter Führung von Hernán Cortés Anfang des 16. Jh. zerstört wurde.

Sprachl. ist das Nahuatl verwandt mit Shoshona, Sonora, Huichol und anderen Indianersprachen, die im Südwesten der USA (südl. Kalifornien, südl. Arizona, nordwestl. New Mexico) und im Nordwesten Mexikos verbreitet sind. Diese Sprachen gehören zur Familie der utoaztek. Sprachen. Das präkolumb. Aztek. ist untergegangen. Die modernen Nahuatl-Sprachen haben sich historisch aus dieser älteren Sprachform ausgegliedert. Unter dem Druck des in Mexiko dominierenden Span. haben sich viele Nahuatl assimiliert. Diejenigen, die ihre Muttersprache bewahrt haben, sprechen im allgemeinen kein reines Nahuatl, sondern ihre Sprache ist überfrachtet mit span. Interferenzen. Diese synkretist. Sprachvarianten werden *mexicano* genannt.

Synkretismus ist auch charakterist. für die religiösen Traditionen. Die Nahuatl sind Christen, praktizieren daneben aber auch traditionelle Zeremonien und Riten, z.B. Fruchtbarkeitsriten im Zusammenhang mit dem Feldbau.

Lit.: Bromlej 1988: 77 f., Hill/Hill 1986

Nanaier (*Nani,* russ.: Nanajcy), ältere Namenform: Golden. Etwa 11600 Nanaier siedeln in der Region Chabarovsk, in den Gebieten Primor'e und Sachalin innerhalb der Russ. Föderation. Diese Ethnie zählt zu den → altaischen Kleinvölkern in → Nordsibirien, ihre Sprache gehört zum Zweig der tungus.-mandschur. Sprachen der altaischen Sprachfamilie. An der Ethnogenese der Nanaier waren autochthone

Populationen ebenso wie → Tungusen beteiligt. Fischfang und Jagd (u. a. auf Pelztiere) sind die traditionale Wirtschaftsform. Im Winter stellen die Nanaier Pelzkleidung her.

Lit.: Funk/Sillanpää 1999: 77 ff., Tiskov 1994: 239 ff.

Navaho, Navajo (*Diné* ‹Leute›, the Navaho/Navajo). Die 0,22 Mio. Navaho leben im Südwesten der USA, und zwar in der Navaho Reservation, die sich im Nordosten Arizonas, im nordwestl. Teil New Mexicos und im Südosten Utahs erstreckt. Kleinere Gruppen von Navaho wohnen auch in Colorado. Das Reservat wurde im Jahre 1868 aufgrund eines Staatsvertrags (Navajo Treaty) zwischen der US-Regierung und den Indianern eingerichtet. Insgesamt 0,148 Mio. Navaho sprechen Navaho als Muttersprache, die übrigen haben sich ans Engl. assimiliert. Bis auf etwa 7600 zumeist ältere Personen sind die Sprecher des Navaho zweisprachig mit Engl. als Zweitsprache.

Das Navaho gehört zu den athabask. Sprachen, einem Zweig der Na-Dene-Sprachfamilie. Die Verbreitung der Sprachen dieser Familie läßt auf eine Migration von Populationen aus dem Nordwesten in den Südwesten schließen. Erinnerungen an diese prähistor. Wanderungsbewegung haben sich im kulturellen Gedächtnis der Navaho, und zwar in ihrer Mythologie erhalten. Nach der myth. Überlieferung durchwanderten die Vorfahren der Navaho drei Welten, bevor sie in der vierten Welt, ihrer aktuellen Heimat, ankamen. Die erste Welt (Black World) wird als Tundralandschaft des Nordens beschrieben. Die myth. Darstellung der zweiten Welt (Blue-Green World) erinnert an Landschaftsformen im westl. und zentralen Kanada. Die dritte Welt (Yellow World) mit ihren Bergen und Ebenen evoziert das Gelände der östl. Abhänge der Rocky Mountains. Die vierte Welt (Glittering World) schließlich ist Dinétah, die Gobernador-Region im Nordwesten von New Mexico.

Die kulturelle wie soziale Entwicklung der Navaho als Gemeinschaft basiert auf einem Prinzip, das in der Sprache der Navaho *sa'ah naagháí bik'eh hózhóón* genannt wird, ‹die Schönheit des Lebens, die dadurch entsteht, daß man erfolgversprechende Lehren anwendet›. Als die Vorfahren der Navaho in den Südwesten einwanderten, waren sie Wildbeuter und kannten noch nicht die Technologien, die sie im Kontakt mit den → Pueblo-Indianern übernahmen und weiterentwickelten. In ihrer neuen Heimat lernten die Navaho, hochwertige Keramik und Textilien herzustellen, sie gewöhnten sich an eine seßhafte Lebensweise und begannen Ackerbau zu betreiben (v. a. Maisanbau). Die Navaho bildeten ein differenziertes Ritualwesen aus und verfeinerten ihr Gesellschafts-system. Dieses basiert auf einer Clan-Gliederung. Es gibt patrilineare Genealogien (für die Männer) und eine matrilineare Ordnung (für die Frauen). Das Ritualwesen ist durch vielerlei Zeremonien mit besonderer Relevanz für die Sozialbindungen in der Gemeinschaft charakterisiert. Dazu gehören unter anderem die Zeremonie des ersten Lachens eines Kindes oder der Initiationsritus für Mädchen, deren Pubertät beginnt (*kinaaldá*). Für die Durchführung der Zeremonien werden auch bestimmte Medien geschaffen, die nach jeder Zeremonie wieder zerstört werden, wie die Sandbilder (*sand paintings*). Dieses Ritualwesen ist bis heute intakt.

Lit.: Dutton 1983, Griffin-Pierce 1992, Rex Lee Jim 1996

Naxi (*Na, Nachen, Nazi,* the Naxi). Die 0,278 Mio. Naxi gehören zu den kleineren der zahlreichen nichtchines. Völker in → Südchina. Diese sino-tibet. Ethnie hebt sich im ethnograph. Flickenteppich dieser Region durch ihre besonderen gesellschaftl. Verhältnisse ab. Die Sozialordnung bei der großen Mehrheit der Naxi ist patriarchalisch. Aber die regionale Volksgruppe der östl. Naxi (die Moso, auch Mo-su oder Lomi, rund 8000), die im Gebiet des Lugu-Sees leben, blickt auf eine geschichtl. Periode zurück, in der ihre Gesellschaft wahrscheinl. matriarchalisch organisiert war. Nach den Berichten in chines. Quellen zwischen dem 6. und 9. Jh. n. Chr. zu schließen, gab es im südchines. Reich Qiang, das Nü Guo ‹Land der Frauen› genannt wurde, das Phänomen einer konvergenten matrilinear-matriarchal. Sozialordnung. Qiang wurde ausschließl. von weibl. Herrschern regiert, und die Ministerposten im Kronrat waren Frauen vorbehalten. In den Kriegen zwischen China und Tibet im 9. Jh. verlieren sich die Spuren von Nü Guo. Noch heute ist die soziale Struktur bei den Moso matrifokal: Es gibt keine Ehen im Sinne von langfristigen Partnerschaften. Kinder werden in «Besuchsehen» gezeugt und wachsen in von Frauen geführten Familienstrukturen auf.

Lit.: Bromlej 1988: 321, Namu/Mathieu 2003

Negidalen (*Ilkan bejenin*, russ.: Negidal'cy). Nur noch gut 600 Negidalen leben in den Flußtälern von Amur und Amgun in der Russ. Föderation. Der Name, der im Russ. gebräuchl. ist, leitet sich von *negda* bzw. *ngegida* ‹Küstenbewohner› ab. Diese Ethnie zählt zu den → altaischen Kleinstvölkern in → Nordsibirien, ihre Sprache gehört zum Zweig der tungus.-mandschur. Sprachen der altaischen Sprachfamilie.

Lit.: Funk/Sillanpää 1999: 100 ff., Tiškov 1994: 244 ff.

Nenzen (*Nenec, Chasova*, russ.: *Nency)*, auch: Juraken (für die östl. Nenzen). Von den 34200 Nenzen in der Russ. Föderation leben 20900 im autonomen Bezirk Jamalo-Neneck im Verwaltungsgebiet Tjumen, 6400 im autonomen Bezirk der Nenzen und 2400 im autonomen Gebiet Chanty-Mansijsk. Kleinere Gruppen siedeln in der Republik der Komi und im Gebiet Murmansk im europ. Teil Rußlands.

Die Nenzen sind die zahlenmäßig größte der samojedischen Ethnien in → Nordsibirien, das Samojed. bildet einen Hauptzweig der ural. Sprachfamilie. Der Name des Volkes leitet sich vom Wort *nenec* ‹Mensch› ab. Die Nenzen gliedern sich in zwei sozioökonom.-kulturelle Gruppen, in die größere Gruppe der Tundra-Nenzen, deren Hauptwirtschaftsform die Rentierzucht ist, und in eine kleinere Gruppe (ca. 2000 Personen) von Bewohnern der Taiga-Waldzone entlang der Flußläufe des Pur und Taz. Die Nenzen der Taiga leben von der Jagd, vom Fischfang und von der Haltung von Waldrentieren. Das ökolog. Gleichgewicht im natürl. Lebensraum der Tundra-Nenzen ist wesentl. durch die Erschließung von Erdöl- und Erdgas-Vorkommen gestört worden. Die Region birgt die größten Gasreserven Rußlands. Die Weidegründe der Rentiere werden sukzessive eingeengt.

Lit.: Funk/Sillanpää 1999: 39 ff., Tiskov 1994: 249 ff.

Nganasanen (*Nja*, russ.: Nganasany). 3000 Nganasanen leben im mittleren Teil der Taimyr-Halbinsel in der Russ. Föderation. Sie gehören zu den samojed. Ethnien in → Nordsibirien, das Samojed. bildet einen Hauptzweig der ural. Sprachfamilie. Die Nganasanen lebten früher nomad. von der Jagd auf Hirsche. Später lernten sie von ihren Nachbarn, den → Dolganen und Jenisej- → Nenzen, die Rentierhaltung. Seit den 1950er Jahren leben die Nganasanen in Siedlungen und sind Rentierzüchter.

Lit.: Funk/Sillanpää 1999: 49 ff., Tiskov 1994: 242 ff.

Niederländer (*Nederlanders*, the Dutch, französ.: Néerlandais). Die 22,5 Mio. Niederländer sind in drei territoriale Gruppen geteilt. 15 Mio. leben in den Niederlanden, wo sie 95 % der Landesbevölkerung ausmachen. Im Nordteil Belgiens sind 5,64 Mio. Personen mit niederländ. Muttersprache beheimatet (entspr. 57 % der Bevölkerung), im äußersten Nordosten Frankreichs 90 000. Das Siedlungsgebiet dieser drei Gruppen wird ledigl. durch die Staatsgrenzen zergliedert. Eine zahlenmäßig bedeutende niederländ. Außengruppe gibt es in Deutschland (0,1 Mio.). Nach Übersee ist im Laufe der Zeit fast eine halbe Million Niederländer ausgewandert (USA: 0,41 Mio., → Australien: 48 000, → Suriname: 1200).

Die niederländ. Ethnizität differenziert sich in zwei regionale Kulturkomplexe aus, in den der histor. Landschaft Holland und in den Flanderns. Holland ist der histor. Kern, aus dem mit Anschluß peripherer Regionen wie Limburg, Brabant, Gelderland, Seeland und Friesland, dem Gebiet mit fries. Bevölkerung (→ Friesen), die polit. Einheit der Niederlande entstand. Umgangssprachl. werden Begriffe wie ‹Holländer› und ‹Niederländer› leichthin gleichgesetzt. Auch im Zusammenhang mit der Kolonialgeschichte ist dies gegeben. So spricht man von den «Holländern in der Kapregion» Südafrikas und meint damit Kolonisten aus den Niederlanden. Die Begriffe werden hier getrennt verwendet.

Territorial von der dortigen Bevölkerung getrennt leben die Flamen im Norden Belgiens, in der histor. Landschaft, die nach ihnen benannt ist, Flandern. Das histor. Flandern erstreckt sich über die belg.-französ. Grenze hinaus in den Nordosten Frankreichs. Die regionale Ausgliederung geht auf die Jahrhunderte der span. Kolonialherrschaft zurück. Im Jahre 1585 erfolgte die Trennung der Nordprovinzen der Niederlande vom span. Kolonialbesitz, der damals auch das Territorium des späteren Belgien einschloß. Bis 1831, dem Gründungsjahr Belgiens, verlief die kulturelle Entwicklung im Norden verschieden von der im Süden. Die Bevölkerung im Norden war einsprachig (niederländ.), die Gesellschaft war durch protestant. Lebensweisen geprägt. Die Flamen im Süden lebten im kathol. Kulturmilieu. Die sprachl. Situation war komplexer als im Norden. Die Verwaltungssprache der kathol. span. Kolonie war das Französ., das den zweisprachigen Flamen ebenfalls als Hochsprache diente. Erst die Eigenstaatlichkeit Belgiens schuf die Voraussetzungen für Ausgleichstendenzen zwischen dem protestant. Norden und dem kathol. Süden.

Die dritte Gruppe von Niederländern, die fläm. Bevölkerung in Frankreich, lebt seit der zweiten Hälfte des 17. Jh. getrennt von den übrigen Flamen, als Folge der territorialen Ausdehnung des Königreichs Frankreich unter Ludwig XIV. Dieser Territorialbesitz wurde im Frieden von Nijmegen (1713) bestätigt. Die Flamen in Frankreich haben heute den Status einer Regionalkultur in der Europ. Union. Die sprachl. Situation ist die eines Kontakts zwischen dem Französ. und regionalen Mundarten des Niederländ. Die Flamen lernen in der Schule nicht die niederländ. Schriftsprache, ihre Mundarten sind somit nicht von der niederländ. Hochsprache überdacht. Als Standardsprache fungiert das Französ. Bei den Flamen in Belgien dagegen ist das Schriftniederländ. verbreitet. Das Französ. wirkt nur indirekt auf das Fläm. in Belgien. Im einsprachig-fläm. Flandern hat das Französ. keinen amtl. Status.

Die Unabhängigkeit der Nordprovinzen, die nach einem langen Krieg 1609 faktisch erreicht war und 1648 international anerkannt wurde, brachte einen enormen wirtschaftl. Aufschwung. In wenigen Jahrzehnten stiegen die Niederländer zur See- und Kolonialmacht auf. Aber nicht alle Besitzungen waren zu halten. Im holländ.-brit. Krieg von 1664 verloren die Niederländer ihren Besitz in Nordamerika (Nieuw Amsterdam) an die → Engländer, die den Namen in New York änderten. Der letzte holländ. Gouverneur, Petrus (Pieter) Stuyvesant, widersetzte sich der Übernahme durch die Engländer bis zum Schluß.

Erfolgreicher waren die Unternehmungen der Niederländer in Südostasien, wo 1602 die holländ.-ostind. Kompanie gegründet wurde. Das im Jahre 1619 entstandene Batavia (das heutige Jakarta) in Westjava war das wichtigste Handelszentrum der Holländer in der Region. Die Engländer zogen sich 1623 von den Molukken zurück, und der Einfluß der → Portugiesen wurde 1641 auf Ost-Timor beschränkt. Erst im Verlauf des 19. Jh. allerdings wurde Holländ.-Ostindien endgültig als Kolonialbesitz organisiert. Bis 1950 verblieb der Inselarchipel Südostasiens in niederländ. Besitz und wurde dann als Staat Indonesien unabhängig.

In ihrer polit. Geschichte haben sowohl die Niederländer als auch die Flamen den Imperialismus starker Nachbarstaaten zu spüren bekommen. Zwischen 1795 und 1813 waren die Niederlande von Frankreich besetzt. Im Ersten wie im Zweiten Weltkrieg hat die deutsche Aggression die nachbarschaftl. Beziehungen nachhaltig beeinträchtigt. Die Zugehörigkeit der niederländ. Regionalkulturen zum Staatenbund der

Montanunion (seit 1951) und später der Europ. Wirtschaftsgemeinschaft (ab 1957) haben zu einer Annäherung und zu einem polit. Ausgleich geführt. Die Integration in der Europ. Union hat letztl. die Bedeutung der staatl. Territorialgrenzen zwischen den Siedlungsgebieten stark relativiert. Die sprachl. Identität bewirkt ihrerseits, daß die wirtschaftl. und kulturellen Kontakte zwischen den Niederlanden und Flandern besonders eng sind, enger als zum wallon. Landesteil Belgiens.

Die ältesten Schriftzeugnisse des Niederländ. stammen aus dem 10. Jh. Im Verlauf des 13. Jh. erhielt die regionale Sprachform Flanderns und Brabants mehr Bedeutung. Mit der Unabhängigkeit der Nordprovinzen verlagerte sich der kulturelle Schwerpunkt der niederländ. Sprachgemeinschaft und damit auch ihrer Sprache nach Norden. Die Sprachform der Bibelübersetzung («Statenbijbel» von 1637) schuf einen Ausgleich zwischen den Eigenheiten der regionalen Dialekte. Im Jahre 1863 erfolgte eine Orthographiereform, die in den Niederlanden ebenso wie im belg. Flandern zur Geltung kam.

Lit.: Callebaut/Ryckeboer 1997, Fernández-Armesto 1994: 45 ff., 109 ff., Van Bree/De Vries 1997, Verdoodt 1997

Niloten, nilotische Völker (Nilotic peoples). Die nilot. Populationen gliedern sich in rund 60 ethn. Gruppen aus, in einige größere Völker und in zahlreiche Kleinethnien. Deren Hauptverbreitungsgebiet liegt im Inland Ostafrikas (s. Karte → Afrika) und erstreckt sich über die Territorien mehrerer Staaten: westl. Kenia, nördl. Uganda, südl. Sudan, nordöstl. Tansania, Burundi. Zu den zahlenmäßig bedeutenden Völkern gehören die Luo (3,2 Mio.) in Kenia, die → Tutsi (2,5 Mio.) in Burundi und Ruanda, die Dinka (1,3 Mio.) im Sudan, die Teso (1 Mio.) in Uganda, die → Maasai (0,9 Mio.) in Tansania und Kenia, die Nuer (0,74 Mio.) im Sudan u. a.

Die Niloten sprechen (mit Ausnahme der Tutsi) Sprachen, die zum nilot. Zweig der nilo-saharan. Sprachfamilie gehören. Die ethn. Tutsi haben sich sprachl. ans Rundi, eine Bantu-Sprache, assimiliert.

Lit.: Bender 2000, Bromlej 1988: 333 f.

Nivchen (*Nivchgu*, russ.: Nivchi), älterer Name: Giljaken. Die Nivchen gehören zu den paläoasiat. Kleinvölkern in → Nordsibirien; sie gelten als die direkten Nachkommen der Urbevölkerung ihrer Siedlungsgebiete. Von den rund 4 600 Nivchen leben gut die Hälfte am Unterlauf des Amur in der Region Chabarovsk und 2000 auf der Insel Sachalin. Ihre Sprache, das seit den 1930er Jahren in latein. Schrift und seit 1953 in kyrill. Alphabet geschriebene Nivchisch (bzw. Giljakisch), ist verwandt mit den Sprachen der → Korjaken und → Itelmenen.

Lit.: Funk/Sillanpää 1999: 163 ff., Tiškov 1994: 253 ff.

Nordsibirien. Mehr als zwei Dutzend Kleinvölker mit wenigen hundert oder tausend Angehörigen leben in der nördl. Zone Sibiriens, das Siedlungsgebiet einiger Gruppen reicht über Rußland hinaus nach Nordskandinavien hinein. Sie gehören verschiedenen ethn. Gruppierungen an, hier jeweils nach der zahlenmäßigen Stärke angeordnet:

(1) Zu den → uralischen Ethnien gehören die → finno-ugrischen Völker, nämlich → Chanten und → Mansen (Vogulen), sowie die samojed. Populationen: → Nenzen, → Nganasanen, → Selkupen, → Enzen. Deren Sprachen repräsentieren einen der beiden Hauptzweige der ural. Sprachfamilie.

(2) Zu den → altaischen Kleinethnien, die in Nordsibirien sämtl. → Tungusen sind, zählen die → Evenken, → Evenen, → Nanaier, → Dolganen, → Ultschen, → Teleuten, → Udegeier, → Tschuwantschen, → Orotschen, → Negidalen und → Oroken. Die Sprachen dieser Ethnien gehören alle zum Zweig der tungus.-mandschur. Sprachen der altaischen Sprachfamilie.

(3) Die paläoasiatischen Kleinvölker sind die → Tschuktschen, → Korjaken, → Nivchen, → Itelmenen, → Jukagiren und → Keten.

(4) Eine ethn. Sondergruppe bilden die → Inuit und die rund 650 Aleuten, die auf den Kommandor-Inseln leben.

Obwohl die Populationen deutl. verschiedene Sprachen sprechen, sind die kulturellen Traditionen und die Wirtschaftsformen sehr ähnlich. Dies begründet sich in erster Linie mit weitgehend gleichartigen ökolog. Umweltfaktoren, die das Leben in der Tundra und in der Waldzone der Taiga prägen. Die Rentierzucht, die Jagd auf Tiere des Waldes wie Hirsche und die Flußfischerei sind die traditionellen Beschäftigungen für den Lebensunterhalt. Angehörige der kleinen Völker Sibiriens sind heute auch in Pelztierfarmen oder in der Holzindustrie tätig.

Die Weltanschauung und die religiösen Vorstellungen der Populationen im hohen Norden sind seit altersher vom Animismus bestimmt. Verbreitet sind bis heute Vorstellungen von weibl. Schutzgeistern, die im Wald, im Wasser, im Erdboden und in allem Lebenden wirken. Von zentraler Bedeutung für die Waldbewohner ist der seit altersher tradierte Glaube an den Bären als myth. Wesen. Die mündl. Überlieferung ist reich an myth. Erzählungen über dieses Tier, und der Bärenkult ist bis heute lebendig. Die Obugrier (Chanten, Mansen) und Samojeden (Nenzen u. a.) glauben, daß einst der Bär als himml. Wesen auf die Erde kam, einen weibl. Schutzgeist der Natur zur Frau nahm und mit ihr Nachkommen zeugte. Auf diese Weise soll das Menschengeschlecht entstanden sein. Bei Ritualen und Zeremonien haben weibl. Schamanen häufig eine ebenso wichtige Funktion wie männliche.

Der gruppeninterne Zusammenhalt mancher Kleinvölker ist heutzutage ebenso wie deren Sprache gefährdet. Derzeit erleben die Kleinvölker des Nordens eine kulturelle Renaissance, denn der kollektive Druck ehemals geplanten Kulturschaffens, wie er noch in der Sowjetära herrschte, ist einer freizügigeren Kulturpolitik gewichen.

Lit.: Funk/Sillanpää 1999, Novik 1989, Slezkine 1994, Tiskov 1999

Nordwestküstenindianer. Die Kulturlandschaft der amerikan. Nordwestküste erstreckt sich über etwa 2 000 km Luftlinie von Norden nach Süden. Diese Region dehnt sich auf den Territorien zweier Staaten aus, der USA und Kanadas (s. Karte → Indianer). Administrativ gehört sie zu den US-Bundesstaaten Alaska im Norden und Washington im Süden sowie zur kanad. Provinz British Columbia. Hier ist – mit Ausnahme von Kalifornien – die Konzentration von ethn. Gruppen und Sprachen bedeutend größer als in anderen Regionen Nordamerikas. Im 19. Jh. lebten fast 40 Völker an der Nordwestküste, heute sind es noch knapp 30. Die genaue Anzahl ist nicht bekannt, denn es gibt keine einheitl. Unterscheidungskriterien. Die ca. 11 000 Tlingit im südl. Alaska werden von den einen als éin Volk definiert, andere identifizieren die drei lokalen Hauptgruppen als selbständige Ethnien.

Die Sprecherzahlen der lokalen Sprachen weichen erhebl. von den Bevölkerungszahlen der Ethnien ab. Am krassesten ist diese Disproportion beim Tlingit, das noch von wenigen hundert Menschen gesprochen wird. Für alle Ethnien der Region gilt, daß sich die große Mehrheit an das Engl. assimiliert hat. Zahlreiche Gruppen sind auch vollständig sprachlich assimiliert. Die kollektive ethn. Identität dieser Indianer kristallisiert sich in den Kulturtraditionen und in der mündl. Überlieferung ihres jeweiligen Volkes aus. Zu diesen Gruppen mit «sprachloser» Identität gehören u. a.

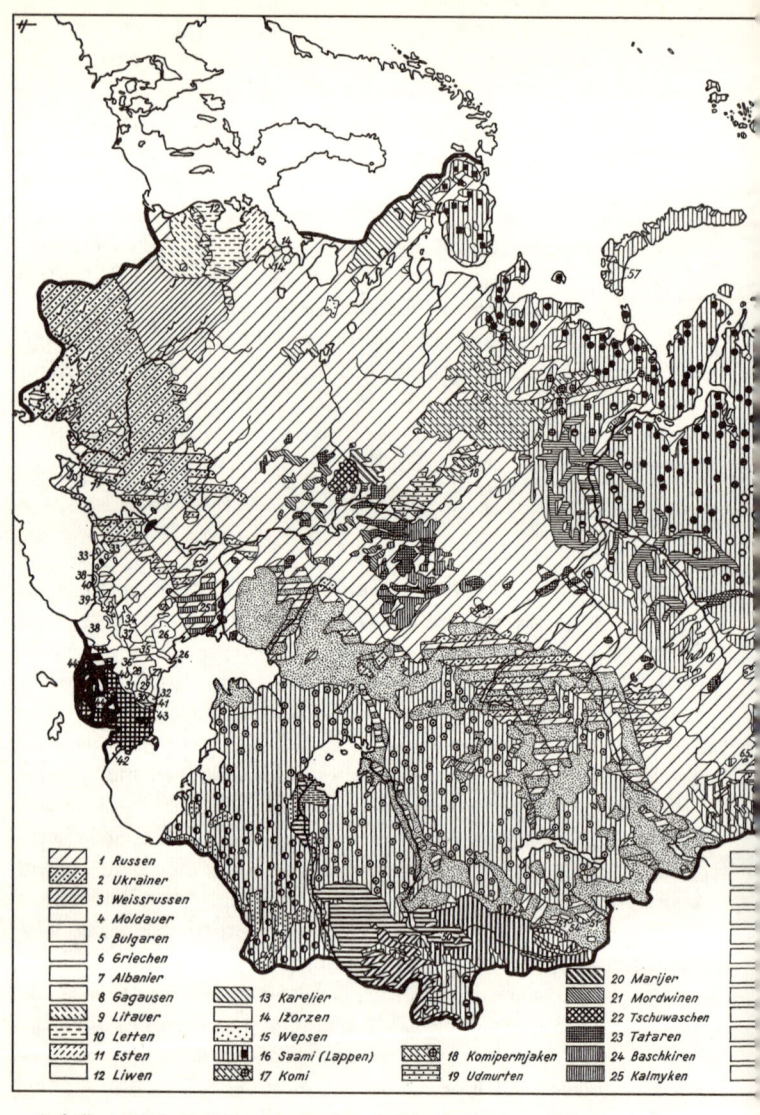

1 Russen	
2 Ukrainer	
3 Weissrussen	
4 Moldauer	
5 Bulgaren	
6 Griechen	
7 Albanier	
8 Gagausen	13 Karelier
9 Litauer	14 Ižorzen
10 Letten	15 Wepsen
11 Esten	16 Saami (Lappen)
12 Liwen	17 Komi

18 Komipermjaken	20 Marijer
19 Udmurten	21 Mordwinen
	22 Tschuwaschen
	23 Tataren
	24 Baschkiren
	25 Kalmyken

1–3 Großvölker / 4–8 Völker im Südwesten des europäischen Teils der UdSSR / 9–12 Völker des Baltikums / 13–16 Völker im Nordwesten des europäischen Teils der UdSSR / 17–25 Völker im Nordosten des europäischen Teils der UdSSR und Wolgagebiet / 26–37 Völker des nördlichen Kaukasus / 38–44 Völker Transkaukasiens / 45–54 Völker Mittelasiens / 55–60 Völker im Nordwesten Sibiriens / 61–65 Völker Südsibiriens / 66–71 Völker Westsibiriens / 72–76 Völker im Nordosten Sibiriens / 77–82 Völker der Amurgegend und der Insel Sachalin

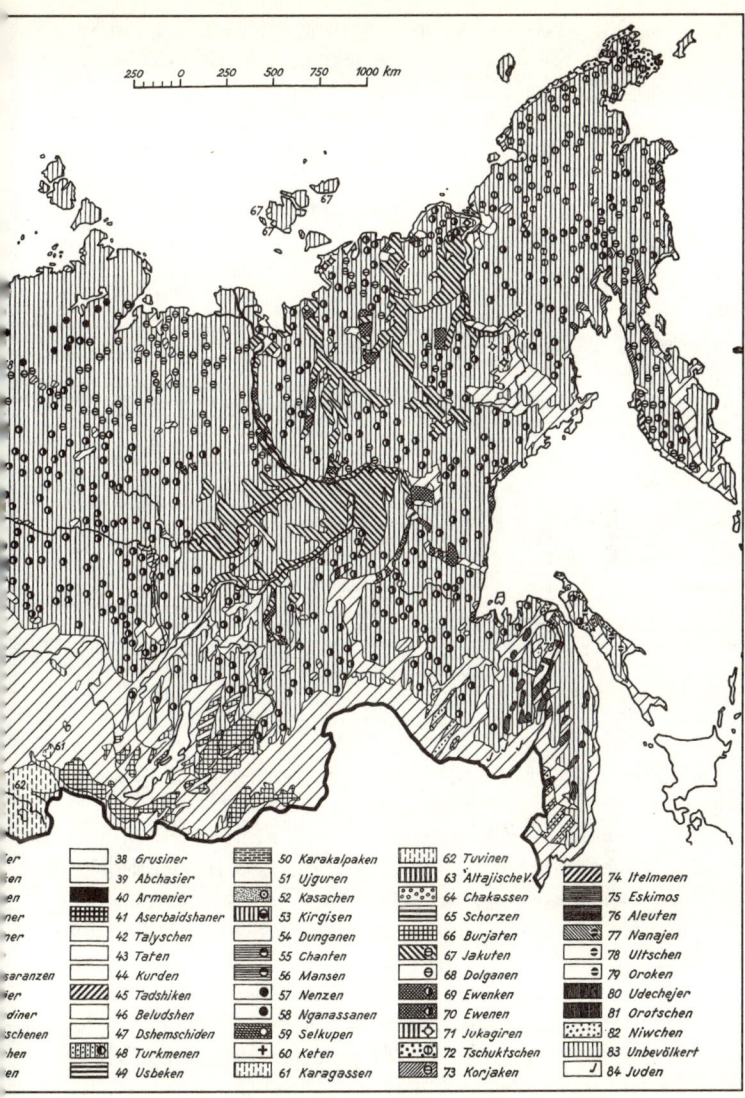

Scale bar: 250 0 250 500 750 1000 km

Legend:

38 Grusiner	50 Karakalpaken	62 Tuvinen	74 Itelmenen
39 Abchasier	51 Ujguren	63 Altajische V.	75 Eskimos
40 Armenier	52 Kasachen	64 Chakassen	76 Aleuten
41 Aserbaidshaner	53 Kirgisen	65 Schorzen	77 Nanajen
42 Talyschen	54 Dunganen	66 Burjaten	78 Ultschen
43 Taten	55 Chanten	67 Jakuten	79 Oroken
44 Kurden	56 Mansen	68 Dolganen	80 Udechejer
45 Tadshiken	57 Nenzen	69 Ewenken	81 Orotschen
46 Beludshen	58 Nganassanen	70 Ewenen	82 Niwchen
47 Dshemschiden	59 Selkupen	71 Jukagiren	83 Unbevölkert
48 Turkmenen	60 Keten	72 Tschuktschen	84 Juden
49 Usbeken	61 Karagassen	73 Korjaken	

Partial left-margin labels: ...er, ...en, ...en, ...ner, ...ner, ...saranzen, ...ier, ...diner, ...schenen, ...hen, ...en

Ethnien auf dem Gebiet der ehemaligen Sowjetunion
nach: Rudy 1962

die lokalen Nuu-chal-nulth-Gruppen entlang der Westküste von Vancouver Island, die Kwakwaka'wakw (Kwakiutl) im Norden von Vancouver Island, die Heiltsuk, Haisla, Nuxalk auf dem Festland.

Ethnie	Angehörige der ethn. Gruppe*	Angehörige der Sprachgemeinschaft*
Tlingit	ca. 10 000 (USA) / 1000 (Kanada)	775 / 145
Nisgaa	5400	1500–2000
Nuu-chah-nulth	3500	590
Kwakwakawakw (Kwakiutl)	3300	250
Salish (Straits-S.)	3000	30
Salish (südl. S.)	2000	107
Tsimshian	3200 (Kanada) / 1300 (USA)	430 / 70
Gwichin (Kutchin)	1900	530
Chilcotin (Tzilkotin)	1800	705
Heiltsuk	1200	300
Haisla	1000	weniger als 200
Haida (Masset)	1100 (Kanada) / 600 (USA)	30 / 15
Nooksack	350	(ausgestorben seit 1988)
Chinook	300	12
Quileute	300	10

*Letzte Detailzählung: 1991

Die Indianer der Nordwestküste sind die Nachkommen derjenigen Populationen, die mit der zweiten Migrationswelle von Sibirien her nach Nordamerika einwanderten. Die ältesten Siedlungsspuren an der Nordwestküste gehen auf ca. 9000 v. Chr. zurück. Die Indianer lebten in der Region ungestört bis in die zweite Hälfte des 18. Jh. Erst dann kamen sie in Kontakt mit Europäern. Die ersten Berichte über die Kulturen jener einheim. Bevölkerung stammen aus dieser Zeit. Trotz ihrer ethn. Zersplitterung und ihrer sprachl. Verschiedenheit ist der kulturelle Horizont dieser Populationen relativ einheitlich. Bis in die Neuzeit waren sie Wildbeuter, die vom Fischfang, von der Jagd auf Wale und vom Handel mit bevorzugten Gütern (z.B. Obsidian, Pelze) lebten. Die Sozial- und Handelskontakte der Indianer in der Nordwest-Region erstreckten sich über große Distanzen.

Die Gemeinschaften der Indianer an der Nordwestküste sind als Überflußgesellschaft charakterisiert worden. Es gab ein reichl. Angebot an Nahrung und an Handelsgütern, was die Akkumulation von materiellem Reichtum ermöglichte. In diesem Milieu entstand eine komplexe, hierarch. gegliederte Gesellschaft mit sozialen Klassen, Sklavenhaltung, einem erbl. Häuptlingstum sowie einer totemist. Clan-Ordnung. In dieser komplexen Ordnung wurden die sozialen Bindungen mittels besonderer Rituale harmonisiert, in den Potlatch-Zeremonien. Ein Potlatch war ein Geschenkverteilungsfest, das anläßl. der Übernahme eines Häuptlingsamtes, bei Initiationen, Eheschließungen und Beerdigungen abgehalten wurde. Potlatchs zur Entscheidung über die Führungsansprüche rivalisierender Häuptlinge wurden zum Wettbewerb, wer die meisten und kostbarsten Geschenke anbieten konnte.

Zu den Besonderheiten der Lokalkulturen in der Nordwest-Region gehört bis heute die darstellende Kunst. Deren ältesten archäolog. Spuren lassen sich bis etwa 3000 v. Chr. zurückverfolgen. Skulpturen sind aus Stein und Knochen, hauptsächl. aber aus Holz gefertigt worden, die bevorzugte Baumart bis heute ist die rote Zeder (Thuja plicata). Am bekanntesten sind vielleicht die meterhohen skulpturierten und dekorierten Totempfähle. Der Motiv- und Symbolschatz ist reichhaltig und erstreckte sich auch auf die Felsbildkunst. Die Motive der skulpturalen Kunst sind häufig hochgradig stilisiert und abstrakt. Nach neueren Erkenntnissen steht nicht der künstler. Aspekt im Vordergrund, vielmehr handelt es sich um eine Symbolsprache (*idiom*), die dazu dient, mit den Geistern zu kommunizieren und soziale Beziehungen in der indian. Gesellschaft zu beschreiben. In der skulpturalen Kunst kristallisiert sich also das rege Geistesleben eines kulturellen Milieus aus, das schriftlos geblieben ist.

Lit.: Ames/Maschner 1999, Lindig 1987, Webster 1996

Norweger (*Nordmenn*, the Norwegians). Die meisten der 5 Mio. Norweger leben in Norwegen (4,3 Mio.). Es gibt norweg. Außengruppen in verschiedenen Staaten, in Skandinavien (Schweden: 28000) und in Übersee (USA: 0,613 Mio., Kanada: 27000, Ecuador: 11000). Die Norweger in den USA sind Nachkommen norweg. Auswanderer, die in der Zeit zwischen 1815 und 1920 nach Nordamerika gelangt sind. Nicht alle sprechen mehr die Sprache ihrer Vorfahren, sondern haben sich ans Engl. assimiliert. Die übrigen sind zweisprachig. Vom histor. Siedlungsgebiet der Norweger außerhalb des Mutterlandes ist nichts mehr erhalten. Der letzte Außenposten, der 1917 mit der Repatriierung seiner Bewohner verloren ging, war die norweg. Kolonie von Murmansk, von wo aus der Handel mit den → Russen organisiert wurde. Der Name der Stadt leitet sich vom Norweg. ab: *nordmann + -sk* > Murmansk ‹Siedlung der Nordmänner›.

Die Norweger gehören zu den nordgerman. (nord.) Völkern. Deren Hauptverbreitungsgebiet ist Skandinavien. Die Norweger im Süden Norwegens sind Nachkommen der alteingesessenen german. Populationen. Im nördl. Teil des Landes haben Norweger in einem Jahrhunderte andauernden Prozeß die ältere Bevölkerung (→ saam. Populationen) weiter nach Norden verdrängt oder assimiliert. Die westl. Norweger sind enger mit den → Isländern, die östl. Norweger mit den anderen Kontinentalskandinaviern (→ Schweden, → Dänen) verwandt.

Um 890 werden Norwegen und seine Bewohner zum ersten Mal erwähnt, und zwar in einer altengl. Übersetzung des latein. geschriebenen Originalwerkes «Historiarum adversum paganos» von Paulus Orosius. Die Bevölkerungsentwicklung der norweg. Küstenbevölkerung verlief im wesentl. getrennt vom Nachbarland Schweden, von dessen Bevölkerung die Norweger durch einen breiten Waldgürtel im Inland Skandinaviens getrennt waren. Um 900 gelang es König Harald Schönhaar, einen großen Teil Norwegens zu einigen, aber erst im 12. Jh. konsolidierte sich dieses Reich. Die im 10. Jh. einsetzende Christianisierung zeitigte erst im 12. Jh. bleibende Erfolge. Das mittelalterl. norweg. Königreich erlebte unter Haakon IV. (1217–1263) seine Blütezeit.

Bereits im 10. Jh. begann die weiträumige Kolonisation der Norweger im Nordatlantik (Island, Grönland, die Färöer-, Shetland- und Orkney-Inseln, die Hebriden). Seit dem 11. Jh. siedelten norweg. Kolonisten in Grönland in einer westl. und in einer östl. Niederlassung. Um 1300 lebten zwischen 2500 und 3000 Kolonisten auf der Insel. Das im Mittelalter mildere Klima ermöglichte Ackerbau. Im 14. Jh. allerdings verschlechterten sich aufgrund einer Klimaschwankung und wegen zunehmender krieger. Auseinandersetzungen mit den → Inuit die Lebensbedingungen der Norweger. Um 1350 wurde die Westsiedlung aufgegeben, um 1450 auch die Ostsiedlung.

Der Niedergang des norweg. Reiches setzte im 14. Jh. ein. Zunächst verloren die Norweger die Kontrolle über den Handel an die Hanse, und im Jahre 1380 wurde die Personalunion mit Dänemark geschlossen. Nach einer erfolglosen Rebellion gegen die dän. Oberhoheit im Jahre 1536 wurde Norwegen zum Status einer dän. Provinz degradiert. Zwar erklärte Norwegen 1814 offiziell seine Unabhängigkeit, da Dänemark aber durch den Vertrag von Kiel die Verpflichtung hatte, diesen Landesteil an Schweden abzutreten, verschafften sich die Schweden in einer militär. Invasion ihr Recht. Die Personalunion mit Schweden ließ jedoch Spielraum für die Tätigkeit eines regionalen Parlaments und einer regionalen Regierung in Norwegen. Staatl. Souveränität erlangte Norwegen erst wieder im Jahre 1905. Zwischen 1940 und 1945 war Norwegen von der deutschen Wehrmacht besetzt. Nach dem Krieg näherten sich die sicherheitspolit. Interessen beider Länder im Ost-West-Konflikt an; Norwegen ist ebenfalls Nato-Mitglied.

Seit dem 9. Jh. wird das Norweg. geschrieben. Von den mehr als 600 norweg. Runentexten stammen die meisten aus dem 11. Jh. Runen verschwanden zwar bald nach der Einführung der Lateinschrift um die Mitte des 11. Jh. aus dem öffentl. Schriftgebrauch, aber noch bis ins 18. Jh. wurden sie in einigen Randzonen (z.B. Oppdal) verwendet. Das ab der ersten Hälfte des 16. Jh. als Amts- und Kirchensprache in Norwegen fungierende Dänische beeinflußte das Norweg. erheblich. Die dän. gefärbte norweg. Stadtsprache wurde mit der Unabhängigkeit Landessprache. Seit 1929 wird diese Sprachvariante *bokmål* genannt. Die Sprachform, die sich aus den norweg. Mundarten entwickelt hat, wird seit 1929 als *nynorsk* bezeichnet. Beide Sprachen werden in der Schulausbildung unterrichtet und als Schriftmedien verwendet.

Lit.: Fernández-Armesto 1994: 24 ff., Helle 1993, Henningsen et al. 1997

O

Occitanen, Okzitanen (*Occitans*, franz.: Occitans, engl.: the Occitans). Einige lokale Bevölkerungsgruppen im südl. Teil Frankreichs unterscheiden sich sprachl., aber nicht ethn. von den Nordfranzosen mit franzöz. Muttersprache (→ Franzosen). Die Gemeinschaft der Occitan. sprechenden Südfranzosen ist also keine ethn. Minderheit wie beispielsweise die → Bretonen. Die südl. Region des roman. Sprachgebiets in Frankreich gliedert sich in drei histor. Landschaften mit kulturellen wie sprachl. Eigenheiten: Gascogne im Westen, Languedoc im Zentrum und Provence im Osten. Der Name Languedoc (von *langue d'oc*) bezieht sich auf die Sprache, in der ‹ja› durch *oc* ausgedrückt wird (im Gegensatz zu *oïl* → *oui* im Franzöz.). Diese drei Landschaften werden auch unter dem Sammelnamen Occitanien (Okzitanien) zusammengefaßt.

Die Occitanen Südfrankreichs wurden weltbekannt wegen ihres literar. Kulturerbes, der mittelalterl. Troubadour-Dichtung. Das im 19. Jh. aufblühende regionale Kulturbewußtsein, das sich zunächst in der Provence artikulierte, knüpfte an diese ältere Tradition an. Die Aktivitäten der im Jahre 1854 von sieben provenzal. Schriftstellern (darunter F. Mistral) gegründeten Vereinigung des Félibrige richteten sich vorrangig gegen die Überfremdung der Region durch das Franzöz. (*francisation*). Heutzutage liegt das Kulturschaffen der Occitanen vorwiegend in den Händen von Literaten, die Occitan. als Zweitsprache sprechen, für die aber das Franzöz. die Hauptsprache ihrer Alltagskommunikation ist.

Lit.: Fernández-Armesto 1994: 170 ff., Kremnitz 1997

Oiraten → Kalmüken

Orang Asli (*Asli*, the Orang Asli). Als Orang Asli (‹ursprüngl. bzw. einheim. Menschen›) werden von den → Malaien die Angehörigen der Urbevölkerung der Malaiischen Halbinsel genannt, die seit vielen Generationen in unwirtl. Regionen des trop. Regenwalds leben, und zwar in Gegenden, die für die Malaien weder wirtschaftl. noch siedlungsmä-

ßig von Interesse sind. Ihre Gesamtzahl beträgt ca. 35000. Sie sind klein-
wüchsig und werden deshalb sowie wegen ihres negroiden Aussehens
oft mit den → Pygmäen Afrikas verglichen. Die Malaien nennen die
Semang, eine besondere, ca 1500 Menschen umfassende Volksgruppe
innerhalb der Orang Asli, wegen ihrer auffallenden anthropolog. Merkmale auch *Negritos*.

Die Orang Asli sind Nachkommen derjenigen Bevölkerungsgruppen, die vor über 60000 Jahren von Westen her auf die Malaiische Halbinsel einwanderten. Humangenet. und anthropolog. zeigen die Orang
Asli viele Gemeinsamkeiten mit den → Dayak-Völkern auf Borneo,
die ebenfalls auf die vor-malaiischen Populationen zurückgehen. Die
Orang Asli haben – ähnl. wie die meisten Dayak – animist. Vorstellungen von der durch Geister belebten Natur bewahrt. Sprachl. haben sich
die Regenwaldbewohner ans Malaiische assimiliert.

Das Verhältnis der malaiischen Mehrheitsbevölkerung zu den Orang
Asli war lange Zeit durch rassist. Vorurteile geprägt. Die Orang Asli
wurden von vielen Malaien als Kreaturen angesehen, die aus der Erde
kamen, das Feuer nicht kannten und rohes Fleisch an Baumstämme
hängten, um es gar zu schlagen. Als Anhänger naturreligiöser Vorstellungen sind sie bis heute in der Wertung malaiischer Muslime unwür-
dige Ungläubige. Trotz des seit 1878 bestehenden Verbots der Sklaverei
haben Malaien bis ins 20. Jh. Kinder der Orang Asli geraubt, um sie als
Sklaven aufzuziehen und später als Arbeitskräfte einzusetzen. Zahlreiche Lokalgruppen der Orang Asli wurden in den 1950er und 1960er
Jahren dezimiert, weil sie in die militär. Auseinandersetzungen zwischen den im Dschungel operierenden kommunist. Rebellen und Re-
gierungstruppen hineingerieten. Seit den 1970er Jahren bemüht sich die
Regierung Malaysias, die Orang Asli soweit mögl. zu integrieren, seßhaft zu machen und an Bodenbebauung sowie Viehzucht zu gewöhnen.
Die Handelskontakte zwischen den Orang Asli und der Außenwelt haben sich auf diese Weise verstärkt.

Lit.: Rolf 1989: 25 ff.

Oroken (*Ul'ta, Ul'ča*, russ.: Oroki) Nur noch rund 200 Oroken leben
auf der Insel Sachalin in der Russ. Föderation. Sie zählen zu den → altaischen Kleinstvölkern in → Nordsibirien, ihre Sprache gehört zum
Zweig der tungus.-mandschur. Sprachen der altaischen Sprachfamilie.
Die Oroken sind Nachkommen einer Mischbevölkerung aus Alteinge-

sessenen und tungus. Gruppen (v. a. → Evenken). Die Oroken leben hauptsächl. von der Robbenjagd.

Lit.: Funk/Sillanpää 1999: 106 ff., Tiškov 1994: 259 ff.

Orotschen (*Oročisel, Nani*, russ.: Oroči). Die etwa 1200 Orotschen leben am Unterlauf des Tumnin in der Region Chabarovsk in der Russ. Föderation. Diese Ethnie zählt zu den → altaischen Kleinvölkern in → Nordsibirien und ist aus einer Fusion einheim. Populationen und tungus. Bevölkerungsgruppen (v. a. → Evenken) entstanden. Ihre Sprache gehört zum Zweig der tungus.-mandschur. Sprachen der altaischen Sprachfamilie.

Lit.: Funk/Sillanpää 1999: 98 ff., Tiškov 1994: 260 ff.

Osseten (*Iron/Digoron*, the Ossetes). Die große Mehrheit der 0,55 Mio. Osseten lebt in der Republik Nordossetien, einer autonomen Region im nördl. Kaukasus, die administrativ zur Russ. Föderation gehört. 0,16 Mio. Osseten sind im Nachbarland Georgien beheimatet, die meisten im autonomen Gebiet Südossetien.

Die Osseten sind ein → iran. Volk, an dessen Ethnogenese Reste der skyth. Bevölkerung und der Alanen beteiligt waren. Im Namen der Osseten findet sich ein Nachklang des antiken Namens der Alanen, die von Griechen und Römern *Asioi* genannt wurden, und die bei → Slawen und → Iraniern *As* hießen. Der größere Teil der osset. Bevölkerung sind Christen, die übrigen sunnit. Muslime.

Das Osset. gehört zur Gruppe der ostiran. Sprachen. Es wird seit dem 18. Jh. geschrieben, und zwar in kyrill. Schrift. Für kurze Zeit waren auch andere Schriftarten in Gebrauch, die Lateinschrift zwischen 1923 und 1938 sowie das georg. Alphabet zwischen 1938 und 1954 bei den Osseten in Südossetien. Das Niveau der Erhaltung des Osset. als Muttersprache ist hoch und liegt bei über 90 %. In den bürgerkriegsähnl. Wirren Mitte der 1990er Jahre im Norden Georgiens hat sich gezeigt, daß die Osseten bereit sind, zu extremen Mitteln zu greifen, um eine Vereinigung der territorial voneinander getrennten osset. Regionen zu erreichen.

Lit.: Bromlej 1988: 350 f., Kaloev 1971

Österreicher (the Austrians). Die 7,6 Mio. deutschsprachigen Bewohner Österreichs machen rund 90 % der Landesbevölkerung aus. Österreich wegen dieser Proportionen von einsprachiger Mehrheit und mehrsprachigen Minderheiten (→ Ungarn, → Kroaten, → Slowenen, → Tschechen u. a.) als Nationalstaat zu bezeichnen, ist problematisch.

Sprachl. stehen die Mundarten Österreichs auf einem Kontinuum mit den Mundarten im Nachbarland Deutschland. Das deutsche Sprachgebiet erstreckt sich beiderseits der Territorialgrenze dieser Länder. Die gesprochene Sprache in Österreich ist wie in Deutschland und in der germanophonen Schweiz von der hochdeutschen Standardsprache überdacht. Abgesehen von einigen Regionalismen in der von den Österreichern verwendeten Hochsprache ist diese Sprachform die gleiche wie die in Deutschland verbreitete Standardvariante.

Die besondere Situation des Selbstverständnisses bei den Österreichern, von denen sich nur etwa zwei Drittel zum Konzept einer «österreich. Nation» bekennen, liegt in der Polarität von Staat und Bundesländern. Neueren soziolog. Untersuchungen zufolge dominiert in bestimmten Regionen das Bewußtsein des «Österreicher-Sein» die Identität, etwa in Wien, Niederösterreich und im Burgenland. In Oberösterreich und in der Region von Salzburg besteht eine Balance zwischen Österreichertum und Landesbewußtsein. Dagegen dominiert in Kärnten, Vorarlberg und in Tirol die Bindung an die lokale oder regionale Heimat.

Die heutige Gliederung Österreichs in neun Bundesländer geht letztl. auf histor. Entwicklungen zurück, die im 12. Jh. mit der Teilung der Ländereien in lokale Feudalwesen ihren Ausgang nahmen. Bis zum Beginn des 19. Jh. wurden ledigl. die Bewohner von Nieder- und Oberösterreich als eigentl. Österreicher bezeichnet, die übrige Bevölkerung wurde nach ihrem Land benannt (Tiroler, Kärntner usw.). Ebenfalls im 12. Jh. etablierte sich die Macht der Regenten österreich. Ländereien (ab 1192 der Prinzen von Babenberg, ab 1282 der Habsburger).

Die Tatsache, daß das Habsburgerreich die Geschichte Europas, besonders Südosteuropas, jahrhundertelang entscheidend mitbestimmt hat, und v. a. die imperiale Größe während der Zeit der Österreich.-Ungar. Doppelmonarchie (bis 1918) ist bis heute Teil des kulturellen Gedächtnisses der Österreicher. Das heutige «Rumpfösterreich» blieb trotz kurzfristiger Bestrebungen einer Vereinigung mit dem Deutschland der Weimarer Zeit auf Betreiben der Alliierten selbständig. Die Erinnerung an das Intermezzo der Besetzung des Landes durch Nazi-

Deutschland (März 1938 bis April 1945) hat bei vielen Österreichern ein bleibendes Bedürfnis der polit. Abstandnahme gegenüber dem Nachbarn Deutschland genährt. Die Integration beider Länder in der Europäischen Union hat polit., wirtschaftl. und kulturelle Ausgleichstendenzen geschaffen, die allerdings das Bewußtsein regionaler Eigenständigkeit nicht beeinträchtigen.

Die heutigen Bundesländer haben eine weitgehende kulturelle und auch regionalpolit. Autonomie bis heute bewahrt. Jedes Bundesland hat seine eigene polit. Vertretung (Landtag), seine Fahne, sein Wappen, seine Hymne und seine Schutzheiligen. Vielerorts haben sich auch lokale Trachten erhalten.

Lit.: Bruckmüller 1984, Fernández-Armesto 1994: 130 ff., Zöllner 1992

Ostseefinnen → Esten, Finnen, Finno-ugr. Völker in Rußland, Uralische Völker

P

Paläoasiatische Völker → Nordsibirien

Papua-Völker. Die rund 1090 Völker Neuguineas gehören zwei großen Gruppierungen an, mehr als zwei Drittel (über 700 Ethnien) sind Papuas, die übrigen → Austronesier. Die Papua-Völker haben ihren Ursprung in den autochthonen Populationen der Insel, deren Siedlungsspuren sich etwa 40 000 Jahre zurückverfolgen lassen. Sie bewohnen den größten Teil des Inlands sowie die Südküste. Die Austronesier sind seit ca. 5000 Jahren auf Neuguinea ansässig, sie siedeln hauptsächl. in der westl. und östl. Küstenregion.

Papua-Völker sind über ganz Neuguinea verbreitet, sowohl in dem Teil der Insel, der als Provinz Irian Jaya zu Indonesien gehört, als auch, und zwar mehrheitlich, im Staat Papua-Neuguinea. Mit insgesamt 826 Völkern und Regionalkulturen ist dies der Staat mit der weltweit größten ethnokulturellen Vielfalt. Die meisten autochthonen Ethnien sind Klein- oder Kleinstvölker mit nur wenigen tausend oder hundert Angehörigen, wie beispielsweise die Gadsup (10000), Ngaing (3000), Ura (1900), Ömie (800), Kwomtari (600), Nimo (350) und Mari (120). Die Sprachen dieser Völker gehören zwölf verschiedenen Sprachfamilien an. Die größte Makrogruppierung sind die Trans-New Guinea-Sprachen mit mehr als 530 Einzelsprachen.

Daß die große Mehrzahl der papuan. Ethnien Kleinvölker sind, besagt nicht, daß sie alle gefährdet sind. Bis in unsere Zeit leben die meisten Völker im Inland Neuguineas weitgehend isoliert von der Bevölkerung der Städte. Die Kontakte mit der Außenwelt (z.B. mit Vertretern staatl. Behörden) begannen erst im 20. Jh. und sind aufgrund der Unwegsamkeit der zerklüfteten Bergregionen Neuguineas spärlich und sporadisch. Weiße haben sich zu keiner Zeit in der unwirtl. Regenwaldzone angesiedelt. Erst seit den 1950er Jahren halten Missionare sowie vom Innenministerium beauftragte Patrouillen mit jährlichen Besuchen den Kontakt zwischen dem Inland und der Küstenregion aufrecht.

Infolge dieser Kontakte und v.a. über den Warenaustausch wurden moderne Werkzeuge, modische Accessoires wie T-Shirts und Getränke in Blechdosen bei den Papuanern bekannt gemacht. Solche äußeren Veränderungen in der Lebensweise der Papuaner, die noch vor einer Generation vollkommen nach den überkommenen Traditionen gelebt haben, gefährden aber in den wenigsten Fällen ihre kulturelle Identität. Die Sozialkontakte werden weiterhin über die Sprache der Vorfahren kanalisiert, und die sozialen Bindungen innerhalb der Gemeinschaft stützen sich auf das Fundament der traditionellen Kultur und Weltanschauung (Sozialordnung im Sippenverband, Männerbünde, Initiationsriten u. a. Rituale sowie Zeremonien im Zusammenhang mit Naturreligionen). Die traditionelle Siedlungsweise der Hochland-Papuaner wird bis heute beibehalten. Die Menschen wohnen in patrilinear organisierten Gruppen in Langhäusern. Die durchschnittl. Belegschaft der Langhäuser variiert von Stamm zu Stamm. Bei den Kaluli (2500) sind es im Durchschnitt 70 Personen, bei den Bedamini (3800) 60, bei den Onabasulu (390) 43 und bei den Etoro (1300) 35. Die Tradition der Körperbemalung und des Tragens von Körperschmuck (z.B. Haartracht sowie Perücken aus Federn und Trockenblumen) hat sich bei den meisten Stämmen lebendig erhalten.

Verändert haben sich die Tauschgeschäfte. In den 1930er Jahren wurden Metallwerkzeuge bekannt, die bald große Bedeutung als begehrte Tauschwaren erlangten. Statt Steinäxten kamen nun Äxte und Haumesser aus Stahl in Gebrauch. Diese Geräte wurden gegen Kaurimuscheln, Baumöl und Tabak getauscht. Traditionale Wirtschaftsformen wie der Anbau und die Nutzung der Sago-Palme, die Kultivation von Gemüsesorten in Kleingärten, die Jagd auf Kleintiere im Regenwald, das Sammeln von Früchten, Wurzeln und eßbaren Insekten sind beibehalten worden. Die Bearbeitung des Holzes der Sago-Palme ist durch die modernen Werkzeuge leichter geworden.

Aufgrund der Unwegsamkeit des Geländes haben sich die sprachökolog. Verhältnisse der Zeit vor den Kontakten mit Fremden im wesentl. ungestört weiterentwickelt. Obwohl es im Hochland und auch in den Küstenregionen Neuguineas zahlreiche Sprachen gibt, die nur von jeweils weniger als 1000 Sprechern gesprochen werden, besteht bisher keine Gefahr, daß sie von einer dominanten Importsprache überformt oder verdrängt werden. Keine der lokalen Sprachen hat allerdings interregionale Verbreitung erlangt. Vielmehr haben sich Varianten von Pidgins auf der Basis lokaler Sprachen entwickelt, die verkehrssprachl. Funktionen übernehmen, wie beispielsweise Hiri Motu auf der Basis von Motu oder Toaripi Hiri auf der Basis von Toaripi. Als Folge der

Präsenz des Engl. auf der Insel entwickelte sich auf dessen Basis ein eigenes Pidgin, Tok Pisin (Talk Pidgin), das seit 1975 als eine der Amtssprachen Papua-Neuguineas fungiert.

Lit.: Kelly 1993, Nile/Clerk 1996: 86 ff.

Paschtunen, auch: Pathanen (*Pashtun*, *Patan*, the Pashtuns, Pathans). Die 20 Mio. Paschtunen verteilen sich mehrheitl. auf zwei Staaten: In Afghanistan, v. a. im Nordosten und im Süden des Landes, leben 8,5 Mio Paschtunen, das ist rund die Hälfte der Landesbevölkerung. In Pakistan gibt es etwa 11 Mio. Paschtunen (entspr. 14 %), die im Nordwesten und Südwesten des Landes konzentriert sind. Sie sind ein iran. Volk und mit den Kleinvölkern in der Pamirregion (Jasgulamen, Munji) näher verwandt. Weitläufiger ist die Verwandtschaft der Paschtunen mit den → Persern und → Tadschiken.

Die Region war seit den Zeiten Alexanders des Großen (4. Jh. v. Chr.) Durchzugsgebiet für zahlreiche Eroberer. Allerdings gelang es keinem, die Paschtunen auf Dauer zu beherrschen oder zu unterdrücken. Dies mag nicht zuletzt an der straffen Sozialordnung ihres islam. Gemeinschaftswesens liegen. Ihre spezielle Lebensordnung nennen die Paschtunen selbst *pashtunweli;* die traditionellen Beschäftigungen sind das Hirtentum, der Ackerbau, der Handel und das Kriegshandwerk. Letzteres ist der Welt durch den Sieg der Taliban im Bürgerkrieg Mitte der 1990er Jahre und im Afghanistankonflikt des Jahres 2001 demonstriert worden. Die bewaffneten Einheiten der Taliban (wörtl. ‹Schüler›) rekrutierten sich anfangs aus den Absolventen der Koranschulen (vorrangig von Paschtunen besucht) im Nordwesten Pakistans. Diese Koranschulen waren bis zu den Antiterrorismus-Kampagnen Ende 2001 Hochburgen des islam. Fundamentalismus. Die Kraft der islam. Tradition zeigte sich u. a. darin, daß von 1992 bis 2001 das islam. Recht (Scharia) in Afghanistan galt.

Die Paschtunen in Pakistan haben seit dem 19. Jh. brit. Kolonialgeschichte erlebt. Trotz der staatl. Trennung des seit 1947 unabhängigen Pakistan vom Nachbarland Afghanistan sind die kulturellen und polit. Interessen der Paschtunen beiderseits der Grenze im wesentl. gleichgerichtet. Die Paschtunen in Pakistan haben die Taliban unterstützt, und Pakistan war der einzige Staat, der diplomat. Beziehungen zum Taliban-Regime unterhielt.

Die Nationalsprache der Paschtunen ist Pashto, das in drei regionalen

Varianten verbreitet ist. Pashto besitzt amtl. Status in Afghanistan und Pakistan. Es ist eine iran. Sprache und als solche mit dem Pers. (Farsi) und Tadschik. verwandt. Es wird seit dem 16. Jh. als Schriftsprache verwendet und im arab. Alphabet geschrieben. Zu den bekannteren Literaten, die Pashto verwendet haben, gehört u. a. Ahmed Schah Durrani, der im 18. Jh. lebte und den afghan. Staat gründete.

Lit.: Haarmann 2002a: 273 f., 316 f., Kostyal 2002: 23 ff.

Pathanen → Paschtunen

Perser (*Farsi*, the Persians/Iranians). Die Zahl der Perser beläuft sich auf rund 32 Mio. Menschen. Dies sind – im modernen Sprachgebrauch – die Iraner im ethn. Sinn, die knapp die Hälfte der Landesbevölkerung im Iran (64 Mio. E) stellen. Zu den Staatsbürgern dieses Landes (Iraner im polit. Sinn) gehören Millionen ethn. Minderheiten (→ Aserbaidschaner, → Kurden, Brahui, → Araber, → Armenier u. a.). Die meisten Angehörigen der ethn. Minderheiten sprechen die Sprache der Perser (Farsi), des Staatsvolks, als Zweitsprache. Die Sprachgemeinschaft des Farsi schließt also ethn. Perser wie auch Nichtperser ein. Dem Farsi (westl. Pers.) am nächsten steht das Dari (östl. Pers.), das von mehr als 2 Mio. Menschen in Afghanistan und von rund 1,5 Mio. Menschen in Pakistan gesprochen wird. Das Verhältnis der Dari-Sprecher zu den Farsi-Sprechern ähnelt in mancher Hinsicht den Unterschieden, wie sie für die Selbstidentifizierung der → Österreicher im Verhältnis zu den → Deutschen gilt. Pers. Außengruppen leben verstreut in vielen Ländern Asiens (Türkei, Irak, Vereinigte Arab. Emirate u. a.), Europas (Deutschland, Großbritannien, Griechenland u. a.), in den USA, usw.

Die Perser sind → Iranier, also ein iran. Volk, dessen Ethnogenese in die erste Hälfte des 1. Jt. v. Chr. zurückreicht. Die Existenz einer selbständigen pers. Ethnie wird durch die frühe Reichsbildung bezeugt. Die Perser schalteten die Herrscher des älteren Reichs der ebenfalls iran. Meder im 7. Jh. v. Chr. aus und übernahmen deren Machtbereich. Zweifellos war das Pers. Reich, das zwischen dem 6. Jh. v. Chr. und dem 7. Jh. n. Chr. Bestand hatte, das mächtigste der von Iraniern begründeten Staatswesen. Seine größte Ausdehnung hatte dieses Reich unter Dareios I. zu Beginn des 5. Jh. v. Chr. Die polit. Vormachtstellung der Perser reichte damals im Westen über die ion. Küste Kleinasiens hinaus bis nach Mazedonien, im Osten bis zum Industal, im Norden bis nach

Mittelasien und im Süden bis nach Ägypten. Das Reich löste sich im 7. Jh. n. Chr. im Zuge der islam.-arab. Expansion auf.

Der kulturelle wie weltanschaul. Zusammenhalt der Bevölkerung in diesem histor. Großreich wurde durch eine der originellsten religiösen Traditionen gewährleistet, die das iran. Kulturmilieu hervorgebracht hat: durch den Zoroastrismus, so benannt nach seinem legendären Begründer Zarathustra (griech. Namenform Zoroaster). Nach traditioneller Auffassung lebte Zarathustra 630–553 v. Chr.; nach neuerer Forschung möglicherweise schon vor dem 10. Jh. v. Chr. Die Lehre Zarathustras war unter den Sassaniden (224–651 n. Chr.) Staatsreligion des Pers. Reiches. Seit der Eroberung Persiens durch die → Araber ist dort der Islam heimisch. Anfang des 16. Jh. spaltete sich die muslim. Gemeinschaft Persiens ab, als Safi I. das Neupers. Reich begründete und die schiit. Glaubensrichtung zur Staatsreligion des Landes erklärte.

Die polit. Entwicklung Persiens wurde auch nach der Eroberung durch die Araber weitgehend von lokalen Herrscherdynastien bestimmt. Bis zur Invasion des Landes durch die → Mongolen im Jahre 1258 regierten die arab. Kalifen ledigl. nominell in Persien. Der Enkel Dschingis-Khans, Hulagu, gründete in Persien die Dynastie der Il-Khane, die das Land bis 1335 regierten. Nach einigen Jahrzehnten innenpolit. Unruhen brachte die Herrschaft Timur Lengs ab 1387 einige Stabilität. Ab 1405 übernahmen die → Turkmenen die Regentschaft. Unter der Safaviden-Dynastie (1501–1722) dehnte sich das Pers. Reich erneut weit über die Grenzen des pers. Siedlungsgebiets aus. Es schloß Aserbaidschan, Armenien, Turkmenien und Teile Iraks ein. Im 18. Jh. gehörten einige Provinzen Indiens zum Pers. Reich. Bald darauf begann der Niedergang der polit. Macht. Afghanistan setzte unter Ahmed Schah seine Unabhängigkeit durch, Georgien wurde von Rußland annektiert. Vom 19. bis ins 20. Jh. standen die lokalen Herrscher Persiens erneut unter dem polit. Patronat ausländ. Mächte. Persien wurde in eine südl. Interessenzone der Briten und in eine nördl. der Russen geteilt. In der Zeit nach dem Zweiten Weltkrieg wechselte die Regierung im Iran zwischen nationalist. Diktatur (unter Mossadek und Schah Resa Pahlavi) und schiit. Fundamentalismus (seit der Revolution 1979 unter Khomeini).

Das Pers. – es ist eng verwandt mit dem Tadschikischen – ist diejenige iran. Sprache mit der ältesten schriftsprachl. Überlieferung. Die frühesten altpers. Inschriften stammen aus der Regierungszeit von Dareios I. (reg. 522–486 v. Chr.). Das Pers., dessen moderne Ausdrucksform (Farsi; ursprüngl. die Sprache von Fars, des Kernlands pers. Siedlung) sich in der Zeit zwischen dem 7. und 9. Jh. ausprägte, ist auch die iran. Sprache mit dem reichsten Schrifttum. Die älteste Schrift des Pers. war eine Variante der mesopotam. Keilschrift. Mittelpers. Texte (zwischen dem 3. und 7. Jh.) wurden in Pehlevi (Pahlavi), einer Ableitung von der aramäischen Schrift, geschrieben. Seit Beginn der islam. Periode wird das arab. Alphabet verwendet.

Lit.: Frye 1984, Haarmann 2002a: 292 f., Katouzian 2003, Keddie et al. 2002

Polen (*Polacy*, the Poles). Mit 45 Mio. Menschen gehören die Polen zu den bevölkerungsreichen Ethnien Europas. Insgesamt 37 Mio. sind in Polen beheimatet. Mehr als 2 Mio. Polen leben in den Anrainerstaaten (Ukraine: 1,15 Mio., Belarus: 0,4 Mio., Litauen: 0,258 Mio.). In Rußland (94000) und in Lettland (57000) gibt es ebenfalls poln. Minderheiten. Die größte Außengruppe von Polen in Westeuropa lebt in Deutschland (0,24 Mio.). Seit dem 19. Jh. sind Polen nach Übersee emigriert. Allein in den USA beläuft sich die Zahl der Nachkommen jener Einwanderer auf 2,5 Mio. In Kanada leben 0,135 Mio. Polen.

Die Ethnogenese der Polen findet ihren Ausgangspunkt in der ethn. Fusion westslaw. Stämme (→ Slawen) in der Zeit vom 6. bis 9. Jh. Damals nahm auch die Sprache ein Profil an, in dem bereits die Grundzüge des späteren Poln. zu erkennen sind. Ein Selbstverständnis der slaw. Bevölkerung in Polen als eigenständiges Volk entfaltete sich nicht vor dem 11. Jh. Die frühen Vertreter des Fürstengeschlechts der Piasten, der Staatsgründer Mieszko (gest. 992) und der erste König Polens, Bolesław I. Chrobry (‹der Tapfere›; 966–1025), waren noch Herrscher im Slawenland Sclavinia. Ab dann wurde der Name Polonia gebräuchlich. Nach einer kurzen Zeit der Rivalität zwischen der Mission der Ostkirche (der Slawenapostel und ihrer Schüler in Großmähren) und der röm.-kathol. Kirche des Westens setzte sich das Christentum westl. Prägung im 10. Jh. durch, und damit auch das Latein. als dessen sprachl. Medium. Gniezno (Gnesen) wurde kurz vor 1000 Erzbistum, und es war im 11. Jh. die erste Hauptstadt des poln. Königreichs.

Durch dynastische Heiratsbeziehungen waren die poln. Herrscher seit dem 11. Jh. mit den Fürsten- und Königshäusern in der Kiever Rus', in Böhmen und Ungarn, in Deutschland und in Skandinavien (Dänemark) verbunden. Im Zuge der deutschen Ostkolonisation wanderten Handwerker und Kaufleute seit dem 13. Jh. auch in die poln. Städte ein. Den Piasten folgte die Dynastie der Jagiellonen, die ihren Namen nach dem litauischen Fürsten Jogaila/Jagiełło erhalten hat, der durch seine Heirat mit der poln. Königin Jadwiga 1385 Litauen und Polen durch Personalunion verband. Diese Union erhielt ihren formalen Charakter als Staatsgebilde (poln. Rzeczpospolita) mit zwei autonomen Reichsteilen in der Union von Lublin (1569). Nach dem Tod des letzten Jagiellonen-Herrschers wurde das Reich zu einer Monarchie umgestaltet, deren Vertreter von den Aristokraten gewählt wurden. Bald schon begann der Niedergang Polen-Litauens als Großmacht. Die Teilungen des Landes (1772, 1793, 1795) und die Annexion poln. Territorien durch die mächtigen Nachbarstaaten (Deutschland, Österreich, Rußland) setzten der poln. Eigenstaatlichkeit ein vorläufiges Ende.

Der russ. Teil Polens (Kongreßpolen) erhielt 1815 Autonomiestatus. Der poln. Aufstand des Jahres 1830 belastete die poln.-russ. Beziehungen. Der Bruch erfolgte mit dem Aufstand von 1863, der niedergeschlagen wurde und den Verlust der Autonomie zur Folge hatte. Viele Polen emigrierten in jener Zeit in die Länder Westeuropas und nahmen an verschiedenen Aufständen teil, so 1848 in Ungarn und 1871 in der Pariser Kommune. Der Slogan «Für eure Freiheit und die unsere», der die nationale Stimmung während des Aufstands von 1830 geprägt hatte, wurde zum Symbol der europ. Solidarität mit den Polen. Es dauerte bis 1918, bevor die Eigenstaatlichkeit des Landes restituiert wurde. In den 1920er und 30er Jahren gingen die deutschen und poln. nationalen Interessen auf Kollisionskurs. Das oberschles. Industriegebiet wurde 1921 abgetrennt und von Polen annektiert, trotz eines mehrheitl. Ergebnisses einer Volksabstimmung für Deutschland. Zwar schlossen Deutschland und Polen 1934 einen Nichtangriffspakt, die polit. Großwetterlage schlug aber bald zu Ungunsten Polens um. Als schwächerer Partner im Konflikt unterlag Polen der militär. Übermacht Nazi-Deutschlands, und die poln. Bevölkerung litt unsägl. unter der deutschen Besatzung. 1945 schlug das polit. Pendel um, und die Deutschen in den Ostgebieten wurden nach der territorialen «Westverschiebung» Polens Opfer der poln. Diskriminierung.

Die wesentlichen Komponenten poln. nationalen Identität – die poln. Sprache und der kathol. Galube – gingen auch unter der kommunist. Herrschaft nicht verloren. Nachdem das religiöse Leben im Land jahrzehntelang von der Parteipropaganda unterdrückt worden war, konnte sich nach der Wende von 1989 das Katholikentum rasch wieder fest im poln. nationalen Selbstverständnis verankern. In den 1970er Jahren wurde auf polit. Ebene ein Ausgleich mit Westdeutschland erreicht (sog. Ostverträge), der durch das deutsch-poln. Abkommen über den Verzicht territorialer Ansprüche im Vorfeld des Viermächteabkommens über die deutsche Wiedervereinigung im Jahre 1990 bekräftigt wurde. Die Mitgliedschaft Polens in der Europ. Union (seit Mai 2004) hat die polit. wie kulturellen Bindungen an den Westen wieder aufleben lassen.

Das Poln., eine mit dem Kaschub., Sorb., Tschech. und Slowak. näher verwandte westslaw. Sprache, wird seit dem 13.Jh. als Schriftsprache verwendet. Im 15.Jh. stand das Poln. unter latein. und tschech., im 17.Jh. unter französ. Einfluß. Das 16.Jh., die Ära poln. Großmacht, wird als das «goldene Zeitalter» der poln. Literatursprache bezeichnet. Poln. Literatur hat Weltgeltung erlangt. Ein Zeichen dafür ist die Vergabe von vier Nobelpreisen an poln. Autoren.

Lit.: Diels 1963: 30 ff., Herrmann 1986: 234 ff., Hesse/Daniel 2002

Polynesier (Polynesians), die Bevölkerung der Inselwelt Polynesiens, die sich in einem riesigen Dreieck vom mittleren bis zum östl. Pazifik erstreckt (s. Karte → Austronesier). An der westl. Peripherie liegen die Inselgruppen von Tuvalu und Tonga, im Süden umschließt Polynesien die Inseln Neuseelands, im Norden den Hawaii-Archipel, und im äußersten Südosten wird die polynes. Kulturzone von der Osterinsel begrenzt. Nur wenige der rund zwei Dutzend polynes. Ethnien zählen mehr als 0,1 Mio. Angehörige. Die bevölkerungsstärksten Völker sind die Hawaiianer (0,336 Mio. ethn. Hawaiianer), → Maori (0,3 Mio. Angehörige der Ethnie, 70000 Muttersprachler des Maori), Samoaner (0,2 Mio.), Tahitianer (0,15 Mio.) und Tonganer (0,1 Mio.). Zu den polynes. Kleinvölkern gehören u. a. die Nauruaner (6000), Marquesaner (5600) und die Bewohner der Osterinsel, → Rapa Nui (2400).

Die weiträumigen Migrationen, die Menschen zu den entfernt liegenden Inselgruppen brachten, gingen von den Fidschi-Inseln aus. Der älteste Siedlungsschub nach Samoa wird um 1000 v. Chr. datiert. Um 200 v. Chr. erkundeten Insulaner von den Lau-Inseln (östl. der Fidschi-Gruppe) die maritimen Routen bis nach Tahiti und den Marquesas-Inseln.Um 300 n. Chr. wurde die Osterinsel bevölkert, um 400 n. Chr. Hawaii. Die letzten Inseln, die Polynesier erkundeten, sind die von Neuseeland um 1000 n. Chr. Ausgangspunkt für die jüngeren Migrationen waren die Gesellschaftsinseln mit der Hauptinsel Tahiti.

Die Ethnien und Kulturen Polynesiens unterscheiden sich von den →

Melanesiern durch ihre Distanz auf dem zeitl. Kontinuum der Kulturentwicklung. Die jüngeren Kulturen Polynesiens, die ihre Wurzeln in
älteren melanes. Kulturstufen finden, haben im Lauf der Zeit lokales
Eigenprofil angenommen und sich auf diese Weise ausdifferenziert. Die
ältere Kultur Fidschis war eindeutig melanes. geprägt, die neueren Entwicklungsstadien dagegen zeigen sowohl ältere melanes. als auch jüngere polynes. Züge. Ein Charakteristikum der kulturellen Entwick-
lungsdynamik in Polynesien ist das Fehlen der für Melanesien so typ.
Lapita-Keramik. Dagegen findet man in polynes. Kulturen Innovationen, die in Melanesien unbekannt sind. Dies gilt etwa für den Gebrauch
von Schrift auf der Osterinsel. Texte in dieser Schriftart wurden auf
Holztafeln (Rongorongo) geritzt.

Die Völker Polynesiens haben ihre kulturellen Eigenarten und ihre
Sprachen in sehr unterschiedl. Weise tradiert, je nach den soziokulturellen Existenzbedingungen in den einzelnen Inselarchipelen während der
Kolonialzeit. Französ. Einfluß wirkt bis heute auf den Gesellschaftsinseln und im Tuamotu-Archipel. Allerdings haben die Regionalkulturen, insbesondere die der Tahitianer, ihre Eigenständigkeit bewahrt.
Das Tahitian. fungiert neben dem Französ. als Amtssprache in Französ.-Polynesien, und es wird im Unterrichtswesen verwendet, und
zwar in der schul. wie universitären Ausbildung.

Der US-amerikan. Einfluß auf den Hawaii-Inseln hat langfristig eine
weitgehende Auflösung der einheim. Kulturtraditionen bewirkt. Zur
Zeit der Entdeckung der Inseln durch James Cook im Jahre 1778 lebten
schätzungsweise mehr als eine halbe Million Polynesier dort. Heutzutage gibt es noch 0,336 Mio. ethn. Hawaiianer (davon 0,24 Mio. auf den
Hawaii-Inseln), von denen rund die Hälfte Nachkommen aus Mischehen zwischen Insulanern und Amerikanern sind. Von diesen sprechen
weniger als 1 % Hawaiian. Nur 800 Hawaiianer beherrschen die Sprache ihrer Vorfahren noch aktiv, weitere 1000 können sie noch verstehen.

Lit.: Encyclopédie de la Polynésie 1990, Haarmann 2002a: 351 ff.

Portugiesen (*Portugueses*, the Portuguese). Die Zahl der ethn. Portugiesen beläuft sich auf ca. 35 Mio., davon leben 9,8 Mio. im histor. Kernland Portugal. Dies sind zumeist Personen, die in Portugal geboren
worden sind. In Portugal leben aber auch ca. 0,7 Mio. Rückwanderer
(portugies. *desalojados* ‹Displazierte› bzw. *retornados* ‹Rückkehrer›)
aus den ehemaligen Kolonialgebieten (Angola, Mosambik, Ost-Timor

u. a.). In Brasilien leben heutzutage rund 25 Mio. Personen portugies. Abstammung. Dies sind 15 % der Landesbevölkerung (166 Mio.).

Die Gemeinschaft derer, die die Weltsprache Portugies. sprechen, ist um ein Mehrfaches größer als die portugies. Ethnie. Vom Standpunkt der Verbreitung der portugies. Sprache sehen die Proportionen also ganz anders aus. Von den insgesamt 182 Mio. Sprechern des Portugies. (davon 170 Mio. Primärsprachler und 12 Mio. Zweitsprachler) sind 172,2 Mio. (94,6 %) in Amerika (Brasilien) und Afrika (Angola, Mosambik, Kapverden, u. a.) beheimatet. In Europa sprechen nur 9,8 Mio. (5,4 %) Menschen Portugies.

Die meisten Sprecher sind keine Portugiesen, sondern Angehörige anderer Völker. Dies sind die Völker Angolas wie die Umbundu, Lunda oder Zemba, die Portugies. als Zweitsprache sprechen, die ethn. Gruppen Mosambiks wie die Makonde, Nsenga oder Ronga und die Kleinvölker in Ost-Timor (z.B. die Bunak, Kemak und Idate). In Mosambik sprechen nur 30000 Menschen Portugies. als Primärsprache (Muttersprache), die Zahl der Zweitsprachler dagegen beläuft sich auf etwa 6 Mio. Der größte Teil der brasilian. Bevölkerung sind keine Portugiesen, sondern Brasilianer italien., span. oder deutscher Abstammung, außerdem die Angehörigen der mehr als 200 indian. Ethnien des Landes (Muru, Terena, Tucano u. a.). Als Amtssprache fungiert Portugies. heutzutage in neun Staaten: Portugal, Brasilien, Angola, Guinea-Bissau, Mosambik, São Tomé e Príncipe, Kap Verde, Ost-Timor (seit 2001).

Die Ethnogenese der Portugiesen steht im Zusammenhang mit der Akkulturation vorröm. Populationen (Tartessier, Lusitanier) an röm. Lebensweisen und mit der Assimilation ans Latein. An diesen ethn. Fusionsprozessen waren ebenfalls Bevölkerungsgruppen ital. Kolonisten in den westl. röm. Provinzen beteiligt. Der größte Teil der histor. Bevölkerung, die das Volkstum der Portugiesen geprägt hat, kam aus dem Nordwesten der Pyrenäenhalbinsel.

Die Bevölkerungsgeschichte Portugals ist die der Südverschiebung einer von der histor. Landschaft Galicien ausgehenden Siedlungsbewegung, die in enger Verbindung mit der Reconquista (‹Rückeroberung›) der von Mauren besetzten Territorien seit dem frühen Mittelalter stand. Der polit.-militär. Expansionsdruck der roman. Bevölkerung richtete sich sowohl nach Süden (gegen die maur. Hegemonie) als auch nach Osten (gegen die Expansion Asturiens und später Kastiliens). Im Jahre 1143 wurde das Königreich Portugal gegründet. Seit 1288 ist Lissabon Hauptstadt. Das Land hatte seit 1254 ein Ständeparlament (Cortes), in dem auch das städt. Bürgertum vertreten war. Noch im Mittelalter wurde die Leibeigenschaft aufgehoben. Ganz Portugal war um 1250 von den Mauren zurückerobert worden. Im Nachbarland Spanien dauerte die Reconquista wesentl. länger und war dort erst 1492 mit der Eroberung von Granada abgeschlossen.

Die ständigen polit. Spannungen und militär. Auseinandersetzungen mit dem Nachbarn Spanien veranlaßten Portugal früh, sich um ausländ. Bündnisse zu bemühen. Im Jahre 1386 wurde ein Bündnis mit England geschlossen, das sich durch die Jahrhunderte bewährt hat und bis heute Geltung besitzt. 1703 wurde dieses Bündnis durch einen Handelsvertrag erweitert. Die gleichen polit. Interessen machte Portugal und England zu Verbündeten im span. Erbfolgekrieg (1701–1714), und nach der Französ. Revolution (1792/93) erweiterte sich diese Allianz unter Einschluß Spaniens. Von 1807 bis 1811 war Portugal von der französ. Armee besetzt. Der portugies. Königshof war in jener Zeit nach Brasilien evakuiert worden. Die Befreiung erfolgte durch die militär. Intervention der Briten.

Unter Manuel I. (reg. 1495–1521) entwickelte sich das Staatswesen zu einer monarchist. Zentralmacht. Dies war die Zeit der portugies. Entdeckungs- und Handelsfahrten in der Welt. Im Verlauf des 16. Jh. baute sich Portugal ein weltumspannendes Kolonialreich auf, mit Besitzungen in Amerika (Brasilien), Afrika (Angola, Kapverden, Guinea, Mosambik u. a.) und in Asien (Goa, Ost-Timor, Macao). In anderen Regionen, wo eine direkte polit. Kontrolle nicht mögl. war, strahlte dennoch portugies. Kultur aus, wie in Japan, wo Portugiesen seit 1542 missionierten. Das Mutterland dieses riesigen Kolonialreichs war zwischen 1580 und 1640 in Personalunion mit Spanien verbunden. Damals war das Land offiziell zweisprachig (portugies.-span.).

In den Jahrhunderten seit Beginn der Neuzeit verlor Portugal den Anschluß an die sozioökonom. Entwicklungstrends Westeuropas. Trotz seiner Kolonien verarmte Portugal als rückschrittl. Agrarstaat. Nach der Ausrufung der Republik im Oktober 1910 begann ein langwieriger Modernisierungsprozeß. Später dominierte der Kampf um die Erhaltung der Kolonien die Innenpolitik. Nach der unblutigen Revolution vom April 1974 («Revolution der Nelken») liberalisierte sich der polit. Kurs, und die Kolonialgebiete wurden in die Unabhängigkeit entlassen. Die Mitgliedschaft in der Europ. Wirtschaftsgemeinschaft (seit 1986) und später der Europ. Union brachte für Portugal schließl. den Anschluß an den westeurop. Lebensstandard.

Das zur Gruppe der iberoroman. Sprachen gehörende Portugies. wird seit dem 13. Jh. geschrieben. Die klassische Periode der portugies. Literatur ist das 16. Jh. Damals entstand das Epos «Os Lusíadas» (‹Die Lusiaden›) von Luis de Camões, der in seinem Werk die Entdeckung Indiens durch Vasco da Gama im Jahre 1498 verherrlicht. Die Lusiaden schufen das Fundament für das Selbstbewußtsein, mit dem das portugies. Kolonialreich aufgebaut wurde. Die Pflege, die dieses Epos bis heute in der portugies. Schulausbildung sowie in breiten Kreisen der Bevölkerung genießt, bezeugt die Bedeutung, die die nostalg. Erinnerung an die einstige koloniale Größe Portugals für die Identität der Portugiesen besitzt.

Lit.: Haarmann 2002a, Schmidt-Radefeldt 1997, Weber 1980

Pueblo-Indianer (Pueblo Indians). Nach dem span. Wort *pueblo*, das ‹Ortschaft; städtische Siedlung› bedeutet, werden verschiedene ethn. Gruppen indian. Populationen als Pueblo-Indianer (abgekürzt auch Pueblo) bezeichnet. Die Vorfahren der heute rund 32000 Pueblo-Indianer lebten seit etwa 500 n. Chr. im fruchtbaren Flußtal des Rio Grande in der zentralen Region des heutigen US-Bundesstaates New Mexico. Es werden zwei geograph. Gruppen unterschieden, eine westl. (mit den Hopi, Zuñi und Tewa) und eine östl. (Pueblo mit Keres- und Tano-sprachiger Bevölkerung). Die zahlenstärkste Gruppe sind die Keres mit insgesamt 11500 Angehörigen. Die Hopi-Bevölkerung zählt 6500 Personen, die Zuñi 6400.

Die meisten Sprachen der Pueblo-Indianer gehören zur Gruppe der Kiowa-Tano-Sprachen. Das Hopi ist eine uto-aztek. Sprache, und das Zuñi ist isoliert, das heißt, es konnte bisher keine zweifelsfreie Verwandtschaft zu einer anderen Indianersprache festgestellt werden. Viele Pueblo bauen wie früher Mais, Bohnen und Kürbisse an, haben ihre traditionale Lebensweise beibehalten, sich aber sprachl. ans Engl. assimiliert. Von den 2380 Tewa sprechen noch 1300 ihre indian. Muttersprache.

Die Ortschaften der Pueblo-Indianer sind entweder in die Flußhänge hineingebaut oder auf nahegelegenen Plateaus (nach dem span. Wort für ‹Tisch› *mesas* genannt) angelegt. Die Häuser sind mehrstöckig und häufig wie Reihenhäuser aneinandergebaut. Die verwaltungsmäßige Leitung dieser städtischen Siedlungen lag in vorkolonialer Zeit in der Hand eines Führungsduos, jeweils Mitglieder der Priesterelite. Einer der Führer war für zivile und interne Angelegenheiten zuständig, der andere für

externe Belange und für die Verteidigung. Während der span. Kolonialzeit wurde ein Triumvirat eingerichtet. Die dritte Führungsposition
wurde mit einem hohen Beamten besetzt, der die Kontakte mit den Ko-
lonialbehörden und der kathol. Kirche pflegte. Diese Funktion übernimmt in der Moderne eine Person, die für die Kontakte mit der US-
Administration zuständig ist. Die beiden anderen Führer übernehmen
Aufgaben der inneren Verwaltung der Pueblo-Gemeinschaften.

Lit.: Dutton 1983, Lindig 1987, Miller 1996

Pygmäen (the Pygmies). Umgeben von der schwarzafrikan. Mehrheitsbevölkerung leben die insgesamt ca. 77000 Pygmäen in der trop.
Regenwaldzone Afrikas. Es gibt keine allgemein verbreitete Eigenbe-
nennung unter den Pygmäen selbst. Sie benennen sich entsprechend
ihrer Zugehörigkeit zu einzelnen Volksgruppen (s.u.). Die Pygmäen gehören zu den Nachkommen der Urbevölkerung der Äquatorregion.
Die gemeinsamen Merkmale der lokalen Pygmäen-Populationen sind
bestimmte anthropolog. Kriterien (z.B. Gesichtsform und -züge, die
markant von denen der → Bantu-Bevölkerung abweichen; hellere
Hautfarbe) und Charakteristika im genet. Profil. Allen Pygmäen gemeinsam ist Kleinwüchsigkeit. Nach dem statist. Durchschnitt für die
Körperlänge berechnet sind die Mbuti das Volk mit den kleinsten Menschen der Welt. Die Kleinwüchsigkeit erklärt sich damit, daß sich der
hormonale Wachstumsfaktor, der sich während der Adoleszenzphase
verdreifacht, bei den Pygmäen nicht verändert, so daß der bei anderen
Menschen übliche Wachstumsschub ausbleibt.

Als Folge jahrhundertelanger Sozialkontakte mit den Schwarzafrikanern ist es zu Genfluß gekommen, als dessen Folge bestimmte Gruppen
von Pygmäen immer mehr Charakteristika der Schwarzafrikaner angenommen haben. Bei diesen Pygmoiden verliert sich auch die Kleinwüchsigkeit. In den Mischehen ist in der Regel der Mann ein schwarzafrikan. Bauer (zumeist ein Bantu) und die Frau eine Pygmäin. Diejenigen Pygmäen-Frauen, die in bäuerl. Gemeinschaften einheiraten,
akkulturieren sich und gewöhnen sich rasch an die Seßhaftigkeit. Der
Mann bleibt immer in seinem gewohnten Lebensmilieu, folgt also nicht
der Frau in deren Sippe. Im Fall einer Trennung geht die Frau zurück in
die eigene Sippe und nimmt ihre Kinder mit.

Die Pygmäen-Populationen lassen sich geograph. trennen in die östl.
Pygmäen: Mbuti (ca. 40000) im Nordosten der Demokrat. Republik

Kongo und in Ruanda sowie die westl. Pygmäen: Aka (Biaka/Babinga, ca. 37000) im Südosten der Zentralafrikan. Republik, im Norden des Kongo und im äußersten Südosten Kameruns. Diese Populationen sind weiter nach Lokalgruppen untergliedert (Efe, Twa u. a.). Nach bislang von staatl. Seite unbestätigten Hinweisen sollen rund drei Viertel der Twa-Pygmäen in Ruanda während des Bürgerkriegs von 1994 umgekommen sein.

Die Pygmäen unterscheiden sich im wesentl. durch ihre anthropolog. Kennzeichen von den Nachbarvölkern, nicht aber durch ihre Sprache. Die lokalen Gruppen haben in langfristigen Akkulturationsprozessen die Sprachen ihrer Nachbarn adaptiert. Die östl. Pygmäen sprechen nilo-saharan. Sprachen, die Angehörigen der westl. Gruppe sprechen Niger-Kongo-Sprachen, die zu zwei Sprachzweigen (Adamawa-Ubangi und Bantu C) gehören.

Die Pygmäen, die bis heute als Jäger und Sammler leben, sind in Gruppen von wenigen Dutzend Menschen (im Durchschnitt etwa 30) zusammengeschlossen. Diese sind sozial in zumeist patrilinearen Sippenverbänden organisiert. Exogamie ist der Regelfall, und Partner werden teilweise von weither gesucht. Initiationsriten, Tänze und Musik sind bis heute ein fester Bestandteil des sozialen Lebens und dienen zur Festigung der Gruppensolidarität. Ein wichtiger Akkulturationsfaktor in den Kontakten mit den Schwarzafrikanern ist die Ausbildung einer Kaste von Eisenschmieden bei den Pygmäen. Diese Schmiede arbeiten für die schwarzafrikan. Ackerbauern und halten auf diese Weise einen ständigen Kontakt mit der umgebenden, fremdethn. Bevölkerung aufrecht.

Lit.: Cavalli-Sforza 1986, Cavalli-Sforza et al. 1994: 177 ff., Kostyal 2002: 213 ff., Ludwig 1994: 149 ff.

Q

Quechua (*Quechua*, *Quichua*, the Quechua). In der Andenregion Südamerikas leben mehr als 9 Mio. Quechua-Indianer. Sie siedeln in mehreren Dutzend regionalen Gruppen, die von Venezuela im Norden bis
nach Bolivien und Nordwest-Argentinien verbreitet sind. Die zahlenstärkste der regionalen Gruppen sind die südbolivian. Quechua, von
denen 2,78 Mio. in Bolivien und 0,85 Mio. in Argentinien beheimatet
sind. Andere, zahlenmäßig bedeutende regionale ethn. Gruppen sind
die 1,5 Mio. Quechua der Region von Cuzco (Peru), die Population der
Ayacucho-Quechua (1 Mio.; Peru) und die Quechua der Region von
Chimborazo in Ecuador (1 Mio.). Die kleinsten Quechua-Gruppen
sind die Hochland-Inga (ca. 4000) in Venezuela, die Tigre-Quechua (ca.
2000) in Peru und die Pacaroas-Quechua in Peru, die sich bis auf wenige
Personen vollständig an die span.-sprachige Umgebung assimiliert haben.

Das Ursprungsgebiet der Quechua-Populationen ist das zentrale
Hochland Perus. Nach myth. Überlieferung kamen die ersten Quechua
aus einer Höhle in einem Bergmassiv in der Nähe von Cuzco. Dies waren das myth. Königspaar, das den Inka-Staat begründete. Gegen Ende
des 1. Jt. n. Chr. hatten sich bereits regionale Sprachvarianten des Quechua ausgebildet. Mit der territorialen Ausdehnung von Tawantinsuyu
(‹Land der vier Himmelsgegenden›), wie der Staat der Inka genannt
wurde, migrierten Quechua in viele Regionen der Anden, wo ihre
Nachkommen bis heute leben. Die Sprache der Inka ist im Verlauf des
18. Jh. ausgestorben, alle lebenden Quechua-Sprachen sind Affiliationen des gesprochenen histor. Kontinuums.

Die Quechua-Bevölkerung wurde im 16. Jh. stark dezimiert. Dies ge-
schah einerseits auf Betreiben der span. Kolonialherren, die arbeitsun-
willige oder gesundheitl. schwächl. Indianer töteten. Zum anderen kam
es zu enormen Suizidwellen in den Andenländern. Der Verlust der klassische Kultur verursachte eine Art kollektives Trauma, die Aussichtslo-
sigkeit einer Revitalisierung löste bei vielen Indianern depressive Zustände aus, und die Mühsal der von den Kolonisatoren auferlegten
Zwangsarbeit ließ vielen nur die Alternative des Selbstmords, um den

miserablen Lebensumständen zu entfliehen. Es gibt histor. Berichte, wonach indian. Mütter ihre Kinder bei der Geburt töteten, um ihnen das Schicksal ihrer Landsleute zu ersparen. Nach Schätzungen belief sich die Zahl der Indianer in der Andenregion bei Ankunft der Europäer auf 3,5 bis 15 Mio. Bis gegen Ende des 16. Jh. kamen mindestens 2 Mio. Indianer um.

Vieles von der traditionellen Lebensweise und von den Wirtschaftsformen der Andenvölker während der Inka-Herrschaft hat sich in transformierter Form bis heute erhalten. Die histor. Gemeindegliederung mit der Basiseinheit des *ayllu*, der Dorfgemeinschaft, ist teilweise in die Verwaltungsstrukturen der modernen *comunidades* übernommen worden. Der Anbau von Mais, Kartoffeln und Gemüse sowie die Zucht und Haltung von Lama und Alpaca sind heute ebenso verbreitet wie vor fünfhundert Jahren. Das kathol. Christentum der Quechua wie auch anderer Andenvölker hat starke naturreligiöse Elemente bewahrt. Beispielsweise wird die einheimische Erdgöttin, Pachamama, weiterhin verehrt. Ihre Eigenschaften sind von der Gestalt der Mutter Maria absorbiert worden.

Lit.: Münzel 1985: 84 ff., Pärssinen 1992

R

Rätoromanen → Bündnerromanen

Rapa Nui (*Rapa Nui*, the Rapa Nui). Die Osterinsel (span. Isla de Pascua, Eigenbezeichnung: Rapa Nui ‹flaches Hochplateau›) liegt geograph. vollständig isoliert rund 4000 westl. der Küste Südamerikas im Südpazifik. Von den knapp 3000 Bewohnern der seit 1870 administrativ zu Chile gehörenden Osterinsel sind 2100 einheim. Insulaner. Weitere 300 Insulaner leben in Chile, auf Tahiti und in den USA. Die Osterinsel-Insulaner sind die Nachkommen von → Polynesiern, die um 300 n. Chr. im Zuge der letzten pazif. Migration von den rund 3400 km nordwestl. gelegenen Marquesas-Inseln kommend, auf die Osterinsel gelangten. Der Legende zufolge kamen die Migranten unter Führung ihres Königs Hotu Matu'a, der der Osterinsel den Namen Te Pito'o te Henua (‹Nabel der Welt›) gab. Die Zahl der Kolonisten, die damals die Insel bevölkerten, mag zwischen 100 und 400 betragen haben.

Seit 700 n.Chr. sind Tahai und Vinapu im Südwesten der Insel als Kultplätze verwendet wurden. Typ. für die histor. Zeit sind die Moai-Statuen. Die meisten sind aus dem Basaltstein an den Hängen des Vulkans Rano Raraku im Osten der Insel gehauen worden. Der größte Koloß dort ist 22 m lang und wiegt ca. 250 Tonnen. Etwa 1000 Moai sind über die ganze Insel verstreut. Sie waren, bevor sie von rivalisierenden Insulanern oder von chilen. Priestern umgestürzt wurden, auf Steinterrassen mit dem Rücken zum Meer aufgestellt. Die Moai symbolisierten die Geister der Ahnen der einzelnen Clans, je größer die Statuen, desto mächtiger die Ahnen. Die Priester schufen eine bislang nicht vollständig entzifferte Schrift, um mit den Ahnengeistern zu kommunizieren. Die auf Holztafeln geritzten Texte (Rongorongo) enthalten außer rein rituellen Formeln auch genealog. Informationen über die Geschichte der Clans. In der Blütezeit der Moai-Kultur lebten zwischen 7000 und 10000 Menschen auf der Osterinsel. Krieger. Auseinandersetzung zwischen den Clans um Land und Macht führten zu einer drast. Dezimierung der Inselbevölkerung. Seit dem 17. Jh. wurden keine Moai mehr aufgestellt.

Ab dem 18. Jh. stand Makemake, der Schöpfergott, der auf Erden vom Vogelmenschen (Tangata Manu) vertreten wurde, im Zentrum des religiösen Weltbildes. Der Vogelmensch wurde jedes Jahr im Frühling in einer Mut- und Geschicklichkeitsprobe an der Südküste der Insel, bei Orongo in der Nähe des Vulkans Rano Kau, neu gewählt. Die Felsen bei Orongo sind übersät mit Bildern vom Vogelmenschen und Fruchtbarkeitssymbolen (z.B. Vulvasymbolen). Die heidn. Bräuche kamen im Verlauf des 19. Jh. außer Gebrauch, v. a. auf Betreiben der Vertreter der kathol. Kirche auf der Insel. Die Insulaner sind sich allerdings der histor. Wurzeln ihrer Kultur bis heute bewußt. Als besondere Form des lokalen Synkretismus findet man in der Kirche von Hangaroa ein Altarbild mit einer Maria mit polynes. Zügen, mit dem Christuskind, das eine polynes. Federkrone trägt und der Statue eines Vogelmenschen, der bis heute wie ein Heiliger verehrt wird.

Die ersten Begegnungen der Insulaner mit Europäern gehen auf das 18. Jh. zurück. Ein engl. Pirat namens Edward Davis sichtete die Osterinsel 1687 auf seiner Fahrt von den Galapagos-Inseln in Richtung Kap Hoorn und glaubte, die Nordspitze der sagenhaften «Terra australis incognita» entdeckt zu haben. Erst Jahrzehnte später suchte der Holländer Jacob Roggeveen erneut nach diesem Land. Da er die Insel am Ostermontag 1722 fand, gab er ihr den Namen «Paasch-Eiland», Osterinsel. In Roggeveens Begleitung war ein Mecklenburger, Carl Friedrich Behrens, der als erster Europäer über die exot. Inselkultur berichtete.

Im Jahre 1770 nahm Kapitän Don Felipe Gonzales die Osterinsel im Auftrag des peruan. Vizekönigs für die span. Krone in Besitz. Diese Annexion hatte aber lange Zeit nur nominelle Bedeutung. James Cook besuchte die Osterinsel 1774. Der ihn begleitende Georg Forster berichtete über eine nur kleine Zahl von Insulanern. Von den 700 geschätzten Bewohnern seien nur etwa 30 Frauen gewesen. Eine verläßl. Erklärung für die große Diskrepanz in der Geschlechterverteilung gibt es nicht. Möglicherweise hatten die Kleinkriege, die örtl. Clane gegeneinander führten, unter anderem darauf abgezielt, die Frauen der Gegenseite zu töten, um dem Clan die biolog. Voraussetzungen für seinen Fortbestand zu nehmen.

Im Jahre 1862 wurde die gesamte arbeitsfähige Bevölkerung der Insel nach Peru, das Ansprüche auf die Osterinsel stellte, deportiert, wo die Insulaner ihr Leben als Arbeitskräfte in den Bergwerken fristeten. Nur wenige kehrten von Amerika zurück und schleppten die Blattern ein.

1877 waren von den 4500 Bewohnern, die 1862 auf der Insel lebten, noch 111 übrig, die anderen waren verschleppt worden oder an der Epidemine gestorben. Die systemat. koloniale Ausbeutung der Insel begann 1868 mit der Einrichtung einer Schaffarm durch den Franzosen Dutroux-Bornier. Seine rücksichtslose Landnahme führte dazu, dass 1871 die auf der Osterinsel tätigen Missionare mit 168 Insulanern nach Tahiti flohen. Das Rapa Nui-Volk war damals dem Aussterben nahe. Seit den 1880er Jahren hat die Bevölkerungszahl allerdings kontinuierl. zugenommen.

Lit.: Charola 1997, Englert 1998, Esen-Baur/Walter 1989

Roma (*Roma*, the Roma). Das Hauptverbreitungsgebiet der Roma (Pl. von *rom* ‹Mann›) sind die Länder Mittel- und Südeuropas (Ungarn, Slowakei, Balkanstaaten, Spanien). Kleinere Gruppen von Roma leben auch in anderen Staaten Europas, außerdem in Amerika, Afrika und Australien.

Bis heute sind im Deutschen und in anderen Sprachen Europas ältere Namen für die Roma in Gebrauch, die von den Roma selbst als abwertend empfunden werden. Die Namenformen im Engl. (*gypsy*, dazu mittelengl. *gypcian* im 14. Jh.) und im Span. (*gitano*) deuten darauf hin, daß man sie mit den Ägyptern (*Egyptian, egipciano*) assoziierte. Namenformen wie dt. *Zigeuner*, französ. *tsigane* (*cigain* im 15. Jh.) oder italien. *zingaro* weisen in ihrer Lautentwicklung auf griech. *Athingganos/Tsigganos* hin. So wurde eine religiöse Sekte in Phrygien benannt, und als die Roma von Kleinasien nach Europa migrierten, wurden sie vermutl. wegen ähnl. Kulthandlungen mit jenen identifiziert. Die Roma ihrerseits verwenden eine Sammelbezeichnung für alle Nicht-Zigeuner (romanes: *Gadsche*), die ebenfalls abwertend ist und wörtl. ‹Bauer, Tölpel, Dummkopf› bedeutet.

Roma hat sich als Name erst mit rezenten Migranten aus Südosteuropa verbreitet. Früher hatten die regionalen Bevölkerungsgruppen der Roma Namen, die auf die Verbreitung in einzelnen Ländern verwiesen. So hießen die Roma in Deutschland *Sinti*, die in Frankreich *Manouches*, die in Spanien *calé* (wörtl. ‹Schwarze›) usw. Wenn also von den Sinti und Roma in Deutschland die Rede ist, bezieht sich Sinti auf die «alteingesessenen» Zigeuner – deren Vorfahren hier seit dem 16. Jh. gelebt haben – und Roma auf die später eingewanderten Zigeuner.

Nach Schätzungen beläuft sich die Gesamtzahl aller ethn. Roma in der Welt auf 9–12 Mio. Die Unterschiede in der demograph. Erfassung und im Selbstbekenntnis zur ethn. Zugehörigkeit machen jedoch genauere Angaben unmöglich. Es kommt hinzu, daß die offiziellen Statistiken einzelner Länder ebenso wie die Schätzungen von Forschern nicht klar zwischen ethn. und sprachl. Zugehörigkeit unterscheiden. Etwa die Hälfte der Roma spricht Romani (auch: Romanes genannt). Die übrigen haben sich an die jeweiligen Sprachen der lokalen Mehrheitsbevölkerung assimiliert, d.h. ans Rumän., Serb., Span., Französ. usw. Die Länder mit den meisten Roma sind Rumänien (0,5–3 Mio.), Spanien (0,25–1 Mio.), Bulgarien (0,5–0,8 Mio.), Ungarn (0,5–0,6 Mio.) und die Slowakei (0,35–0,6 Mio.). In den Balkanstaaten macht der Anteil der Roma an der Gesamtbevölkerung bis zu 10% aus. In den anderen Staaten Europas liegen die Bevölkerungszahlen der Roma deutl. niedriger; z.B. in Frankreich (80000–0,2 Mio.), Tschechien und Griechenland (jeweils 0,1 Mio.), Albanien, Deutschland, Großbritannien (jeweils 50000) usw. Die bevölkerungsstärksten Roma-Gruppen in Übersee leben in Nordamerika (0,65 Mio.) und in Lateinamerika (einige hunderttausend in Mexiko, Brasilien usw.).

Die Roma haben sich im Laufe ihrer jahrhundertelangen Siedlungsgeschichte in verschiedene regionale Gruppen ausgegliedert. Diese unterscheiden sich voneinander nicht nur in sprachl. Hinsicht (s.u.), sondern auch nach ihren lokalen kulturellen Traditionen, beispielsweise nach der religiös-konfessionellen Zugehörigkeit. Entsprechend der jeweiligen Bevölkerungsmehrheit sind die Roma in Spanien und Frankreich Katholiken, die in Serbien gehören der orthodoxen Kirche an, und die Roma in Schweden und Finnland sind Protestanten.

Das Romani ist nicht einheitl., sondern es werden eine Reihe regionaler Varianten unterschieden, die sich infolge lokaler Sprachkontakte herausgebildet haben. Unterschieden werden die folgenden Hauptgruppen:

– Roma, die nördl. Romani sprechen (Rußland, Finnland, Schweden);

– Roma, die zentrales Romani sprechen (Ungarn, Slowakei);

– Roma, die wlach. Romani sprechen (Kalderaš-Zigeuner in Rumänien);

– Roma, die balkan. Romani sprechen (Makedonien, Serbien, Ukraine u. a.).

Die sprecherreichste Gruppe in Europa ist die des Kalderaš-Romani.

Die polit. Umwälzungen nach 1989 und die Kriege im Zusammenhang mit der Auflösung des alten Jugoslawien haben neue Migrationsbewegungen zur Folge gehabt. Heute findet man v. a. Kalderaš-Zigeuner weit entfernt von ihrer Heimatregion, näml. in Mittel- und Westeuropa.

Nach ihrer ethn. Zugehörigkeit sind die Roma → Indo-Arier, und ihre Urheimat liegt in Nordwestindien. Die Herkunft aus Indien wurde zuerst von J.C.C. Rüdiger im Jahre 1782 erkannt. Die systematische Erforschung ihrer Kultur und Sprache geht aber erst auf das Werk von A.F. Pott (1844-45) zurück. Das Romani gehört zur zentralen Gruppe der indo-ar. Sprachen. Die jeweiligen Kontaktsprachen, v. a. bestimmte Balkansprachen wie das Griech. und Rumän., haben nicht nur den Wortschatz des Romani überformt, sondern auch dessen Lautsystem und Syntax beeinflußt.

Ab dem 11. Jh. sind Wanderungen der Roma im Mittleren Orient bezeugt, ab dem 12. Jh. lebten sie auf dem Territorium des Byzantin. Reiches, und ab dem 13. Jh. migrierten sie nach Mitteleuropa, wo sie mit Beginn des 15. Jh. immer öfter urkundl. erwähnt werden (z.B. 1407 in Hildesheim, 1418 Frankfurt, 1420 in Brüssel, 1422 in Bologna, 1427 in Paris). Nach Skandinavien und England gelangten Zigeuner zu Beginn des 16. Jh. In der Anfangszeit ihrer Migrationen wurden sie wohl in ihren neuen Umgebungen toleriert. Ob der legendäre Schutzbrief, den sie angebl. im Jahre 1423 von König Sigismund von Ungarn erhalten haben sollen, authentisch ist, ist bis heute ungeklärt. Diskriminierungen und gewalttätige Übergriffe nahmen aber im Laufe der Zeit zu und gipfelten in der organisierten Massenvernichtung durch die Nationalsozialisten, der mindestens 0,5 Mio. Roma und Sinti zum Opfer fielen.

Die Zigeuner haben sich jahrhundertelang von der Mehrheitsbevölkerung ihrer Wohngebiete durch ihre nomadisierende Lebensweise abgesondert, was sicherl. einer der Gründe für ihre soziale Stigmatisierung durch die seßhafte Mehrheitsbevölkerung war. Heute sind sie überwiegend seßhaft, allerdings leben sie gerade in Ostmittel- und Südosteuropa häufig in slumähnlichen Siedlungen am Rande der Städte. Sie pilgern nurmehr zu Wallfahrten, wie allsommerl. zur schwarzen Madonna nach Les-Saintes-Maries-de-la-Mer im Rhônedelta. Die überregionalen kulturellen Interessen der Zigeuner werden seit 1978 in der Internationalen Roma-Union vertreten, die im Februar 1979 als nichtstaatl. Organisation mit beratendem Status in die Vereinten Nationen aufgenommen wurde.

Lit.: Bakker 2001, Fraser 1995, Gronemeyer/Rakelmann 1988, Igla 1997, Rüdiger 1782 [1990]

Romanen, romanische Völker (Peoples speaking Romance languages, peuples romans) sind die Völker in Europa, deren Volkstum in röm. Kulturtraditionen wurzelt und deren Sprachen sich vom Sprechlatein. ableiten. Die roman. Völker definieren sich in kultureller und sprachl. Hinsicht und nicht durch gleichartige anthropolog. Eigenheiten. Die Ethnogenese der Franzosen etwa weicht von der der Spanier oder Rumänen ab. Zu den roman. Völkern gehören (nach ihrer geograph. Verbreitung von Westen nach Osten): → Portugiesen, → Galicier, → Spanier (einschließl. der Angehörigen von Regionalkulturen wie Estremeños, Asturer, Andalusier u. a.), → Katalanen, → Franzosen (einschließl. der Wallonen), → Occitanen (als sprachl., nicht ethn. Gemeinschaft, einschließl. der Gascogner und Provenzalen), → Korsen, → Rätoromanen, → Ladiner, → Friauler, → Italiener (einschließl. der Angehörigen von Regionalkulturen wie Piemonteser, Ligurer, Venezianer, Napoletaner, Sizilianer u. a.), → Sarden, → Rumänen (einschließl. regionaler Gruppen wie der Aromunen, Istro-Rumänen u. a.). Histor. Ethnien und ihre ausgestorbenen Sprachen wie die Dalmatier werden in diesem Lexikon nicht berücksichtigt.

Nicht alle Sprecher roman. Sprachen gehören zu den roman. Völkern. Die größte Disproportion zwischen Population und Sprachgemeinschaft findet man in der span.-sprachigen Welt. Die allermeisten Sprecher des Span. sind in Mittel- und Südamerika beheimatet; sie sind überwiegend keine Romanen, sondern einheim. Amerikaner (→ Indianer), die sich sprachl. assimiliert haben oder Span. als Zweitsprache sprechen, und → Mestizen. Die globale Sprecherzahl des Span. beträgt 352 Mio., davon sind 266 Mio. Primärsprachler und 86 Mio. Zweitsprachler. Nur gut 40 Mio. Sprecher des Span. sind Romanen, näml. Spanier mit span. Primärsprache sowie Katalanen und Galicier, die Span. als Zweitsprache sprechen. Hinzu kommen wenige hunderttausend «reinblütige» Nachkommen europ. Einwanderer nach Lateinamerika.

Das allgemeinste Kennzeichen der Sprachen roman. Völker ist deren Ableitung vom Latein. Man nennt die roman. Sprachen auch «neolatein. Sprachen» (so im Italien. *lingue neolatine*). Das Sprechlatein. war diejenige Variante, die die Entstehung und Ausbildung der roman. Sprachen entscheidend geprägt hat. Das Schriftlatein. hat später zur Bereicherung des Kulturwortschatzes der roman. Sprachen beigetragen und in bestimmter Weise deren schriftl. Ausdrucksform beeinflußt. Von denjenigen, die im Imperium Romanum Latein. sprachen, waren die wenigsten echte Römer oder Latiner, d. h. Bürger Roms und Bewohner der histor. Landschaft Latium. Latein. wurde von den Angehörigen der zahlreichen Völker Italiens gesprochen, die früher oder später ihre heim. Muttersprache aufgaben und sich ans Latein. assimilierten. In den Provinzen des röm. Reiches nahmen Nicht-Römer das Latein. an und tradierten es an die Nachkommen. Zumeist waren diese einheim. Völker → Indoeuropäer wie die Gallier in Frankreich oder die Daker in Rumänien, aber auch nicht-indoeurop. Ethnien wie die Iberer in Spanien oder die Etrusker in Italien. Die Nicht-Römer haben das Latein. mit ihren eigenen Sprechgewohnheiten lautl. und auch lexikal. gefärbt, und diese Einflüsse haben sich über viele Generationen teilweise bis heute erhalten.

Die Anfänge der roman. Schriftsprachen sind gekennzeichnet durch einen langen Prozeß der funktionalen Ablösung von der Dominanz des Latein. als Schriftmedium. Während des Frühmittelalters herrschten in den meisten roman. Ländern Diglossieverhältnisse vor. Das Schriftlatein. übernahm sämtl. hochsprachl. Funktionen, während die lokalen frühroman. Idiome nur in gesprochener Form existierten. Es dauerte Jahrhunderte, bis sich die roman. Sprachen gegen den funktionalen Druck des Latein. durchsetzen konnten. Dieser Prozeß zog sich teilweise bis zum Beginn der Neuzeit hin, als das Latein. endgültig als Schriftmedium aus den Bereichen des öffentl. Lebens verschwand. In Frankreich beispielsweise wurde das Latein. als Urkundensprache endgültig erst mit der Sprachenverordnung von 1539 (Ordonnance de Villers-Cotterêts) durch das Französ. abgelöst. Im Gebiet des späteren Rumänien verlief die Entstehung der roman. Schriftkultur anders als in den westl. roman. Ländern. Dakien war nur in der Zeit zwischen 106 und 271 n. Chr. röm. Provinz. Dennoch war die Romanisierung in jener Region so intensiv, daß sich das Sprechlatein. halten und zu einem roman. Idiom weiterentwickeln konnte, und dies ohne Einwirkung des Schriftlatein., das mit der röm. Verwaltung aus Dakien verschwunden war.

Die Geschichte der roman. Völker ist auch die Geschichte ihrer kulturellen Ausstrahlung in der Welt. Dies trifft v. a. auf die Spanier, Portugiesen und Franzosen mit ihren Weltsprachen zu, aber auch auf die Italiener; die Renaissance (seit dem 14. Jh.) und der Humanismus (seit dem 15. Jh.) gingen von Italien aus. Von der mittelalterl. Ausstrahlung einiger roman. Kulturen im Mittelmeerraum sind nur einige Namen, Entlehnungen in Kontaktsprachen und einige wenige Sprachinseln geblieben. Das Katalan. war für einige Zeit (12. Jh.) im östl. Mittelmeer Lingua franca. Diesen Status hatte das Katalan. über die regen Handelsbeziehungen katalan. Kaufleute erlangt. Katalanen migrierten damals auch in andere Regionen. Von diesen Siedlungen im Mittelmeerraum hat sich nur die Sprachinsel in Alghero, im Nordwesten Sardiniens, erhalten. Das Venezian., das ebenfalls im Mittelalter ins östl. Mittelmeer ausstrahlte, hat einige Spuren in den lokalen Sprachen in Form von Lehnwörtern und in Benennungen von Orten und Landschaftsformen hinterlassen. Der moderne Name der Kykladen-Insel, die in der Antike Thera hiess, Santorini, stammt aus der Zeit, als die Venezianer die Insel besetzt hielten. Die Ausstrahlung der roman. Sprachkulturen in Europa weicht von der Ausstrahlung außerhalb Europas bemerkenswert ab. Die span. und portugies. Kultur sind international bedeutender als die französ., haben aber in Europa nur regional ausgestrahlt, während umgekehrt die französ. Kultur v. a. in der frühen Neuzeit einen dominierenden Einfluß in Europa hatte.

Nur wenige roman. Sprachen wie das Aromun. (für dessen Verschriftung Versuche zu Beginn des 19. Jh. fehlschlugen) sind nicht verschriftet. Literatur von Weltniveau ist nicht nur in den «großen» roman. Sprachen entstanden, sondern auch in kleineren Sprachgemeinschaften, etwa die mittelalterl. Troubadourdichtung in occitan. Sprache. Auch heute noch gibt es in einigen roman. Ländern eine reiche Literatur in regionalen Sprachvarianten, so in Italien (in Napolitanisch, Venezianisch, Piemontesisch, Genuesisch u. a.) und Spanien (in Estremeño, Andalusisch, Valenzianisch, Balearisch u. a.).

Lit.: Goebl et al. 1997: 1123 ff., Janich/Greule 2002: 64 ff., Mulertt et al. 1939

Rumänen (*Românii*, the Romanians). Die meisten der 25,2 Mio. ethn. Rumänen leben in Rumänien: 20,4 Mio. Menschen, die 89,5 % der Landesbevölkerung ausmachen. Zu den ethn. Minderheiten Rumäniens gehören → Ungarn, → Deutsche, → Tataren und Angehörige anderer Völker. Im seit 1991 unabhängigen Nachbarstaat Moldova leben 2,78 Mio. Moldau-Rumänen (die sich selbst aber mehrheitl. «Moldavier» *moldovenii* nennen). Rumän. Außengruppen finden sich verstreut in allen Staaten der Balkanregion und im östl. Europa (Ukraine: 0,35 Mio., Serbien: 0,25 Mio., Griechenland: 0,25 Mio., Rußland: 0,18 Mio., Ungarn: 0,1 Mio., Bulgarien: 15000). In Israel sind 0,25 Mio. rumän. Auswanderer ansässig. Ab dem 10. Jh. hat sich das rumän. Volkstum in vier regionale Gruppen ausgegliedert:

– Dakorumänen (rumän. Bevölkerung nördl. der Donau)

– Aromunen (Makedo-Rumänen; in Makedonien, Bulgarien, Griechenland, Serbien und im Südosten Rumäniens, in der histor. Landschaft Dobrudscha)

– Megleno-Rumänen (rumän. Minderheiten im südl. Bulgarien und im Nordosten Griechenlands; sekundär aus dem Volkstum der Aromunen herausgebildet.)

– Istro-Rumänen (Istro-Walachen; rumän. Minderheit auf der Halbinsel Istrien in Kroatien).

Die vorröm. Bevölkerung des Kernlandes rumän. Siedlung waren die Daker, ein → indoeuropäisches Volk, aus dessen ethn. Fusion mit ital. Kolonisten und thrak. Bevölkerungsteilen das Rumänentum entstanden ist. Einen entscheidenden Anteil an der Ethnogenese der Rumänen hatten auch romanisierte Bevölkerungsgruppen, die im Frühmittelalter aus Gebieten südl. der Donau (hauptsächl. aus Moesien) nach Dakien migrierten. Dakien war von 106 n. Chr. bis 271 n. Chr. eine Provinz des Imperium Romanum, und in dieser Zeit wurde die dak. Bevölkerung fast vollständig romanisiert. In welchem Umfang dak. Bevölkerungsteile aus Gebieten nördl. und südl. der Donau das rumän. Volkstum geprägt haben, ist bislang ungeklärt. Romanisierte Daker lebten im Karpatenbecken ebenso wie südl. der Donau, wohin sie in röm. Zeit umgesiedelt worden waren, und von wo Gruppen im 10. und 11. Jh. nach Norden migrierten.

Ohne das kulturelle Dach der latein. Schriftsprache – wie dies charakterist. für die Entwicklung der roman. Regionalkulturen in Westeuropa war – entfaltete sich in Südosteuropa eine roman. Sprachkultur, die ihre Selbständigkeit durch das Mittelalter hindurch bis in die Neuzeit auch gegen den Druck kulturell dominierender Sprachen wie des Deutschen oder auswärtiger Kolonialsprachen wie des Griech. behauptete. Verglichen mit der Tradition der Schriftkultur in den anderen roman. Ländern hat sich das Rumän. erst spät zur Schriftsprache ausgebildet. Die frühesten Schriftzeugnisse stammen aus dem 16. Jh. Erst im 18. Jh. wurde der Kulturwortschatz des Rumän. durch schriftlatein. Neologismen bereichert. Das Rumän. ist die einzige roman. Sprache, die außer in Lateinschrift zeitweilig auch im kyrill. Alphabet geschrieben wurde.

Zwar ist das dak. Volkstum im rumän. aufgegangen, es hat aber deutl. Spuren in der rumän. Sprache hinterlassen. Etwa 80 Wörter des rumän. Wortschatzes sind mit Sicherheit dak. Herkunft (z.B. *mal* ‹Küste, Erhebung›). Das dak. Kulturerbe, die latein.-röm. Tradition und die roman.

Sprachkultur sind im kulturellen Gedächtnis der Rumänen eine eigenwillige Symbiose eingegangen. Das Bewußtsein der dak. Hinterlassenschaft verbindet sich mit dem Stolz auf das latein.-röm. Erbe, obwohl die Römer die Daker kolonisiert und assimiliert haben. Das Bewußtsein der Romanität festigte sich bei den Rumänen mit den Werken der Chronisten Grigore Ureche und Miron Costin im 17. Jh. und mit der Chronik Dimitrie Cantemirs, des Fürsten von Moldawien, zu Beginn des 18. Jh.

Die Rumänen haben im Mittelalter nur für kurze Perioden staatl. Unabhängigkeit genossen, so vom frühen 14. Jh. an in Moldawien und ab Mitte des 14. Jh. in der Walachei. Der polit. Druck von Seiten der Ungarn einerseits und der Türken andererseits zwang die Herrscher der rumän. Ländereien zu Annäherungen an die eine oder andere Macht. Sowohl Mircea der Große von Moldawien (gest. 1418) als auch Stephan der Große von Wallachien (gest. 1504) rieten ihren Erben, einen polit. Ausgleich mit den Türken zu suchen. Das rumän. Siedlungsgebiet geriet nach und nach vollständig unter osman. Kontrolle. Von 1709 bis in die 1820er Jahre wurde Rumänien von griech. Gouverneuren (Phanarioten) regiert, die von den → Türken eingesetzt waren. Im Jahre 1812 besetzte Rußland Bessarabien, d. h. den größten Teil Moldawiens, und die dortige rumän. Bevölkerung verblieb bis 1918 unter direkter zarist. Verwaltung.

Die staatl. Grenzen nach dem Ende des Ersten Weltkriegs waren die eines ‹Großrumäniens›, denn damals gehörten sowohl Transsylvanien (Siebenbürgen) als auch fast ganz Moldawien zum Territorium des rumän. Königreiches. Das schicksalhafte Bündnis mit dem Dritten Reich und der verlorene Zweite Weltkrieg trieben Rumänien in die Isolation des Ostblocks. Moldawien wurde dem Sowjetstaat eingegliedert. Bereits seit den 1920er Jahren waren auf sowjet. Seite Bestrebungen in Gang gesetzt worden, die kulturelle und sprachl. Identität der Moldau-Rumänen, von denen die jenseits des Pruth siedelnde Bevölkerung auf sowjet. Territorium verblieben war, von der im Nachbarland Rumänien abzukoppeln. Wechselnde Trends der sowjet. Sprachenpolitik förderten entweder die latein. oder die kyrill. Schrift zur Schreibung des Rumän. bei den Moldauern.

Die Schreibung mit Kyrillica, die seit 1937 in Gebrauch war, wurde 1989 aufgegeben. Seither wird das Rumän. in den beiden modernen Staaten, Rumänien und Moldova, in latein. Graphie geschrieben. Offiziell wurde damit auch das Planprodukt der früheren sowjet. Sprachplanung aufgegeben. Zwar ist anerkanntermaßen der Schriftstandard des Rumän. in beiden Staaten derselbe, in der Verfassung von Moldova aus dem Jahre 1993 wird aber von der moldauischen Sprache (*limba moldovenească*) als Staatssprache gesprochen. In der kulturellen Identität der Moldauer hat sich ein ausgeprägtes Regionalbewußtsein erhalten, selbst wenn Wissenschaftler die Identität von Rumän. und Moldauisch propagieren. Auch die polit. Interessen Rumäniens und Moldovas sind nicht synchronisiert.

Lit.: Arvinte 1989, Gabinskij 2002, Haarmann 1997b, Iliescu 2002

Russen (*Russkie*, the Russians). Von den 144,5 Mio. ethn. Russen sind 120 Mio. auf dem Territorium des seit 1991 bestehenden modernen russ. Staates, der Russischen Föderation, beheimatet. Weitere 23 Mio. leben in den Anrainerstaaten Rußlands, und zwar auf dem Territorium ehemaliger nichtruss. Sowjetrepubliken, die seit 1991 unabhängige Nationalstaaten sind (Estland, Lettland, Litauen, Belarus, Ukraine, Moldova, Georgien, Armenien, Aserbaidschan, Kasachstan, Usbekistan, Turkmenistan, Kirgisistan, Tadschikistan). Es gibt außerdem rund 1,5 Mio. Menschen russ. Abstammung in zahlreichen Ländern der Welt (z.B. Israel, USA, Deutschland). Dies sind Nachkommen russ. Emigranten, die in mehreren Auswanderungswellen ihre Heimat verließen (Emigration vor 1918, Fluchtbewegung in den Jahren zwischen 1918 und 1939, Emigration seit den 1950er Jahren).

Heutzutage erstreckt sich das russ. Siedlungsgebiet in Osteuropa vom Eismeer im Norden und der Ukraine im Westen bis ans Schwarze Meer im Süden. Verstreute russ. Siedlungen findet man in der Kaukasusregion (→ Tschetschenen), in → Zentralasien und bis nach Ostsibirien. Im sibir. Teil Rußlands konzentrieren sich die russ. Siedlungen in einer breiten südl. Zone, wo auch das beste Ackerland liegt. Das unwirtl. Klima → Nordsibiriens, die Unwegsamkeit der Taiga, des breiten Waldgürtels, und die Einöde der nordsibir. Tundra haben russ. Siedler seit jeher abgeschreckt. Nur in geringer Zahl siedeln sie im Lebensraum der nordsibir. Kleinvölker, die ihre kulturelle Eigenständigkeit bis heute gegen den russ. Assimilationsdruck behaupten konnten.

Die Russen sind im ethn. Sinn ein Volk (*narod*) und histor. eine Nation (*nacija*). Das Besondere an der russ. Begriffsbildung ist, daß für den Begriff «russisch» zwei Ausdrücke existieren: *russkij* ‹russisch (mit Bezug auf Kultur, Sprache und Lebensweisen)›; z.B. *russkij teatr* ‹russ.

(= russ.-sprachiges) Theater›; und *rossijskij* ‹russ. (mit Bezug auf staatl. Organisation und Institutionen)›; z.B. *Rossijskaja Federacija* ‹Russ. Föderation (= Rußland als Staat mit russ. Mehrheitsbevölkerung und zahlreichen nichtruss. Völkern)›. Seit dem 15.Jh. spricht man vom ‹russ. Staat› als *gosudarstvo rossijskoe*.

Die Russen als ethn. Gruppe heben sich im frühen Mittelalter vom Kontinuum ostslaw. Stammesgruppen ab (→ Slawen). Das Siedlungsgebiet der russ. Bevölkerung war im 10. und 11.Jh. unter der polit. Führung der Kiever Rus' geeinigt. Dort zeitigten demograph. und kulturelle Ausgleichsprozesse allmähl. ihre Wirkung, und die lokalen ostslaw. Stämme (Novgoroder Slovenen, Pskover Krivičen, Smolensk-Polocker Krivičen, Vjatičen, Dregovičen, Radimičen, Drevljanen, Volynier, Poljanen, Severjanen, Chorvaten, Uličen und Tivercen) gingen eine ethn. Fusion ein, aus der sich das Russentum profilierte. Später zerfiel dieses älteste Staatsgebilde auf ostslaw. Boden in regionale Fürstentümer. Die Siedlungszone der Russen im frühen Mittelalter dehnte sich in einer Region aus, die von der östl. Ukraine (Kiev) bis in den Nordosten (Novgorod) und nach Mittelrußland reichte und sich im Osten bis an die Siedlungsgrenze der → finno-ugrischen Völkerschaften des Wolgagebiets erstreckte.

Die Nationalsprache der Russen ist das Russ., das im Kreis der ostslaw. Sprachen mit dem Weißruss. und Ukrain. in einer engen verwandtschaftl. Beziehung steht. Es trat als selbständige Sprache im Verlauf des 11.Jh. in Erscheinung. Als Kultursprache profilierte sich das Russ. durch Übersetzungsliteratur aus dem Griech. und durch ein thematisch variantenreiches Originalschrifttum (z.B. die Kiever Chroniken, die Sammlung russ. Rechts).

Seit der Periode der russ. Ethnogenese hat sich die Kultur Rußlands im Kontakt mit nichtruss. Völkern entwickelt. Zu den ältesten Kontakten zählen die zu den Finnougriern. In Novgorod lebten nicht nur Russen, sondern auch → Balten und → Ostseefinnen in eigenen Stadtvierteln. In Kiev wirkte skandinav. Einfluß über die Waräger, die als Kaufleute und Elitetruppen im Dienst des Großfürsten standen. In einigen Regionen kam es zu einer eigentl. Fusion russ. und finn.-ugr, Bevölkerungsteile, so im Siedlungsgebiet der Merier und Muromer (ca. 100 km nordöstl. von Moskau).

In Nachbarschaft zum Kiever Staat erstarkte Novgorod, wo das Modell einer Republik verwirklicht wurde, mit dem Rat der Bojaren (aristokratischen Landeigentümern) als Exekutive. Der Einbruch der →

Mongolen im Bund mit den → Tataren führte zu einer Spaltung der russ. Länder. Mit Ausnahme des Novgoroder Stadtstaates und des kleinen Fürstentums Pskov verloren sämtliche Kleinfürstentümer ihre Selbständigkeit und waren seit den 1240er Jahren Vasallen des Tatarenkhanats. In jener Zeit der polit. Isolation des größten Teils des russ. Siedlungsgebiets entwickelte sich die Stadtrepublik Novgorod, die ihre Unabhängigkeit gegenüber den Tataren behaupten konnte, zu einer territorialen Großmacht, deren Einfluß bis nach Karelien und in den Nordosten Europas reichte. Die Hanse unterhielt in Novgorod ein Handelskontor.

Das Moskauer Fürstentum festigte seine Vormachtstellung im russ. Siedlungsgebiet im Zuge der «Sammlung der russ. Länder», durch die Eroberung Novgorods im Jahre 1478 und durch die Beendigung der tatar. Vasallenherrschaft im Jahre 1480. Schnell entwickelte sich das Moskowiterreich, dessen Herrscher seit Ivan IV. (reg. 1547–1584) bleibend den Titel Zar (russ. *car'* < Caesar) führten, zur zentralen Macht in Rußland. Der Herrschaftsbereich wurde in das Gebiet der Tataren ausgeweitet (1552 Eroberung von Kazan', 1556 von Astrachan), noch im 16. Jh. auch nach Westsibirien. Im Verlauf des 18. Jh. dehnte sich Rußland bis an die Küsten des Schwarzen Meeres, bis in den Kaukasus und bis nach Ostsibirien aus. Auch Alaska war viele Jahrzehnte eine russ. Kolonie, die im Jahre 1867 von der Regierung der USA angekauft wurde.

Die Reformen Zar Peters I. (reg. 1682 bzw. 1689–1725) hatten nicht nur eine direkte Wirkung auf die Modernisierung des Staatsapparats, sondern erstreckten sich in weite Bereiche des kulturellen Lebens. Das Theaterwesen fand in jener Epoche Eingang in die russ. Gesellschaft, es entstanden zahlreiche Übersetzungen westl. Werke ins Russ., und die Sprache selbst wurde modernisiert, und zwar durch Kulturwörter und Fachterminologien aus westeurop. Sprachen (Niederländ., Deutsch, Französ.). Der Einfluß Westeuropas schlug sich im aufklärer. Gedankengut nieder, das v. a. von Katharina II. (reg. 1762–1796) in Rußland verbreitet wurde.

Mit der Aufklärung gelangte auch die Idee der Kulturnation nach Rußland. In Kreisen der gebildeten Elite wurde der geistige Boden für das aufkeimende russ. Nationalbewußtsein bereitet. Dieses vereinigte sich im Verlauf des 19. Jh. mit einem neuen Staatsnationalismus zu einer brisanten Mischung, deren Wirkung sich in einer immer aggressiveren Assimilationspolitik gegenüber den nichtruss. Völkern des Zarenreichs

niederschlug. Die führende polit. Rolle der russ. Nation im Vielvölkerstaat änderte sich zwar nominell in der 1921 gegründeten Sowjetunion
mit ihrer die Multikulturalität und den Multilingualismus fördernden
Nationalitätenpolitik, faktisch aber behielten die Russen die polit. Kontrolle im Land. Schlüsselpositionen im Parteiapparat, im Wirtschafts-
und Kulturleben wurden mit Russen besetzt.

Zur Verstärkung der polit. Kontrolle in den nichtruss. Territorien des
Sowjetstaates durch die russ. dominierte Zentralregierung Moskaus
wurde eine gezielte Siedlungspolitik betrieben. Russen migrierten in die
balt. Länder, nach Weißrußland und in die Ukraine, in die Kaukasusregion und insbesondere in die Sowjetrepubliken Zentralasiens, wo sie
Siedlungsenklaven inmitten der nichtruss. Bevölkerung schufen. Der
Anteil der Russen an der urbanen Bevölkerung in den nichtruss. Territorien lag besonders hoch. Seit 1991 erleben die Russen zum ersten Mal
in ihrer Geschichte die soziopolit. Trennung ihres Volkstums in eine Ei-
gengruppe (russ. Bevölkerung in Rußland) und in zahlreiche Außengruppen (russ. Minderheiten in den unabhängigen Anrainerstaaten
Rußlands). Der Status der Russen in den Außengruppen hat sich radikal
gewandelt, und zwar von dem einer privilegierten Schicht der Sowjetära
zu dem einer geduldeten Minderheit (so in Moldova, Lettland, Litauen), einer Minderheit mit Förderungsrechten (so in Estland) oder
einer anerkannten gleichrangigen Nationalität (so in der autonomen
Region Krim in der Ukraine).

Seit den 1990er Jahren haben die Russen einen drastischen gesellschaftlichen Wandel erlebt. Als Folge der sozioökonom. Erschütterun-
gen, die die Gesellschaft in Rußland mit der Aufgabe der sowjet. Kommandowirtschaft und der Einführung der Marktwirtschaft erlebte, hat
sich binnen kurzem eine Klassengesellschaft gebildet. Dies liegt in erster Linie daran, daß die russ. Variante der Marktwirtschaft soziale
Gegensätze nicht zum Ausgleich bringt, sondern verstärkt. Experten
vergleichen die Zustände in Rußland mit dem sozioökonom. Ungleichgewicht der aggressiven Frühphase des histor. Kapitalismus. Die russ.
Gesellschaft ist heute durch eine reiche Oberschicht, eine schwache
Mittelschicht und eine breite Schicht derer charakterisiert, die keinen
Anteil am wirtschaftl. Aufschwung haben. Mehr als ein Drittel der Bevölkerung Rußlands lebt unterhalb der Armutsgrenze.

Das Verhältnis der Russen, die 82 % der Bevölkerung Rußlands ausmachen, zu den nichtruss. Völkern (mehr als 120) des Landes, setzt im
Prinzip den Trend der Sowjetära fort. Die Russen sind eine Staatsnation

(staatsgründende und staatführende Ethnie), ihre Sprache ist Staatssprache Rußlands, und von den nichtruss. Sprachen besitzen nur wenige den Status regionaler Amtssprachen (z.B. Komi, Tatarisch, Kalmükisch) in den nichtruss. Republiken der Russ. Föderation.

Lit.: Aleksandrov 1999, Haarmann 2000, 2002b, Hellberg-Hirn 1998, Kappeler 1993, Kolstoe 1995, Russkie 1992, Rybakov 2001, Skrynnikov 1997

S

Saamen, saamische Ethnien (*Sámi*, Saamic peoples). Nach traditioneller Auffassung werden die Menschen im Norden Europas, deren
Fremdbenennung Lappen ist, als éin Volk betrachtet, dessen Sprache dia-
lektal stark zersplittert ist. Die Erkenntnisse der neueren Forschung
vermitteln ein anderes Bild. Danach existieren auf einem gemeinsamen
kulturhistor. Kontinuum zahlreiche lokale saam. Ethnien mit insgesamt
10 regionalen Sprachen. Die saam. Sprachen unterscheiden sich teilweise erhebl. voneinander und sind wechselseitig schwer bzw. nicht
verständlich. Infolgedessen hat sich keine überdachende saam. Schriftsprache entwickelt.

Es gibt schätzungsweise zwischen 45 000 und 60 000, nach anderen
Schätzungen bis zu 100 000 ethn. Saamen, d. h. Menschen, deren Eltern
oder Großeltern als Saamen kategorisiert werden oder die sich aufgrund
ihrer Kulturtraditionen als Saamen identifizieren. Ihr Siedlungsgebiet
verteilt sich heute auf verschiedene Staaten Nordeuropas: nördl. Norwegen (ca. 40 000), nördl. Schweden (15 000–25 000), nördl. Finnland
(7000), Rußland/Kola-Halbinsel (2000). Wegen der Übersiedlung durch
fremdsprachl. Bevölkerungsgruppen sind die saam. Siedlungszonen
auch regional zersplittert. Die Zahl der Sprecher saam. Sprachen ist mit
insgesamt ca. 23 000 deutlich geringer. Die Sprachgemeinschaften sind
territorial wie folgt verteilt: Norwegen (ca. 12 000), Schweden (7000),
Finnland (2500), Rußland (770). Das nördl. Saam. ist mit 16 800 Sprechern die sprecherreichste Sprache. Die meisten Regionalsprachen
werden nur von jeweils wenigen hundert Menschen gesprochen, so das
Kildin-Saam. auf der Kola-Halbinsel (650), das Inari-, Skolt- und südl.
Saam. (gesprochen von jeweils zwischen 300 und 350 Personen). Die
kleinsten Gemeinschaften (Ume-, Pite-, Akkala- und Ter-Saam.) zählen
nur jeweils wenige ältere Sprecher.

Die Saamen gehören zum Kreis der → uralischen Völker, ihre Sprachen sind mit dem Ostseefinn. näher verwandt. Aus humangenetischer
Sicht hat die saam. Bevölkerung als periphere Population ural. Gene zu
40 % bis 48 % erhalten. Das heutige Verbreitungsgebiet der Saamen ist
das Ergebnis einer seit Jahrhunderten andauernden Schrumpfung; ur-

sprüngl. reichte es bis nach Südfinnland. In finn. Orts- und Gewässernamen deutet das Element *Lappi-* auf die histor. Präsenz saam. Bevölkerungsgruppen (z.b. der Name der Stadt Lappeenranta in Südostfinn-
land).

Das Wohngebiet der Saamen ist der westl. Ausläufer eines Areals im
nördl. Eurasien, in dem kleine Völker mit ähnl. Kulturtraditionen und
Wirtschaftsformen, allerdings verschiedenen Sprachen leben. Die meisten Ethnien dieses Areals leben in → Nordsibirien. Bis heute ist die traditionelle Wirtschaftsform der Saamen die Rentierzucht, sie ist in Fels-
malerein aus dem 5. Jt. v. Chr. dokumentiert. Althergebracht ist ebenfalls die Fischerei in Seen und Flüssen. Die südl. Saamen in Schweden
haben sich auch an den Ackerbau gewöhnt. Heute sind viele Saamen in
der Touristik-Branche tätig, denn die Zahl der Touristen, die alljährl. die
von Saamen bewohnte Region besuchen, ist größer als die Einwohner-
zahl selbst. Eine besondere Attraktion bietet die Wintersaison. Zu
Weihnachten kommen die meisten Touristen, um den Weihnachtsmann
zu besuchen, dessen Heimat nach finn. Tradition in Lappland, am Kor-
vatunturi, liegt.

Nach jahrhundertelanger assimilator. Politik in den nord. Staaten hat
sich in den vergangenen Jahrzehnten ein Ausgleich abgezeichnet. Seit
1956 gibt es den «Saam. Rat» (*Sámiráddi*), in dem die kulturpolit. Interessen der lokalen saam. Bevölkerung vertreten werden. Ein wesentl.
Schritt in Richtung auf kulturelle Autonomie war die Einrichtung regionaler saam. Parlamente (1973 in Finnland, 1989 in Norwegen, 1993
in Schweden). Im Jahre 1987 wurde in Norwegen das Saamengesetz
verabschiedet, womit der saam. Bevölkerung in der nördl. Provinz Finn-
mark Rechte auf Förderung ihrer Kultur und Sprache eingeräumt werden. Ein entscheidender Wendepunkt wurde in Finnland mit der funktionalen Aufwertung des Saam. zum Status einer fakultativen Amtssprache in der Provinz Lappi erreicht. Seit 1991 müssen lokale Ämter und
die Provinzbehörden auf Anfrage Belange der saam. Bevölkerung außer
in Finn. auch in einer der regionalen saam. Sprachen behandeln, und
zwar mündl. wie schriftl. In Finn.-Lappland sind drei saam. Ethnien mit
drei lokalen Sprachen beheimatet: nördl. Saamen, Inari-Saamen und
Skolt-Saamen. Seit 1992 bestehen auch für einige Gemeinden in Nordnorwegen (Nesseby, Tana, Karasjok, Porsanger, Kautokeino und Kåf-
jord) ähnl. Regelungen für den zweisprachigen Amtsverkehr. Für die
schwed. Kommunen Kiruna, Gällivare, Jokkmokk und Arjeplog existiert seit April 2000 eine Sprachenregelung, in der das Saam. zumindest

berücksichtigt wird. In einer Charta der Grundrechte für die Region Murmansk aus dem Jahre 1997 wird den Saamen der Status eines autochthonen Volkes zuerkannt. Dies erleichtert die Bemühungen der 1989 gegründeten Vereinigung der Kola-Saamen, histor. Ländereien und heilige Stätten saam. Kultur zu schützen.

Von den zehn saam. Sprachen sind sechs verschriftet: Südl. Saam., Lule-, Inari-, Skolt- und Kildin-Saam werden nur sporadisch verwendet. Das nördl. Saam. (bzw. Norweg.-Saam.), dessen Schriftsprachentradition auf die erste Hälfte des 18. Jh. zurückgeht, hat die größte Verbreitung. Die Literatur in Norweg.-Saam. hat in der Moderne internationales Niveau erreicht, was in der Verleihung des Nord. Literaturpreises des Jahres 1991 an Nils-Aslak Valkeapää für dessen 1989 erschienenes Buch «Beaivi áhčážan» (‹Sonne, mein Vater›) zum Ausdruck kam. 1999 erschien die erste in Saam. verfaßte Dissertation in Finnland.

Lit.: Lehtola 1997, Sammallahti 1998, Seiwert 2000

Samojedische Völker → Enzen, Nganasanen, Nenzen, Selkupen; Nordsibirien

San, Buschmann-Populationen, Buschmänner (Bushman). San ist der Sammelname der Khoi (auch Khoikhoi, Selbstbenennung der Hottentotten) für die sogenannten Buschmänner. Die Hauptverbreitungsgebiete der rund 30 lokalen Gruppen sind Namibia, Südafrika und Botswana. Mit 0,233 Mio. Angehörigen ist das Volk der Nama die bevölkerungsstärkste Gemeinschaft. Von diesen leben 0,176 Mio. in Namibia. Der Anteil der San-Ethnien an der Gesamtbevölkerung Namibias macht rund 14% aus. Andere Völker der San sind die Bergdama (ca. 80000) in Namibia, die Sandawe (35000) und Hadza (200) in Tansania, die Kxoe (1600) und Ng'uki (500) in Südafrika, die Ng/amani (4200) und /Hua (1500) in Botswana. Die Khoi sind das einzige Volk, das sich ethn., kulturell und sprachl. von allen anderen San-Ethnien unterscheidet, aber mit diesen entfernt verwandt ist.

Die Kenntnis der San-Gruppen und ihrer Sprachen wurde entscheidend durch die Studien von Dorothea Bleek in den 1920er Jahren erweitert. Mit Ausnahme des Khoi sind die Khoisan-Sprachen solche von Buschmann-Gruppen. Bleek erkannte auch, daß das Nama, die am weitesten verbreitete und soziokulturell am höchsten entwickelte Buschmannsprache, zur Khoisan-Familie gehört und keine hamit. Sprache mit späteren Einflüssen von Buschmannsprachen ist, wie man früher angenommen hatte. Bleeks Klassifizierung wurde später um die isoliert stehenden Buschmann-Sprachen Sandawe und Hadza ergänzt.

Obwohl die Khoisan-Sprachen (vom Nama abgesehen) nach der Gesamtzahl ihrer Sprecher und ihren sozialen Funktionen in den modernen afrikan. Staatswesen nur eine marginale Rolle spielen, sind sie sowohl vom linguist. als auch vom kulturanthropolog. Standpunkt von besonderer Bedeutung. Die San-Kulturen und -sprachen sind Reflexe der ältesten menschl. Populationen in Afrika. Denn nach den Erkenntnissen der humangenet. Forschung gehören die Khoisan zur Urbevölkerung des südl. Afrika. Die Vorfahren der heutigen San lebten also schon hier, bevor schwarzafrikan. Populationen von Norden und Nordosten her in den Süden migrierten. Die San unterscheiden sich sowohl im Hinblick auf ihre anthropolog. Merkmale als auch hinsichtl. ihres genet. Profils von den schwarzafrikan. Völkern in ihrer Nachbarschaft. Dies sind in der Hauptsache → Bantu-Völker (Zulu, Xhosa, Tswana, Herero u. a.).

Das Siedlungsgebiet der San-Völker ist altes Kulturland. Hier sind auch sehr frühe Dokumente menschl. Kulturschaffens erhalten. Einige der Höhlenmalereien in Namibia und Südafrika sind ebenso alt wie die ältesten Höhlenmalereien Westeuropas (zwischen 25 000 und 30 000 Jahren vor unserer Zeit). Buschmänner haben durch die Jahrtausende hindurch Höhlenmalereien geschaffen; diese Tätigkeit ist noch im 20. Jh. bezeugt. Moderne Felsbildforscher haben über die Beobachtung von schamanist. Ritualen der heutigen San Zugang zu Geheimwissen erlangt, das für die Interpretation von Motiven und narrativen Sequenzen alter Felsbilder hilfreich ist.

Lit.: Dowson 1992, Lebzelter 1934 [2000], Winter 1981

Sarden (*Sardi*, the Sardinians). Von den 1,6 Mio. ethn. Sarden sprechen noch 1,2 Mio. Sard., die übrigen haben sich ans Italien. assimiliert. Die Sarden stellen die Bevölkerungsmehrheit auf der Mittelmeerinsel Sardinien, wo außerdem einige tausend → Italiener und → Katalanen (letztere in der Stadt Alghero) leben. Die Sarden sind die Nachkommen der Urbevölkerung der Insel, die sich während der Zeit der röm. Herrschaft akkulturiert und einen Sprachwechsel vollzogen hat, in dessen Verlauf die vorröm. Sprache zugunsten des gesprochenen Latein. aufgegeben wurde. Im Frühmittelalter entwickelte sich das Sprechlatein. auf Sardinien zu einer roman. Sprache, dem Sardischen. Die meisten Sprecher des Sard. sprechen den logudores. Dialekt, der im Zentrum der Insel verbreitet ist. Von den regionalen Varianten dieser Sprache sind die nördl. Dialekte (Sassares. und Gallures.) stark von außen beeinflußt worden, vom Toskan., Genues. und Kors. Dies gilt ebenfalls für das Campidanes. im Süden, wo seit dem 11. Jh. toskan. Einfluß gewirkt hat. Damals sind Siedler aus Pisa in den Süden Sardiniens eingewandert.

Im Mittelalter wurde das Sard. als Amts- und Kanzleisprache verwendet. Zwischen dem 11. und 14. Jh. sind zahlreiche Urkunden und Kaufverträge (*condaghi*) aufgezeichnet worden. Mit der Zugehörigkeit der Insel zum Königreich Aragón (seit 1326) machte sich dort der Einfluß des Katalan. geltend, ab 1337 führte man Amtsgeschäfte auf Katalan. Nach der Vereinigung der Königreiche von Aragón und Kastilien im Jahre 1479 löste das Span. das Katalan. in offiziellen Funktionen ab. 1720 geriet Sardinien unter die Herrschaft des Hauses von Savoyen, seit 1764 ist daher das Italien. (die einzige) Amtssprache in Sardinien. Sard. wird heute vorwiegend als Heimsprache in der Familie verwendet. In der Öffentlichkeit, in der Schulausbildung sowie als Schriftsprache dominiert das Italienische.

Während der Periode der aragones. Herrschaft war Sardinien eine gewisse Selbstverwaltung zugestanden worden, festgeschrieben in der «Carta de Logu» von 1395. Dieses Statut wurde 1421 zum «nationalen Recht» der Sarden aufgewertet und erst 1827 wieder endgültig abgeschafft. Erst im Jahre 1948 wurde die zentralist. Regierungsgewalt in Sardinien an eine Regionalverwaltung abgegeben. Seither ist Sardinien eine von fünf autonomen Regionen Italiens. Eine polit. Sammelbewegung formierte sich auf der Insel gegen Ende des 19. Jh. und war im Ersten Weltkrieg besonders aktiv. Das heutige Selbstverständnis der Sarden orientiert sich vorwiegend am Bewußtsein, eine der anerkannten Regionalkulturen der Europäischen Union zu sein.

Lit.: Rindler Schjerve 1997, Sole 1988

Schotten (*the Scots*). Die knapp 5 Mio. Bewohner Schottlands machen 8,5 % der Bevölkerung Großbritanniens aus. Rund 4,8 Mio. von ihnen sehen sich als Schotten, ca. 0,2 Mio. sind → Engländer, die v. a. im Süden Schottlands siedeln. Schottland ist seit 1999 eine Region mit polit. Autonomie, eigener Hauptstadt (Edinburgh), eigener Flagge und einem Regionalparlament. In Schottland werden drei Sprachen gesprochen:

Engl., Scots bzw. Lallans (verbreitet bei den Bewohnern der Lowlands) und Schott.-Gälisch (verbreitet bei den Bewohnern der nordwestl. Highlands, der Hebriden-Inseln und auf Skye). Lallans ist mit dem Engl. eng verwandt, das Schott.-Gäl. dagegen ist eine inselkelt. Sprache, die im Mittelalter von ir. Siedlern nach Schottland transferiert worden ist. Seine heute noch 68400 Sprecher haben kein Bewußtsein als eigenständiges Volk entwickelt. Ihre Identität speist sich aus dem Bewußtsein lokaler kelt. Kulturtraditionen. Die Hochland-Schotten kelt. Abstammung fühlen sich ebenso als Schotten wie die Bewohner des Tieflands.

An der Ethnogenese der Schotten waren verschiedene Populationen beteiligt. Hauptkomponenten sind german. Stammesgruppen (Angeln), die im 7. Jh. – aus Nordhumbrien kommend – bis in die Gegend um Edinburgh siedelten, sowie kelt. Bevölkerungsgruppen ir. Abstammung (Gälen), die sich in den Highlands verbreiteten. Eine weitere Komponente sind die Angehörigen der Urbevölkerung Schottlands, die Pikten, die sich sprachl. schon früh assimilierten, und deren Volkstum sich in der Fusion mit der kelt. Bevölkerung vollständig auflöste. Im Vergleich zur Ethnogenese der Engländer kann man wohl generell feststellen, daß der Anteil kelt. Populationen im ethn. Entstehungsprozeß der Schotten größer ist als bei den Engländern.

Schottland unterscheidet sich von England deutl. durch seine Kirchengeschichte. Die 1690 als Staatskirche anerkannte «Established Church of Scotland» findet ihre Wurzeln im Katholizismus der ir. Immigranten, die im frühen Mittelalter das schott. Hochland kolonisierten. Die revolutionäre Strömung des Protestantismus, der bereits im späten 14. Jh. im Süden (England) erste Blüten trieb, griff im 16. Jh. auf Betreiben von John Knox massiv nach Schottland über. Die geistige Neuorientierung der schott. Kirche festigte sich auf der Basis eines unverwechselbaren Amalgams calvinist. und presbyterian. Reglementierungen, die in der «Confessio Scotica» (1560) und im «Book of Discipline» (1561) niedergelegt sind.

Die engl.-sprachige Literatur Schottlands hat ebenfalls ein unverwechselbares Produkt schott. Kulturgeschichte hervorgebracht, nämlich die Ossiandichtungen des Schotten James MacPherson (1736–1796) – angebl. Übersetzungen kelt. Texte, die sich später als genauso frei erfunden herausstellten wie der geheimnisvolle Barde Ossian des 3. Jh. selbst und angebl. gäl. Originaltexte. Dennoch lösten MacPhersons Dichtungen nicht nur einen vorromant. Ossianismus-Boom in der engl.

Literatur aus, sondern auch vielfältige Nachahmungen in der europ. Literatur- und Geistesgeschichte und das sog. Celtic Revival.

Der polit. Anschluß Schottlands an England war ein langwieriger Prozeß, der sich über Jahrhunderte hinzog. Bereits Edward I. (König von England, reg. 1272–1307) bemühte sich um Hegemonie in den Lowlands. Mit Robert I. Bruce (ab 1307) und der Dynastie der Stuarts war das schott. Königreich jedoch wieder konsolidiert. Die letzte Möglichkeit für Regenten aus Schottland, die polit. Geschicke beider Länder zu bestimmen, ergab sich im Jahre 1603 für James VI. von Schottland, der als James I. den Thron von England bestieg, und für dessen Sohn Charles I., der von 1629 bis 1642 regierte. Gegen Ende des engl. Bürgerkriegs (1642–1653) wurde Schottland von den Truppen Oliver Cromwells erobert. Im Jahre 1707 erfolgte der letzte Schritt des Anschlusses, als sich das Parlament Schottlands selbst auflöste und einer vollständigen Union mit England zustimmte. Nach einem gescheiterten Autonomie-Referendum 1979 wurde dieser Status erst 1999 mit der Einrichtung des Autonomiestatuts für Schottland und der Re-Instituierung des Parlaments in Edinburgh widerrufen. Die wesentl. Entscheidungen zur Außen- und Europapolitik, zu Wirtschafts- und Sozialgesetzgebung usw. fallen jedoch weiterhin in London.

Lit.: Fernández-Armesto 1994: 34 ff., Goebl et al. 1997: 1059 ff., Harvie 1994

Schweden (*Svenskar*, the Swedes). Von den weltweit 9,1 Mio. Schweden sind 7,83 Mio. in Schweden beheimatet. Schwed. Außengruppen gibt es in vielen Staaten, die zahlenmäßig bedeutendsten finden sich in folgenden Ländern: USA (0,6 Mio.), Finnland (0,29 Mio.), Kanada (2000) und Norwegen (21000). Schwed. Siedler siedelten auf den Åland-Inseln (heute Finnland) im 8. und 9. Jh., ab dem 11. und 12. Jh. dann verstärkt auch in Süd- und Westfinnland. Heutzutage macht die finnland-schwed. Bevölkerung 5,6 % der Landesbevölkerung Finnlands aus. Die Finnland-Schweden haben jahrhundertelang die kulturelle, wirtschaftl. und (bis 1809) polit. Entwicklung Finnlands bestimmt. Auch nach 1809, dem Jahr der Annexion des Landes durch das zarist. Rußland, nahmen sie weitreichenden Einfluß auf die innenpolit. Geschicke des Landes und dominierten bis weit ins 20. Jh. auch in den meisten Bereichen der Wirtschaft. Die schwed. Siedlungen in Nordamerika entstanden im 17. Jh. Die frühe Auswanderung aus Schweden war motiviert von damaligen Bestrebungen der Großmacht Schweden, dem

Beispiel anderer Staaten Europas zu folgen und Kolonialgebiete zu erschließen.

Schwed. wird auch von insgesamt 0,4 Mio Angehörigen der ethn. Minderheiten in Schweden (→ Finnen, → Saamen, → Serben, → Esten u. a.) gesprochen, meist als Zweitsprache, aber ein großer Teil hat sich ganz ans Schwed. assimiliert.

Die Ethnogenese der Schweden setzte im 8. Jh. n. Chr. ein und ist als Ausgliederung regionaler Kulturmuster aus dem altnord. Kontinuum sowie als Profilierung sprachl. Eigenheiten ostnord. Prägung zu verstehen. Im Kreis der skandinav. (nord.) Völker stehen sich Schweden und → Dänen ethn., kulturell und sprachl. am nächsten. Während der Periode der Unternehmungen der Wikinger (800–1050) waren die wirtschaftl. und polit. Interessen nach Osten gerichtet. Skandinavier aus Schweden, in altruss. Quellen *Varjagi* ‹Waräger› genannt, befuhren auf ihren Kauffahrten den Dnepr (den «Weg nach Byzanz») und die Wolga (den «Weg zu den Arabern»), waren beteiligt an der Gründung des Fürstentums Kiev und unterhielten rege Handelskontakte zur Stadtrepublik Novgorod. Dieser frühen Ostorientierung der Handelsinteressen entsprechend breitete sich der schwed. Herrschaftsbereich zunächst nach Finnland und Karelien aus. Im Westen verhinderten die Kriege mit Dänemark (14. und 15. Jh.) eine Erweiterung des schwed. Machtbereichs.

Gustav Wasa (reg. 1523–1560) gelang es, mit Hilfe der Lübecker Hansekaufleute die Dänen aus dem Land zu vertreiben und Schweden zu einen. Die Annahme der protestant. Lehre Luthers als Staatsreligion Schwedens geht ebenfalls auf ihn zurück. Unter Gustav II. Adolf (reg. 1611–1632) erreichte das Königreich Schweden seine größte territoriale Ausdehnung. Bis auf die westl. Inseln, die dän. Küste und den poln. Küstenstreifen war die Ostsee im Norden, Süden und im Osten umgeben von schwed. Ländern. Damals gehörten auch Pommern und Mecklenburg dazu. Stockholm, das heute an der östl. Peripherie liegt, war damals zieml. genau der geograph. Mittelpunkt des schwed. Reichs. Der Niedergang Schwedens als Großmacht begann mit dem verlorenen Nord. Krieg (1700–1721) gegen Rußland, als dessen Folge die schwed. Besitzungen im Baltikum und auf der Karel. Landenge aufgegeben werden mußten. Finnland blieb bis 1809 schwed. Reichsteil, danach ging es in russ. Territorialbesitz über und war bis 1917 autonomes Großfürstentum im Zarenreich. Zwischen 1814 und 1905 waren Schweden und Norwegen in Personalunion verbunden.

Die schwed. Kultur und Gesellschaft hat seit Jahrhunderten Einflüsse aus Norddeutschland erfahren. Schweden war ein wichtiger Partner im hanseat. Handel. Deutsche Einflüsse machten nicht nur in der Übernahme der Reformation, sondern später auch in den Bereichen der Literatur, der Wissenschaften und in der darstellenden Kunst geltend. Das aufstrebende Nationalbewußtsein der Schweden im 19.Jh. fand sein Vorbild in der Besinnung der Deutschen auf das gemeinsame german. Kulturerbe. Allerdings erlebte die schwed. Gesellschaft auch nationalist. Trends, die ihrerseits nach Deutschland ausstrahlten. Dies gilt etwa für die Idee der Rassehygiene, die zuerst in Schweden propagiert wurde. Im Jahre 1924 wurde in Stockholm das Rassehygien. Institut gegründet, Vorbild für das Institut mit gleichem Zweck, das die Nationalsozialisten im Jahre 1934 in Berlin einrichteten.

Schweden hat sich aus den beiden Weltkriegen herausgehalten, obwohl die polit. Lage des Landes angesichts der deutschen Besetzung Dänemarks und Norwegens zwischen 1940 und 1945 prekär war. Die Anfänge des Aufbaus Schwedens zu einem modernen Sozialstaat liegen bereits in den 1930er Jahren. Die Früchte der frühen Sozialpolitik reiften in den 1960er Jahren, als die Grundlagen für das schwed. Modell eines «humanen Kapitalismus» nach dem Prinzip von *lagom* (‹gerade das richtige Maß›) gelegt wurden. Die hohe Besteuerung ermöglichte die Einrichtung einer hochentwickelten und effektiven sozialen Sicherung des Einzelbürgers. Der wirtschaftl. Aufschwung brachte ausländ. Arbeitsimmigranten ins Land. Seit Jahren schon ist Schweden eines der bevorzugten Aufnahmeländer für Asylsuchende und Flüchtlinge aus aller Welt.

Schwed. wird seit dem 9.Jh. geschrieben, in den ersten Jahrhunderten mit Runen. Die meisten der rund 3500 ältesten Inschriften sind im späten Runenalphabet (Futhark) abgefaßt. Die ersten christl. Texte Schwedens im 11.Jh. wurden ebenfalls mit Runen geschrieben. Ihr Gebrauch hielt sich in Schweden bis ins 13.Jh., d. h. länger als in den anderen skandinav. Ländern, auf Gotland sogar bis ins 16.Jh. Mit dem reformator. Schrifttum des 16.Jh. begann die Periode der neuschwed. Schriftsprache. Die Sprache der Bibelübersetzung («Gustav-Wasa-Bibel», 1540–41) prägte den Schriftstandard nachhaltig. Schwed. ist Amtssprache in zwei Staaten, und zwar in Schweden und in Finnland (neben dem Finn.). Die Åland-Inseln mit ihrem Autonomiestatus (innerhalb des finn. Staats) sind einsprachig schwed.

Lit.: Dahlbäck 1993, Daun 1989, Frängsmyr 2000, Henningsen et al. 1997

Schweizer (französ.: *Suisses*, ital.: *Svizzeri*, rätoroman. *Svizzers, pövel svizzer* ‹Schweizer Volk›; the Swiss). Die Schweizer sind kein Volk im ethn. Sinn. Attribute wie «schweizerisch» weisen auf die Staatszugehörigkeit, nicht auf ein nationales Kollektiv. Die Gruppensolidarität der Schweizer ist daher polit.-gesellschaftl. motiviert. Die Schweiz ist seit 1848 ein parlamentar. Bundesstaat und besteht aus 20 Vollkantonen sowie 6 Halbkantonen mit jeweils eigener Verfassung. Die Mitglieder des Parlaments, des Nationalrats, werden nach einem Proporzsystem gewählt. Mandate werden so verteilt, daß sie der proportionalen Verteilung der Bevölkerung aufgrund der amtl. Volkszählungsergebnisse entsprechen.

Die Confoederatio Helvetica verdankt ihre Entstehung einem Wechselfall der Geschichte. In einer Phase polit. Instabilität, als die Habsburger-Dynastie bemüht war, das alte Herzogtum Schwaben zu reorganisieren, ergriffen im Jahre 1291 die Bewohner der drei Gebiete Schwyz, Uri und Unterwalden die Gelegenheit, sich gegen die Feudalherrschaft ihres Landesherrn aufzulehnen. Dank ihrer geschickt organisierten Verteidigung errang die Konföderation einen Abwehrsieg gegen die Habsburger und konnte sich als selbständiger Staat behaupten. Die Konföderation erhielt ihre erste gemeinsame Verfassung im Jahre 1393, die aber die Autonomierechte der Kantone nicht antastete. Im 15.Jh. führte die Konföderation erfolgreich Krieg gegen die Nachbarländer Burgund und Mailand. Im 16.Jh. verbreitete sich der Protestantismus rasch. Dem Intermezzo der Besetzung der Schweiz durch die Truppen Napoleons folgte die Wiedereinführung des dezentralisierten Staatsmodells im Jahre 1815.

Schweizer haben unterschiedl. nationale Identitäten. Die Kulturtraditionen der Deutsch-Schweizer weichen von denen der frankophonen Schweizer ab, diese wiederum sind verschieden von Kultur und Sprache der Italo-Schweizer und der → Bündnerromanen (Engadiner u. a.). Die frankophonen Schweizer empfinden aber trotz staatl.-territorialer Abgrenzung von Frankreich durchaus die Zugehörigkeit zur *francophonie* als Kulturgemeinschaft. Die Italo-Schweizer sind sich bewußt, daß sie in einem kulturell-sprachl. Kontinuum mit den Menschen in Italien stehen, ein Bewußtsein, das vielerlei Sozialkontakte (z.B. italien.-schweizer. Familienbindungen) geschaffen hat. Die Situation der Schweizer als Staatsbürger der multikulturellen und multilingualen Schweiz ist vergleichbar mit der der → Belgier als multiethn. Bevölkerung Belgiens.

Laut Art. 116 der Verfassung, dessen Text im Jahre 1996 geändert wurde, sind das Deutsche, Französ., Italien. und das Rätoroman. Nationalsprachen der Schweiz. Das Rätoroman. war bis dahin nur als «Landessprache» anerkannt, ein Status, der im 1938 offiziell zugesprochen worden war. Als Amtssprachen der Bundesbehörden sind Deutsch, Französ. und Italien. in Gebrauch. Das Rätoroman. wird amtl. nur in solchen Zusammenhängen verwendet, wo es um kulturelle Angelegenheiten der Schweizer Bundesbehörden mit dem Kanton Graubünden geht. Die Sprachzonen der Schweiz sind nach dem stat. Territorialprinzip geregelt, was bedeutet, daß der Status der Regionen festgelegt ist (wie in Belgien) und nicht in Abhängigkeit zu Bevölkerungsfluktuationen steht. 4 Kantone (Genève, Vaud, Neuchâtel, Jura) sind exklusiv französ.sprachig, 3 Kantone (Valais/Wallis, Fribourg/Freiburg, Bern/Berne) sind zweisprachig (französ.-deutsch bzw. deutsch-französ.), im Tessin (Ticino) fungiert ausschließl. das Italien., und die übrigen 18 Kantone sind exklusiv deutschsprachig.

Bei den germanophonen Schweizern als bevölkerungsstärkster ethn. Gruppe des Landes hat sich eine besondere regionale Identität im Kontrast zum Deutschtum des Nachbarlandes Deutschland entwickelt. Diese Identität, näml. Deutschschweizer zu sein, deren einigendes sprachl. Band das Schwyzertütsch ist, ähnelt in seiner Eigenständigkeit der Selbstidentifizierung der →Österreicher. Für beide Gruppen hat das Standarddeutsche jedoch nach wie vor Geltung als überdachende Schriftsprache.

Lit.: Fernández-Armesto 1994: 137 ff., Goebl et al. 1997: 1836 ff., Viletta 1978

Selkupen (*Söl'kup*, russ.: Sel'kupy), älterer Name: Ostjak-Samojeden. Etwa 1400 Selkupen leben im Flußtal des mittleren Ob und seiner Nebenflüsse im Gebiet Tomsk der Russ. Föderation. Sie gehören zu den samojed. Ethnien in → Nordsibirien, das Samojed. bildet einen Hauptzweig der ural. Sprachfamilie. Seit dem 19. Jh. leben die Selkupen in engen Kontakten mit → Russen. Mischehen sind die Regel. Die meisten Nachkommen aus diesen interethn. Sozialbindungen sprechen Russ. als Muttersprache.

Lit.: Funk/Sillanpää 1999: 55 ff., Tiškov 1994: 312 ff.

Sepharden → Juden

Serben (*Srbi*, the Serbs). Von den rund 9,5 Mio. ethn. Serben leben die meisten in der Konföderation der ehemaligen jugoslaw. Bundesstaaten Serbien (6,7 Mio.) und Montenegro (0,535 Mio. Montenegriner). Das Verhältnis der Montenegriner zu den eigentl. Serben ist im Wandel begriffen. Das Spektrum reicht vom Selbst- bzw. Fremdbild (aus der Perspektive der Serben) als Südserben bis zum Selbstverständnis als eigene Ethnie mit eigener Schriftsprache. Dies entspricht der nicht abgeschlossenen Diskussion um einen vollkommen selbständigen Staat, der u. a. an das unabhängige Montenegro (1878–1914) anknüpfen würde. Von der Bevölkerung Bosnien-Herzegowinas (Republika Srpska) sind 1,01 Mio. Serben (entspr. 31,4 % der Landesbevölkerung). Mehr als 1,2 Mio. Serben leben außerhalb der Grenzen dieses Kerngebiets, v. a. in Kroatien, Ungarn und Slowenien, sowie in Westeuropa und in Übersee (insbesondere in den USA).

Die Einwanderung südslaw. Stämme in die histor. Landschaft, die später Serbien genannt wurde, in der ersten Hälfte des 7. Jh. erfolgte mit Zustimmung des Kaisers von Byzanz, Herakleios. Die dort siedelnden südslaw. Stammesgruppen standen als Föderaten unter byzantin. Vorherrschaft. An diesem Vasallenverhältnis änderte sich jahrhundertelang nichts wesentl. Zeitweise waren die serb. Fürstentümer (Župa mit einer Burg als administrativem Zentrum) auch vom Bulgarenkhan abhängig (so im 9. Jh.). Die lokalen Stammesgruppen standen in regem kulturellen wie wirtschaftl. Austausch. In diesem Prozeß bildete sich das serb. Volkstum aus. Die Christianisierung bei den Slawen in Serbien setzte bereits im 7. Jh. ein, und im 9. Jh. wurden die ersten Bistümer (878 Belgrad, 879 Braničevo) eingerichtet. Im 11. Jh. hatte sich die kirchl. Organisation soweit entwickelt, daß Bischofssitze entstanden (Niš, Lipljan, Prizren, Ras).

Serb. Fürsten dehnten ihren Machtbereich allmähl. aus, insbesondere im 12. Jh., zunächst in Richtung Süden und Osten, später auch nach Norden. Der polit. Einfluß brachte auch benachbarte Gebiete unter serb. Kontrolle, wie den größten Teil Makedoniens. Skopje wurde zur Hauptstadt des serb. Königreichs unter Stefan Dušan (reg. 1331–1355), dessen Herrschaft von der Donau bis nach Griechenland hinein reichte, und von der Drina bis ins westl. Thrakien. Die Erinnerung an dieses serb. Großreich lebte im kulturellen Gedächtnis fort und inspirierte serb. Großmachtpläne seit der Zeit des Nationalismus im 19. Jh. Serbien verlor seine Unabhängigkeit im Kampf gegen die Osmanen. Das Ende des Königreichs war nach der verlorenen Schlacht auf dem Amselfeld (Kosovo Polje) im Juni 1389 besiegelt.

Für viele Jahrhunderte verblieb Serbien als Provinz im Verband des Osman. Reichs. 1878 wurde auf dem Berliner Kongreß die Unabhängigkeit des Königreichs Serbien bestätigt; allerdings wurde Bosnien-Herzegowina dem Habsburgerreich zugesprochen und damit dem serb. Großmachtstreben Einhalt geboten. Die Serben, die im Ersten Weltkrieg auf Seiten der Alliierten standen, gewannen besonderen polit. Einfluß in dem 1918 neu gegründeten Königreich der Serben, Kroaten und Slowenen. Das serb. Hegemonialstreben rief jedoch in Kroatien und Slowenien antiserb. Stimmungen hervor, die auch im zumindest teilweise serb. dominierten sozialist. Jugoslawien latent weiterbestanden. In den lokalen Kriegen, die dem Zerfall Jugoslawiens 1991 bis 1995 folgten, fanden diese Ressentiments erneuten Nährboden. Der serb. Nationalismus eskalierte in Aktionen von «ethn. Säuberungen», wodurch in den Nachbarstaaten Serbiens bis heute weitgehend das häßl. Image der Serben als Verzerrung des Serbentums vital geblieben ist. Dies gilt v. a. bei den → Albanern in der südl. Provinz Kosovo, auch wenn die Serben dort, seit 1999 de facto UNO-Protektorat, eine gefährdete Minderheit sind.

Wie in Kroatien, so entfaltete sich mit dem Christentum auch in Serbien eine mittelalterl. christl. Schriftkultur. Seit dem 9. Jh. wurde religiöse Literatur aufgezeichnet, zumeist Übersetzungen griech. Originaltexte. Die älteste Schriftart war das glagolit. Alphabet, das im Verlauf des 12. Jh. von der Kyrillica verdrängt wurde. Die kyrill. Schrift ist das wichtigste Schriftmedium zur Aufzeichnung des Serb., und diese Schriftart dominiert bis heute die Schriftkultur in Serbien. In Montenegro sind sowohl das kyrill. als auch das latein. Alphabet in Gebrauch. Unter osman. Einfluß ist auch das arab. Alphabet in Serbien verschiedentl. für die Schreibung des Serb verwendet worden. Die älteste Schriftsprache in Serbien war das Kirchenslaw., das sich bis zum 12. Jh. als kirchenslaw. Regiolekt profilierte. Während der osman. Kolonialzeit orientierte sich die serb. Kirche an der russ.-orthodoxen Tradition des zarist. Rußland als Garant für ihren eigenen Bestand. Eine Zeitlang war das Russ.-Kirchenslaw. auch in Serbien in Gebrauch. Im 18. Jh. entwickelte sich aus dem Kontakt des Russ.-Kirchenslaw. mit der serb. Volkssprache ein Schriftmedium mit hybriden Eigenheiten, das Slaweno-Serb.

Die Pflege einer rein serb. Literatursprache in der ersten Hälfte des 19. Jh. blieb in ihren Anfängen stecken. Seit 1850 wurde in Serbien wie in Kroatien die gemeinsame serbokroat. Schriftsprache verwendet, die im Jahre 1868 auch als Staatssprache des Königreichs Serbien anerkannt wurde. Die Serben haben im Laufe ihrer Kulturgeschichte Literatur in verschiedenen Sprachen und in mehreren Schriftsystemen hervorgebracht. Die ältesten Texte (9. Jh.) sind in Altkirchenslaw. verfaßt und in der glagolit. Schrift geschrieben. Serb. wird seit dem 12. Jh. im kyrill. Alphabet geschrieben. Während der Zeit der osman.-türk. Kolonialherrschaft entstand auch ein mit arab. Buchstaben geschriebenes serb. Schrifttum. Im 18. Jh. war das Russ.-Kirchenslaw. in Serbien in Gebrauch. Ähnlich wie in Kroatien verstärkte sich auch in Serbien seit den 1970er Jahren ein nationaler Trend des Schriftsprachengebrauchs, der die Propagierung serb. Eigenheiten bedingte. Seit 1991 ist die Hervorhebung der Eigenständigkeit des Serb. zum polit. Symbol geworden.

Lit.: Diels 1963: 186 ff., Fernández-Armesto 1994: 229 ff., Herrmann 1986: 100 ff.

Siamesen → Thai

Singhalesen (*Sinhala*, the Singhalese). Die Mehrheit der 13,5 Mio. Singhalesen lebt in Sri Lanka, vorwiegend im zentralen und südl. Teil des Inselstaats. Knapp über 70 % der Landesbevölkerung sind Singhalesen, die größte ethn. Minderheit Sri Lankas sind die → Tamilen. Die Singhalesen sind ein → indo-arisches Volk. Ihre Sprache bildet mit der Sprache der → Veddah im Südosten Sri Lankas und dem Divehi auf den Malediven die singhales.-malediv. Untergruppe des ind. Sprachzweigs der indoeurop. Sprachfamilie.

Die Singhalesen haben in ihrem kulturellen Gedächtnis die Erinnerung an einen legendären Vorfahren bewahrt, Vijaya, der als Enkel eines myth. Tigers, Sinha, identifiziert wird. Nach diesem myth. Wesen nennen sich die Angehörigen des Volkes Singhalesen. Ursprüngl. bewohnten die Singhalesen, wie andere Indo-Arier auch, den ind. Subkontinent, migrierten dann um die Mitte des 1. Jt. v. Chr. in ihre jetzige Heimat, in das histor. Ceylon. Dorthin brachten sie ihre Religion, den Buddhismus, mit. Dieser Religionsgemeinschaft gehört die Mehrheit der Landesbevölkerung an. Die Tamilen unterscheiden sich von den Singhalesen nicht nur in ethn. und sprachl. Hinsicht, auch in ihrer Religion, sie sind Hindu. Von SriLanka strahlte das buddhist. Kulturschaffen im Frühmittelalter bis nach Südostasien aus. Seine größte Blüte erreichte die buddhist. geprägte Kultur der Singhalesen im 12.Jh. Zentrum des damaligen polit. und kulturellen Lebens war die Königsstadt Polonnaruwa.

Das Singhales. gehört zu den alten Kultursprachen der Region. Inschriftl. ist es seit dem 3.Jh. v.Chr. bezeugt. Seit dem 9.Jh. wird es kontinuierl. als Schriftsprache verwendet. Der größte Teil des Schrifttums sind buddhist. Texte. Das Singhales. besitzt seit den 1950er Jahren amtl. Status in Sri Lanka.

Lit.: Bromlej 1988: 405, Kostyal 2002: 46

Sinti, heute häufig auch: Sinte. Ursprüngl. wurden mit Sinti die → Roma (Zigeuner) benannt, die in Mitteleuropa (im deutschen Siedlungsgebiet) lebten. Durch spätere Migration kamen Zigeuner aus dem Südosten Europas nach Deutschland, die sich Roma nannten. Wenn von den heutigen Zigeunern in Deutschland die Rede ist, werden in der Regel beide Gruppen zusammen genannt (Sinti und Roma bzw. Sinti/Roma). Roma ist der Sammelname für alle regionalen Bevölkerungsgruppen der Zigeuner.

Lit.: Bakker 2001, Gronemeyer/Rakelmann 1988, Igla 1997, Rüdiger 1782 [1990]

Sioux (*Sioux*, the Sioux). Heute leben mehr als 0,1 Mio. Menschen indian. Abstammung in Nordamerika, die ethn. zum Volk der Sioux gehören. Die Mehrheit ist in den USA beheimatet, und zwar verstreut in mehreren Bundesstaaten (nördl. Nebraska, südl. Minnesota, Nord- und Süd-Dakota, nordöstl. Montana). Eine kleinere Gruppe lebt in Kanada (südl. Manitoba, südl. Saskatchewan, Long Plain westl. von Winnipeg). Insgesamt 20300 Sioux (15300 in den USA und 5000 in Kanada) sprechen die Sprache ihrer Vorfahren, Dakota (auch Lakota, Nakota oder Sioux genannt). Der Name des Volkes geht auf eine obskure Quelle zurück, vermutl. auf ein hybrides Wort mit franzis. und indian. (Ojibwa) Komponenten: *nadouessioux* ‹kleine Schlangen›.

Die Sioux nennen sich selbst ein Volk (*people*) und eine Nation (*nation*). Ihr Selbstverständnis kristallisiert sich im Bewußtsein ihrer Historizität aus. Vor der Ankunft der Europäer bestand die Sioux-Nation aus sieben Gruppierungen, die unter dem Sammelnamen Oceti Sakowin (‹sieben Beratungsfeuer›) bekannt waren. Dazu gehörten im Einzelnen die Mdewakantonwan (‹die Leute vom Geistersee›), Wahpekute (‹Bogenschützen zwischen den Blättern›), Wahpetonwan (‹Bewohner des Laubwaldes›), Sisitonwan (‹die Leute aus dem Sumpfland›), Ihanktonwan (‹die ihren Lagerplatz am Ende haben›), Ihanktonwanna (‹die kleinen Bewohner des Lagerplatzes am Ende›), Assiniboines (‹die, die mit Steinen kochen›). Einige dieser Stämme waren ihrerseits in Sippen untergliedert.

Nach myth. Überlieferung lebten die Vorfahren der Sioux lange Zeit unter der Erde, am Fuße der Black Hills. Als sie schließlich ans Tageslicht kamen, um auf der Erde zu leben, fanden sie keinen Lebensunterhalt. Ihr Häuptling verwandelte sich in einen Büffel und wies seinem Volk den Weg der Büffeljäger. Die Büffeljagd auf der Ebene wurde möglich, weil es den Sioux gelang, die verwilderten Pferde zu zähmen, die den span. Kolonisatoren entlaufen waren, und sie als Reittiere einzusetzen. Das Pferd wird im Dakota *sunkawakan* ‹heiliger Hund› genannt. Die Sioux der Great Plains lebten bis ins 19. Jh. von der Büffeljagd, bis weiße Abenteurer die Büffelherden stark dezimierten und den Sioux damit ihre Lebensgrundlage entzogen. Die Europäer lernten die Sioux als Büffeljäger kennen, und obwohl die Stämme in anderen Gegenden von der Fischerei lebten und sich von wildem Reis und Kräutern ernährten, festigte sich bei den weißen Amerikanern das Image der kühnen Büffeljäger, und diese Vorstellung dominierte auch bei den Europäern.

In der zweiten Hälfte des 19. Jh. scheiterten verschiedene Versuche, die Sioux seßhaft zu machen. Das den Indianern zugesprochene Land wurde mehrfach aufgeteilt und so die Gesamtfläche des Reservats drastisch reduziert. Entschädigungen für das verlorene Land sind bis heute nicht erstattet worden, obwohl die Oceti Sakowin oder Sioux von der US-Regierung als souveräne Nation anerkannt sind. Der berühmteste aller Sioux ist der legendäre Häuptling Sitting Bull (1831? – 1890), der in den 1880er Jahren in der von Buffalo Bill Cody organisierten Wild West Show auftrat.

Lit.: Lone Hill 1996, Utley 1993

Skandinavier → Dänen, Färinger, Isländer, Norweger, Schweden

Slawen (Slavs). Die Gemeinsamkeit der Slawen, eine der drei großen Völkerfamilien Europas neben → Germanen und → Romanen, basiert auf der Verwandtschaft ihrer Sprachen. Man unterscheidet zwischen Westslawen (→ Polen, → Slowaken, → Sorben, → Tschechen u. a.), Ostslawen (→ Russen, → Ukrainer, → Weißrussen; dazu u. a. die am engsten mit den Ukrainern verwandten Russinen im ukrain.-poln.-slowak.-ungar. Grenzgebiet sowie in der Vojvodina) und Südslawen (→ Bosnier, → Bulgaren, → Kroaten, →Makedonen, → Serben, → Slowenen u. a.).

Nach dem Zusammenbruch des Reiches der Hunnen im Jahre 453 n. Chr. entstand im Norden der Balkanhalbinsel ein Machtvakuum. Dieses füllten die german. Gepiden, die ehemaligen Verbündeten der Hunnen, aus und hielten das gesamte Karpatenbecken unter ihrer Kontrolle. Als sie im Jahre 567 von den Awaren besiegt worden waren, gab es keinen territorialen Riegel mehr, der die Balkanregion von Zentraleuropa abgeschirmt hätte. Damals begannen Teile der slaw. Bevölkerung (in griech. Quellen als *Sklavenoi*, in latein. Berichten als *Sclavi* benannt), aus der slaw. «Urheimat» (westl. und zentrale Ukraine sowie angrenzende Gebiete Polens) nach Südosteuropa zu migrieren. Die Migranten waren landnehmende Ackerbauern, die bis in den Norden Griechenlands (Makedonien) und bis in die Region der Ostalpen (Slowenien) gelangten. Im 7. Jh. stabilisierten sich die slaw. Siedlungen südl. der Donau, um 700 waren Slawen bereits an die Adriaküste vorgedrungen. Die Migration der Slawen war auch nach Westen gerichtet und brachte slaw. Bevölkerungsgruppen bis an die untere Elbe (Elbslawen). Vor der deutschen Ostkolonisation im 12. und 13. Jh. war das gesamte Gebiet zwischen Elbe und Oder von slaw. Stämmen besiedelt. In der Nähe von Lüneburg zeugt noch heute ein slaw. Ortsname (Bardowick) davon, dasselbe gilt für die Umgebung von Hamburg und Lübeck (ebenfalls slaw.).

In der zweiten Hälfte des 6. Jh. hatten sich aus dem gemeinslaw. Kontinuum die drei Hauptgruppen der West-, Süd- und Ostslawen ausgegliedert. Im Westen standen die Slawen im Kontakt mit german. Stämmen und später im polit. Konflikt mit dem Fränk. Reich. Im Süden entwickelte sich die polit. Geschichte in der Auseinandersetzung mit dem Byzantin. Reich und mit den Expansionsbestrebungen der landnehmenden Ungarn. Im Osten entfaltete sich das Kulturschaffen im Kontakt mit → Balten, → Finno-Ugriern (zunächst mit Ostseefinnen, später auch mit anderen Ethnien) sowie Wikingern (Warägern). Novgorod war das wichtigste Kulturzentrum, wo Slawen, Balten, Finnen und Wikinger seit dem frühen Mittelalter in Kontakt zueinander standen.

Die älteste Staatsbildung der Slawen geht auf das 7. Jh. zurück. Die sog. Protobulgaren, ein Turkvolk, waren im Bündnis mit acht slaw. Stämmen in das Gebiet nördl. der Donau gezogen und hatten Ländereien südl. des Flusses, die zum byzantin. Machtbereich gehörten, besetzt. Unter Führung von Asparuch konnten sie und ihre Verbündeten ihre neuen Wohnsitze in Bulgarien erfolgreich verteidigen, und Byzanz erkannte im Jahre 681 den bulgar. Staat an. Rund eineinhalb Jahrhunderte lang stellten die Protobulgaren die soziale und polit. Elite. Danach assimilierten sie sich an das Slawentum der Bevölkerungsmehrheit.

Im Westen wurde Mähren zu einem Zentrum slaw. Machtentfaltung. Das mähr. Fürstentum stand von Anbeginn in Abhängigkeit von der Gunst des Fränk. Reiches, das sich unter Karl dem Großen nach Südosteuropa ausdehnte. Die Reichsteilung nach Karls Tod (814) schwächte jedoch den polit. Einfluß der Franken und ermöglichte dem seit 846 regierenden mähr. Fürsten Rastislaw, eine unabhängige Politik zu führen. Um mehr polit. Gegengewicht gegen das Reich Ludwigs des Deutschen, das spätere Ostfränk. Reich, zu erlangen, suchte Rastislaw die Anlehnung an Byzanz. Der byzantin. Kaiser Michael III. erkannte weitsichtig die Einflußmöglichkeiten im Westen und entsprach dem Ersuchen des mähr. Großfürsten, Missionare nach Mähren zu senden, um dort eine Kirchenverwaltung aufzubauen. Im Jahre 862 begann die Missionstätigkeit der als Slawenapostel in die Geschichte eingegangenen Mönche aus Saloniki: Konstantin (gest. 869), der sich später Kyrill(os) nannte, und Method (gest. 885). Konstantins Mutter war Makedonin, daher war ihm das damals gesprochene Slaw. vertraut. Die Missionsarbeit in Mähren war auf allen Ebenen erfolgreich. Das bis dahin nur gesprochene Slaw. wurde verschriftet; in der von Konstantin eigens hierfür geschaffenen glagolit. Schrift. Erst später, und zwar zunächst in Makedonien, kam die kyrill. Schrift in Gebrauch, die ein Schüler Kyrills, Kliment von Ohrid (gest. 916), schuf und nach seinem Lehrer benannte. Seither wurde das Slaw. kontinuierl. als Schriftsprache verwendet, die Sprachform wurde später als Altkirchenslaw. bezeichnet. Polit. Wirren in Großmähren führten 886 zur Vertreibung der Schüler der beiden Slawenapostel aus Mähren. Diese flohen nach Kroatien, später auch nach Makedonien, Bulgarien und nach Konstantinopel. Im makedon. Ohrid entstand ein Kulturzentrum für das slaw. Schrifttum und die Missionsarbeit unter den Slawen. Das Slaw. wurde in Bulgarien im Jahre 893 als Staatssprache und als Sprache der Liturgie anerkannt.

Der entscheidende Schritt für den Anschluß an die christl. Welt Europas erfolgte bei den Ostslawen im 10. Jh. Das im 6. Jh. gegründete Kiev

am Dnepr wurde nun zum Zentrum der Mission. 988 erkannte Groß-
fürst Wladimir (reg. 980–1015) das Christentum als Staatsreligion an.
Das christl. Kiev stieg binnen kurzem zur größten polit. Macht in Osteuropa auf. Im 11.Jh. war die Kiever Rus' der größte Flächenstaat Europas. Sein Schicksal wurde besiegelt durch die Invasion der vereinten
mongol.-tatar. Armeen, die 1240 Kiev und die meisten anderen Städte
Rußlands eroberten. Allein Novgorod behielt seine polit. Selbständigkeit und erlebte in der Folgezeit seine wirtschaftl. und kulturelle Blüte.

In Polen bildeten sich bis zum 9.Jh. die kulturellen und sprachl.
Grundlagen aus, auf denen sich das spätere Volkstum der Polen und ihre
Sprache entfalteten. Christl. Einflüsse kamen aus dem deutschen Kulturkreis. Unter Fürst Mieszko I. (reg. ca. 960–992) wurde das Christentum angenommen, das seit 966 offizielle Religion des jungen poln. Staates war.

In der slaw. Welt finden sich zwei Extreme staatl. Existenz: Polen-
Litauen, das sich im 16.Jh. zur Großmacht aufschwang und dessen
territorialer Einfluß bis ans Schwarze Meer reichte, wurde in den poln.
Teilungen Ende des 18.Jh. für mehr als ein Jahrhundert völlig aufgelöst.
Rußland dagegen erlebte eine beständige Erweiterung seines Territoriums und entwickelte sich nicht nur zum größten Flächenstaat der neueren Geschichte – das Zarenreich erstreckte sich von der Ostsee bis ans
Schwarze Meer, in den Kaukasus und schließlich über ganz Mittelasien
–, sondern auch zu einer führenden Macht, die sich die polit. Interessen
anderer slaw. Völker zu eigen machte. Im 19.Jh. waren die Interessen
Rußlands und Serbiens in besonderer Weise verzahnt. Serbien mit seiner slaw.-orthodoxen Religion und seinen vitalen slaw. Kulturtraditionen erlebte seine Ablösung aus dem Osman. Reich mit der Anerkennung seiner staatl. Souveränität auf dem Berliner Kongreß von 1878.
Bosnien und Herzegowina wie auch Kroatien kamen bzw. verblieben
jedoch bis zum Ende des Ersten Weltkriegs unter österreich. Kontrolle.

Die polit. Entwicklung jener Jahre war begleitet vom Panslawismus,
der die geistige Welt der Slawen schon seit Jahrzehnten bewegt hatte. Im
Milieu des russ. geprägten Panslawismus entstand das Konzept einer
alle slaw. Kulturen umfassenden Einheit. Die Grundlagen dafür schuf
Nikolaj H.J. Danilevskij (1822–1885). In seinem geschichtsphilosoph.
Hauptwerk «Rußland und Europa» aus dem Jahre 1869 entwickelte er
das Konzept einer kulturellen Dichotomie zwischen einem german.-
roman. Kulturtyp in Westeuropa und einem slaw. Kulturtyp russ.
Prägung in Osteuropa. Eine panslaw. Föderation unter russ. Führung

(einschließl. Rumänien, Griechenland und Ungarn) sollte die Übermacht des german.-roman. Kulturtyps in ganz Europa verhindern. Danilevskijs prophet. Werk erlebte zahlreiche Auflagen und wurde in den 1880er Jahren zur Bibel der Panslawisten. Der Aufbau der sowjet. Einflußsphäre in Mittel- und Osteuropa nach 1945 und deren Entwicklung bis 1989 griff territorial fast soweit wie Danilevskijs Konzept einer panslaw. Föderation, und der Ostblock ähnelte diesem auch wegen des internationalist. Sendungsbewußtseins, mit dem die Sowjetideologie auftrat.

In den 1990er Jahren haben viele slaw. Staaten den ideolog. Ballast sowjet. Prägung abgeworfen. Polen, Tschechien, die Slowakei und Slowenien sind durch die Aufnahme in die Europäische Union 2004 näher an Westeuropa gerückt und knüpfen damit an frühere Epochen ihrer Geschichte an.

Lit.: Diels 1963, Herrmann 1986, Mallory/Adams 1997: 523 ff., Struve 1986

Slowaken (*Slovaci*, the Slovaks). Von den 6,1 Mio. ethn. Slowaken sind die meisten in der Slowakei (4,9 Mio., entspr. 85,7% der Landesbevölkerung) beheimatet. Die größte slowak. Außengruppe lebt in Tschechien (0,3 Mio.). Die staatl. Einheit der Tschechoslowakei, in der Tschechien und die Slowakei integrierte Landesteile waren, brach 1993 mit dem Austritt der Slowakei auseinander. Der Beitritt beider Staaten zur Europ. Union (ab Mai 2004) bringt eine Annäherung auf europäischer Ebene. Slowaken leben auch in den anderen Anrainerstaaten der Slowakei, in Ungarn (0,1 Mio.), Polen (38 000) und in der Ukraine (12 000) sowie in einigen Balkanstaaten (Serbien: 0,1 Mio., Rumänien: 34 000). Mehr als eine halbe Million Slowaken sind nach Übersee ausgewandert. Die meisten haben in den USA (0,51 Mio.) eine neue Heimat gefunden.

Die Westslawen im Gebiet der heutigen Slowakei traten mit Pribina, dem Herrscher des Fürstentums Nitra, in der ersten Hälfte des 9.Jh. ins Licht der Geschichte. Nitra wurde dem Territorium des Großmähr. Reiches (833–907) angegliedert, und für einige Zeit waren die westslaw. Stämme Mährens polit. geeint. In jene Zeit fällt auch das Missionswerk der beiden «Slawenapostel» Kyrillos und Methodios (→ Slawen). Die polit. Geschichte des Siedlungsgebiets der Slowaken war seit 1025 mit der Ungarns verknüpft. Die Trennung von den → Tschechen, deren Entwicklung vom Heiligen Röm. Reich deutscher Nation bestimmt wurde, erfolgte zur gleichen Zeit. Die Jahrhunderte der ungar. Regierung der Slowakei, die als Region «Oberungarn» ins Königreich Ungarn integriert war, wurde nur durch relativ kurze Perioden tschech. Herrschaft (13. Jh. und 15. Jh.) unterbrochen. Vor dem Ersten Weltkrieg war der größte Teil der Slowakei Landbesitz des ungar. Adels.

Die Bewegung des nationalen Erwachens bei den Slowaken, die sich im 19. Jh. entfaltete und in Bratislava ihr kulturelles Zentrum hatte, stand in Opposition zu den polit. Interessen Ungarns mit Plänen für eine Magyarisierung der Slowaken. War die polit. Identitätsfindung der Slowaken vor 1918 im wesentl. bestimmt von der Loslösung aus der Bevormundung durch Ungarn, erlebten die Slowaken in der tschechoslowak. Föderation nach 1918 die Dominanz der Tschechen, die die Slowakei als Landesteil administrativ wie wirtschaftl. kontrollierten. Die Abhängigkeit der Slowakei als Satellitenstaat des nationalsozialist. Deutschland zwischen 1938 und 1944 brachte dem Land keinerlei polit. Vorteile. Das Verhältnis der Slowaken zu den Tschechen blieb auch in der sozialist. Tschechoslowakei gespannt. Der Austritt der Slowakei aus der Föderation im Jahre 1993 setzte symbol. den Schlußstrich unter die jahrelangen Spannungen.

Auch die Geschichte der slowak. Schriftsprache läßt den Konfliktstoff erkennen, der seinen Nährboden im Verhältnis der beiden Völker mit ihren nah verwandten Sprachen fand. Lange Zeit stand das kulturelle Leben bei den Slowaken unter dem Eindruck der tschech. Hochsprache. In einem langwierigen Prozeß löste sich der slowak. Schriftstandard allmähl. vom tschech. Vorbild und nahm insbesondere mit der Verlagerung der schriftsprachl. Basis vom Westslowak. (Schriftsprache A. Bernoláks in den 1780er Jahren) zum Mittelslowak. (Schriftsprache L. Šturs in den 1840er Jahren) Abstand vom Tschech.

Lit.: Diels 1963: 55 ff., Fernández-Armesto 1994: 251 ff., Gladrow 2002

Slowenen (*Slovenci*, the Slovenes). Die Zahl der Slowenen beläuft sich auf 2,4 Mio. Davon sind rund 1,8 Mio. in Slowenien beheimatet. In den Anrainerstaaten (hauptsächl. in Italien, aber auch Österreich, Ungarn und Kroatien) leben weitere 0,18 Mio. Slowenen, und etwa 0,4 Mio. sind Nachkommen von Auswanderern, die nach Übersee (hauptsächl. nach Nordamerika) emigriert sind. Die bevölkerungsreichste slowen. Außengruppe sind die Slowenen in den italien. Provinzen Gorizia und Trieste (ca. 0,1 Mio.). In der Provinz Udine leben weitere rund 3000 Slowenen (Resianer). Im alten slowen. Siedlungsgebiet in Österreich leben mind. 15000 Kärntner und Steirer Slowenen, zählt man diejenigen, die Slowenisch verstehen und/oder sprechen, so ergibt sich eine Zahl von ca. 40000. Nach den Jahren der Einbindung Sloweniens im sozialist. Jugoslawien hat die staatl. Souveränität den Slowenen 1991 alle Möglichkeiten polit. und kultureller Selbstentfaltung eröffnet. Die Entscheidung für die Mitgliedschaft in der Europ. Union (ab Mai 2004) betont die kulturhist. Bindungen an die Nachbarkulturen in Mitteleuropa.

Das Slowen. gehört zur Gruppe der südslaw. Sprachen (→ Slawen). Am nächsten verwandt ist das Kroat., insbesondere dessen kajkav. Dialekt. Als Ausgangsbasis für die Entwicklung dieser Sprachvarianten wird die Existenz eines regionalen Sprachstadiums, des Alpenslaw. (*alpska slovanščina*), für das frühe Mittelalter postuliert. Ursprünglich – etwa bis zur deutschen Ostkolonisation im späten 10. Jahrhundert – hing das westslaw. mit dem südslaw. Gebiet zusammen. Darauf weisen u. a. verschiedene südslaw. Eigenheiten im Zentraldialekt des Slowak. Ein wichtiges Brückenglied zwischen dem Süd- und Westslaw. war das vor der Landnahme der Ungarn bis in die Region des Balaton-Sees verbreitete pannon. Slaw.

Slaw. Siedlungen sind bereits seit dem 6. Jh. n. Chr. im östl. Alpenraum nachzuweisen, die Ausgliederung der slowen. Ethnie aus dem südslaw. Kontinuum erfolgte aber wesentlich später. Die heutigen Grenzen des slowen. Siedlungsgebiets sind das Ergebnis eines kontinuierl. Schrumpfungsprozesses seit dem Mittelalter. Siedlungen mit alpenslaw. Bevölkerung reichten in vorliterar. Zeit im Westen bis ins Flußtal des Tagliamento und an die Adriaküste im Golf von Triest, im Norden bis nach Linz und in die Umgebung von Wien, im Osten bis an den Balaton. Durch die Siedlungsbewegung von → Italienern und → Friaulern (Friulanern), von Bayern und → Österreichern sowie von → Ungarn kam es zur Übervölkerung ursprünglich von Alpenslawen bewohnter Gebiete und zu deren weitgehender Assimilation. Die slowen. Sprachgemeinschaften in Italien, Österreich und Ungarn sind die Reste jener mittelalterl. Siedlungszone mit ehemals viel weiterer Verbreitung.

Im 11. Jh. wurde das slowen. Siedlungsgebiet in die Marken Krain, Kärnten und Steiermark aufgeteilt. Diese Ländereien wurden im 16. Jh. in die österreich. Kronländer aufgenommen und verblieben unter der Herrschaft der Habsburger bis 1918. Trotz der jahrhundertelangen deutsch-österreich. Prägung, entwickelte die slowen., überwiegend bäuerl. Bevölkerung eine eigene Identität, die sich v. a. in der Bewahrung ihrer slaw. Volkssprache manifestierte. Dies gilt auch für die Zeit des Königreichs der Serben, Kroaten und Slowenen (ab 1929: Königreich Jugoslawien), in dem die Slowenen eine Minderheit waren und Slowenien eine Region, die im wesentl. unter der administrativen Kontrolle der Serben stand. Selbst im sozialist. Jugoslawien (1945–1991), in dem die Slowenen eine eigene Republik hatten, war ihre Sprache immer in der Gefahr, vom dominanten Serbokroat. marginalisiert zu werden.

Die Schrifttradition des Slowen., das bis heute stark in Dialekte zergliedert ist, wurde mit den Werken (u. a. Katechismus, Übersetzung des Neuen Testaments aus dem Deutschen) des Reformators Primož Trubar (1508–1586) begründet. Dennoch stand das Slowen. weiterhin im Schatten des Deutschen, das Bildungs- und Verwaltungssprache blieb. Als selbständige slaw. Sprache fand das Slowen. erst durch Jernej Kopitar und sein Werk «Grammatik der slaw. Sprache in Krain, Kärnten und Steyermark» (1808) Beachtung. Das moderne Schriftslowen. verdankt seinen Durchbruch als Literatursprache v. a. dem Dichter France Prešeren (1800–1849). Erst in dieser Zeit bildete sich auch ein eigentl. slowen. Nationalbewußtsein heraus. Das moderne Standardslowen. ist eine Ausgleichsform, die Eigenheiten verschiedener Dialekte in sich vereint. Der Schriftstandard des Resian. in Italien weicht ab von dem in Slowenien.

Lit.: Fernández-Armesto 1994: 151 ff., Grdina/Stabej 2002, Greenberg 1997

Somali (*Soomaalii*, the Somali). Die mehr als 12 Mio. Somali siedeln heute schwerpunktmäßig in zwei Staaten: 8,5 Mio. in Somalia und 3,2 Mio. im Süden Äthiopiens, im Ogaden. Dieses Siedlungsgebiet wurde erst getrennt, als 1897 der Ogaden von Äthiopien annektiert wurde. Mehr als eine halbe Million Somali leben als Außengruppen in Kenia, im Jemen, in Dschibuti, in den Vereinigten Arab. Emiraten usw.

Die Somali sind → Kuschiten und gehören nicht zur schwarzafrikan. Bevölkerung. Sie sind eine der Gruppen, die von Humangenetikern zu den sub-saharan. (nicht ostafrikan.) Populationen gerechnet werden. Obwohl geograph. an der östl. Peripherie Afrikas lokalisiert, sind die Somali genet. näher mit den Khoisaniden (→ San) als mit den → Äthiopiern verwandt.

Früher vermutete man, daß das sagenumwobene Land Punt, wohin die ägypt. Pharaonin Hatschepsut (reg. 1467–1445 v. Chr.) eine Reise unternahm, im Norden Somalias (Somaliland) lag. Dort sind allerdings keine archäolog. Spuren eines Reiches nachzuweisen. Der Norden Somalias war aber sicher eine Region, von wo aus die begehrte Ware Weihrauch exportiert wurde. Somalia und seine Bevölkerung traten in die Geschichte ein, als arab. Kaufleute im 9. Jh. die Küsten des Landes befuhren und Handelsstützpunkte einrichteten. Seit jener Zeit hat sich arab.-islam. Einfluß auf Sprache und Kultur der Somali geltend gemacht. Der Wortschatz des Somali ist mit arab. Lehnwörtern durchsetzt, und jahrhundertelang wurde Arab. in Somalia als Schriftsprache verwendet. Erst im 20. Jh. begann man, auch das Somali selbst zu schreiben.

Zu keiner Zeit vor seiner Unabhängigkeit im Jahre 1960 war das Siedlungsgebiet der Somali territorial in einem einzigen Staat vereint. Der Nordosten der Region wurde im Jahre 1698 dem Sultanat von Muscat (Oman) angegliedert. Die Ostküste stand zwischen 1866 und 1892 unter der Herrschaft des Sultanats von Sansibar, während die Nordküste in den 1870er und 1880er Jahren von Ägypten verwaltet wurde. Gegen Ende des 19. Jh. hatten → Briten, → Franzosen, → Italiener und Äthiopier Somalia unter sich aufgeteilt. Nach dem Zweiten Weltkrieg verblieb die Küstenregion noch eine Zeitlang unter brit. Verwaltung, zwischen 1950 und 1960 wurde der südl. Teil von Italien verwaltet. Immer wieder aufflammende Streitigkeiten zwischen den Clans der Somali eskalierten im Jahre 1991 zum Bürgerkrieg. In den vergangenen zehn Jahren sind Zehntausende somal. Flüchtlinge in die Länder Europas emigriert. Die langwierigen Friedensverhandlungen, die seit Oktober 2002 geführt wurden, haben dem Land bisher keine polit. Stabilität garantieren können. Der Norden des Landes hat sich vom übrigen Somalia getrennt und als Republik Somaliland etabliert; deren Souveränität ist aber bisher international nicht anerkannt worden.

Lit.: Hrbek 1992, Ogot 1992

Sorben (*Serbowje,* the Sorbs). Im Osten Deutschlands leben rund 67000 ethn. Sorben, davon 55000 in der Oberlausitz (mit dem Zentrum Bautzen) und 12000 in der Niederlausitz (mit dem Zentrum Cottbus). Das heutige, in zwei größere Inseln geteilte Siedlungsgebiet ist der Rest einer Verbreitungszone, die noch im 16. Jh. bis in die Gegend von Wittenberg reichte und sich noch in den 1930er Jahren bis östl. der Oder-Neiße-Grenze erstreckte. Die im heutigen poln. Staatsgebiet lebenden

Personen sorb. Herkunft sind vollständig polonisiert. Ebenfalls assimiliert haben sich diejenigen Sorben, die um die Mitte des 19. Jh. nach Nordamerika (vorwiegend Texas), Australien und Südafrika ausgewandert sind.

Die Sorben sind die Nachkommen westslaw. Stämme, die sich im 6. Jh. n. Chr. in der Lausitz ansiedelten. In mittelalterl. Quellen wurden sie *Surbi* (7. Jh.) oder *Sorabi* (9. Jh.) genannt, später wurden auch die Namen einzelner Stämme wie der Milzener, Lusizer (namengebend für die Landschaft) und der Sprewaner (namengebend für die Region des Spreewalds) bekannt. Im 11. Jh. gerieten die slaw. Stämme der Region unter deutsche Botmäßigkeit, im 12. Jh. wurde das Siedlungsgebiet von deutschen Bauern, Handwerkern und Kaufleuten übervölkert. Die Germanisierung der sorb. Landbevölkerung ging von den städt. Zentren aus, Voraussetzung für eine Teilnahme am städt. Leben waren im allgemeinen Assimilation (Sprachwechsel zum Deutschen) und Akkulturation (Annahme einer christl. Lebensweise). Das sich im 16. Jh. formierende sorb. Bürgertum wirkte den germanisierenden Tendenzen entgegen.

Im 19. Jh. wurde im Gebiet der Sorben, das territorial zwischen Preußen und Sachsen aufgeteilt war, eine uneingeschränkte Assimilationspolitik betrieben. Diese wurde auch weiterhin im Deutschen Kaiserreich ab 1870 praktiziert. Während der Weimarer Zeit erlassene Schutzbestimmungen konnten wegen der relativ kurzen Zeit des Bestehens der Republik nicht greifen. Im Jahre 1937 erfolgte die Auflösung aller kulturellen und wirtschaftl. Vereinigungen der Sorben. Auch nach 1945 entfaltete sich die Regionalkultur der Sorben nur zögernd, obwohl sie als → Slawen offiziell durch die DDR-Regierung gefördert wurden. Der situationelle Druck des Deutschen verstärkte sich durch die Zuwanderung von Flüchtlingen aus den Ostgebieten sowie von Arbeitskräften in der Braunkohleindustrie. Der Trend zur Assimilation hält bis heute an.

Diejenigen Sorben, die sich bisher nicht assimiliert haben, sind zweisprachig. Zweisprachigkeit ist mindestens seit dem 16. Jh. im städt. Milieu verbreitet, seit dem 19. Jh. auch im ländl. sorb. Siedlungsgebiet. Die öffentl. Beschilderung in der Lausitz ist zweisprachig. Im Bundesland Sachsen besitzt Sorb. den Status einer Unterrichtssprache im Schulwesen. Von den zwei Hauptvarianten des Sorb. wird das Obersorb. (die Variante der Oberlausitz) am häufigsten verwendet. Die schriftsprachl. Tradition setzt im 16. Jh. ein. Von den drei Varianten, die sich im 18. Jh.

ausgebildet hatten (Niedersorb., Protestant.-Obersorb., Kathol.-Ober-
sorb.), waren bis in die 1940er Jahre das Niedersorb. und das Protestant.-Obersorb. in Gebrauch. Seit den 1950er Jahren wird eine gemeinsame sorb. Standardsprache verwendet.

Lit.: Fasske 1997, Norberg 1996

Spanier (*Españoles*, the Spaniards). Die allermeisten Spanier (rund 30
Mio.) sind in Spanien beheimatet. Dies ist die große Mehrheit der Landesbevölkerung (39,4 Mio.), zu der außerdem → Katalanen, → Galicier
und → Basken gehören. Tausende span. Arbeitsmigranten leben in den
Staaten Westeuropas, überwiegend in EU-Ländern.

Die Spanier sprechen Span. (*español*), eine iberoroman. Sprache. Dies
bedeutet, daß sie entweder Kastilisch (*castellano*) sprechen, die zentrale
Variante, die auch die Basis der Standardsprache ist, oder eine der regionalen Varianten, die von der kastil. Schriftsprache überdacht werden
(Estremeño, Andalus., Murcian., Aragones., Leones., Astur.). Für einige der regionalen Varianten, so für das Aragones. und Astur., gibt es
sprachpfleger. Bemühungen zur Ausbildung eines eigenen Schriftstandards, wie er für das Katalan. oder das Galic. besteht. Die deutsche Bezeichnung «Spanisch» (entspr. auch in anderen Sprachen und im Span.
selbst) bezieht sich aber nicht nur auf die Sprache, sondern ebenso auf
das Volk der Spanier, außerdem auch auf die Staatsbürgerschaft im
multiethn. und multilingualen Spanien. In der Verfassung Spaniens von
1978 werden allerdings Begriffe wie *pueblo español* (‹span. Volk›) und
nación española (‹span. Nation›) undifferenziert verwendet. Beide beziehen sich auf die ethn. Spanier wie auf alle anderen Völker Spaniens.

Die Zahl der ethn. Spanier steht in enormem Kontrast zur Gesamt-
sprecherzahl der Weltsprache Span., die überwiegend von Nichtspa-
niern gesprochen wird. Von den 352 Mio. Sprechern leben 312,6 Mio.
(88,8 %) nicht in Europa, sondern in Übersee. 266 Mio. sind Primärsprachler und 86 Mio. Zweitsprachler. Das Land mit den meisten Sprechern ist Mexiko (91,2 Mio.). Spanien rangiert an zweiter Stelle, gefolgt
von Kolumbien (35,3 Mio.) und Argentinien (34,8 Mio.). Amtl. Status
besitzt das Span. in 21 Staaten, von denen die meisten solche Lateiname-
rikas sind. In den vergangenen Jahren wächst die span. Sprachgemeinschaft auch in Regionen an, wo sie noch vor wenigen Jahrzehnten unbe-
deutend war. Rund 21 Mio. Einwohner der USA sind Hispanics oder
Latinos, die aus Mexiko und anderen lateinamerikan. Ländern einge-

wandert sind. Besonders zahlreich sind die Latinos in Kalifornien und New Mexico. Unbekannt ist die Zahl der illegal in den USA lebenden Latinos, die der Migrationsdruck aus den ärmeren Ländern nach Nordamerika getrieben hat.

Die Spanier sind → Romanen, was allzu leicht im Sinn des traditionellen Nationenbegriffs mißverstanden wird als eine Bevölkerung mit rein röm.-ital. Abstammung. Die Romanität der Spanier – ähnl. wie die anderer roman. Völker auch – definiert sich als ethn. Fusion vorröm. Populationen mit ital. Kolonisten, die während der röm. Zeit (ca. 200 v. Chr.–450 n. Chr.) zum Motor der Romanisierung auf der Pyrenäenhalbinsel wurden. Die Iberer im Osten und Süden des Landes sowie die → Kelten im Zentrum assimilierten sich sprachl. und nahmen das Sprechlatein. an. Während der Periode, als Spanien unter der Herrschaft der → Araber (Mauren) stand, also ab Anfang des 8. Jh., entwickelten sich verschiedene altroman. Sprachen: das Span. im Norden (das seit dem 10. Jh. geschrieben wird) und das Mozarab. im Süden (in der arab. Einflußzone). Im Verlauf der Reconquista (‹Rückeroberung›) der arab. kontrollierten Gebiete überlagerte das Span. das Mozarab. Als Ergebnis dieser linguist. Fusion sind die Sprachvarianten im südl. Landesteil entstanden. In der Anfangsphase der Reconquista (8.–10. Jh.) rivalisierten verschiedene regionale Königreiche miteinander. Dazu gehörten Aragón in der katalan. Kulturzone, Navarra, Kastilien, Asturien und León. Im Laufe der Zeit weitete Kastilien seine polit. Einflußsphäre immer weiter aus und wurde zur Hauptmacht der militär. Operationen gegen die Mauren. Dieser Prozeß erreichte schließl. seinen Höhepunkt mit der Personalunion der Königreiche von Kastilien und Aragón im Jahre 1479, mit der Heirat der beiden kathol. Regenten, Isabella von Kastilien und Ferdinand von Aragón. Unter Isabellas Führung wurde 1492 das letzte der maur. Königreiche, Granada, erobert. Damit war ganz Spanien christl. Herrschaft unterstellt.

Die «Entdeckung» Amerikas durch Kolumbus im selben Jahr – die Erinnerung an die erste Entdeckung durch die → Isländer um 1000 lebt nur in Nordeuropa fort – eröffnete für das polit. aufstrebende Spanien eine neue Zeitepoche, die Ära des Kolonialismus. Parallel zu dieser Öffnung des Landes förderte die nun erreichte absolute territoriale Vormachtstellung die Entstehung eines frühen ethn. begründeten Nationalismus. Das Prinzip der *pureza de sangre* (‹Reinheit des Blutes›) wurde zum Credo des span. Volksbewußtseins hochstilisiert. Diesem Prinzip fielen Ende des 15. Jh. die sephard. → Juden zum Opfer, die sämtl. vertrieben wurden. Im Verlauf des 16. Jh. spitzte sich der rassist. gefärbte span. Nationalismus noch weiter zu. Die span. Regierung führte ein Programm zur kulturellen Gleichschaltung der Moriscos durch. So wurden die «Neuchristen», zum Christentum übergetretene Mauren und → Juden, genannt. Der Gebrauch des Arab. und Hebräischen wurde verboten, und bestimmte Gewohnheiten des Alltagslebens, wodurch sich die konvertierten Mauren von den span. Christen unterschieden, wurden ebenfalls geächtet. Gegen diesen schleichenden kulturellen Genozid erhoben sich die Moriscos 1568 in einer vergebl. Rebellion. Diese polit. «Unzuverlässigkeit» der Nichtspanier führte schließl. dazu, daß in den Jahren 1609–14 mehr als 0,3 Mio. Christen arab. Abstammung und mit span. Kultur und Sprache des Landes verwiesen wurden. Die Ideologie der *pureza de sangre* ist in Kreisen der span. Aristokratie lebendig geblieben.

Das Königreich Spanien unter Karl I. (reg. 1516–1556 als König von Spanien, ab 1519 auch als Kaiser und Regent des Habsburgerreichs) war ein Kolonialreich mit weltweiter Ausdehnung, in dem «die Sonne nie unterging». Dies ist die Zeit, als die Hauptsprache Spaniens, das *castellano*, immer häufiger als *español* bezeichnet wurde. Das Selbstverständnis der Spanier war das einer kolonialen Supermacht, der auch der Erfolg der christl. Mission in Lateinamerika zu verdanken war. Die Kulturschande, die die Spanier mit der Vernichtung der intellektuellen, sozialen und religiösen Eliten in den präkolumb. Kulturen Amerikas verübten, ist erst in jüngster Zeit Teil des span. Selbstbildes geworden. Die modernen Kontakte Spaniens mit Lateinamerika sind getragen vom Geist globaler Kooperation auf wirtschaftl. wie kulturellem Gebiet.

Die Entstehung des modernen span. Nationalbewußtseins ist aufs Engste verknüpft mit dem Zeitgeist des anti-napoleon. Widerstands zu Beginn des 19. Jh. In der Verfassung von Cádiz (1812) wurde zum ersten Mal in der Geschichte Spaniens eine *nación española* (‹span. Nation›) proklamiert. Damals bezog sich dieser Begriff gleichsam automat. auf die Bevölkerung in allen span.-sprachigen Ländern, also auch auf das Kolonialreich in Lateinamerika. Die Befreiungskriege in Amerika in den 1820er Jahren und insbesondere der Verlust der letzten Kolonie, Kuba, im Krieg gegen die USA (1898) erschütterten das nationale Selbstverständnis der Spanier. Gegen Ende des 19. Jh. begann eine Phase der Neuorientierung und der Selbstbesinnung auf das, was unter den neuen polit. Vorzeichen das Wesen des Spaniertums sei. Insbesondere

Dichter und Schriftsteller nahmen sich des Themas an und definierten das Span.-Sein in der Orientierung am geograph. Zentrum, Kastilien. Die moderne nationale Identität ist damit wieder auf die Dimension begrenzt, die Kastilien im Mittelalter hatte.

Die polit. Geschichte Spaniens hat im 20. Jh. zwischen nationalist. Totalitarismus (1924–31, 1939–1975) und Demokratie westeurop. Prägung (1931–36, seit 1975) geschwankt. Die Mitgliedschaft in der Europ. Union (seit 1986) hat das Land verpflichtend der soziopolit. Entwicklung Westeuropas angeschlossen.

Lit.: Lebsanft 2000, Otero Novas 1998, Thun 1997

Südchina. Die meisten der 55 offiziell anerkannten nicht-chines. Völker sind im südl. Teil Chinas beheimatet. Dort leben wenige größere, vorwiegend aber kleinere Völker verschiedener ethn. Herkunft und sprachl. Verwandtschaft. Dazu gehören sinit. Ethnien, die mit den → Chinesen und weitläufig auch mit den → Tibetern verwandt sind (z.B. die Yi), Völker, deren Angehörige Sprachen der Tai-Kadai-Familie sprechen (z.B. die Zhuang) sowie Kleinvölker → austroasiat. Herkunft.

Die Nicht-Chinesen im südl. China haben (wie in den anderen Regionen auch) seit langem im Kontakt mit dem Chines. gestanden. Viele haben sich an die Sprache der Mehrheitsbevölkerung assimiliert und ihre Muttersprache aufgegeben. Das Niveau der Spracherhaltung der nicht-chines. Sprachen ist bei den Völkern in Südchina sehr unterschiedlich, im allgemeinen aber eher niedrig. Große Diskrepanzen zwischen Sprachzugehörigkeit und Volkszugehörigkeit bestehen bei den Dai (0,25 Mio. Sprecher/25 % der Dai-Bevölkerung), den Jingpho (20000/17 %), den Blang (24000/29 %), den Tujia (0,204 Mio./3,6 %) u. a. Ein höheres Niveau von Spracherhaltung findet man bei den Bai (56,5 % der Bevölkerung), den Bouyei (2 Mio./78,5 %) und den Zhuang, von denen 14 Mio. (91 %) ihre Nationalsprache bewahrt haben. Im folgenden sind die meisten der nicht-chines. Völker sowie die Provinzen der VR China, in denen sie siedeln, aufgeführt (auf der Basis der offiziellen Zählung von 1990):

Nicht-chines. Ethnien mit mehr als 1 Mio. Angehörigen

Yi	6,57 Mio.	Guizhou, Sichuan, Yünnan
Bai	1,59 Mio.	nordwestl. Yünnan
Hani	1,25 Mio	südl. Yünnan
Dai	1,02 Mio.	südl. Yünnan
Bouyei	2,545 Mio.	Guizhou, Sichuan
Dong	2,51 Mio.	Guizhou, Gansu
Zhuang	15,49 Mio.	Guizhou, Hunan, Guangdong
Yao	2,1 Mio.	Guangxi, Hunan, Yünnan, Guangdong, Guizhou
Tujia	5,7 Mio.	Hunan, Guizhou
Li	1,11 Mio.	Insel Hainan
Miao bzw. Hmong	6 Mio.	Guizhou, Sichuan, Yünnan

Nicht-chines. Ethnien mit weniger als 1 Mio. Angehörigen

She	0,63 Mio.	südöstl. Guangdong
Lisu	0,515 Mio.	westl. Yünnan, Sichuan
Gelao	0,437 Mio.	Guizhou, Yünnan, Guangxi, Hunan
Lahu	0,411 Mio.	südwest. Yünnan
Shui	0,345 Mio.	Guizhou, Guangxi, nordöstl. Yünnan
→ Naxi	0,278 Mio.	Yünnan, Sichuan
Qiang	0,2 Mio.	nördl. Sichuan
Mulam	0,16 Mio.	nördl. Guizhou
Jingpo	0,119 Mio.	westl. Yünnan
Blang	82280	südwestl. Yünnan
Maonan	72000	nördl. Guangxi
Vo bzw. Va	60000	südwestl. Yünnan
Moinba	30000	im Südosten Tibets
Achang	27700	westl. Yünnan
Pumi	24000	nordwestl. Yünnan
Jinuo	18020	südl. Yünnan
Jing	18000	in Guangxi, auf den Inseln Wanwei, Wutou und Shanxin
De'ang	15000	südwestl. Yünnan
Drung	11300	nordwestl. Yünnan
Luoba (Boga'er und Yidu)	10000	im Südosten Tibets

Lit.: Höllmann 2001, Namu/Mathieu 2003, Weiwen/Qingnan 1993

Südostasien. Diese Großregion → Asiens ist die Heimat von mehr als 1200 Völkern mit den verschiedensten kulturellen Traditionen und Sprachen. Die meisten ethn. Gruppen sind Kleinvölker mit jeweils wenigen tausend Angehörigen (z.B. die Emumu, Badui und Lindu in Indonesien, die Batak, Minokok und Ukit in Malaysia, die Phuong, Mangkong und Romam in Vietnam). Es gibt aber auch Völker mit vielen Millionen Angehörigen. Zu den bevölkerungsreichsten Ethnien der Region gehören die → Javaner (75 Mio.), die → Vietnamesen (66,5 Mio.), die → Burmesen (34 Mio.), die → Thai (20 Mio.), die Malaysier bzw. Festlandmalaien (18 Mio.), die → Maduresen (13,7 Mio.), die → Khmer (7,2 Mio.), die → Balinesen (3,8 Mio.) und einige andere.

Vom Standpunkt der Humangenetik ist das ethn. Profil Südostasiens wie ein Spiegelbild der Landschaftsformen, die man hier findet. So wie die Geographie schroffe Gegensätze zwischen Tiefland und hohen Gebirgen (der Himalaya mit den höchsten Bergen der Welt), zwischen dem Festland und einer unübersehbaren Zahl an Inseln erkennen läßt, so gibt es auch zwischen den regionalen Profilen einzelner Ethnien enorme Kontraste. Ausgleichstendenzen, wie sie typisch etwa für die genet. Karte der Völker → Europas sind, fehlen in Südostasien.

Die ethn. Zusammensetzung der Bevölkerung in den Ländern Südostasiens ist sehr variantenreich. Alle modernen Staaten der Region haben multinationale, multikulturelle und multilinguale Gesellschaften. Allein in Indonesien leben nicht weniger als 700 Völker. In Myanmar und Thailand übersteigt deren Zahl 100, in Laos sind mehr als 90, in Vietnam mehr als 80 Ethnien beheimatet. Es gibt bestimmte Regionen, wo sich viele Kleinvölker verschiedener ethn. Zugehörigkeit in großer Dichte konzentrieren. Solche Regionen sind der Westteil Neuguineas (als Provinz Irian Jaya zu Indonesien gehörend) und das sog. «goldene Dreieck», die Berglandregion im Grenzgebiet von Myanmar, Thailand und Laos.

Südostasien ist nicht nur ein vegetationsreicher Großraum, wo sich frühe Besiedlung (so der Homo erectus auf Java) nachweisen läßt, sondern auch eine geograph. exponierte Gegend, von wo aus Menschen zu verschiedenen Zeiten in die Großräume Australiens und des Pazifiks vorgestoßen sind. Südostasien hat zahlreiche Migrationen von Westen und Norden her erlebt, so daß die ethnodemograph. Landschaft seit prähistor. Zeit im Wandel begriffen war. Von der Urbevölkerung sind nur noch die → Orang Asli in Kontinental-Malaysia und die → Dayak-Völker auf Borneo übrig geblieben.

Auch im Hinblick auf die Wirtschaftsformen, die bei den Völkern

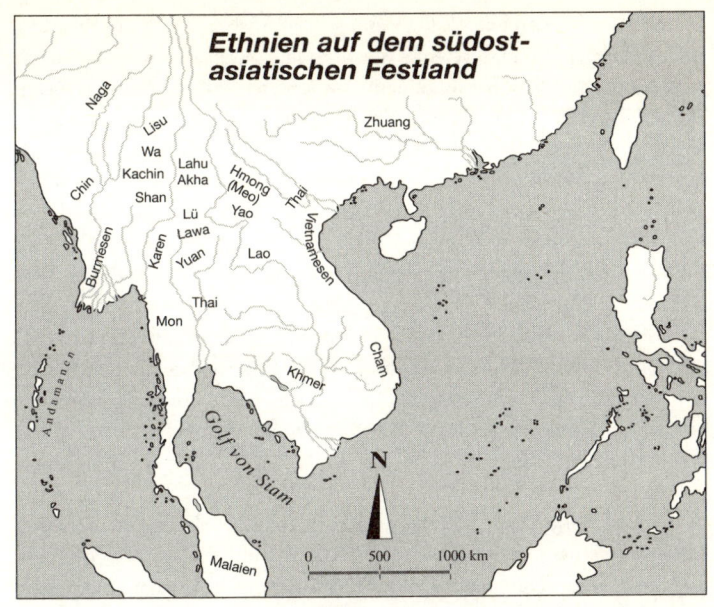

Ethnien auf dem südost-asiatischen Festland

Naga
Lisu
Wa
Lahu
Akha
Kachin
Chin
Shan
Burmesen
Karen
Lü
Lawa
Yuan
Thai
Mon

Zhuang

Hmong (Meo)
Yao

Thai
Vietnamesen

Lao

Cham

Khmer

Andamanen

Golf von Siam

N

0   500   1000 km

Malaien

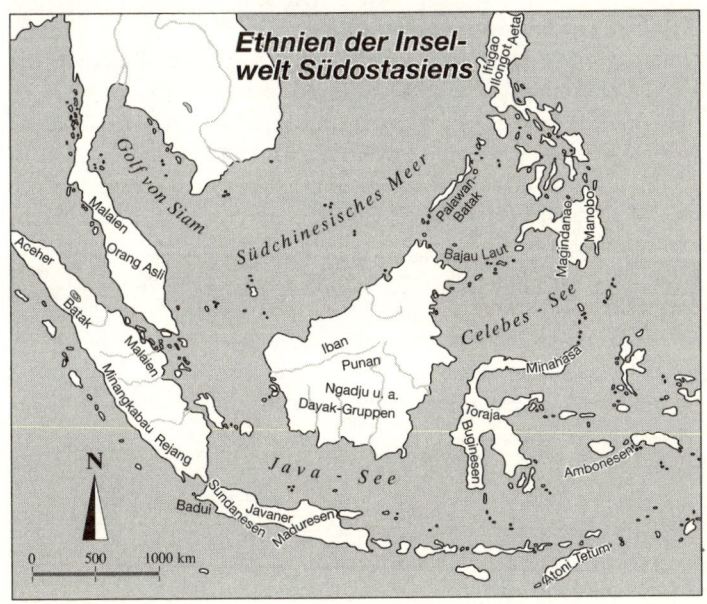

Ethnien der Insel-welt Südostasiens

Ifugao
Ilongot
Aeta

Golf von Siam

Malaien
Orang Asli

Südchinesisches Meer

Aceher
Batak
Malaien
Minangkabau
Rejang

Palawan
Batak

Bajau Laut

Magindanao
Manobo

Iban
Punan
Ngadju u. a.
Dayak-Gruppen

Celebes-See

Minahasa

Toraja
Buginesen

Ambonesen

Java - See

Badui
Javaner
Sundanesen
Maduresen

Mori-Tetum

N

0   500   1000 km

Südostasiens verbreitet sind, ist eine Variationsbreite festzustellen, die man so ausgeprägt anderswo in der Welt nur selten antrifft. Hier findet man archaische Wildbeutergemeinschaften ebenso wie die modernsten nachindustriellen Gesellschaften. Es gibt Regionen, wo extreme Gegensätze eng benachbart sind, wie etwa im Süden Malaysias. Keine Autostunde von der Skyline der Metropole Singapur entfernt bauen Wildbeuter wie schon seit Tausenden von Jahren im Dschungel des Festlands ihren Windschutz aus Zweigen. Eines dieser Kleinvölker sind die zu den Orang Asli gehörenden Semang, die von den Malaien wegen ihrer dunkleren Hautfarbe auch *Negritos* genannt werden.

Nach ihrer ethn. Herkunft gehören die Völker Südostasiens zahlreichen Gruppierungen an. Einige Makrogruppierungen heben sich markant auf dem ethnograph. Flickenteppich ab. Hierzu gehören → austrones. Völker wie die → Malaien (die in zahlreiche Einzelvölker ausgegliedert sind), → austroasiat. Ethnien wie die Khmer, → Mon und Vietnamesen, Tai-Kadai-Völker wie die Thai(länder), die Shan und die Song, sowie sino-tibet. Ethnien wie die Burmesen (Myanmar), Bisu und Ugong. Kleinere regionale Gruppierungen sind die Karen-Völker in Myanmar und Thailand, die Miao-Yao-Gruppen in Vietnam u. a.

Als Muttersprachen finden wir in der Sprachenwelt Südostasiens nicht nur einheim. Sprachen, sondern auch solche von Einwanderern: Chines., Tamil., Hindi u. a. Ehemalige europ. Kolonialsprachen wie Engl. und Französ. haben zumeist keinen primärsprachl. Status, sondern sind als Zweit-, Bildungs- oder Amtssprachen verbreitet. In keiner anderen Region Asiens sind so viele Kulturschichten unterschiedlichster Herkunft zu einem funktionstüchtigen Konglomerat fusioniert wie hier. Uralte und hochmoderne, einheim. und fremde Elemente fügen sich zu einem symbiot. Ganzen. In engster Nachbarschaft werden Sprachen der Ureinwohner (austroasiat. Sprachen wie Mang oder Palyu) und Weltsprachen wie Engl. oder Chines. gesprochen. In derselben Gesellschaft (z.B. in Indonesien) werden alte animist. Bräuche, buddhist., hinduist., islam. und christl. Rituale praktiziert. In derselben Region finden wir lokale, traditionell-chines., koloniale und modernist. Architektur (z.B. in Singapur).

Die Karten dienen zur groben geographischen Einordnung
der erwähnten Ethnien, nicht zur Markierung fester Siedlungsgebiete.
Nach: Dahm/Ptak 1999

Südostasien ist eine alte Kulturlandschaft. Frühe kulturelle Einflüsse aus dem Westen (aus Indien) und aus dem Norden (bzw. aus dem Osten, aus China, über den Seeweg) gelangten schon in den ersten Jahrhunderten unserer Zeitrechnung in die Festlandkulturen (Myanmar, Kampuchea) und wenig später auch in den Inselarchipel (Java, Bali). Die Kenntnis der ind. Schriften ist schon früh im Süden Vietnams bei den Champa bezeugt. Mit Ausnahme des Vietnames., das in Lateinschrift geschrieben wird, verwenden die alten Kultursprachen Südostasiens bis heute Varianten der ind. Brahmi-Schrift.

Lit.: Dahm/Ptak 1999, Gorgoniev et al. 1967, Haarmann 1998d, Lewis 2002

Surinen (the Surinamese). Die rund 0,1 Mio. Surinen sind Mulatten, die im Nordosten von Suriname leben. Ihre Vorfahren waren farbige Plantagenarbeiter afrikan. Herkunft, die Sozialkontakte mit der einheim. Bevölkerung (hauptsächl. mit Arawaken) eingingen. Ein abwertender Name für die Surinen ist «Bush Negroes». Die Surinen sprechen Sranan, eine Kreolsprache auf engl. Basis.

Lit.: Grimes 2000: 358, Haarmann 2002a: 243 f.

Swahili (*Wa-Swahili,* the Swahili). Von denjenigen, die Swahili als Lingua franca im östl. Afrika sprechen, sind die wenigsten Angehörige der Swahili-Ethnie. Rund 30 Mio. Menschen sprechen Swahili als Zweitsprache und eine lokale Muttersprache. In Ostafrika leben auch etwas mehr als 2 Mio. Muttersprachler des Swahili, und diese Sprecher gehören zum größten Teil zur ethn. Gruppe der Swahili. Die Angehörigen der Swahili-Ethnie (fast 2 Mio.) sind in der Hauptsache in den Küstenstädten Ostafrikas, v.a. in Kenia und Tansania, und auf der Insel Sansibar beheimatet.

Der Name Swahili für das Volk bzw. für die Sprache (auch: KiSwahili) leitet sich vom arab. Wort *sahil* (Sg.), *sawahil* (Pl.) ‹Küste› ab. Das Handel treibende «Volk der Küste» wird seit dem 18. Jh., zuerst von den oman. Herrschern von Sansibar, so genannt. Der Handel ist seit dem Mittelalter der wichtigste Wirtschaftszweig der in Städten siedelnden Küstenbewohner; auf Sansibar gibt es auch Ackerbauern und Fischer, die zur Swahili-Ethnie gehören. Als Kaufleute gehören die Swahili seit jeher zur Elite der Küstenbevölkerung und ihr Sozialstatus ist privilegiert. Außer durch ihre Wirtschaftsform und ihre Sprache unterscheiden sich die Swahili von vielen anderen lokalen Ethnien durch ihren islam. Glauben und die damit verbundenen Lebensweisen. Die Swahili siedeln und leben in Großfamilien, in einer Clan-Ordnung mit weit zurückreichenden Traditionen. Angehörige desselben Clans wohnen im allgemeinen gemeinsam im selben Stadtviertel. Im Hinblick auf ihre anthropolog. Merkmale sind die Swahili nicht einheitl. Sie können Schwarzafrikaner wie die → Bantu sein oder Nachkommen von arab. Immigranten und Mitgliedern schwarzafrikan. Ethnien.

Die Sprache Swahili ist eine Bantu-Sprache und gehört zur sog. G-Gruppe. Am nächsten verwandt mit dem Swahili ist das Komorische. Die Bantu-Sprachen sind ein Zweig der großen Niger-Kongo-Sprachfamilie. Die literar. Tradition des Swahili entfaltete sich seit dem 12. Jh. in einem islam. dominierten Kulturmilieu. Jahrhundertelang wurde Swahili in arab. Schrift geschrieben, seit dem 19. Jh. vereinzelt und seit den 1930er Jahren überwiegend in Lateinschrift. Swahili ist Amtssprache in Tansania und als Nationalsprache in Kenia anerkannt, besitzt aber dort keinen amtl. Status.

Lit.: Bromlej 1988: 417 f., Middleton 1992

Syrjänen (*Komi-otir*, the Komi/Zyrians). Die Komi (Fremdbezeichnung: Syrjänen) gehören zu den → finno-ugrischen Völkern. Die Mehrzahl der 0,33 Mio. Syrjänen lebt in der Republik Komi im Nordosten des europ. Teils der Russ. Föderation. In dieser Region mit ihren mehr als 1,1 Mio. Bewohnern machen sie also nur gut ein Viertel der Republiksbevölkerung aus. Die → Russen stellen die Bevölkerungsmehrheit (57 %). Diese sind die Nachkommen von Arbeitsimmigranten, die in den Jahrzehnten der Sowjetära ins Land kamen und sich im Kohlerevier von Workuta ansiedelten.

Die Anfänge der Kontakte zwischen Syrjänen und Russen stehen im Zeichen einer frühen Christianisierungskampagne des 14. Jh. Noch bevor die Region dem russ. Machtbereich angeschlossen worden war, bemühte sich der russ. Missionar Stefan von Perm (gest. 1396) darum, das Christentum bei den Syrjänen zu verbreiten. Seit damals sind die Lebensweisen der Syrjän. christl. geprägt. Stefan schuf ein eigenes Alphabet zur Schreibung des Syrjän. und übersetzte religiöse Texte. Von den Originaltexten aus dieser Zeit ist nur wenig erhalten. Seit dem 18. Jh. wurde Syrjän. in kyrill. Schrift geschrieben. Bereits in vorsowjet. Zeit war das am Syrjän. orientierte Kulturschaffen rege. Auch heute ist das

Syrjän., das seit 1992 neben dem Russ. als regionale Amtssprache in der Komi-Republik fungiert, die aktivste der finn.-ugr. Schriftsprachen im europ. Teil Rußlands.

Lit.: Bromlej 1988: 224 f., Kokkonen 2002, Tiškov 1994: 196 ff.

T

Tadschiken (*Todžik,* the Tadzhiks). Insgesamt 4,4 Mio. Tadschiken leben im südöstl. Teil → Zentralasiens, die Mehrheit (3,34 Mio.) in dem seit 1991 unabhängigen Tadschikistan. Dort stellen sie 62 % der Landesbevölkerung; die größten Minderheiten dort sind → Usbeken und → Russen, außerdem → Tataren, → Kirgisen, → Ukrainer und → Deutsche. Tadschik. Außengruppen leben in den Nachbarstaaten Afghanistan, Usbekistan und Kirgisistan.

Die Tadschiken sind ein → iran. Volk. Iran. Populationen haben seit dem 2. Jt. v. Chr. in Mittelasien gesiedelt. Unter ihrer Volksbezeichnung sind die Tadschiken erstmals im 11. Jh. erwähnt worden. Der Islam gelangte im 8. Jh. zu den Tadschiken und verbreitete sich rasch. Die entscheidende Wende in der polit. Orientierung der Region kam im Jahre 1868 mit der Annexion des tadschik. Siedlungsgebiets durch das zarist. Rußland. Die Geschicke der Tadschiken waren danach länger als ein Jahrhundert gleichgerichtet mit denen der benachbarten → Turkvölker. Zum kulturellen Erbe der Sowjetära gehört die Präsenz des Russ., das bis heute in der universitären Ausbildung der Tadschiken eine zentrale Rolle spielt. Das Tadschik. ist eine iran. Sprache und am nächsten mit dem Pers. (Farsi) verwandt. Seit 1991 ist es Staatssprache Tadschikistans.

Lit.: Bromlej 1988: 425 ff., Haarmann 2002a: 323 f.

Tamilen (*Tamil,* the Tamils). Die große Mehrheit der insgesamt 62,5 Mio. Tamilen ist in Südindien beheimatet. Dies sind mehr als 56 Mio. Bewohner des ind. Bundesstaates Tamil Nadu und angrenzender Regionen. Rund 3,5 Mio. Tamilen leben in Sri Lanka, und zwar überwiegend im Nordteil der Insel. Sie gliedern sich in zwei Bevölkerungsgruppen, in die alteingesessenen Ceylon-Tamilen und in die Indien-Tamilen, Nachkommen von Arbeitern auf den Teeplantagen, die im 19. Jh. ins Land kamen. Von den ca. 0,9 Mio. Indien-Tamilen sind seit den 1960er Jahren etwa 0,3 Mio. zwangsweise von der Regierung Sri Lankas nach Indien «repatriiert» worden. Die große Mehrheit der Tamilen sind

Hindu. In Indien gehören sie damit der Religion der Bevölkerungsmehrheit an, in Sri Lanka sind die tamil. Hindu eine religiöse Minderheit, denn 77 % der Landesbevölkerung (→ Singhalesen) sind Buddhi-
sten.

Bevölkerungsstarke Außengruppen von Tamilen sind verstreut in
verschiedenen Staaten → Südostasiens (Malaysia, Singapur), Afrikas
(Südafrika, Mauritius), in Ozeanien (Fidschi-Inseln) und in Europa
(Deutschland, Niederlande). Die Tamilen in den ehemaligen brit. Kolonien in Südostasien und in Südafrika (v. a. in der Region von Durban)
leben dort schon seit vielen Generationen. Ihre Vorfahren wurden von
den Kolonialherren aus Indien als Arbeitskräfte dorthin geschickt, ihre
Nachkommen haben bis heute ihre Sprache und Kultur bewahrt.

Das Tamilische ist eine dravid. Sprache, also mit Telugu, Kannada
und anderen Sprachen in Südindien verwandt. Nach dem Sanskrit ist
das Tamil. die Schriftsprache Indiens mit der zweitlängsten Tradition,
sie reicht bis auf die Zeit um 200 v. Chr. zurück. Zu den Besonderheiten der schöngeistigen Literatur gehört ein Epos mit religiöser Thematik, «Tembavani», verfaßt von einem italien. Jesuit namens Giuseppe
Beschi (gest. 1742), der unter dem Pseudonym Viramamuni schrieb.
Tamil. ist heute eine der vierzehn regionalen Amtssprachen in Indien
(und zwar in Tamil Nadu), es besitzt amtl. Status auch im Norden Sri
Lankas.

Die Tamilen sind → Draviden und entfernt mit den Populationen verwandt, die die alte Indus-Zivilisation geschaffen haben. Diese wurden
später von den im 17. Jh. v. Chr. nach Nordindien einwandernden →
Indo-Ariern nach Süden abgedrängt. Nach Sri Lanka gelangten Tamilen
im frühen Mittelalter (4. Jh.).

Die Brit. Ostindien-Kompanie richtete Mitte des 17. Jh. in Madras,
dem polit. und kulturellen Zentrum der von Tamilen bewohnten Region, ein Handelskontor ein. Madras wurde später zum Verwaltungs-
und Handelszentrum Südindiens. Die Tamilen Indiens stehen seit langem im Konflikt mit Zuwanderern indo-arischer Abstammung, ihre
Kultur neuerdings unter dem situationellen Druck des Hindi. In Sri
Lanka lebten Tamilen und → Singhalesen lange Zeit in polit. voneinander getrennten Territorien. Bis ins 19. Jh. bestanden ein tamil. Königreich im Norden und Osten der Insel (mit Jaffna als Zentrum) und ein
Reich der Singhalesen im Süden und Westen. Im Jahre 1833 verfügten
die Briten die Auflösung dieser Reiche und eine gemeinsame Verwaltung für ihre Kolonie. Nach der Unabhängigkeit des Landes im Jahre

1948 entluden sich die Spannungen zwischen den Völkern Sri Lankas, die während der gesamten brit. Kolonialzeit bestanden hatten. Mehrere Ausgleichsversuche, die Kultur, Religion und Sprache der tamil. Minderheit zu schützen, schlugen fehl, und seit 1983 dauert der Bürgerkrieg zwischen Singhalesen und Tamilen an. Die radikale Organisation der 1975 gegründeten «Tamil-Tiger» hat zwar bei den Friedensverhandlungen des Jahres 2002 auf die Forderung eines unabhängigen Tamil-Staates im Norden Sri Lankas verzichtet und ein föderatives Modell nach dem Vorbild der Schweiz akzeptiert, dessen Verwirklichung ist aber bisher nicht gelungen, und die bewaffneten Auseinandersetzungen flammen immer wieder auf.

Lit.: Kostyal 2002: 43 ff., Ludwig 1994: 182 ff., Vatsyayan 1995

Tataren (*Tatar*, the Tatars, russ. Tatary). Die meisten der mehr als 7 Mio. Tataren (Kasantataren) sind im europ. Rußland beheimatet (5,5, Mio.), und zwar an der mittleren Wolga und im westl. Vorland des Ural. In der Republik Tatarstan, Fortsetzer der Tatar. Autonomen Sowjetrepublik, leben 1,8 Mio. Tataren, die fast die Hälfte der Republiksbevölkerung ausmachen. Die zweitstärkste ethn. Gruppe sind die → Russen mit einem Bevölkerungsanteil von mehr als 40%. Im benachbarten Baschkortostan (Baschkirien) leben 1,1 Mio. Tataren. Kleinere tatar. Außengruppen siedeln in anderen Republiken mit nicht-russ. Titularnationalitäten in der Wolgaregion (z.B. Udmurtien, Mordowien, Marij-El). Außerhalb Rußlands leben Tataren in der Ukraine, in Belarus, Kasachstan, Rumänien, Bulgarien, in der Türkei und in anderen Regionen.

Das Ethnonym «Tataren» ist bei den Tataren selbst erst seit Ende des 19. Jh. allgemein verbreitet. Propagiert wurde der Gebrauch dieses Volksnamens von Vertretern des tatar. Kulturschaffens, insbesondere von Kajjum Nasiri und Schihabeddin Merdschani. In früheren Zeiten nannte sich die tatar. Lokalbevölkerung auch Kasanen, Bulgaren oder Mischaren. Die Tataren sind in der Russ. Föderation nach den Russen die bevölkerungsstärkste Ethnie und das größte nicht-russ. Volk Rußlands. Vom Standpunkt ihrer Siedlungsgeschichte sind zwei Hauptgruppen zu unterscheiden: die europ. Tataren und die sibir. (bzw. mongol.) Tataren. Die Sprache der sibir. Tataren (Baraba-Tataren) zeigt eine Reihe von Eigenheiten, die vom europ. Tatar. abweichen, so daß sowjet. Sprachwissenschaftler das Barabin. als selbständige Sprache klassifizierten. Das Tatar. wird seit dem 16. Jh. geschrieben, zunächst im arab. Alphabet (bis 1927), danach für einige Jahre in Lateinschrift und seit 1939 auf der Basis der kyrill. Schrift.

Die Ethnogenese der Tataren, eines der zahlreichen → Turkvölker Rußlands, liegt teilweise verschüttet im Dunkel der mittelalterl. Geschichte. Zweifelhaft ist, ob die Tataren in der Region Kazan' direkte Nachkommen der Wolgabulgaren sind, deren Volkstum sich nach der Eroberung ihres Reiches durch die → Mongolen in den Jahren 1236 und 1237 allmähl. auflöste. Wahrscheinl. ist die ethn. Identität der Tataren als Fusion wolgabulgar. und kyptschak. Bevölkerungsgruppen entstanden, die gemeinsam in der Wolgaregion siedelten. Bis ins 15. Jh. hatte sich ein Volkstum herausgebildet, das sich durch lokale Eigenheiten von dem der anderen Turkstämme unterschied. Die Angehörigen dieses jungen Turkvolks an der Wolga waren Muslime. Sie gründeten in den 1440er Jahren das Khanat von Kazan', zu einer Zeit, als die Macht der Goldenen Horde bereits deutl. geschwächt war. Jahrzehntelang war dieser Staat der polit. Widersacher des Zartums Moskau, unter dessen Führung die russ. Länder nach dem Ende der mongol. Herrschaft (1480) geeint worden waren.

Die Hauptstadt des Khanats, Kazan', wurde im Jahre 1552 von den Truppen Ivans IV. (reg. 1547–1584) erobert und zerstört. Trotz intensiver Versuche der orthodoxen Kirche Rußlands, durch die Tätigkeit ihrer Missionare die Muslime zum Christentum zu konvertieren, blieben die Erfolge mäßig. Im Kreis der Aristokraten gab es eine stärkere Motivation, sich der Staatsreligion Rußlands anzuschließen. Bis ins 17. Jh. hatten tatar. Aristokraten, die als «Zarensöhne» (russ. *careviči tatarskie*) tituliert wurden, hohe Ämter am russ. Zarenhof in Moskau. Verschiedene ihrer Nachkommen spielten eine bedeutende Rolle in der späteren Politik Rußlands und im russ. Geistesleben, so der berühmte Historiker Nikolaj Michajlovič Karamzin (1766–1826) oder die Vertraute Katharinas II., Gräfin Ekaterina Romanovna Daškova (1743–1810). Zahlreiche russ. Familiennamen tatar. Herkunft deuten bis heute auf den sozialen und kulturellen Integrationsprozeß von Vertretern der tatar. Elite, die in russ. Familien einheirateten. Die Großmutter Peters I., des Großen (reg. 1689–1725), war eine tatar. Prinzessin.

Unter Peter dem Großen und unter Stalin hatte die muslim. Bevölkerung an der Wolga am stärksten zu leiden. Bis heute aber haben die Tataren den Islam, die damit assoziierten Kulturmuster und Lebensweisen bewahrt. Symbole für die Revitalisierung des tatar. Nationalbewußtseins und der islam. Kulturtraditionen nach der Auflösung der Sowjetunion ist die Rekonstruktion der großen histor. Kul Sharif-Moschee in Kazan', die 1552 von Ivan dem Schrecklichen zerstört worden war, und deren Neubau bis zur Tausendjahrfeier der Stadt im Jahre 2004 abgeschlossen wurde. Die Aufwertung des Tatar. als Amtssprache in Tatarstan, wo diese Sprache im öffentl. Leben neben dem Russ. fungiert, und der Stolz der Tataren darauf, daß die Wirtschaft in ihrer an Ölvorkommen reichen Republik floriert, sind ebenfalls wesentl. Elemente des heutigen nationalen Selbstbewußtseins.

Lit.: Haarmann 2000: 766 ff., Rorlich 1986, Tiškov 1994: 320 ff.

Teleuten (*Teleut, Telenet,* russ.: Teleuty). Die rund 2600 Teleuten zählen zu den → altaischen Kleinvölkern in → Nordsibirien, sie siedeln entlang der Nebenflüsse der Innja sowie des Kleinen und des Großen Batschat. Ihre Sprache gehört zum Zweig der tungus.-mandschur. Sprachen der altaischen Sprachfamilie.

Lit.: Funk/Sillanpää 1999: 115 ff.

Telugu (*Andhra,* the Telugu). Die rund 73 Mio. Angehörigen des Volkes der Telugu leben mehrheitl. im südind. Bundesstaat Andhra Pradesh sowie in daran angrenzenden Gebieten. Außengruppen der Telugu finden sich in verschiedenen Staaten Südostasiens (Malaysia, Singapur) und der Arab. Halbinsel (Bahrain, Vereinigte Arab. Emirate). Dies sind Arbeitsimmigranten, die in den letzten Jahrzehnten aus Indien ausgewandert sind.

Der Prozeß der Ethnogenese der Telugu-Bevölkerung zieht sich über einen Zeitraum vom 2. Jh. v. Chr. bis zum 3. Jh. n. Chr. hin. Die ersten gesicherten Informationen über diese regionale Population der → Draviden in Südindien sind Ortsnamen, die in Sanskrit-Texten des 2. Jh. n. Chr. überliefert sind. Das Telugu gehört zum Kreis der alten Kultursprachen Südasiens. Seine schriftl. Überlieferung setzt im 6. Jh. ein. Die Schriftart, die bis heute verwendet wird, ist eine Variante der ind. Brahmi-Schrift. Telugu ist eine der Nationalsprachen Indiens und Amtssprache in Andhra Pradesh.

Lit.: Bromlej 1988: 436

Thai(länder), auch: Siamesen (*Chow Ty*, the Thai/Siamese). Die Ge-meinschaft der ethn. Thai ist mit rund 20 Mio. Angehörigen wesentl. begrenzter als die Sprachgemeinschaft des Thai, wozu ca. 25 Mio. Pri-märsprachler und weitere 30 Mio. Menschen (Nicht-Thai) gehören, die Thai als Zweitsprache sprechen oder die zumindest passive Kenntnisse besitzen. Die Nicht-Thai sind ethn. Minderheiten Thailands, die 75 ver-schiedene Muttersprachen sprechen. Außerhalb Thailands leben Thai als Arbeitsimmigranten in Singapur (30000) und in den Vereinigten Arab. Emiraten (3000). Tausende von Thai, insbesondere Frauen, sind nach Westeuropa ausgewandert und Familienbindungen mit Europäern eingegangen. Diese Immigranten sind im allgemeinen vollständig in die einzelstaatl. Gesellschaften integriert und besitzen die Staatsbürger-schaft des betreffenden Landes.

Die Thai, das Hauptvolk der Tai- oder Dai-Gruppe, sind zusammen mit anderen verwandten Völkern Vertreter einer eigenen ethn.-linguist. Makrogruppierung. Histor. chines. Quellen zufolge sollen die Tai ur-sprüngl. auf dem Gebiet der südchines. Provinz Guangxi gesiedelt ha-ben, von wo sie unter dem Druck der → Chinesen und → Vietnamesen nach Südwesten in ihre neue Heimat Thailand einwanderten. Bis heute leben lokale Tai-Gruppen in → Südchina. Über den Zeitpunkt, zu dem die Vorfahren der Thai(länder) abwanderten, ist nichts Näheres be-kannt. Bereits im 2.Jh. n.Chr. allerdings haben schon lokale Reiche in Thailand bestanden. In chines. Quellen wird von Gesandtschaften der Reiche Tambralinga und Lankasuka berichtet. In jener Periode (2. und 3.Jh.) gelangten auch die ersten buddhist. Missionare aus Indien nach Thailand. Jahrhundertelang gehörten weite Teile Thailands zum Ein-flußbereich des → Khmer-Reichs. Im 13.Jh. gelang es einigen lokalen Thai-Herrschern, die Khmer zu vertreiben. Die Anfänge des thailänd. Königtums assoziieren sich mit dem legendären Ban Glang Tao, der als König Sri Indraditya (reg. 1238–1279) das Sukhothai-Reich begrün-dete. Gegen Ende des 13.Jh., unter der Herrschaft von Ram Kamheng (reg. 1279–1299), erlebte das Königreich Sukhothai seine größte Macht-fülle und Ausdehnung. Im Jahre 1438 wurde der Sukhothai-Staat aufge-löst und sein Territorium dem Königreich Ayuthia angegliedert. Die Könige von Ayuthia regierten bis 1767 und wurden dann von der bis heute herrschenden Bangkok-Dynastie abgelöst.

Thailand und seine Bevölkerung entgingen der Besetzung durch die in Südostasien wirkenden Kolonialmächte Großbritannien und Frank-reich allein durch geschickte Diplomatie. Rama IV. (reg. 1851–1868) öffnete sein Land westl. Einflüssen. Thailand pflegte diplomat. Kontakte zu den polit. einflußreichen Staaten Europas und zu den USA. Sein Sohn Rama V. (reg. 1868–1910) wird bis heute als der große Reformer der thailänd. Gesellschaft und des Staatswesens verehrt. Unter seiner Regierung wurden zivile Schulen eingerichtet, ein Postdienst organisiert, eine Eisenbahn gebaut und Straßen angelegt.

In der Kunst und Kultur Thailands haben seit dem Mittelalter die verschiedensten Trends und Strömungen gewirkt. Bemerkenswerterweise haben sich die einheim. Traditionen (Animismus mit Geisterglauben) bis heute erhalten, denn der Buddhismus verdrängte lokale Bräuche nicht. Die Anrufung von Schutzgeistern und die Buddhaverehrung stehen nicht im Gegensatz, sondern ergänzen sich harmonisch. Bis heute hat sich die Sitte erhalten, den Schutzgeistern (*thai phil*), denen Speisen und Getränke angeboten werden, Miniaturhäuser (*thai phra phi*) zu bauen und neben dem eigenen Haus auf dem Grundstück aufzustellen, oder auf dem Balkon oder im Eingang zu plazieren.

Thai wird seit dem 13. Jh. geschrieben, und zwar in einer Variante der südind. Alphabete. Sanskrit und Pali als heilige Sprachen des Buddhismus haben das Thai stark beeinflußt: mehr als die Hälfte des Wortschatzes besteht aus Elementen ind. Sprachen. Diese spielen bis heute eine Rolle bei der Bildung neuer Ausdrücke, auch im techn.-technolog. Bereich. In der Geschäftswelt, im Wissenschaftsbetrieb und in der Kommunikation über digitale Medien macht sich seit Jahren engl. Einfluß geltend.

Lit.: Dittmar 1989, Haarmann 1998d, Rogers 1996

Tibeter (*Pëba*, the Tibetans). Die Zahl der Tibeter beläuft sich auf rund 4,8 Mio. Davon leben die meisten in Tibet, das seit 1951 als innere Kolonie – mit nominell autonomem Status (Xizang Zizhiqu) – Teil der Volksrepublik China ist. Nach den Angaben der chines. Volkszählung gibt es 4,6 Mio. Tibeter, von denen angebl. nur noch 1,1 Mio. Tibetisch als Muttersprache sprechen. Danach hätten sich die übrigen bereits sprachl. ans Chines. assimiliert. Solche Verhältnisse werden aber von westl. Beobachtern bezweifelt und von den tibet. Emigranten in Südasien bestritten. Nach westl. Schätzungen sprechen rund 4 Mio. Tibeter die Sprache ihrer Vorfahren. Die repressive Nationalitätenpolitik der chines. Regierung in Tibet mag viele zweisprachige Tibeter dazu bewogen haben, bei der Befragung für die Volkszählung ihre wahre Muttersprache zu verschweigen. Insgesamt 0,2 Mio. Tibeter leben außerhalb ihrer Heimat, und zwar in Indien (0,124 Mio. im nördl. Bundesstaat Sikkim), in Nepal (60000), in Bhutan (3000), Taiwan (2000), in der Schweiz (1500) und in anderen Ländern.

Tibetisch ist ein Vertreter des sprachenreichen tibeto-birman. Zweigs der sino-tibet. Sprachfamilie. Eng mit dem Tibet. verwandt sind verschiedene Sprachen von Kleinvölkern im Himalaya, wie das Dzongkha, die Staatssprache Bhutans, und andere lokale Sprachen des Landes (Gongduk, Khengkha, Lakha u. a.).

Die Ethnogenese der Tibeter liegt noch weitgehend im Dunkeln. Klarheit haben auch die modernen humangenet. Erkenntnisse nicht gebracht. Sicher ist, daß das Volkstum der Tibeter mit Bevölkerungsgruppen assoziiert ist, die um die Mitte des 2. Jt. v. Chr. in → Zentralasien (im weiteren Sinn das Tarimbecken, die Dsungarei, die Mongolei und Tibet) nomadisierten. Jene Nomaden werden in chines. Quellen Qiang (Ch'iang) genannt. Offensichtl. gab es im 1. Jt. v. Chr. auch Kontakte in die euras. Steppe. Lokale Spuren der Ausbildung einer tibet. ethn. Identität weisen in das Tal des oberen Sutlej (Gegend von Gartok). Dies war das Kernland des Reiches Zhang-zhung (bis Anfang des 7. Jh. n. Chr.).

Im Frühmittelalter entfaltete sich in Tibet aus etl. lokalen Fürstentümern ein Imperium, das sogar dem mächtigen Nachbarn China unter der Tang-Dynastie ebenbürtig war. Unter König Srong btsan sgam po (reg. ca. 620–649) wurde die ind. Gupta-Schrift für das Tibetische adaptiert. Die ältesten Texte sind 1907 im buddhist. Kulturzentrum von Dunhuang im Westen der heutigen chines. Provinz Gansu gefunden worden, in einer Höhle mit Hunderten von Schriftdokumenten (darunter die tibet. Königschronik, 650–747).

Lange bevor der Buddhismus ins Land kam, hatte sich in Tibet die in Eurasien weit verbreitete animist. Bon-Religion etabliert. In den drei Dimensionen der Welt, im Himmel, in der Luft und auf der Erde, wirken Schutzgeister und auch böse Geister. Die Guten um Beistand anzurufen und die Bösen durch Opferrituale zu besänftigen, ist Aufgabe der Priester, die in ekstat. Tänzen, auch unter Zuhilfenahme von Narkotika, in Kontakt mit den spirituellen Mächten treten. Von Anfang an entfaltete sich der Buddhismus nicht isoliert von der Bon-Religion, und zunächst auch nicht in Rivalität dazu. Nach tibet. Überlieferung gelangte die buddhist. Lehre im 7. Jh. über zwei der Frauen von König Srong btsan sgam po ins Land. Die eine Prinzessin kam aus China, die andere aus Nepal. Auch die buddhist. Zentren von Ladakh und Gilgit-tal in Kaschmir hatten Anteil an der Verbreitung buddhist. Ideenguts in Tibet. Ähnl. wie in den Kulturen des Himalaya (z.B. in Bhutan) und Südasiens (z.B. in Laos oder Myanmar) wurden Elemente der boden-ständigen Religion auch in Tibet vom lokalen Buddhismus absorbiert und integriert. Aus solchen langzeitigen kulturellen Fusionsprozessen entstand in den 770er Jahren der typisch tibet. Buddhismus lamaist. Prägung.

Die Geschichte Tibets seit dem Mittelalter ist geprägt durch Isolation oder durch polit. Abhängigkeiten von seinen mächtigen Nachbarn. Unter der Oberherrschaft der → Mongolen (Periode der mongol. Yuan-Dynastie in China; 1280–368) wurde Tibet von einem Vizekönig re-giert. Später gehörte es zur polit. Einflußsphäre der chines. Ming-Dy-nastie. Die tibet. Monarchie erlebte 1642 mit der Inthronisierung des 5. Dalai Lama als Herrscher ihre Restauration. Diese Herrschaftsform blieb bis 1720 in Kraft. Danach hatte Tibet den Status eines Protektorats Chinas unter der → Manchu-Dynastie. Seit der zweiten Hälfte des 18. Jh. bemühten sich die Vertreter der europ. Kolonialmächte um Ein-fluß in Tibet. China reagierte darauf im Jahre 1793 mit dem Verbot der Einreise von Ausländern nach Tibet. Zu Beginn des 20. Jh. nutzten → Briten und → Russen die polit. Schwäche der chines. Regierung und er-zwangen in den Jahren 1906 und 1907 Handelsverträge mit Tibet, wobei aber gleichzeitig Chinas Vorherrschaft anerkannt wurde. Zwischen 1911 und 1950 war Tibet ein souveräner Staat, der allerdings ständig von den Interessen auswärtiger Mächte abhängig war, insbesondere von Großbritannien und China. Mit der Besetzung Tibets durch die chines. Armee im Jahre 1950 endete die Epoche souveräner Staatlichkeit. Chi-nes. ist seit langem schon die wichtigste Sprache im Alltagsleben der Be-völkerung Tibets. Dies liegt einerseits daran, daß auch viele assimilierte Tibeter Chines. verwenden, andererseits daran, daß als Resultat der kommunist. Umsiedlungspolitik heutzutage die meisten Einwohner Tibets ethn. Chinesen sind. Der Dalai Lama, die Integrationsfigur für den religiösen ebenso wie den weltl. Zusammenhalt der Tibeter, floh 1959 nach Indien.

Die Tibeter sind eine offiziell anerkannte Nationalität in China, und ihre Sprache besitzt nominell den Status einer Nationalsprache. Den-noch wird dem Tibet. keine Förderung im Ausbildungswesen zuteil, und die Pflege der tibet. Kulturtraditionen konzentriert sich im wesentl. auf die wenigen, noch geöffneten buddhist. Klöster des Landes. Von den tibet. Emigranten in Indien und Nepal werden Kultur und Sprache sehr selbstbewußt erhalten. Auch das religiöse Kulturschaffen blüht in der Emigration auf. In Kalimpong, im ind. Bundesstaat Westbengalen, lebt eine Gemeinschaft von tibet. Mönchen. Dort soll demnächst, mit Geld aus Kalifornien und der Planung eines ind. Architekten, ein tibet. Kloster gebaut werden.

Lit.: Ludwig 1989, Stein 1972

Tschechen (*Češi*, the Czechs). Von den 12 Mio. Tschechen sind 10,1 Mio. in Tschechien beheimatet, einem der beiden Nachfolgestaaten der tschechoslowak. Föderation, die sich im Jahre 1993 auflöste. Tschech. Außengruppen finden sich in allen Anrainerstaaten Tschechiens. Dabei handelt es sich entweder um mehr oder weniger geschlossene Siedlungsgruppen wie in der Ukraine (Wolhynien), in Bulgarien oder Österreich, oder die Angehörigen der tschech. Minderheit sind in die Mehrheitsbevölkerung integriert wie in Deutschland, in Polen oder in der Slowakei.

Im 9. Jh. organisierten sich die westslaw. Stämme Mährens (in mittelalterl. Quellen *Sclavi Margenses/Marahenses* genannt) in regionalen Fürstentümern, von denen sich eines unter der Führung Rastislaws (reg. 846–870) zu einem Machtfaktor zwischen dem Fränk. Reich im Westen und Byzanz im Osten entwickelte. Dieses Großmähr. Reich, das sich gegen Ende des 9. Jh. bis weit nach Böhmen und ins südl. Polen (Krakau) ausdehnte, hatte bis zum Jahre 907 Bestand. Unter Rastislaw machte die Christianisierungskampagne der Slawenapostel Konstantin (genannt Kyrill) und Method bedeutende Fortschritte. Damals wurden die Grundlagen für das altkirchenslaw. Schrifttum gelegt, dessen kulturelle Zentren sich aber nach der Vertreibung der Anhänger von Method zunächst nach Kroatien, bald darauf nach Makedonien (Ohrid) und Bulgarien (Preslav) verlagerten.

Seit 973 stand Böhmen, wohin sich nach dem Zerfall des Großmähr. Reichs die Macht der Tschechen verlagert hatte, unter der Verwaltung des Röm. Reichs deutscher Nation. Die Region lag weder polit. noch kulturell an der Peripherie: unter der Regierung Karls IV. (reg. 1355–1378) war Prag Hauptstadt des Deutschen Kaiserreichs. Die Reformationsbewegung (Hussiten) fand in Böhmen rasch Verbreitung, und der Protestantismus behauptete sich auch in mehreren Kriegen (Hussitenkriege) als polit. Kraft. Im Jahre 1433 handelten die kathol.

Länder mit Böhmen einen Kompromiß (Compactata) aus: die Hussiten erkannten den kathol. deutschen Kaiser Sigismund (reg. 1410–1437) auch als König von Böhmen an, der Regent seinerseits widersetzte sich nicht der Einführung einer protestant. Kirchenordnung im Land. Ab 1526 war Böhmen ein Teil der Habsburger-Monarchie, in deren Verband es bis 1918 verblieb. Das Staatsgebilde der Tschechoslowakei vereinigte die beiden westslaw. Völker der Tschechen und der → Slowaken sowie zahlreiche ethn. Minderheiten (→ Deutsche, → Ungarn) auf seinem Territorium. In der Administration und im Wirtschaftsleben dominierten die Tschechen, in Böhmen hatten in der Zwischenkriegszeit auch die Sudetendeutschen starken wirtschaftl. wie kulturellen Einfluß.

Der polit. Druck des nationalsozialist. Deutschland wegen der deutschen Minderheit gipfelte im Jahre 1938 in der Auflösung der Tschechoslowakei und in der Einrichtung des Protektorats Böhmen-Mähren. Zu Kriegsende 1945 wurden die Sudetendeutschen vertrieben. Anläßl. der Beitrittsverhandlungen Tschechiens mit der Kommission der Europ. Union ist das Problem der Entschädigung für die sudetendeutschen Flüchtlinge durch den tschech. Staat erneut zum brisanten Politikum geworden.

Bis ins 11. Jh. wurde noch verschiedentl. das Altkirchenslaw. als Schriftmedium verwendet. Die wichtigsten Kultursprachen Böhmens im Mittelalter waren aber Latein und Deutsch, das in der Neuzeit immer mehr Geltung erhielt. In tschech. Sprache entstand ein reiches Schrifttum seit dem 14. Jh. Die Sprache der protestant. Bibelübersetzung, der Kralitzer Bibel (1579-93), bestimmte im wesentl. den Standard des Schrifttschech., das sich aber endgültig erst Anfang des 20. Jh. gegen den kulturellen Druck des Deutschen emanzipieren konnte. Seit 1918 ist das Tschech. Staatssprache, zunächst der Tschechoslowakei, seit 1993 in Tschechien.

Lit.: Diels 1963: 49 ff., Fernández-Armesto 1994: 245 ff., Herrmann 1986: 162 ff., Šlosar 2002

Tschetschenen (*Nwokhchi:*, the Chechens). Das Siedlungsgebiet der rund 1,2 Mio. Tschetschenen konzentriert sich im nördl. Kaukasus, an der südl. Peripherie Rußlands. Ca. 0,8 Mio. Tschetschenen sind in der Republik Tschetschenien beheimatet. Diese Region gehört administrativ zur Russ. Föderation. Von den tschetschen. Rebellen wird Tschetschenien jedoch als unabhängiger Staat betrachtet. Der seit 1999 andauernde, 2. Tschetschenienkrieg hat dazugeführt, daß mehr als zweihunderttausend tschetschen. Flüchtlinge außerhalb Tschetscheniens in Behelfslagern leben, die meisten von ihnen im benachbarten Inguschetien. In → Zentralasien (vorwiegend in Kasachstan und Usbekistan) leben noch über 0,1 Mio. Menschen tschetschen. Abstammung, von denen sich die meisten ans Russ. assimiliert haben. Dies sind die Nachkommen der unter Stalin im Jahre 1944 deportierten Tschetschenen, die der Kollaboration mit der deutschen Wehrmacht bezichtigt wurden. Kleinere tschetschen. Außengruppen leben auch in der Türkei (8000) und in Jordanien (3000).

Die Tschetschenen sind → Kaukasier, und ihre Vorfahren gehören zur Urbevölkerung der Region. Sie werden erstmals in armen. Quellen aus dem 7. Jh. erwähnt. Seit dem 8. Jh. verbreitete sich das Christentum von Georgien aus nach Tschetschenien. Histor. Zeugen jener Zeit sind zahlreiche Kirchenruinen. Seit dem 14. Jh. verstärkte sich der Einfluß des Islam, der von den Kumüken und Awaren von Dagestan her ins Land gebracht wurde. Darüber wird im Nationalepos der Tschetschenen, «Illi», berichtet, das im 16. Jh. entstand. Das Tschetschen. gehört zur nordostkaukas. Sprachfamilie und ist am nächsten mit dem Inguschischen verwandt. Das Tschetschen. ist erst spät, in den 1920er Jahren, verschriftet worden. In den Jahren von 1996 bis 1999 fungierte es faktisch als interne Amtssprache Tschetscheniens.

Kontakte mit → Russen gehen auf das 15. Jh. zurück. Die ersten russ. Siedler, die nach Groznyj kamen, waren Kosaken aus Rjazan', die eine Kolonie am Terek-Fluß gründeten. Die Kosaken heirateten einheim. Frauen, bewahrten allerdings ihren christl. Glauben, ihre russ. Sprache und russ. Lebensweisen. Seit dem 17. Jh. standen sie im Konflikt mit den Tschetschenen, die aus den Bergtälern in die Ebene vordrangen. Zar Peter I. der Große (reg. 1689–1725) versuchte vergebl., Tschetschenien unter bleibende russ. Kontrolle zu bringen. Mißerfolge der russ. Armee beantwortete der Zar mit der Entsendung von Strafexpeditionen, die aus → Kalmüken zusammengestellt waren.

In den 1780er Jahren spitzte sich die Konfrontation mit den Russen zu. Der Rebellenführer Mansur Ushurma (1732–1794) leistete mit geschickten takt. Manövern hartnäckigen Widerstand gegen die militär. Übermacht der Russen und brachte der Armee empfindl. Verluste bei. 1791 wurde er gefangen genommen und Katharina II., der Großen (reg. 1762–1796), vorgeführt, bevor man ihn im Kerker verhungern ließ.

Mansur wurde zur Legende, und die Erinnerung an ihn ist bis heute bei nationalbewußten Tschetschenen lebendig geblieben. Der russ. Armee gelang es erst in der ersten Hälfte des 19. Jh., das Tiefland Tschetscheniens unter ihre Kontrolle zu bringen. Das Bergland blieb die Zuflucht tschetschen. Rebellen, die sich immer wieder gegen die russ. Vorherrschaft auflehnten. Diese Tradition permanenter militär. Auseinandersetzungen dauert bis heute an und hat sogar eigene Kulturmuster hervorgebracht, wie beispielsweise den Kriegstanz, den die Männer vor dem Kampf vollführen, um sich Mut zu machen. Solche Tänze tanzten die Rebellen auch im 1. Tschetschenienkrieg (1995-96), der in einem Patt endete. Nach dem Abzug der russ. Truppen regierte sich das Land einige Jahre de facto selbst. Im zweiten Tschetschenienkrieg (seit 1999) festigte sich der militär. Zugriff Rußlands auf die Region erneut. Derzeit ist ein Ende des schwelenden russ.-tschetschen. Konflikts nicht abzusehen.

Lit.: Leitzinger 1995, Lieven 1998

Tschuktschen (*Čavču* oder *Čauču* bei den Tundra-Tschuktschen, *Ankalyn* bei den Küsten-Tschuktschen, russ.: Čukči). Die über 15000 Tschuktschen sind die zahlenmäßig stärkste Ethnie unter den paläoasiat. Kleinvölkern → Nordsibiriens. Knapp 12000 siedeln im autonomen Bezirk der Tschuktschen, 1500 im autonomen Bezirk der Korjaken im Gebiet Kamtschatka und 1300 in Jakutien/Sacha. Ihre Sprache ist mit den Sprachen benachbarter Völker, der → Keten, → Korjaken und → Itelmenen, verwandt. Traditionale Wirtschaftsformen sind die Rentierhaltung und die Jagd auf Walrosse.

Lit.: Funk/Sillanpää 1999: 138 ff., Tiškov 1994: 408 ff.

Tschuwantschen (*Etel, Etal,* russ.: Čuvancy). Die 1380 Tschuwantschen im autonomen Bezirk der → Tschuktschen im Gebiet Kamtschatka (Russ. Föderation) zählen zu den altaischen Kleinvölkern in → Nordsibirien, ihre Sprache gehört zum Zweig der tungus.-mandschur. Sprachen der altaischen Sprachfamilie.

Lit.: Funk/Sillanpää 1999: 122 ff., Tiškov 1994: 403 f.

Tuareg (*Kel* ‹Leute›, the Tuaregs). Die Zahl der in der zentralen Sahara und in der südl. daran angrenzenden Sahelzone lebenden Tuareg beträgt 0,89 Mio., nach anderen Schätzungen sind es sogar rund 1 Mio. Etwas mehr als die Hälfte dieses → Berber-Volkes lebt in der Republik Niger. Das Verbreitungsgebiet kann in etwa mit den Städten Ghadames, Timbuktu und Zinder als Eckpunkten umrissen werden. Die Tuareg sind überwiegend Hirtennomaden, einige sind Kaufleute, die den Salztransport organisieren und einige gehören dem Stand der Schmiede an. Ihr kultureller Zusammenhalt wird durch ihre gemeinsame Sprache gewährleistet, das Tamaschek (auch Tamajaq, Tamajeq, Tamaschiqt oder Tamazight in der Forschungsliteratur genannt), das in drei regionalen Varianten verbreitet ist. Etwa 0,64 Mio. sprechen Tawallammat-Tamaschek (v. a. in Niger, Mali und Nigeria), weitere 0,25 Mio. sprechen Tayart-Tamaschek (in Niger) und 20000 sprechen Tahaggart-Tamaschek (in Niger und im Südosten Algeriens). Das Tamaschek ist eine berber. Sprache, und die Berber-Sprachen sind ein Zweig der afroasiat. Sprachfamilie.

Die Gemeinschaft der Tuareg ist in regionale Stammesgruppen (*kel*) gegliedert, in die sog. Konföderationen. Die Kel Ahaggar und die Kel Ajjer leben in der Sahara, die übrigen in der Sahelzone. Die Kel Aïr und die Kel Geres besorgen den Transport von Salz (in Form von im Tagebau aus den Salzlagern gehauenen Platten) mit Kamelen.

Die Tuareg-Gesellschaft kennt eine streng hierarch. gegliederte Sozialordnung, die aufs Engste mit anthropolog. Eigenheiten assoziiert ist. Den höchsten Rang haben die *imascheren* (‹Menschen der herrschenden Rasse›), auch *imuhar* genannt. Sie sind sämtl. hellhäutig und reinblütige Berber. Diese aristokrat. Schicht hatte in der traditionalen Gesellschaft die polit. Macht inne und verfügte allein über alle wirtschaftl. Ressourcen, darunter auch das Privileg der Kamelhaltung. Den zweiten Rang nehmen die *ineslemen* (‹Schriftgelehrte›) ein, deren Standesbezeichnung sich vom Wort Islam ableitet. Diese Vertreter der Bildungsschicht zahlen keine Abgaben und gelten daher als freie Tuareg. Die Vertreter der dritten Schicht, die *imrad* (‹Vasallen›), sind den *imascheren* tributpflichtig. Sie werden auch *kel ulli* (‹Ziegenleute›) genannt, weil sie die Ziegenherden betreuen. Zu den Vasallen gehören auch die Nachkommen aus ethn. gemischten Ehen zwischen Tuareg und Angehörigen anderer Völker (z.B. → Araber, Schwarzafrikaner). Auf der nächstniedrigeren Stufe stehen die *isseggaren* (auch *haratin* genannt), die Ackerbauern, die in den Oasen des Nordens leben. Die *isseggaren* (der Name bedeutet ‹die Roten›) sind relativ dunkelhäutig; man nimmt an, daß sie

Konföderation	Bevölkerungs-zahl, geschätzt	Siedlungsgebiet	Zentrum
Kel Ahaggar	ca. 5000	Bergland Hoggar und umgebende Region in der Zentral-Sahara	Tamanrasset in Algerien
Kel Ajjer	ca. 8000	Tassili-n-Ajjer-Berge im Südosten Algeriens und im libyschen Grenzland; Ausdehnung im Norden bis nach Ghadames	Djanet in Algerien und Ghat in Libyen
Kel Adrar (bzw. Kel Iforas)	ca. 17000	Bergland Adrar in Südwest-Algerien und Nordost-Mali; Weidegebiete in den Ebenen östl. davon	Kidal in Mali
Kel Aïr	ca. 47000	Bergland Aïr im Norden Nigers; Weidegebiete in der Talak-Ebene	Agadez in Niger
Kel Geres	ca. 40000	Bergland Geres im Norden Nigers	Zentrum Agadez in Niger
Ullimidden Kel Dinnik	Beide Ullimidden-Gruppen zusammen ca. 140000	Ebenen im Gebiet um Tahoua in Niger	Tchin Tabaraden in Niger
Ullimidden Kel Ataram		Ebenen westl. des Kel-Dinnik-Gebiets	Zentrum Menaka in Mali
Kel Tademaket	ca. 40 000	Gebiet zwischen Timbuktu und Gao bis westl. des Faguibine-Sees	Zentrum Timbuktu in Mali

die Nachkommen der bodenständigen neolith. Bevölkerung sind. Die *haratin* sind von den Kel Ahaggar abhängig, stehen zu diesen sozusagen in einem Vasallenverhältnis. Die *iklan* (‹Sklaven›) stehen auf der untersten Stufe der Sozialordnung, sie sind die dunkelhäutigen Nachkommen von Schwarzafrikanern (z.B. → Hausa, Kanuri, Songhai), die früher als Sklaven erbeutet worden sind.

Es gibt noch eine weitere Gruppe, die *enaden*, die außerhalb der sozialen Hierarchie steht, wohl deshalb, weil es sich hier um einen bestimmten Berufsstand handelt. Die *enaden* sind Schmiede, deren Ansehen davon abhängt, für welche der sozialen Gruppen sie arbeiten. Ein für die *imascheren* tätiger Schmied – *ened-emaschera* (‹nobler Schmied›) genannt – genießt das höchste Ansehen. Die Organisation des Standes der Schmiede geht auf verschiedene auswärtige Einflüsse zurück. Die Schmiedekunst war bei den jüd. Berbern schon früh verbreitet; sie wurde von den Nachfahren jüd. Handwerker und Silberschmiede vermittelt, die bis zum Ende des 15. Jh. in der Oase Tamentit (im Touat) ansässig waren, von dort aber von den Arabern vertrieben wurden und sich später im Iforas-Adrar niederließen. Die südl. Tuareg haben das Schmiedehandwerk im Kontakt mit Schwarzafrikanern übernommen.

Die Tuareg haben eine besondere einheim. Schriftart bewahrt: *tifinagh*. Dieses Wort ist eine Pluralform (Sg. *ta-finekk*) und bezeichnet die Gesamtheit aller Buchstaben dieser Schrift; vielleicht stammt es vom latein. Namen für das Karthagische, *punica (lingua)*, ab. Die Zeichen der *tifinagh* haben den Lautwert von Konsonanten; nur im Auslaut von Wörtern werden auch diakrit. Zeichen zur Schreibung von Vokalen verwendet. Das Alphabet weist klare Ähnlichkeiten zur altlibyschen (bzw. numid.) Schrift auf. *Tifinagh* wird zur Aufzeichnung von Liebesbriefen, für Graffiti auf Felswänden, zum Eingravieren von Wunschformeln auf Armreifen und dergleichen verwendet. Ansonsten ist das Medium der Schriftkultur (wie auch der Schulausbildung) bei den Berbern das Arab. Die Kinder lernen *tifinagh* selten von Erwachsenen, sondern meistens spieler. im Umgang mit anderen Kindern.

Lit.: Camps 1984 ff., Göttler 1989

Tungusen, tungusische Völker (Tungus peoples). Die tungus. Völker sind mit den → Mongolen und mit den → Turkvölkern verwandt. Die tungus. Sprachen sind ein Zweig der altaischen Sprachfamilie. Die meisten tungus. Ethnien sind Kleinvölker, die in → Nordsibirien, einige auch in Südostsibirien (wie → Evenen und → Evenken) verbreitet sind. Das bekannteste tungus. Volk sind die → Manchu (Mandschuren), die einen weitreichenden Einfluß auf die polit. Geschichte im Fernen Osten nahmen. Die Herrscher der Qing-Dynastie, die China in der Zeit von 1644 bis 1911 regierten, waren Mandschuren. Nach ihnen ist die histor. Landschaft Mandschurei (Mandschurien) benannt.

Lit.: Funk/Sillanpää 1999: 62 ff., Kolga et al. 2001: 245 ff.

Tupí-Indianer (*Tupí*, Tupí Indians). Heutzutage leben rund 70 → Indianer-Kleinvölker, deren Angehörige Sprachen der Tupí-Sprachfamilie sprechen, stark zerstreut in einem weiten Gebiet, das den größten Teil des südamerikan. Tieflands umfaßt. Tupí-Ethnien sind von Französ.-Guiana im Norden (Emerillon: 200) bis Paraguay im Süden (Guaraní, überwiegend Mischlinge: 4,6 Mio.), von Peru im Westen (Cocama: 17000) bis in den Nordosten Brasiliens (Anambé: 77) verbreitet. Die größte Konzentration von Tupí-Kleinvölkern findet man im brasilian. Bundesstaat Rondônia. Die große Zerstreuung geht auf weiträumige Migrationen vor der Zeit der Ankunft europ. Kolonisten zurück.

Die heutigen Tupí-Völker mit indian. Identität sind der Rest zahlenmäßig weitaus bedeutenderer Populationen, die in den Jahrhunderten der Kolonialherrschaft der → Portugiesen und → Spanier dezimiert oder akkulturiert wurden. Es gibt Ethnien mit ganz außergewöhnl. Entwicklung. Die bekanntesten Tupí-Indianer Brasiliens sind die Tupinambá bzw. Tupininkín. Die Portugiesen hielten sie wegen ihres rituellen Kannibalismus für verabscheuungswürdige Wilde, die Franzosen dagegen für Vertreter des «edlen Wilden» (*noble sauvage*) entsprechend der Naturphilosophie von Jean-Jacques Rousseau (1712–1778). Mit den Tupinambá standen die Portugiesen am längsten in Kontakt. Zahlreiche Ausdrücke für die einheim. brasilian. Flora und Fauna des brasilian. Portugies. stammen aus der Sprache der Tupinambá. Die Tupinambá-Indianer haben sich zwar im Laufe der Zeit sprachl. assimiliert, bei der indian. Bevölkerung im brasilian. Bundesstaat Espíritu Santo haben sich allerdings Reste der alten Sozialordnung und eine lokale indian. Identität erhalten.

Lit.: Jensen 1992, Münzel 1985b: 243 ff.

Türken (*Türkler*, the Turks). Mit dem Begriff «Türken» ist hier die ethn. Gruppe der Türkei-Türken im Unterschied zur Makrogruppierung der türk. Ethnien bzw. Turkvölker gemeint. Die große Mehrheit der 67 Mio. ethn. Türken ist in der Türkei beheimatet. Mindestens 8 Mio. Türken leben in den Balkanländern, in Westeuropa, auf Zypern, in den Staaten des Mittleren Ostens und in Übersee.

 – Balkanländer: Nach der staatl. Volkszählung beläuft sich die Zahl der Türken in Bulgarien auf rund 0,8 Mio. Ausländ. Schätzungen dagegen rangieren zwischen 1 und 1,5 Mio., da nicht sicher ist, daß sich alle ethn. Türken nach der Bulgarisierungskampagne, den Repressalien und dem Massenexodus der 1970er und 80er Jahre noch zu ihrer Ethnie bekennen. Weitere Außengruppen finden sich in Rumänien (0,15 Mio.), Griechenland (Westthrakien: 0,12 Mio.), Makedonien (85 000) und in Serbien (Kosovo: 60 000). Die türk. Bevölkerungsgruppen in den Balkanländern sind Reste einer ehemals stärkeren Besiedlung durch Türken, als weite Teile Südosteuropas Kolonialbesitz des Osman. Reiches waren.

– Westeuropa: Die zahlenmäßig stärkste Außengruppe türk. Arbeitsimmigranten und deren Nachkommen lebt in Deutschland (2,1 Mio., heute größtenteils zweisprachig, in der dritten Generation fast vollständig assimiliert). Türk. Minderheiten gibt es außerdem in den Niederlanden (0,18 Mio.), in Frankreich (0,13 Mio.), Belgien (82 000), Österreich (67 000) u. a.

– Zypern: im Nordteil der Insel (0,12 Mio.)

– Staaten des Mittleren Ostens und des Kaukasus (Iran, Irak, Aserbaidschan: 18 000, Georgien).

– Übersee (Kanada: 8800, Honduras: 900, Australien: 40 000, u. a.).

Die eigentl. Geschichte der Türkei-Türken beginnt mit der Ankunft türk. Stammesverbände im westl. Asien. Seit dem 5. Jh. n. Chr. waren türk. Bevölkerungsgruppen von Südsibirien nach → Zentralasien und von dort nach Osteuropa (nördl. Kaukasusvorland, Wolgaregion) migriert. Die Hunnen stießen am weitesten vor und etablierten sich in Südungarn. Erst später gelangten türk. Bevölkerungsgruppen auch in den Mittleren Osten und nach Anatolien. Der Clan der Seldschuken siedelte sich im Gebiet des heutigen Iran und in Anatolien an. Das Seldschukenreich hatte im Iran zwischen 1040 und 1157 Bestand, in Anatolien bis 1308. Im Jahre 1071 errangen die Seldschuken einen entscheidenden Sieg über die byzantin. Armee bei Malazgirt und gründeten das Sultanat von Konya und Kayseri. Die türk. Siedlungen in Anatolien erlebten einen ständigen Zustrom von Migranten aus Mittelasien.

In den 1280er Jahren setzte Sultan Osman zur territorialen Expansion seines Herrschaftsgebiets an. Die nach ihm benannte Osmanen-Dynastie bestimmte die polit. Geschicke der Türkei bis zum Ende des Ersten Weltkriegs. Der Expansionsdruck war zunächst nach Westen, nach Südosteuropa, gerichtet. Noch im Jahre 1355 war der osman. Machtbereich auf den Nordwesten der Türkei beschränkt, etwas mehr als hundert Jahre später, nach der Eroberung von Konstantinopel im Jahre 1453, gehörten fast ganz Anatolien und der größte Teil der Balkanregion dazu. Seine größte territoriale Erweiterung erfuhr das Osman. Reich im Verlauf des 16. Jh.: von Ungarn (1541) bis in den Jemen (1517), von Algerien (1519) bis nach Mesopotamien (1534). Im 17. Jh. kamen noch im Norden Podolien (1672) und im Süden Kreta (1669) hinzu. Auch die Küstengebiete des Schwarzen Meeres (bis auf den Nordosten) wurden von den Osmanen beherrscht.

Jahrhundertelang hielten die Türken die Länder Südosteuropas als Kolonien in verschiedenen Formen polit. Abhängigkeit, entweder als direkt vom Machtzentrum Istanbul verwaltete Provinzen (z.B. Serbien) oder als Regionen, in denen von der türk. Administration eingesetzte Fremdverwalter regierten (z.B. Rumänien, wo von 1709 bis in die 1820er Jahre griech. Gouverneure, Phanarioten, herrschten), oder als Gebiete mit begrenzter Autonomie, wo einheim. Regenten die osman. Interessen vertraten (z.B. das Paschalik Bosnien unter der Herrschaft islamisierter → Bosnier). Ende des 17. Jh. (Friede von Karlowitz) begann der langwierige Ablösungsprozeß der Länder auf dem Balkan von der osman. Hegemonie (Ungarn, Siebenbürgen, Kroatien, Griechenland, Moldawien, Walachei, Montenegro u. a.). Mit dem Berliner Kongreß von 1878 wurde die Unabhängigkeit des Königreichs Serbien anerkannt und Bosnien-Herzegowina unter österreich. Verwaltung gestellt. Nach dem Verlust von Bulgarien, Makedonien, Thrakien, Albanien und der Ägäischen Inseln besiegelte schließlich der Vertrag von Sèvres 1920 die Auflösung des Osman. Reichs und reduzierte das türk. Territorium auf das Restgebiet der sog. «europ. Türkei».

Damals war die türk. Gesellschaft stark konservativ islamisch strukturiert, die osman. Regierung hatte eine schwerfällige Bürokratie hinterlassen, die Binnenwirtschaft im ehemaligen Großreich war zusammengebrochen und der Bildungsstand der Bevölkerung war niedrig. Auf Betreiben von Mustafa Kemal (1881–1938), genannt Atatürk («Vater der Türken»), wurde eine Modernisierungskampagne in Gang gesetzt, deren Ziel es war, die türk. Gesellschaft und den 1923 gegründeten Nationalstaat, die Türk. Republik, nach westeurop. Standard zu organisieren. Äußeres Zeichen dieser Abkehr von den eigenen Traditionen war die radikale Umstellung der türk. Schriftsprache vom arab. Alphabet auf die Lateinschrift. Ohne Atatürks Autorität wäre dieser im Jahre 1927 vollzogene Schriftwechsel erfolglos geblieben und sicherl. am Widerstand der konservativen Bildungselite des Landes gescheitert. Atatürk gestaltete auch das Staatswesen nach europ. Vorbild um. Damals war dies das Ideal des unitar. Nationalstaats – ein Modell, das aber für die Türkei wegen des multiethn. Charakters der Bevölkerung von Anbeginn ungeeignet war. Insbesondere die millionenstarke Minderheit der → Kurden opponierte gegen die Zentralverwaltung in Ankara, bis die Situation militärisch eskalierte.

In den letzten Jahren hat sich die türk. Regierung zu einigen Reformen durchgerungen, die den Minderheiten des Landes mehr kulturpolit. Bewegungsfreiheit einräumen. Diese Reformen und die damit angestrebte Anpassung an die gesellschaftl. westeurop. Standards sind die Voraussetzung für die Mitgliedschaft in der Europ. Union, die die Türkei zum polit. Ziel erhoben hat. Es bleibt abzuwarten, ob der türk. Gesellschaft dieser zweite, histor. Annäherungsschritt an die Entwicklung in Westeuropa gelingt.

Lit.: Brown 1996, Kappler 2002, Macfie 1994, Strauss 1997a

Turkmenen (*Türkmen,* the Turkmens). Von den 6,4 Mio. Turkmenen sind 3,43 Mio. in dem seit 1991 souveränen Nationalstaat Turkmenien beheimatet. Dort machen sie 74 % der Landesbevölkerung aus. Ein großer Teil der turkmen. Bevölkerung lebt im Nordosten des Iran (2 Mio.), in der Provinz Mazandaran. Eine andere turkmen. Außengruppe (0,5 Mio.) gibt es in Afghanistan.

Die Turkmenen sind ein Turkvolk und mit den übrigen Turkvölkern → Zentralasiens eng verwandt. Seit Jahrhunderten sind die Turkmenen Muslime sunnit. Konfession und haben ihre Glaubenszugehörigkeit auch in der Sowjetära nicht verleugnet. Die Merkmale der turkmen. Identität sind der Islam, ein patrilinearer Stammbaum und die Zugehörigkeit zur Sprachgemeinschaft des Turkmen. In dem mit dem Usbek., Kasach., Kirgis. und anderen Sprachen verwandten Turkmen. ist seit dem 18. Jh. ein reiches Schrifttum entstanden. Vorreiter einer turkmen. Nationalliteratur in jener Zeit war der Dichter Mahtumkuli. Bis in die Sowjetära wurde die arab. Schrift verwendet, zwischen 1927 und 1929 sowohl die Lateinschrift als auch das ältere arab. Alphabet, und seit 1940 wird Turkmen. in kyrill. Schrift geschrieben.

Bis heute hat sich bei den Turkmenen ein ausgeprägtes Stammesbewußtsein erhalten. Die Stammeszugehörigkeit wird auch in Emblemen, polygonalen Mustern (*gul*), ausgedrückt, mit denen u. a. Textilien und Teppiche versehen werden. Die alte Stammesgliederung stammt aus Zeiten, als die Turkmenen überwiegend Hirtennomaden waren. Heute sind die meisten seßhaft und betreiben Ackerbau. Im traditionellen sozialen Wertesystem besitzt allerdings ein Viehzüchter (*chorva*) höheres Prestige als ein Bauer (*chomus*).

Lit.: Bromlej 1988: 458 ff., Kostyal 2002: 28

Turkvölker in Rußland. Turkvölker (türk. Ethnien) siedeln sowohl im europ. Teil Rußlands als auch in Sibirien. Insgesamt gibt es heutzutage rund 10 Mio. Nichtrussen türk. Abstammung in Rußland. Viele der Turkvölker, deren Siedlungsgebiet bis 1991 zum Territorium der Sowjetunion gehörte, leben heutzutage in ihren Nationalstaaten (wie in Aserbaidschan und in den Republiken → Zentralasiens) oder als Minderheiten in den Anrainerstaaten Rußlands (wie die Krimtataren, Gagausen und Karaimen in der Ukraine, die Gagausen in Moldova).

Am weitesten im Osten leben die Jakuten (0,382 Mio.) im Gebiet der mittleren und unteren Lena. Das Wohngebiet der Jakuten liegt etwa 1200 km entfernt von dem der Turkvölker im südl. Sibirien, die zwischen dem zentralen Altai-Gebirge und dem Quellgebiet des Jenisej siedeln. Hierzu gehören die Altaier/Teleuten (77000), Schoren (15700), Chakassen/Abakan-Tataren (80000), Tuvinen/Sojoten (0,206 Mio.) und Tofalaren/Karagas (ca. 400). Im nördl. Kaukasus und dessen Vorland sind zahlreiche kleinere Turkvölker beheimatet, die Nogaier (75000), Kabardiner (0,443 Mio.), Karatschai-Balkaren (0,24 Mio.), Kumüken (0,282 Mio.) u. a.

Die Turkvölker im europ. Rußland sind bevölkerungsstärker als die übrigen türk. Ethnien. Die → Tataren (bzw. Kazan'-Tataren) an der mittleren Wolga sind ein Volk mit 7 Mio. Angehörigen, von denen 5,5 Mio. in Rußland beheimatet sind. Die Tschuwaschen (1,8 Mio.) leben südl. der Wolga. Das Wohngebiet der Baschkiren (0,92 Mio.) konzentriert sich auf den südwestl. Hängen des Ural-Gebirges. Baschkir. Enklaven findet man auch in den Gebieten Kujbyschev (Samara) und Tscheljabinsk.

Die ältesten histor. Zeugnisse über ein Turkvolk sind in chines. Quellen des 3. Jh. v. Chr. enthalten, in denen die Hunnen (in der Namenform Dung-Hu ‹östl. Barbaren›) erwähnt werden. Das ursprüngl. Siedlungsgebiet der Turkvölker lag im südl. Sibirien. Aus dem 8. Jh. n. Chr. sind alttürk. Inschriften in sibir. Runenschrift aus dem Tal des Orchon-Flusses überliefert. Von jener Region nahmen die Migrationen ihren Ausgang, die türk. Populationen im Verlauf des Mittelalters über Mittelasien nach Westasien und ins östl. Europa brachten. Über die kulturhistor. und geopolit. Berührungen mit der islam. Welt hat sich die islam. Tradition bei den meisten Turkvölkern gefestigt. Die große Mehrheit sind Muslime. Ausnahmen sind u. a. die Jakuten an der nordöstl. Peripherie, die überwiegend Anhänger des bei den sibir. Völkern weit verbreiteten Animismus sind. Bei den Tschuwaschen hatte die Christianisierungskampagne der russ.-orthodoxen Kirche im 18. Jh., die sich auf die Völker in der Wolgaregion konzentrierte, bleibenden Erfolg.

Die meisten Turksprachen Rußlands besitzen eine schriftsprachl. Ausdrucksform. Mit Ausnahme des Tatar., dessen Schrifttradition eine frühe Blüte in der ersten Hälfte des 16. Jh. erlebte, sind diese Sprachen erst im 18. bis 20. Jh. verschriftet worden. Bei den Muslimen dominierten jahrhundertelang andere Schriftmedien als die eigene Nationalsprache. Dies waren die heilige Sprache des Islam, das Arab., und die Bildungssprache auf türk. Basis, das Tschagataische. Die türk. Schriftsprachen sind im Laufe ihrer Geschichte in verschiedenen Schriftarten geschrieben worden, und zwar im arab. Alphabet (bis zum Beginn der Sowjetära), danach in Lateinschrift und seit Ende der 1930er Jahre in Kyrillica.

Die Neukonstituierung Rußlands als Föderation (russ. Rossijskaja Federacija) im Jahre 1991 hat deutl. Erleichterungen für die Entfaltung lokalkultureller Identitäten bei den türk. Ethnien gebracht. Gefestigt hat sich der Status derjenigen Turksprachen, deren Sprecher in eigenen Territorien mit administrativer Autonomie leben. Dies gilt für die Tataren, Tschuwaschen, Baschkiren, Jakuten und die kleineren Turkvölker in Südsibirien. Das Tatar. in Tatarstan ist allerdings die einzige Sprache, die heute alle Funktionsbereiche des modernen Lebens (einschließl. amtl. Funktionen) ausfüllt.

Lit.: Baldauf 1993, Forsyth 1992, Menges 1995, Tiškov 1994

Tutsi (*Tutsi*, the Tutsi). Die Bevölkerung der rund 2,5 Mio. Tutsi lebt in etwa hälftig verteilt in zwei afrikan. Staaten, in Burundi und in Ruanda, wo sie zwischen 10 % und 15 % der jeweiligen Landesbevölkerung ausmachen. Die Tutsi sind ein nilot. Volk und gehören humangenet. zu den ostafrikan. Populationen. Ethn. unterscheiden sich die Tutsi von den → Hutu, einem schwarzafrikan. Volk. Die Tutsi leben von der Viehhaltung.

Die Vorfahren der heutigen Tutsi sind im 14. Jh. aus Äthiopien eingewandert. Die Tutsi unterwarfen die Hutu-Bauern und → Pygmäen und führten als soziale Ordnung ein Gottkönigtum ein. Der König wurde *mwami* genannt. Während der Kolonialzeit im 19. und 20. Jh. unterschieden die europ. Siedler zwischen Tutsi, den «Herren», und Hutu, den «Untergebenen». Bis in die heutige Zeit gilt Viehbesitz als Symbol für höheren Sozialstatus.

Lange Zeit stellten die Tutsi die soziale Elite in Burundi und Ruanda. In Burundi sind die Tutsi bis heute polit. und wirtschaftl. einflußreich. In Ruanda dagegen wurden sie wenige Jahre nach der Unabhängigkeit des Landes (1962) von den Hutu entmachtet. Seither herrschen dort Angehörige des Hutu-Volkes. Im Jahre 1994 verübten Hutu in Ruanda ein Massaker an der Tutsi-Minderheit und töteten mehr als eine halbe Million Menschen. Das Internationale Kriegsverbrechertribunal für Ruanda in Arusha hat diese Verbrechen als Völkermord verhandelt und Urteile gegen verantwortl. Hutu verhängt. Als Folge des seit 1993 in Burundi andauernden Bürgerkriegs, der trotz des im August 2000 in Arusha ausgehandelten Friedensvertrags mit ständigen Verletzungen der Waffenruhe und Ausschreitungen bewaffneter Milizen gegen Zivilisten weitergeht, hat die Tutsi-Regierung seit September 1999 fast 0,4 Mio. Hutu aus der Umgebung der Hauptstadt Bujumbura in Flüchtlingslager umgesiedelt, die von der Armee kontrolliert werden. Auf diese Weise soll die Unterstützung, die die Hutu-Rebellen bis dahin in ländl. Gebieten erhielten, unterbunden werden. Mehr als 0,8 Mio. Hutu-Flüchtlinge haben das Land verlassen und leben überwiegend in Flüchtlingslagern auf tansan. Seite.

Sowohl Tutsi als auch Hutu sprechen Rundi (Kirundi, Rwanda, Kinyarwanda, Orunyarwanda), eine Bantu-Sprache der Gruppe J, in der seit den 1950er Jahren ein bescheidenes Schrifttum entstanden ist. Da die Tutsi lange Zeit das gesellschaftl. und wirtschaftl. Leben in Burundi und Ruanda dominierten, gilt ihre Variante des Rundi als prestigereich. Die dritte ethn. Gruppe, die Rundi spricht, sind die Twa-Pygmäen.

Lit.: Haarmann 2002a: 141 f., 169 f., Kostyal 2002: 215

U

Udegeier (*Udehe,* russ.: Udegejcy) Rund 2000 Udegeier leben in der Region Chabarovsk in der Russ. Föderation. Noch im 19. Jh. war das Siedlungsgebiet viel ausgedehnter und reichte von den Flußtälern des Ussuri und Amur bis an die Pazifikküste. Die Udegeier leben von der Jagd in der Waldzone der Taiga. Sie zählen zu den → altaischen Kleinvölkern in → Nordsibirien, ihre Sprache gehört zum Zweig der tungus.-mandschur. Sprachen der altaischen Sprachfamilie.

Lit.: Funk/Sillanpää 1999: 89 ff., Tiškov 1994: 352 ff.

Udmurten, älterer Name: Wotjaken. (*Udmurt,* the Udmurts/Votyaks). Von den 0,75 Mio. ethn. Udmurten haben rund zwei Drittel ihre Muttersprache bewahrt. Die übrigen Angehörigen dieser → finno-ugr. Ethnie haben sich ans Russ. assimiliert. Die Mehrheit der Udmurten (ca. 0,5 Mio.) ist in der Republik Udmurtien beheimatet. Dieses Territorium zwischen den Flüssen Kama und Wjatka mit seiner russ. Bevölkerungsmehrheit (58 %) und seiner udmurt. Minderheit (31 %) ist Teil der Russ. Föderation. Nach der Eroberung des Khanats der Kasantataren durch die Moskowiter (1552) weitete sich das russ. Siedlungsgebiet auch nach Udmurtien aus. Die udmurt. Bevölkerung lebt heute in Enklaven verstreut, umgeben von ethn. → Russen.

Das Udmurt. gehört mit den Komi-Sprachen (Syrjän., Permjak.) zur perm. Gruppe der finno-ugr. Sprachen. Udmurt. wird seit dem 19. Jh. geschrieben. Sein Status ist 1995 zwar in einem Gesetzentwurf als eine dem Russ. gleichrangige Amtssprache Udmurtiens festgeschrieben worden, dieses Gesetz ist aber bis heute nicht verabschiedet worden und zeigt bislang keine prakt. Wirkung.

Lit.: Bromlej 1988: 464 ff., Tiškov 1994: 347 ff., Winkler 2002b

Uighuren (*Uigur*, the Uighurs). Das Siedlungsgebiet der Uighuren konzentriert sich im Nordwesten Chinas. Dort leben 7,2 Mio. Uighuren in der autonomen Region Xinjiang Uygur Zizhiqu, rings um das Tarimbecken. In der Hauptstadt Ürümqi leben überwiegend → Chinesen, und nur ein Viertel der Einwohner sind Uighuren. Weiter im Westen, im Handelszentrum Kashgar, stellen die Uighuren die Mehrheit (rund 70 %) der Stadtbevölkerung. In den Nachbarstaaten Chinas sind uighur. Außengruppen (ca. 0,4 Mio.) verstreut, und zwar in Rußland, Kirgisistan, Usbekistan, Kasachstan, Afghanistan. Die Uighuren sind ein Turkvolk; ihre Sprache ist verwandt mit den Sprachen der → Turkvölker Rußlands (d. h. der → Tataren, Jakuten, u. a.). und → Zentralasiens (d. h. der → Usbeken, → Kasachen u. a.).

Im kulturellen Gedächtnis der Uighuren ist die Erinnerung an die Ära ihrer histor. Reichsbildung lebendig geblieben. Diese Ära begann im 8. Jh. n. Chr. mit der Konsolidierung eines Nomadenreichs auf dem Gebiet der Mongolei. Nach der Auflösung dieses Reichs um 840 migrierten die Uighuren nach Südwesten, in ihre heutige Heimat. Ihr neues Reich, das von Qočo, hatte bis ins Spätmittelalter Bestand und wurde erst 1250 von den → Mongolen erobert. In jene Periode fällt die Blütezeit der altuighur. Kultur. Über die Handelskontakte der Seidenstraße gelangte Ideengut aus verschiedenen Regionen Asiens zu den Uighuren, so die buddhist. Lehre, der Manichäismus und das syr. Christentum nestorian. Prägung. Seit dem 13. Jh. machte sich der Einfluß des Islam geltend. Die polit. Geschichte der Uighuren in der Neuzeit ist seit 1759 von den Machthabern in China bestimmt worden.

Über die zentralasiat. Handelsrouten gelangte auch die Kenntnis der Schrift zu den Türken. Das Uighur. wird seit dem 8. Jh. n. Chr. geschrieben, zunächst in einer Variante der soghd. Schrift, in der vorwiegend buddhist. Texte aufgezeichnet wurden. Die uighur. Schrift wurde im 13. Jh. von den Mongolen zur Schreibung ihrer Sprache adaptiert und bis ins 15. Jh. verwendet. Auf diese Weise verbreitete sich dieses uighur. Kulturgut über weite Teile Asiens. Danach. wurde das Uighur. in anderen Schriftarten geschrieben, und zwar im arab., latein. und kyrill. Alphabet. Nach einer kurzen Periode mit Lateinschrift schreiben die Uighuren Chinas seit 1987 wieder mit arab. Buchstaben. Das Uighur. in Kasachstan und Rußland wird weiterhin kyrill. geschrieben.

Lit.: Gabain 1973, Kostyal 2002: 34 f., Menges 1995: 22 ff.

Ukrainer (*Ukraincy*, the Ukrainians). Das Siedlungsgebiet der großen Mehrheit der rund 48 Mio. Ukrainer konzentriert sich in der Ukraine. In dem seit 1991 unabhängigen Staat leben 38 Mio. Staatsbürger ukrain. Abstammung (entspr. 70,5 % der Landesbevölkerung). Die bevölkerungsreichste ethn. Minderheit in der Ukraine sind → Russen (11,4 Mio.) mit einem Anteil von 22 % an der Gesamtbevölkerung. Sie wohnen vorwiegend im Osten der Ukraine und auf der Halbinsel Krim. Im Nachbarland Rußland sind mehr als 4 Mio. ethn. Ukrainer beheimatet, von denen aber nicht einmal die Hälfte ihre Muttersprache bewahrt hat. Größere ukrain. Außengruppen findet man in den USA (1,2 Mio. Personen ukrain. Abstammung, von denen nur noch 95 000 Ukrain. sprechen), in Kanada (0,75 Mio. ethn. Ukrainer, 0,221 Mio. Sprecher des Ukrain.), in Kasachstan (0,9 Mio.) und in Moldova (0,6 Mio.).

Die Ausgliederung der ukrain. Ethnie aus einem bis ins Mittelalter weitgehend homogenen ostslaw. Kontinuum (→ Slawen) ist insbesondere an der Ausprägung regionaler Spezifika in der Sprache zu erkennen. Im 12. Jh. wies das slaw. Schrifttum von Kiev bereits ukrain. Lokalkolorit auf. Die Abgrenzung vom Sprachgebrauch altruss. Texte ergab im 14. Jh. ein selbständiges strukturelles Sprachprofil. Die Beziehung zur eigenen Sprache ist eine wesentl. Komponente der ukrain. Identität. Ein Bewußtsein im Sinn sprachl.-kulturellen Eigenständigkeit bildete sich bei den Ukrainern erst im Verlauf des 17. Jh. aus.

Die Gründung der Kiever Rus' im 10. Jh. wird sowohl von russ. als auch ukrain. Seite als Beginn der nationalen Geschichte gewertet. Tatsächl. war sie ein Prozeß der polit. Konsolidierung ostslaw. Stämme in einer komplexeren polit. Einheit, ohne daß damals bereits russ. oder ukrain. Schwerpunkte zu erkennen gewesen wären. Die Annahme des Christentums griech.-orthodoxer Prägung im Jahre 988 bedeutete eine entscheidende Weichenstellung sowohl für die russ. als auch ukrain. Kulturgeschichte. Das slaw. Wort *ukraína* bedeutet wörtl. ‹Grenzland›. Die zentralukrain. Steppe war in der Tat der Grenzgürtel, der das Areal der griech.-byzantin. geprägten christl. Kultur Kievs gegen die östl. Nomaden abschirmte. Nach der Zerstörung des Kiever Staates durch die → Mongolen im Jahre 1240 verlagerte sich der polit. Schwerpunkt in den russ. Norden, nach Novgorod, später nach Moskau.

Das Siedlungsgebiet der Ukrainer wurde in mehrere Fürstentümer (Galizien, Wolhynien) geteilt, die polit. und kulturelle Kontakte insbesondere zu den kathol. Ländern Ungarn und Polen unterhielten. Die Region von Kiev geriet im Jahre 1362 unter die Herrschaft des Großfürstentums Litauen. Im Nordosten erweiterten die russ. Fürstentümer ihren Machtbereich in ukrain. Gebiet. Im Widerstand gegen die Oberherrschaft der poln.-litauischen Großmacht (seit der zweiten Hälfte des 16. Jh.) und die Polonisierung der Ukraine erhoben sich die Kosacken, die jenseits der Dnepr-Schnellen siedelten, unter ihrem legendären Führer Bohdan Chmel'nyts'kyi im Jahre 1648 und gründeten ihren eigenen Staat. Die Gesellschaft in diesem Staatswesen, das 1654 die Autorität des Moskauer Zartums anerkennen mußte, kannte keine Leibeigenschaft und zeigte demokrat. Züge, die ansonsten in Osteuropa unbekannt waren. Der Kosackenführer Mazepa schloß sich in einem Bündnis mit Schweden zusammen. Nach dem Sieg Peters des Großen über die schwed. Armee bei Poltava im Jahre 1709 fiel der Kosackenstaat an Rußland, und seine Institutionen wurden aufgelöst. Truppeneinheiten der Kosacken wurden in die zarist. Armee übernommen und waren später wesentl. an der militär. Erschließung Sibiriens beteiligt. Als Ergebnis der Teilungen Polens (1772, 1793, 1795) kam der größte Teil der Ukraine an Rußland, lediglich Galizien wurde der Herrschaft Österreichs unterstellt.

Der erzwungene enge Kontakt zu den → Polen ab dem 16. Jh. hat bleibende Spuren hinterlassen. Heute bekennen sich mehr als 5 Mio. Ukrainer zum kathol. Glauben, der sich damals mit der poln. Mission verbreitete. Die ukrain. Katholiken sind in zwei Konfessionen gespalten, die Röm.-Katholischen und die Ukrain. Unierten (seit 1598). Die Gemeinschaft der orthodoxen Christen ist in der Ukraine in drei miteinander konkurrierenden Patriarchaten dezentralisiert.

Das moderne ukrain. Nationalbewußtsein wurzelt im Kulturschaffen von Historikern und Dichtern, die seit den 1820er Jahren in L'viv (dt. Lemberg) im österreich. Galizien wirkten. Auf russ. Seite wurde die Entfaltung einer ukrain. Nationalbewegung durch eine rigide Russifizierung von Anbeginn behindert. Die Ukraine stand seit Beginn des Ersten Weltkriegs im Kreuzfeuer rivalisierender Großmachtinteressen. Die Unabhängigkeitserklärung vom Januar 1918 hatte keine Langzeitwirkung. Nach dem Abzug der deutschen Truppen, die die Existenz des jungen unabhängigen Staates garantierten, im November 1918 brach die territoriale Einheit der Ukraine in der Auseinandersetzung zwischen alliierten Kräften und der Roten Armee auseinander. Galizien und Wolhynien wurden im Jahre 1921 Polen angegliedert, in der übrigen Ukraine etablierte sich die Sowjetmacht. Als Folge des Zweiten Weltkriegs erhielt die ukrain. Sowjetrepublik Galizien und Wolhynien wie-

der zurück. Im modernen ukrain. Staatswesen fungiert Ukrain. als
Staatssprache, das Russ. ist aber nach wie vor wichtige Verkehrssprache.
Die Halbinsel Krim ist eine Region mit polit. Autonomie. Die dort lebenden Russen genießen besondere Förderungsrechte für ihre Sprache
und Kultur.

Lit.: Besters-Dilger et al. 2000, Diels 1963: 44 ff., Golczewski 1993, Schaller 1993

Ultschen (*Nani* ‹alteingesessene Leute›, russ.: Ul'či). Rund 3100 Ultschen leben im Bezirk Ulči der Region Chabarovsk in der Russ. Föderation. Die Ultschen zählen zu den altaischen Kleinvölkern in → Nordsibirien, sie gelten als Nachkommen der Urbevölkerung der Region.
Ihre Sprache gehört zum Zweig der tungus.-mandschur. Sprachen der
altaischen Sprachfamilie.

Lit.: Funk/Sillanpää 1999: 84 ff., Tiškov 1994: 366 ff.

Ungarn (*Magyarok*, the Hungarians). Die Gesamtzahl der Ungarn,
von denen die meisten in Mitteleuropa beheimatet sind, beläuft sich
auf rund 14,5 Mio. Davon ist der größte Teil (10,3 Mio.) im Nationalstaat der Ungarn, in Ungarn, konzentriert. Die größte Außengruppe
(1,62 Mio.) ist im Nachbarstaat Rumänien ansässig, und zwar in
Transsylvanien. Deren Zahl ist seit den 1980er Jahren (damals 2 Mio.)
stark zurückgegangen. Die diskriminierende Minderheitenpolitik der
Regierung Ceaușescu hat damals viele Ungarn in die Emigration getrieben. Andere zahlenmäßig bedeutende ungar. Außengruppen sind
die in der Slowakei (0,57 Mio.), in Serbien (0,341 Mio. in der Provinz
Vojvodina) und in der Ukraine (0,11 Mio. in der Karpatenukraine).
Mehr als 1 Mio. Menschen ungar. Abstammung leben in anderen Staaten Mittel- und Westeuropas (22400 in Kroatien, 15000 im österreich.
Burgenland, 9500 in Slowenien, u. a.) sowie in Übersee (0,45 Mio. in
den USA, 86800 in Kanada, 61000 ungar. Juden in Israel, 5700 in Australien u. a.).

In der älteren Literatur über die Ungarn und in der Zeit der österreich.-ungar. Doppelmonarchie wurden die Ungarn entspr. ihrer Eigenbezeichnung Magyaren (Madjaren) genannt. Dieses Ethnonym wurde
zuerst in islam.-arab. und byzantin. Quellen des 9. und 10. Jh. verwendet. Die Fremdbenennungen nach dem Muster von dt. *Ungarn*, franzÖs.
Hongrois usw. gehen auf die Namenform *Onogur* zurück. So hieß der

führende Stamm der türk. Wolgabulgaren, mit denen ungar. Stammesgruppen bereits im 7. Jh. durch die russ. Steppe nach Westen bis in die Pannon. Tiefebene zogen. Die Hauptlandnahme der Ungarn unter Führung Árpáds erfolgte aber viel später, nach der Überlieferung im Jahre 896. Damals erkämpften sich insgesamt sieben Stämme der Ungarn ihren Zugang zum Karpatenbecken. Die Awaren und → Slawen, die damals dort lebten, assimilierten sich in der Folgezeit rasch.

Die Nationalsprache der Ungarn ist eine ural. Sprache und von allen Sprachen dieser Sprachfamilie die sprecherreichste. Das Ungar. ist eine der Hauptsprachen des finn.-ugr. Zweiges und gehört mit den in Westsibirien verbreiteten Sprachen der → Mansen (Wogulen) und → Chanten (Ostjaken) zur Gruppe der ugr. Sprachen. Seit rund dreitausend Jahren hat sich das Ungar. getrennt von den anderen finn.-ugr. Sprachen entwickelt. Es steht daher in einem sehr entfernten Verwandtschaftsverhältnis etwa zum Finn. oder Saam. Trotz dieses relativ großen Abstands ist aber das Bewußtsein der ethn. und sprachl. Verwandtschaft zu den anderen → Finno-Ugriern bei den Ungarn durchaus lebendig.

Das Ungar. wird seit dem 12. Jh. in Lateinschrift geschrieben. Der erste, vollständig in Ungar. geschriebene Text ist eine Leichenrede («Halotti Beszéd») aus der Zeit um 1200. Latein fungierte vom Mittelalter bis ins 19. Jh. als Bildungssprache, was die Entfaltung des Ungar. als Schriftmedium lange behinderte. Erst im 15. Jh. emanzipierte sich das Ungar. mit dem umfängl. Schrifttum der Chroniken (Ehrenfeld-Kodex um 1440, Jókai-Kodex 1448, Wiener Kodex um 1450, Münchener Kodex 1466). Einige mittelalterl. Texte in ungar. Sprache sind zwischen dem 9. und 12. Jh. in einer einheim. Schriftart (ungar. *rovásírás* ‹Kerbschrift›) aufgezeichnet worden, die der von den Awaren in Ungarn verwendeten Schriftart ähnelt.

Als Folge der rigorosen Christianisierungskampagne unter König Stephan dem Heiligen (reg. 1000–1038) und der Neuordnung des Staates in der Komitatsverfassung nach fränk. Vorbild fand Ungarn endgültig Anschluß an die abendländ. Zivilisation. Das ganze Mittelalter hindurch gelang es dem Land, sich den Hegemoniebestrebungen sowohl des Deutschen Reiches als auch des Byzantin. Reiches zu widersetzen. Die Bedrohung durch die osman. Expansion in Südosteuropa konnte das Königreich Ungarn lange abwehren, es erlebte unter König Matthias Corvinus (reg. 1458-1490) sogar eine letzte Blüte als europ. Großmacht. Erst nach der verlustreichen Schlacht gegen die → Türken bei Mohács 1526 fiel das Land im Nordwesten an Habsburg, der Rest an das Osman. Reich. Mit dem endgültigen Rückzug der Osmanen nach dem letzten großen Türkenkrieg 1683-1699 wurde Ungarn zum habsburg. Erbland, eine Entscheidung, die das Land auf Jahrhunderte an Österreich band.

Die polit. Spannungen zwischen Ungarn und Österreichern, die sich in zahlreichen Rebellionen gegen die habsburg. Vorherrschaft und in Bürgerkriegen entluden, wurden im Jahre 1867 durch eine neuartige polit. Lösung überwunden. Ungarn wurde nominell (und weitgehend auch fakt.) ein selbständiger Reichsteil neben Österreich. Es entstand das in Europa einzigartige Staatsmodell der österreich.-ungar. Doppelmonarchie. Nach dem Ersten Weltkrieg war dann das moderne Ungarn von 1920 territorial nurmehr der Rumpf des alten Vielvölkerstaates. Aufgrund seiner geopolit. Lage verblieb Ungarn nach dem Ende des Zweiten Weltkriegs in der sowjet. Einflußsphäre. Der Drang nach staatl. Souveränität ohne polit. Bevormundung entlud sich in der antisowjet. Rebellion von 1956. Trotz deren Niederschlagung wurde diese Rebellion in der Erinnerung der Ungarn zum Symbol des nationalen Widerstandes. Die Auflösung des «Ostblocks» im Jahre 1989 und die Aufnahme Ungarns in die Europäische Union im Jahre 2004 haben die Ungarn erneut in ihren kulturellen und polit. Bindungen an Westeuropa bestärkt.

Lit.: Arató 1960, Farkas/Bogyay 1960, Kósa 1994, Papp 2002

Uralische Völker (Uralic peoples). Von den 32 ural. Völkern, die hauptsächl. im Norden und Nordosten Europas sowie in → Nordsibirien (s. Karte dort) verbreitet sind, haben nur drei jeweils mehr als 1 Mio. Angehörige. Dies sind die → Ungarn (14,5 Mio.), die → Finnen (5,1 Mio.) und die → Esten (1,1 Mio.). Die übrigen sind Ethnien mittlerer Größenordnung wie die → Saamen mit 60000 bis 100000 Angehörigen oder Kleinvölker wie die → Selkupen mit 3600, die Wepsen mit 12000 oder die Ischoren mit 300 Angehörigen.

Bei den Uraliern werden → finno-ugr. und samojed. Ethnien unterschieden. Zu den finno-ugr. Völkern gehören die Ostseefinnen (Finnen, Esten, → Karelier, Liwen, Ischoren, Wepsen, → Woten), die Saamen mit ihren verschiedenen Volksgruppen, die Permier (→ Syrjänen, Permjaken, → Udmurten), die Wolga-Völker (→ Mari, → Mordwinen) und die Ugrier (Ungarn, → Mansen, → Chanten). Die Samojeden sind in zahlreiche regionale Kleinethnien untergliedert: → Nenzen (Juraken), →

Nganasanen, → Enzen und → Selkupen, einige von ihnen wie die Kamassen u. a. sind inzwischen untergegangen.

Nach ihrer näheren Verwandtschaft gliedern sich die Sprachen der ural. Sprachfamilie in zwei Hauptzweige aus, in die finn.-ugr. und in die samojed. Sprachen. Die meisten finn.-ugr. Sprachen sind in Europa verbreitet, die meisten Sprecher des Samojed. leben dagegen auf der sibir. Seite des Uralgebirges. Nur einige Bevölkerungsgruppen der Nenzen (Juraken) siedeln auch auf der europ. Seite.

Die ural. Ethnien der Moderne sind der Rest einer ursprüngl. weiter verbreiteten Bevölkerung. Insbesondere im Kontakt mit den → Russen haben sich viele Uralier akkulturiert und sprachl. assimiliert. Seit rund 10 000 Jahren haben Uralier im Kontakt mit → indoeurop. Populationen gestanden. Die Urheimat der Uralier ist aufgrund sprachhistor. Kriterien im Gebiet der Wolga und ihrer Nebenflüsse, der Wjatka und Kama, gesucht worden. Die moderne archäolog. und humangenet. Forschung hat Erkenntnisse geliefert, die diese Hypothese bestätigen. Anthropolog. sind die Uralier mit den mongoliden Populationen verwandt. Das ural. genom. Profil ist am besten bei den Saamen in Nordeuropa erhalten, deren Gene noch zu mehr als 45 % ural. Herkunft sind. Im Genprofil anderer Völker sind weitaus weniger genet. Spuren erhalten, die auf den ural. Ursprung weisen. Bei den Finnen macht der Anteil ural. Gene kaum 20 % aus. Die humangenet. Geschichte der ural. Populationen ist die ihrer De-Uralisierung und graduellen Indoeuropäisierung.

Lit.: Abondolo 1998, Hajdú/Domokos 1987, Laakso 1991

Usbeken (*Uzbek,* the Uzbeks). Insgesamt 19,5 Mio. Usbeken sind im zentralen und südl. Teil → Zentralasiens beheimatet. Sie haben sich in zwei regionale ethn. Gruppen ausgegliedert, in die nördl. und die südl. Usbeken. Die nördl. Usbeken leben in der Republik Usbekistan (16,5 Mio., entspr. 74 % der Landesbevölkerung), die südl. Usbeken in Afghanistan (1,4 Mio.). Usbek. Außengruppen gibt es in den Anrainerstaaten Zentralasiens.

Die Usbeken bewohnen eine alte Kulturlandschaft mit bedeutenden histor. Kulturzentren (Samarkand, Buchara). Sie sind ein Turkvolk, dessen Name auf den legendären mongol. Feldherrn Öz Beg zurückgeht, der die Region eroberte. Der Kern der usbek. Bevölkerung, aus dem sich später eine von den anderen Turkvölkern Zenralasiens verschiedene Ethnie bildete, waren Stammesverbände, die nach dem Zerfall des Timuriden-Reiches (nach 1501) von Norden her einwanderten. Jahrhundertelang fühlten sich die Usbeken als Angehörige bestimmter Clans und Stämme. Ein Gefühl der Zusammengehörigkeit als Volk haben die Usbeken erst relativ spät entwickelt, und zwar im Zuge der administrativen Zersplitterung Zentralasiens in regionale Sowjetrepubliken in den 1920er Jahren.

Die Unabhängigkeit der Republik Usbekistan im Jahre 1991 hat einerseits die Aufwertung von usbek. Sprache und Kultur ermöglicht, andererseits neue Probleme aufgeworfen, näml. die Ablösung der modernen Gesellschaft von der konfliktbeladenen Sowjetherrschaft. Das Erbe der sowjet. Planwirtschaft ist allseits spürbar. Die Ausweitung des Baumwollanbaus als Monokultur und eine mißlungene Wasserwirtschaft, die zur weitgehenden Austrocknung des Aralsees geführt hat, sind Probleme mit dem sich die Usbeken bis weit in die Zukunft auseinandersetzen werden müssen.

Lit.: Bromlej 1988: 466 ff., Haarmann 2002a: 328 f., Kostyal 2002: 28

Uto-Azteken → Nahuatl

V

Veddah (*Vaedda*, the Veddah). Die rund 300 Veddah gehören zu den wenigen indoeurop. Kleinvölkern, die bis heute die traditionelle Wirtschaftsform des Wildbeutertums (Jagen, Sammeln, Fischen) bewahrt haben. Seit mehr als zweieinhalb Jahrtausenden leben die Veddah im östl. Bergland Sri Lankas, in den Distrikten Badulla und Polonnaruwa. Seit Jahren akkulturieren sich die Veddah in zunehmendem Maße an Sprache und Kultur der indo-ar. → Singhalesen, der Mehrheitsbevölkerung Sri Lankas.

Die Sprache der Veddah ist eng mit dem Singhales. verwandt und bildet mit diesem sowie dem Malediv. die singhales.-malediv. Untergruppe des indo-ar. Sprachzweigs.

Lit.: Bromlej 1988: 121 f., Seligmann 1911

Vietnamesen (*nguoi Viet*, *nguoi Kinh*, the Vietnamese). Die meisten Vietnamesen sind in Vietnam beheimatet. Dies sind 66 Mio. Menschen (entspr. 88 % der Landesbevölkerung). Die größte vietnames. Außengruppe lebt als nationale Minderheit im benachbarten Kampuchea (0,74 Mio.). Vietnames. Flüchtlinge sind in den 1970er Jahren in viele Staaten der Welt emigriert, in die USA, nach Australien und in die Länder Europas. Allein in Westeuropa lebt heute mehr als eine Viertelmillion Vietnamesen. Vietnam ist das mit Abstand bevölkerungsreichste Land Indochinas und eine Region mit vielen sprachl. Minderheiten. Außer den Vietnamesen leben dort 11,5 Mio. Angehörige von 54 ethn. Minderheiten. Diese sind über das gesamte Land verteilt, wobei der Norden die größte ethn. Vielfalt zeigt.

Die Vietnamesen sind Nachkommen der autochthonen → austroasiat. Bevölkerung Indochinas. Ihre Sprache gehört zum Zweig der Mon-Khmer-Sprachen. Unter dem Einfluß des Chines., das länger als zwei Jahrtausende im Kontakt mit dem Vietnames. gestanden hat, haben sich dessen Sprachstrukturen gewandelt. Beispielsweise ist das System der Tonhöhendifferenzierungen (mit sechs Tonemen) nach chines. Vorbild im Verlauf des 1. Jt. n. Chr. ausgebildet worden. Ohne Übertreibung kann man sagen, daß das moderne Vietnames. ohne die chines. (sino-vietnames.) Komponente seines Wortschatzes nicht funktionsfähig wäre, und dies ungeachtet der Anstrengungen, die von den Vertretern der nationalen Sprachplanung gemacht worden sind, die ältere chines. Terminologie durch vietnames. Neologismen zu ersetzen. Bis in die Zeit der franzöś. Kolonialherrschaft blieb das Chines. das wichtigste Medium terminolog. Innovationen im Vietnames. (z.B. in den Bereichen soziale Verhältnisse, eth.-moral. Terminologie, Philosophie, Politik, Technologie). Damals war selbst die Rolle der franzöś. Sprache sekundär. Mit Bezug auf das gesamte Korpus des vietnames. Lexikons wird der Anteil chines. Wörter auf rund ein Drittel geschätzt.

Die Kontakte der Vietnamesen zu den → Chinesen gehen auf das 3. Jh. v. Chr. zurück. Im Zuge der militär. Expansion des Reichs der Mitte gründete der chines. General Chao To (vietnam. Trieu Da) nach erfolgreichen Kämpfen gegen die Viet- und Thay-Stämme das unabhängige Königreich Nam Viet (208–111 v. Chr.). Hierzu gehörten die südchines. Provinzen Quangdong und Quangxi, das Delta des Roten Flusses und die Provinzen Thanh Hoa und Nghe Tinh in Nordvietnam. Chao To selbst soll vietnames. Traditionen angenommen haben. Nach der Annexion Nordvietnams durch Han-China (111 v. Chr.) waren jedoch alle höheren Kulturfunktionen an das Chines., insbesondere an seine geschriebene Form, gebunden.

Die Modernisierung der vietnames. Gesellschaft steht im Zeichen der Kontakte mit Europäern. Die ersten Europäer, die nach Vietnam kamen, waren Missionare, die bald nach 1600 von ihrem ostasiat. Stützpunkt, der portugies. Kolonie Macao, nach Südostasien geschickt wurden. In den ersten Jahren waren franzöś., italien., span. und portugies. Priester in Vietnam aktiv, später dominierten die franzöś. Nach Vietnam gelangten zahlreiche Missionare, v. a. auch Jesuiten, die eigentl. Japan christianisieren wollten, ihre Pläne jedoch wegen der antichristl. Pogrome in der zweiten Hälfte des 17. Jh ändern mußten. Den Vertretern der Kirche folgten Kaufleute, und von Anbeginn standen → Niederländer, → Portugiesen, → Engländer und → Franzosen in nationaler Konkurrenz. Die Handelskontakte dienten ebenso wie die Missionsarbeit der europ. Einflußnahme in Fernost. Die herrschende Elite in Vietnam zeigte sich weder den geistigen noch den kommerziellen Innovationen gegenüber abgeneigt. Andererseits fand die Mission unter den Vertretern der konfuzian. orientierten Elite kaum Anhänger, sondern eher bei der einfachen Bevölkerung.

V.a. die Jesuiten bemühten sich darum, auf der Basis des latein. Alphabets ein brauchbares Notationssystem zur Schreibung des Vietnames. zu schaffen. Einer der erfolgreichsten Missionare war der französ. Jesuit Alexandre de Rhodes, der binnem kurzem über 6000 Vietnamesen taufte. Er wurde mehrmals des Landes verwiesen. Bahnbrechend für die Tradition der Lateinschrift in Vietnam sollte sein vietnames.-portugies.-latein. Wörterbuch («Dictionarium annamiticum») von 1651 werden. Diesem Wörterbuch ist ein kurzer grammat. Abriß angeschlossen. Im selben Jahr erschien auch ein Katechismus in Lateinschrift. In dem Notationssystem dieser Schriften sind bereits die wesentl. Grundlagen der latein. Graphie des Vietnames. (u.a. die Verwendung diakrit. Zeichen) festgelegt.

Die kulturellen Strömungen und die Sprachkontakte im damaligen Vietnam waren denkbar kompliziert. Die konfuzian. Elite des Landes hielt wie früher am Chines. als Bildungssprache fest, und ihre Vertreter fühlten sich den Traditionen der chines. Klassik verpflichtet. Die buddhist. orientierten Aristokraten pflegten zwar auch das Chines. (sino-vietnames. Schriftsprache), verwendeten aber auch ihre Muttersprache, die sie nach dem Nom-System schrieben. Ein kleiner Kreis der vietnames. Christen lernte die Lateinschrift und schrieb die Muttersprache in dem Notationssystem der Missionare. Die Angehörigen dieser drei schriftkundigen Eliten waren allerdings eine Minderheit gegenüber der Masse der Analphabeten. Gegen Ende der französ. Kolonialherrschaft waren dies noch 80%. Im Verhältnis zur buddhist. Mehrheit des Landes sind die Christen immer eine Minderheit geblieben, sowohl innerhalb der Bildungselite als auch bezogen auf die Gesamtbevölkerung. Nach den heutigen Verhältnissen leben rund vier Millionen Christen (ca. 6% der Gesamtbevölkerung) in Vietnam, etwa zwei Drittel davon im Südteil des Landes.

Bereits seit Beginn des 19. Jh. machte sich französ. polit. Einfluß geltend. Gia Long (reg. 1802–1819), Begründer der nominell bis 1945 herrschenden Nguyen-Dynastie, kam mit Hilfe der Franzosen auf den Thron. Seine Nachfolger jedoch entwickelten großen Argwohn gegenüber den Christen im Lande, die immer mehr Rechte forderten, ja sogar in den 1830er Jahren gegen den Herrscher rebellierten. Unter König Minh Mang (reg. 1820–1840) begann eine antichristl. Kampagne, der viele vietnames. Christen und französ. Missionare zum Opfer fielen. Napoleon III. versuchte im Jahre 1855 vergebl., auf diplomat. Weg Handelskonzessionen und religiöse Freiheit für die Christen zu erreichen.

Mit der Beschießung Da Nangs und der Eroberung der Festung Gia Dinh (Saigon) 1858/59 begann der langwierige Krieg um Indochina. Im 1. Vertrag von Hué (1862) mußte Vietnam das westl. Mekong-Delta als französ. Territorium anerkennen. Von Süden nach Norden ging die Stoßrichtung der Eroberung, und im 2. Vertrag von Hué (1884) wurde ganz Vietnam (Süden: Cochinchina, Zentrum: Annam, Norden: Tongking) französ. Protektorat. Damit wurde der Weg frei für Versuche, das Land zu europäisieren. Dem Kulturchauvinismus der europ. Kolonialherren waren keine Grenzen gesetzt, und so gab es auch Pläne, das Französ. als offizielle Landessprache und den Katholizismus als Staatsreligion einzuführen. Den französ. Kolonialherren gelang es nicht, die einheim. vietnames. Kultur in ihrer engen Verflechtung mit chines. Traditionen zu verdrängen. Allerdings hat sich der europ. Kultureinfluß bleibend niedergeschlagen. Als Folge der rigorosen Förderung der Lateinschrift für die Landessprache konnte die jüngere Generation der Vietnamesen schon in den 1920er Jahren nicht mehr Chines. oder Nom schreiben. Anachronist. mutet die Aufrechterhaltung der chines. Schriftkultur am Königshof bis 1945 und des Nom-Systems in Nordvietnam im religiösen Schrifttum sowie in Kaufverträgen an.

Auch die jahrelangen Kriege (Erster Indochinakrieg 1945-54; Zweiter Indochinakrieg 1957-75, seit 1964 mit Eingreifen der Amerikaner) und die damit verbundene mühevolle Loslösung von Kolonialherrschaft und ausländ. Intervention haben das französ. Kulturerbe nicht zerstört. Bis heute wird das Vietnames. in Lateinschrift geschrieben, bis heute haben sich Hunderte französ. Lehnwörter im vietnames. Sprachgebrauch erhalten. Für moderne Vietnamesen stehen die Verwurzelung in den einheim. Traditionen und die Öffnung des Landes für ausländ. Einflüsse nicht im Widerspruch. Die Stärke der eigenen Kultur relativiert die Auswirkungen der Globalisierung.

Lit.: Huard/Durand 1998, Osborne 1997, Wulf 1991

W

Waliser (*Cymry*, the Welsh, französ.: Gallois). Die Zahl der ethn. Waliser, die auch Kymren (kelt. Sg. *Cymro* ‹Waliser›) genannt werden, ist nicht bekannt. Die allermeisten von ihnen leben in der histor. Landschaft Wales (kelt. Cymru) im Westen Großbritanniens. Nach ihrer Zugehörigkeit zur kelt. Sprachgemeinschaft beläuft sich die Zahl der Waliser auf 0,58 Mio. Sprecher des Kymr. Dies sind 21 % der Gesamtbevölkerung von Wales. Im Jahre 1911 betrug die Zahl der Kymr.-Sprachigen noch 0,977 Mio. Außengruppen von Walisern gibt es auch in Übersee, hauptsächl. in den USA und in Chile (Patagonien). Deren Zahl ist nicht bekannt und wird auch in den offiziellen Statistiken nicht von anderen Einwanderern brit. Herkunft unterschieden. Die meisten Waliser sind in Wales geboren, ein Teil (48 900, entspr. 9,6 % der Sprachgemeinschaft) allerdings stammt aus Familien mit walis. Elternteilen, die außerhalb von Wales leben.

Die Waliser sind → Kelten, Nachkommen der vorröm. Bevölkerung, die die brit. Inseln seit etwa 600 v. Chr. besiedelte. In röm. Zeit (43 n. Chr. bis zum Beginn des 5. Jh.) war Wales militär. Gebiet, d. h. es gab keine röm. Zivilbevölkerung in der Region. Spätestens im 4. Jh. gelangte das Christentum nach Wales und faßte in der einheim. Bevölkerung Fuß. Die nach Britannien eindringenden Angeln, Sachsen und Jüten stießen nach Südwesten und Norden vor. Wales war nie die Hauptstoßrichtung dieses Expansionsschubs. Der Erdwall, den König Offa von Mercia als Demarkationslinie von Wales zwischen 778 und 796 aufschütten ließ, behielt seine Funktion, bis Wales 1282 erobert wurde. Das Geschlecht der Tudors, mit Heinrich VII. (reg. 1509–1547) als erstem Herrscher auf dem engl. Thron, kam aus Wales. Durch die Unionsedikte Heinrichs VIII. wurde das Land schließl. juridisch und polit. ins Königreich England integriert.

Die Anglisierungspolitik der engl. Herrscher wollte eine einheim. Elite für den lokalen Verwaltungsapparat in Wales schaffen. Voraussetzung war die Aufgabe der kymr. Muttersprache und die vollständige Assimilation an das Engl. Bis ins 18. Jh. wurde diese Politik konsequent fortgesetzt, was in der walis. Bevölkerung zur Entwicklung einer Klassengesellschaft führte: Die Angehörigen der Elite waren zwar geborene Waliser, unterschieden sich aber sprachl. und kulturell deutl. von der übrigen, kelt.-sprachigen Bevölkerung, die weitgehend unbehelligt blieb. Immerhin genehmigte der Tudor-Staat im Jahre 1588 die Veröffentlichung der Bibelübersetzung und des Katechismus ins Kymr. Heute sind die Waliser mehrheitl. calvinist. Methodisten.

In drei Perioden (1780–1800, 1800–1846, 1846–1900) entfaltete sich die Industrialisierung in Wales. Der Schwerpunkt für diesen Entwicklungsschub lag im Süden, im Kohlebergbaugebiet. Als Folge der zunehmenden Verstädterung der walis. Bevölkerung verstärkte sich der Prozeß der Anglisierung. Heute leben die meisten Sprecher des Kymr. im zentralen und nördl. Teil des Landes, das Niveau der Spracherhaltung des Kymr. im Süden ist sehr niedrig (zwischen 5% und 20%). Das Engl., die einzige Unterrichtssprache der Schulausbildung, wurde als Motor des sozialen Aufstiegs propagiert, so in den Education Acts von 1870 und 1889.

Trotz dieses starken Anglisierungsdrucks regten sich auch Bestrebungen zur Förderung von lokaler Sprache und Kultur. Die Bewegung des Celtic Revival führte in Wales zur Einrichtung der *Eisteddfod* (wörtl.: ‹Sitzung›), die im Jahre 1861 erstmals in Aberdare stattfand. Mit der Zeit entwickelte sich diese alljährl. abgehaltene, bis heute lebendige Veranstaltung zu einer vielseitigen Schau kymr. Sprachkultur. Das lebende Kymr. ist hier in Theateraufführungen, literar. Diskussionen und im Kunstbetrieb vertreten. Die *Eisteddfodau* sind eine wesentl. Komponente der walis. Identität geworden.

Das Kymr. ist eine inselkelt. Sprache und wird seit dem 7.Jh. geschrieben. In einem langwierigen Emanzipationsprozeß sind der Status des Kymr. und das walis. Kulturschaffen aufgewertet worden. Seit Ende der 1940er Jahre wird Kymr. neben Engl. an den Schulen in Wales unterrichtet. Mit dem Welsh Courts Act von 1942 wurde die jahrhundertealte Verfügung, wonach sämtl. Amtsgeschäfte in Wales auf Engl. zu erledigen sind, aufgehoben und Kymr. als fakultative Amtssprache zugelassen. Seit den 1950er Jahren ist das Kymr. auch in den Massenmedien Radio und Fernsehen vertreten. 1967 wurde der offizielle Funktionsbereich des Kymr. durch den Welsh Language Act dahingehend ergänzt, daß die lokale Sprache auch anläßl. von Regional- und Parlamentswahlen verwendet werden kann.

Lit.: Davies 1993, Williams 1997, Williams 1982, Williams/Raybould 1991

Wallonen → Belgier, Franzosen

Weißrussen (*Belarusy*, the Belorussians). Knapp 10 Mio. Menschen sind geborene Weißrussen, d.h. haben weißruss. Eltern und Vorfahren. Während der Sowjetära wurden häufig Ehen zwischen Weißrussen und → Russen geschlossen. Viele Weißrussen haben daher eine gemischt-ethn. Familiengeschichte. Rund 8 Mio. Weißrussen sind in dem seit 1991 unabhängigen Weißrußland (Belarus) beheimatet, etwa ein Fünftel der weißruss. Bevölkerung lebt in den Anrainerstaaten (Rußland, Ukraine, Polen), in → Zentralasien (wohin Zehntausende von Weiß-russen in der Stalin-Ära deportiert worden waren), in Westeuropa (v.a. Großbritannien) und in Nordamerika (USA, Kanada). Etwa drei Viertel aller Weißrussen (ca. 7,5 Mio.) haben ihre Muttersprache bewahrt.

Weißrußland war noch bis ins frühe Mittelalter hinein überwiegend von → balt. Stämmen besiedelt, die allmählich von den nach Norden migrierenden Ostslawen verdrängt oder assimiliert wurden. Das Territorium von Belarus stand vom 13.Jh. bis zur Auflösung der Sowjetunion im Jahre 1991 ohne Unterbrechung unter der Herrschaft polit. mächtiger Nachbarn. Ledigl. das im 9.Jh. gegründete Fürstentum Polack an der Handelsroute vom Baltikum nach Byzanz besaß eine Zeitlang polit. Souveränität. Später gehörten die weißruss. Gebiete zum Großfürstentum Litauen. In jener Zeit entwickelt sich ein außergewöhnl. Kontrast. Die weißruss. Landbevölkerung hatte am polit. Leben keinen Anteil. Ihre Sprache, das Altweißruss., allerdings ersetzte gegen Ende des 15.Jh. das Latein. als Kanzleisprache und übernahm als Hochkultursprache amtl. Funktionen im Großfürstentum. Die Blütezeit des altweißruss. Schrifttums war das 16.Jh., als u.a. das Monumentalwerk der Gesetzessammlungen (1529, 1566, 1588) entstand.

Die im Jahre 1569 geschlossene Personalunion Litauen-Polen hatte weitreichende Folgen für das kulturelle Leben in Weißrußland. Nicht nur der Amtssprachengebrauch wurde zunehmend polonisiert, auch die kathol. Mission im Land wurde verstärkt. Auf der Synode von Biarescie (1596) wurde die Kirchenunion von Katholizismus und orthodoxem Christentum griech.-byzant. Prägung beschlossen. Als Weißrußland mit den Teilungen Polens gegen Ende des 18.Jh. an Rußland fiel, waren rund 75% «unierte» Christen. Die russ.-orthodoxe Kirche förderte Kampagnen, die Bevölkerung in Weißrußland zur «wahren» Orthodoxie zurückzuführen. Heute bekennen sich etwa 8% der Weißrussen zum kathol. (röm.-kathol. und uniert) Glauben. Rund 60% der Bevölkerung von Belarus sind orthodoxe Christen. Es gibt auch muslim., jüd. und protestant. Minderheiten.

Von den größeren Völkern der → Slawen haben die Weißrussen das schwächste Nationalbewußtsein entwickelt. Noch zu Beginn des 20. Jh. bezeichneten sich viele von ihnen einfach als *tutejsyja* (‹Ortsansässige›). Die ehemalige Zugehörigkeit Weißrußlands zu Litauen bedingte Benennungen wie *litviny* (wörtl. ‹Litauer; Untertanen Litauens›). Bei den weißruss. Außengruppen, die verstreut in der Welt leben, sind ebenfalls die Eigenbezeichnungen für lokale ethn. Gruppen (z.B. *litva, pany, mohili, budaki* bei den weißruss. Enklaven in Rußland) populärer als das kollektive Ethnikum. Ein kulturell und sprachl. orientiertes Nationalbewußtsein entfaltete sich im 19. Jh. erst spät und zeitigte unter dem Eindruck der Russifizierung der zarist. Administration wenig Breitenwirkung.

Das kurze Intermezzo nomineller Souveränität in den Jahren zwischen 1918 und 1921 endete mit der Aufteilung Weißrußlands zwischen Polen und dem neu gegründeten Sowjetstaat. Die anfängl. Kulturautonomie wurde in den 1930er Jahren drastisch unterbrochen, da Stalin einen vermeintl. weißruss. Separatismus fürchtete. Die weißruss. Intelligenz wurde massenweise dezimiert oder in Arbeitslager verbracht. Seit Mitte der 1930er Jahre dominierte das Russ. im Ausbildungswesen der weißruss. Sowjetrepublik. Hunderttausende von Weißrussen wurden nach 1945 repatriiert, als Polen Gebiete im Osten an die Sowjetunion verlor. Das kulturelle Leben in der Weißruss. S.S.R. stand bis in die 1980er Jahre ganz im Zeichen der kulturellen Dominanz des Russ. Einige Jahre lang sah es so aus, als ob das weißruss. Kulturschaffen sich vom Patronat des Russ. befreien könnte. Zwischen 1991 und 1995 war Weißruss. alleinige Amtssprache des souveränen Belarus. Es wurden zudem Versuche unternommen, den Schriftstandard des Weißruss. zu reformieren und seinen Status im Ausbildungswesen aufzuwerten. Die Entscheidung der Regierung Weißrußlands im Jahre 1995, das Russ. als fakultative Amtssprache wieder zuzulassen, versetzte das Weißruss. unwillkürl. in die Position einer Minderheitensprache im eigenen Land. In keinem anderen Anrainerstaat Rußlands ist die Rolle des Russ. so bedeutend wie in Belarus.

Lit.: Bieder 2000, Diels 1963: 44 ff., Fernández-Armesto 1994: 322 ff., Gustavsson 1995

Woten (*Vad'd'alazeD*, the Votians). Das Siedlungsgebiet der Woten liegt im Westen und Norden der histor. Landschaft Ingermanland. Administrativ gehört diese Gegend zum Verwaltungsgebiet Leningrad, dessen Zentrum St. Petersburg ist. Nach privaten Ermittlungen vom Ende der 1990er Jahre gibt es noch rund 50 Personen wot. Abstammung, sämtl. alte Leute. Diese leben, oft nur im Sommer, in fünf Dörfern des Kingissepp-Distrikts. Auch wenn sie z.T. noch Wot. sprechen und/oder verstehen, existiert diese Sprache als prakt. Kommunikationsmedium nicht mehr. Noch um die Mitte des 19. Jh. lebten etwas mehr als 5000 Woten in Ingermanland, in den 1920er Jahren waren es schon weniger als 1000. Während der Kriegsjahre 1941–44 wurden viele Woten (wie auch Ingrier) nach Finnland evakuiert. Ein Teil wurde später zwangsweise in die Sowjetunion «repatriiert», die meisten Woten durften aber nicht in ihre Heimatdörfer zurückkehren, sondern wurden nach Sibirien oder → Zentralasien deportiert. Infolge dieser Dispersion sind die Woten seit den 1950er Jahren in ihrer ethn. Existenz bedroht ist. Ihr Aussterben ist abzusehen.

Die Woten sind ein ostseefinn. Volk (→ Finno-ugrische Völker Rußlands), das kulturell wie sprachl. näher mit den Ischoren (orthodoxen Ingriern) und den → Esten verwandt ist. Die nordöstl. Woten werden zuerst in Novgoroder Urkunden des 11. Jh. als *Vod* erwähnt, während die nordwestl. und südl. Stämme der Woten bei den Russen Tschuden hießen. Das Wohngebiet der Woten, das sich im Mittelalter weit bis nach Livland ausdehnte, umfaßte den gesamten Nordwesten des Novgoroder Staatsgebiets und wurde in westl. Quellen Watland bzw. Watlandia, in russ. Chroniken Votskaja Pjatina genannt. Innerhalb des Fürstentums Moskau verlor die wot. Aristokratie ihre Landrechte an Russen. Um die Mitte des 19. Jh. hatten sich die Woten größtenteils kulturell und sprachl. ans Russentum assimiliert.

Lit.: Heinsoo 1995, Kolga et al. 2001: 356 ff.

Wotjaken → Udmurten

Z

Zapoteken (*Zapotecos*, the Zapotecs). Die Zapoteken leben in zahlreichen lokalen Gruppen im mexikan. Bundesstaat Oaxaca. Sie unterscheiden sich sprachl. teilweise erhebl. voneinander. Die Gesamtzahl dieser → Indianer beträgt rund 0,48 Mio. Nur wenige regionale Gruppen sind bevölkerungsstark, wie die Zapoteken von Miahuatlán (80000), von Loxicha (50000) oder von Rincón (26000). Zapoteken leben auch entfernt von ihrer Heimat, und zwar als Arbeitsimmigranten in Kalifornien (Los Angeles).

Die heutigen Zapoteken sind Nachkommen der einheim. mesoamerikan. Bevölkerung, die im Tal von Oaxaca heimisch war. Die Blütezeit der präkolumbian. Zivilisation, die sich u. a. durch Monumentalbauten (Monte Albán) und Schriftgebrauch auszeichnete, war die Periode zwischen 650 und 900 n. Chr. Das Reich der Zapoteken löste sich um 1500 auf und ihre Zivilisation verfiel. Das Volkstum und das sprachl. Kulturerbe der Zapoteken haben sich aber fortgesetzt und sind bis heute bewahrt geblieben. Die meisten Zapoteken sind zweisprachig, sie sprechen außer ihrer lokalen Muttersprache Span. als Zweitsprache. Die Zapoteken sind Christen (Teilnahme am Gottesdienst, Gebete, christl. Begräbnis), haben aber dennoch ihre traditionellen, naturreligiösen Rituale bewahrt.

Lit.: Kostyal 2002: 112 ff.

Zentralasien. Geograph. erstreckt sich diese Großregion vom Kasp. Meer im Westen bis nach Westchina im Osten. Im Norden läuft Zentralasien aus in das Tiefland Südsibiriens und im Süden grenzt es an das iran. Bergland. Mit Bezug auf die moderne Staatenwelt umfaßt Zentralasien das Territorium Kasachstans, Turkmenistans, Usbekistans, Tadschikistans, Kirgisistans, Afghanistans sowie die chines. autonome Region Xinjiang Uggur Zizhiqu. Damit ist der heute sehr gebräuchl. Begriff «Zentralasien» etwas weitläufiger als das eher im kulturhistor. Kontext verwendete «Mittelasien».

Zentralasien war seit alters die Heimat verschiedener Völker; bis heute hat die Region ihren multiethn., multikulturellen und multilingualen Charakter bewahrt. Zu den älteren Populationen gehören iran., also → indoeurop. Ethnien (→ Tadschiken und kleine Pamirvölker wie die Jaghnober, Schuganer, Vachaner, Jasgulamen u. a.), die hauptsächl. in Tadschikistan und in Afghanistan beheimatet sind. Die Mehrheitsbevölkerung in den anderen Staaten sind Turkvölker (→ Kasachen, → Kirgisen, → Turkmenen, → Usbeken), deren Sprachen einen Zweig der altaischen Sprachfamilie bilden.

Die Zahl der in Zentralasien beheimateten Ethnien beläuft sich auf mehr als hundert. Die bevölkerungsreichsten Gruppen sind solche, deren Vorfahren schon seit Jahrhunderten in jener Region gelebt haben. Es gibt daneben Dutzende von kleineren ethn. Gruppen, die als Außengruppen in Zentralasien leben, deren Hauptbevölkerung aber außerhalb der Region beheimatet ist. In sowjet. Zeit waren die zentralasiat. Republiken, insbesondere das riesige Territorium der kasach. Republik, Aufnahmeregion für zahllose Deportierte v. a. aus dem europ. Teil der Sowjetunion. Zu ihnen gehören Krimtataren und Baschkiren, → Ukrainer und → Weißrussen, → Mordwinen und → Esten, → Litauer und → Osseten, → Georgier und → Tschetschenen, → Deutsche sowie Moldawier (bzw. Moldau-→ Rumänen). Aus anderen Regionen Asiens kamen → Koreaner (im Jahre 1937 aus Fernost deportiert), Dunganen (Nordchinesen), → Uighuren u. a. Die bevölkerungsreichste der deportierten Völkerschaften sind die Deutschen, die aus der bis 1941 bestehenden Wolgarepublik (russ. Nemcev Povolž'ja ASSR), in der nach der Volkszählung des Jahres 1939 insgesamt 0,366 Mio. Deutsche lebten, ins nördl. Kasachstan zwangsumgesiedelt wurden. Ihre Zahl beläuft sich auf 0,96 Mio. Von diesen ethn. Deutschen (d. h. Personen deutscher Abstammung) sprechen knapp die Hälfte noch Deutsch als ihre Muttersprache. Die übrigen haben sich ans Russ. assimiliert.

Zentralasien ist eine Region mit alter Schriftkultur. Die ältesten Schriftarten, die dort bekannt waren (nach Ausweis von Inschriftfragmenten auf Importwaren), wenn auch nicht aktiv verwendet wurden, waren die Keilschrift Mesopotamiens und die Schrift der alten Indus-Zivilisation. Später verbreiteten sich andere Importschriften, die auch aktiv verwendet wurden: Varianten der Kharosthi-Schrift, die syr. Schrift, die uighur. Schrift, die manichäische Schrift, die Pehlevi-Schrift, das arab. Alphabet. Im 20. Jh. wechselten die arab., latein. und kyrill. Schrift einander ab. Die modernen Sprachen der Region haben eine unterschiedl. lange Tradition als Schriftmedien. Das heute in einer Variante des kyrill. Alphabets geschriebene Tadschik. wurde seit dem 9. Jh. als Schriftsprache verwendet und jahrhundertelang in arab. Schrift geschrieben. Im Kreis der Turksprachen reicht die schriftsprachl. Überlieferung des Usbek. vergleichsweise am weitesten zurück. Diese Sprache wird seit dem 15. Jh. geschrieben. Kasach. ist erst seit dem 19. Jh. schriftl. verwendet worden, Kirgis. erst seit den 1920er Jahren.

Iran. Völkerschaften haben bereits seit dem 2. Jt. v. Chr. in Zentralasien gesiedelt, auf sie gehen die ersten Staatsbildungen (Baktrien, Khotan u. a.) zurück. Die Hunnen durchzogen Zentralasien, bevor sie gegen Ende des 4. Jh. n. Chr. bis nach Ungarn und Rumänien vordrangen. Auch türk. Stämme wie Onoguren und Ogusen wanderten in den ersten Jahrhunderten unserer Zeitrechnung aus Südsibirien und dem Altai-Gebirge ein.

Zentralasien ist das Hauptdurchzugsgebiet für die Routen der Seidenstraße. Eine der alten Routen führte von Persien aus über Mundigak in Süd-Afghanistan nach Indien. Zunächst wurde der Warenverkehr von unabhängigen lokalen Königreichen kontrolliert, mit der arab.-islam. Expansion gelangte die Seidenstraße zunehmend unter die Kontrolle der Muslime. Der Warenaustausch florierte bis ins hohe Mittelalter, erst mit dem Aufstreben der Mongolenherrschaft nahm die wirtschaftl. Bedeutung der Seidenstraße allmählich ab.

Zentralasien erlebte unter der Herrschaft Timur-Lengs (Tamerlans, reg. 1370–1405) seine größte polit. Einheitlichkeit und kulturelle Blüte. Der bei seinen Feinden als grausamer Zerstörer bekannte Herrscher Transoxaniens und Begründer des Timuridenreichs baute seine Hauptstadt Samarkand (das alte Marakanda) großzügig aus und wurde zum Mäzen islam. Architektur und Bildung. Sein Machtbereich reichte bis in die Kaukasus-Region, nach Anatolien hinein und bis in den Süden Persiens. Der Glanz jener Epoche wurde später nie mehr erreicht.

Vor der russ. Expansion nach Zentralasien war die Region aufgeteilt in drei Lokalreiche, in das Emirat von Buchara (im heutigen Usbekistan), in das Khanat von Chiwa südl. des Aralsees und in das Khanat von Kokand (im Gebiet der Kirgisen). Die Region wurde zusehends zum Spielball auswärtiger Großmachtinteressen. Das zarist. Rußland sah hier die Möglichkeit, nach dem Prestigeverlust im verlorenen Krimkrieg mit der Kolonialmacht Großbritannien vor Ort zu konkurrieren. Nachdem die → Kaukasier militär. niedergerungen waren (1864 Sieg der zarist. Armee über die Tscherkessen), wandten sich die Russen der systemat. Eroberung der Khanate in Zentralasien zu.

Die russ. Vorherrschaft in Zentralasien setzte sich in die Sowjetära fort. Aber erst in den 1930er Jahren konnte der langjährige krieger. Widerstand der Turkvölker gegen die sowjet. Bevormundung endgültig gebrochen werden. Seit den 1960er Jahren betrieb die Zentralregierung in Moskau eine rigide Russifizierungspolitik. Zentralasien wurde damals zu einer von russ. Binnenmigranten bevorzugten Region. Während der zarist. Herrschaft hatte sich die russ. Präsenz im wesentl. noch auf Kaufleute, Verwaltungsbeamte und Armeekontingente beschränkt. Die wirtschaftl. Erschließung Mittelasiens seit den 1920er Jahren unter russ. Führung hatte zur Folge, daß sich mehr und mehr Russen in den städt. Zentren ansiedelten. Die sowjet. Gesellschaftsideologie strebte dem Ideal einer allmähl. sprachl.-kulturellen Konvergenz aller Sowjetvölker mit dem Russentum zu. Russ. Fachkräfte mit ihren Angehörigen wurden systemat. in den Städten der zentralasiat. Sowjetrepubliken angesiedelt. In den 1960er und 1970er Jahren erreichte die Binnenmigration ihren Höhepunkt. Gegen Ende der Sowjetära lebten mehr als 9 Mio. Russen in der Region, allein 6,2 Mio. davon in Kasachstan. In allen zentralasiat. Staaten (mit Ausnahme von Tadschikistan) stellen heute die Russen die zahlenstärkste ethn. Gruppe nach der Titularnationalität.

Seit dem Zerfall der Sowjetunion symbolisiert die staatl. Souveränität der ehemaligen Sowjetrepubliken den Aufschwung eigener nationaler Identitäten bei den Turkvölkern ebenso wie bei den Tadschiken. Aber obwohl die frühere sprachpolit. Abhängigkeit vom Russ. nominell aufgehoben wurde und die Nationalsprachen der Region heute als Staatssprachen fungieren, ist das Russ. weiterhin unverzichtbar. In Kasachstan z.B. besitzt das Kasach. nominellen Vorrang als Amtssprache, dennoch wird das Russ. weiterhin als Arbeitssprache amtl. Angelegenheiten benutzt. Der nationalpolit. Kurs der Regierungen in den Staaten Zentralasiens weist allerdings in Richtung einer vollständigen Ablösung vom Geltungsbereich des Russ. in der Zukunft.

Lit.: Harmatta 1994, Kappeler 1993: 160 ff., Litvinsky 1996

Zigeuner → Roma, Sinti

Bibliographie

Abondolo, D. (Hg.) (1998). The Uralic languages. London/New York

Agius, D. A./Hitchcock, R. (Hg.) (1994). The Arab influence in medieval Europe. Reading

Albrow, M. (1998). Abschied vom Nationalstaat. Staat und Gesellschaft im globalen Zeitalter. Frankfurt

Aleksandrov, V. A. (Hg.) (1999). Russkie. Moskau

Alho, O. (Hg.) (1997). Finland – a cultural encyclopedia. Helsinki

Ament, H. (1986). Die Ethnogenese der Germanen aus der Sicht der Vor- und Frühgeschichte, in: Bernhard/Kandler-Pálsson 1986: 247–256

Ames, K. M./Maschner, H. D. G. (1999). Peoples of the Northwest coast. Their archaeology and prehistory. London

Andronov, M. S. (1978). Dravidijskie jazyki, in: Jazyki Azii i Afriki 1978: 317–434

Anghelescu, N. (1993). Linguaggio e cultura nella civiltà araba. Turin

Arató, E. (1960). A nemzetiségi kérdés története Magyarországon. Budapest

Arhem, K. (1985). Pastoral man in the garden of Eden. The Maasai of the Ngorongoro conservation area. Uppsala

Arutjunjan, J. V. (Hg.) (1992). Russkie. Etno-sociologičeskie očerki. Moskau

Arutjunov, S. A. (1989). Narody i kul'tury. Razvitie i vzaimodejstvie. Moskau

Arvinte, V. (1989). Externe Sprachgeschichte, in: Holtus et al. 1989: 288–305

Aurrekoetxea, G. (1997). Espagnol-basque, in: Goebl et al. 1997: 1303–1309

Avoird, T. van der/Broeder, P./Extra, G. (2001). Immigrant minority languages in the Netherlands, in: Extra/Gorter 2001: 215–242

Baker, C. (1997). Great Britain, in: Goebl et al. 1997: 1059–1075

Bakker, P. (2001). Romani in Europe, in: Extra/Gorter 2001: 293–313

Balcou, J./Le Gallo, Y. (Hg.) (1987). Histoire littéraire et culturelle de la Bretagne. Paris/Genf

Baldauf, I. (1993). Schriftreform und Schriftwechsel bei den muslimischen Rußland- und Sowjettürken (1850–1937): Ein Symptom ideengeschichtlicher und kulturpolitischer Entwicklungen. Budapest

Banac, I. (1992). The national question in Yugoslavia. Origins, history, politics. Ithaca/London

Bárberi Squarotti, G. et al. (1992). L'italianistica. Introduzione allo studio della letteratura e della lingua italiana. Turin

Bardet, J.-P./Dupâquier, J. (Hg.) (1997). Histoire des populations de l'Europe, I. Des origines aux prémices de la révolution démographique. Paris

Bargatzky, T. (1985). Einführung in die Ethnologie. Eine Kultur- und Sozialanthropologie. Hamburg

Barnes, G. L. (1993). China, Korea and Japan. The rise of civilization in East Asia. London

Bartens, H.-H. (2000). Die finnisch-ugrischen Minoritätsvölker in Europa. Hamburg

Bartlett, R. (1993). The making of Europe. Conquest, colonization and cultural change 950–1350. London/New York

Baskakov, N. A. (Hg.) (1969). Osnovnye processy vnutristrukturnogo razvitija iranskich i iberijsko-kavkazskich jazykov. Moskau

Bátori, I. (1980). Russen und Finnougrier – Kontakt der Völker und Kontakt der Sprachen. Wiesbaden

Bel Bravo, M. A. (1997). Sefarad – Los judíos de España. Madrid

Bell-Fialkoff, A. (Hg.) (2000). The role of migration in the history of the Eurasian steppe. Sedentary civilization vs. «Barbarian» and nomad. Houndmills, Basingstoke/London

Bender, L. M. (2000). Nilo-Saharan, in: Heine/Nurse 2000: 43–73

Benzing, J. (1956). Die tungusischen Sprachen. Versuch einer vergleichenden Grammatik. Mainz

Bernal, M. (1987–91). Black Athena. The Afroasiatic roots of classical civilization, 2 Bde. London

Bernhard, W. (1986). Die Ethnogenese der Germanen aus der Sicht der Anthropologie, in: Bernhard/Kandler-Pálsson 1986: 257–284

Bernhard, W./Kandler-Pálsson, A. (Hg.) (1986). Ethnogenese europäischer Völker. Stuttgart/New York

Bertrand, A. (1977). Tribus berbères du Haut Atlas. Paris

Besters-Dilger, J./Moser, M./Simonek, S. (Hg.) (2000). Sprache und Literatur der Ukraine zwischen Ost und West. Bern

Bieder, H. (1995). Perspektiven der weißrussischen Standardsprache: Russifizierung, Polonisierung oder Weißrussifizierung der Sprachnormen, in: Die slavischen Sprachen 44, 25–34

– (2000). Die weißrussische Standardsprache am Ende des 20. Jahrhunderts, in: Zybatow 2000/2: 653–664

Bierhorst, J. (1993). Die Mythologie der Indianer Nordamerikas. Augsburg

Bistolfi, R./Zabbal, F. (1995). Islams d'Europe. Intégration ou insertion communautaire? Paris

Boix, E./Payrató, Ll./Vila, F.X. (1997). Espagnol-catalan, in: Goebl et al. 1997: 1296–1302

Bombi, R./Graffi, G. (Hg.) (1998). Ethnos e comunità linguistica: Un confronto metodologico interdisciplinare/Ethnicity and language community: An interdisciplinary and methodological comparison. Udine

Bourguet, P. du (1980). Die Kopten. Baden-Baden

Bozarslan, H. (1997). La question kurde. États et minorités au Moyen-Orient. Paris

Bragdon, K. (1996). Algonquian languages, in: Hoxie 1996: 21–22

Brandt, E. A. (1996). Western Apache, in: Hoxie 1996: 27–30

Brentjes, B. (1976). Drei Jahrtausende Armenien. Wien/München (2. Aufl.)

Bright, W. (Hg.) (1992). International encyclopedia of linguistics, 4 Bde. New York/Oxford

Bromlej, J. V. (Hg.) (1988). Narody mira – Istoriko-etnografičeskij spravočnik. Moskau

Brown, L. C. (Hg.) (1996). Imperial legacy. The Ottoman imprint on the Balkans and the Middle East. New York

Bruckmüller, E. (1984). Nation Österreich. Sozialhistorische Aspekte ihrer Entwicklung. Wien

Brugnatelli, V. (1998). I berberi nel Nordafrica post-coloniale, in: Bombi/Graffi 1998: 229–244

Bruk, S. I./Apenčenko, V. S. (Hg.) (1964). Atlas narodov mira. Moskau

Brunner, H./Flessel, K./Hiller, F. (Hg.) (1993). Lexikon alte Kulturen, Bd. 2. Mannheim/Leipzig

Brunnert, O./Conze, W./Koselleck, R. (Hg.) (1992). Geschichtliche Grundbegriffe. Historisches Lexikon zur politisch-sozialen Sprache in Deutschland, Bd. 7. Stuttgart

Brütting, R. (Hg.) (1995). Italien-Lexikon. Berlin/Bielefeld/München

Butrimas, A. (Hg.) (2001). Baltic amber. Vilnius

Callebaut, B./Ryckeboer, H. (1997). Français-néerlandais, in: Goebl et al. 1997: 1240–1252

Camps, G. (Hg.) (1984 ff.). Encyclopédie Berbère. Aix-en-Provence

Cavalli-Sforza, L. L. (Hg.) (1986). African Pygmies. Orlando, Fla.

– (2000). Genes, peoples, and languages. New York

Cavalli-Sforza, L./Cavalli-Sforza, F. (1995). The great human diasporas. The history of diversity and evolution. Reading, Mass./Menlo Park, Ca./New York

Cavalli-Sforza, L./Menozzi, P./Piazza, A. (1994). History and geography of human genes. Princeton, NJ

Chaliand, G. (Hg.) (1980). People without a country: The Kurds and Kurdistan.

Chapman, A. (1987). La Isla de los Estados en la prehistoria. Primeros datos arqueológicos. Buenos Aires

Charola, A. E. (1997). Isla de Pascua. El patrimonio y su conservación. New York

Chernela, J. M. (1993). The Wanano Indians of the Brazilian Amazon. A sense of space. Austin

Chit', G. L./Dolinova, N. A. (1990). Rasovaja differenciacija čelovečestva. Moskau

Clark, R. (1992). Austronesian languages, in: Bright 1992/1: 142–145

Coenen, M.-T./Lewin, R. (Hg.) (1997). La Belgique et ses immigrés. Les politiques manquées. Paris/Brüssel

Comrie, B. (Hg.) (1987). The world's major languages. London/New York

Connah, G. (1987). African civilizations. Precolonial cities and states in tropical Africa: an archaeological perspective. Cambridge/New York

Cook, E.-D. (1992). Athabaskan languages, in: Bright 1992/1: 122–128

Coulmas, F. (2003). Die Kultur Japans. Tradition und Moderne. München

Craffonara, L. (1997). Ladinien, in: Goebl et al. 1997: 1383–1398

Crespi, G. (1992). Die Araber in Europa. Stuttgart/Zürich

Dahlbäck, G. (1993). Sweden, in: Pulsiano 1993: 629–633

Dahm, B./Ptak, R. (Hg.) (1999). Südostasien-Handbuch. München

Darcos, X. (1992). Histoire de la littérature française. Paris

Daun, Å. (1989). Svensk mentalitet. Stockholm

Davies, J. (1993). A history of Wales. London

Davies, N. (1996). Europe – A history. Oxford/New York

Deloria, V. (Hg.) (1992). American Indian policy in the twentieth century. Norman/London (2. Aufl.)

Deprez, K. (Hg.) (1984). Sociolinguistics in the low countries. Philadelphia

Detrez, R. (1997). Albanie, in: Goebl et al. 1997: 1451–1458

Diakonoff, I.M. (1984). The prehistory of the Armenian people. New York

Diels, P. (1963). Die slavischen Völker. Wiesbaden

Diffloth, G./Zide, N. (1992). Austro-Asiatic languages, in: Bright 1992/1: 137–142

Dihle, A. (1994). A history of Greek literature from Homer to the Hellenistic period. London/New York

Dittmar, J. (1989). Thailand und Burma. Tempelanlagen und Königsstädte zwischen Mekong und Indischem Ozean. Köln (6. Aufl.)

Dobyns, H.F. (1996). Eastern Apache, in: Hoxie 1996: 25–27

Doerfer, G. (1965). Ältere westeuropäische Quellen zur kalmückischen Sprachgeschichte (Witsen 1692 bis Zwick 1827). Wiesbaden

Dowson, T.A. (1992). Rock engravings of Southern Africa. Johannesburg

Durrenberger, E.P./Pálsson, G. (Hg.) (1989). The anthropology of Iceland. Iowa City

Duroselle, J.-B. (1990). Europe. A history of its peoples. London/New York

Dutton, B.P. (1983). American Indians of the Southwest. Albuquerque (2. Aufl.)

Eckert, R. (2002a). Lettisch, in: Okuka 2002: 597–613

– (2002b). Litauisch, in: Okuka 2002: 615–631

Ehret, C. (1998). An African classical age. Eastern & southern Africa in world history 1000 B.C. to A.D. 400. Kampala/Kapstadt

Eiseman, F.B. (1989). Bali – Sekala & Niskala, vol. I: Essays on religion, ritual, and art. Berkeley/Singapur

Encyclopédie de la Polynésie, 9 Bde. Papeete 1990 (2. Aufl.)

Englert, S. (1998). La tierra de Hotu Matu'a. Historia y etnología de la Isla de Pascua. Santiago (8. Aufl.)

Erdosy, G. (Hg.) (1995). The Indo-Aryans of ancient South Asia. Berlin/New York

Esen-Baur, H.-M./Walter, C. (1989). Die Osterinsel heute, in: 1500 Jahre Kultur der Osterinsel. Mainz, S. 160–166

Extra, G./Gorter, D. (Hg.) (2001). The other languages of Europe. Clevedon/Buffalo/Toronto/Sydney

Fabellini, S. (2002). Korsisch, in: Janich/Greule 2002: 129–134

Fagan, B. (2002). Südamerika, in: Kostyal 2002: 80–109

Farkas, J. v./Bogyay, T. v. (1960). Die Kultur der Ungarn. Konstanz

Fasske, H. (1997). Deutsch-Sorbisch, in: Goebl et al. 1997: 1790–1797

Fernández-Armesto, F. (Hg.) (1994). Guide to the peoples of Europe. London

Fernández Chiti, J. (1997). Diccionario indígena argentino. Buenos Aires

Fernández Rei, F. (1997). Espagnol-galicien, in: Goebl et al. 1997: 1285–1295

Ferro, M. (1994). Histoire des colonisations des conquêtes aux indépendances XIIIe – XXe siècle. Paris

Fishman, J. A. (Hg.) (1999). Handbook of language and ethnic identity. Oxford/New York

Forsyth, J. (1992). A history of the peoples of Siberia. Russia's North Asian colony 1581–1990. Cambridge/New York

Frängsmyr, T. (2000). Svensk idéhistoria. Bildning och vetenskap under tusen år, del I, 1000–1809. Stockholm

Fraenkel, E./Kramer, C. (Hg.) (1993). Language contact – language conflict. New York

Frankel, E./Teutsch, B. P. (1992). The encyclopedia of Jewish symbols. Northvale, NJ/London

Fraser, A. (1995). The Gypsies. Oxford/Cambridge, Mass. (2. Aufl.)

Frédéric, L. (1987). Dictionnaire de la civilisation indienne. Paris

Friedman, V. (1993). Language policy and language behavior in Macedonia: Background and current events, in: Fraenkel/Kramer 1993: 73–99

Frye, R. (1984). The history of ancient Iran. München

Fuchs, L. H. (1990). The American kaleidoscope. Race, ethnicity, and the civic culture. Hanover/London

Funk, D. A./Sillanpää, L. (Hg.) (1999). The small indigenous nations of Northern Russia. A guide for researchers. Vaasa

Fuwei, Sh. (1996). Cultural flow between China and outside world throughout history. Beijing

Gabain, A. v. (1973). Das Leben im uigurischen Königreich von Qoco (850–1250). Wiesbaden

Gabinskij, M. A. (2002). Moldawisch, in: Okuka 2002: 133–143

Gardt, A. (Hg.) (2000). Nation und Sprache. Die Diskussion ihres Verhältnisses in Geschichte und Gegenwart. Berlin/New York

Gilman, S. L. (1992). Jewish self-hatred. Anti-semitism and the hidden language of the Jews. Baltimore/London (2. Aufl.)

Gladrow, A. (2002). Slowakisch, in: Okuka 2002: 477–494

Glassé, C. (1991). The concise encyclopedia of Islam. San Francisco

Goddard, I. (1992). Algonkian languages, in: Bright 1992/1: 44–48

Goebl, H. (1988). Korsisch, Italienisch und Französisch auf Korsika, in: Lexikon der Romanistischen Linguistik 4, 829–835

Goebl, H./Nelde, P.H./Stary, Z./Wölck, W. (Hg.) (1996–97). Kontaktlinguistik/Contact Linguistics/Linguistique de contact, 2 Bde/2 vols. Berlin/New York

Gohl, G. (1976). Die koreanische Minderheit in Japan als Fall einer «politisch-ethnischen» Minderheitengruppe. Wiesbaden

Golczewski, F. (Hg.) (1993). Geschichte der Ukraine. Göttingen

Gorgoniev, J. A./Morev, L. N./Solnceva, N. V. (Hg.) (1967). Jazyki Jugo-vostoč-
noj Azii. Moskau

Görlach, M. (2000). Nation und Sprache: das Englische, in: Gardt 2000: 613–641

Gorter, D. (Hg.) (1987). The sociology of Frisian. Berlin/Amsterdam

– (1997). Dutch-West Frisian, in: Goebl et al. 1997: 1152–1157

Göttler, G. (1989). Die Tuareg. Kulturelle Einheit und regionale Vielfalt eines
Hirtenvolkes. Köln

Grdina, I./Stabej, M. (2002). Slowenisch, in: Okuka 2002: 495–508

Green, M. J. (1995). The Celtic world. London/New York

Greenberg, M. L. (1997). The sociolinguistics of Slovene. Berlin/New York

Greenfeld, L. (1992). Nationalism – Five roads to modernity. Cambridge,
Mass./London

Griffin-Pierce, T. (1992). Earth is my mother, Sky is my father. Space, time, and
astronomy in Navajo sandpainting. Albuquerque, New Mexico

Grimes, B. F. (Hg.) (2000). Ethnologue, vol. I: Languages of the world. Dallas
(14. Aufl.)

Gronemeyer, R./Rakelmann, G. A. (1988). Die Zigeuner. Köln

Grossjohann, W. (1989). Malta. Ein politisches Reisebuch. Hamburg

Gubbins, P./Holt, M. (Hg.) (2002). Beyond boundaries: Language and identity
in contemporary Europe. Clevedon/Buffalo/Toronto/Sydney

Gustavsson, S. (1995). Belarus: A multilingual state in Eastern Europe, in:
Gustavsson/Runblom 1995: 39–74

Gustavsson, S./Runblom, H. (Hg.) (1995). Language, minority, migration. Uppsala

Gutas, D. (1998). Greek thought, Arabic culture. The Graeco-Arabic translation
movement in Baghdad and early 'Abbasid society (2nd–4th/8th–10th centuries). London/New York

Haarmann, H. (1986). Language in ethnicity. A view of basic ecological relations.
Berlin/New York

– (1993). Die Sprachenwelt Europas. Geschichte und Zukunft der Sprachnationen zwischen Atlantik und Ural. Frankfurt/New York

– (1995). Europeanness, European identity and the role of language – Giving
profile to an anthropological infrastructure, in: Sociolinguistica 9, 1–55

– (1996). Identität, in: Goebl et al. 1996: 218–233

– (1997a). Zeichenkonzeptionen im keltischen Altertum, in: Posner et al. 1997:
763–802

– (1997b). Moldawien, in: Goebl et al. 1997: 1933–1941

– (1998a). Religion und Autorität. Der Weg des Gottes ohne Konkurrenz. Hil-
desheim/Zürich/New York

– (1998b). Basque ethnogenesis, acculturation, and the role of language contacts,
in: Fontes lingvae vasconvm. Stvdia et docvmenta 77, 25–42

– (1998c). Sign conceptions in Korea, in: Posner et al. 1998: 1881–1898

– (1998d). Zeichenkonzeptionen in den Festlandkulturen Südostasiens, in: Posner et al. 1998: 1928–1971

– (1999). History, in: Fishman 1999: 60–76

– (2000). Nation und Sprache in Rußland, in: Gardt 2000: 747–824

– (2001a). Die Kleinsprachen der Welt – Existenzbedrohung und Überlebenschancen. Eine umfassende Dokumentation. Frankfurt/Berlin/Bern

– (2001b). Babylonische Welt. Geschichte und Zukunft der Sprachen. Frankfurt/New York

– (2001c). Kleines Lexikon der Sprachen. Von Albanisch bis Zulu. München

– (2002a). Sprachenalmanach. Zahlen und Fakten zu allen Sprachen der Welt. Frankfurt/New York

– (2002b). Identity in transition: Cultural memory, language and symbolic Russianness, in: Gubbins/Holt 2002: 59–72

– (2002c). Kalmükisch, in: Okuka 2002: 923–925

– (2003). Language, economy and prestige in the context of Baltic-Fennic contacts, in: Studia Indogermanica Lodziensia (im Druck)

Haarmann, U. (Hg.) (1987). Geschichte der arabischen Welt. München

Hagström, B. (1997). Faroese-Danish, in: Goebl et al. 1997: 1043–1049

Hajdú, P./Domokos, P. (1987). Die uralischen Sprachen und Literaturen. Hamburg

Hall, K. R. (1985). Maritime trade and state development in early Southeast Asia. Honolulu

Hallamaa, P. (1997). Unangam Tunuu and Sugtestun: A struggle for continued life, in: Shoji/Janhunen 1997: 187–223

Harmatta, J. (Hg.) (1994). History of civilizations of Central Asia, vol. II: The development of sedentary and nomadic civilizations: 700 B. C. to A. D. 250. Paris

Harris, M. (1989). Kulturanthropologie. Ein Lehrbuch. Frankfurt/New York

Harvie, C. (1994). Scotland & nationalism. Scottish society and politics 1707–1994. London/New York (2. Aufl.)

Hayward, R. J. (2000). Afroasiatic, in: Heine/Nurse 2000: 74–98

Heiberg, M. (1989). The making of the Basque nation. Cambridge

Heine, B./Nurse, D. (Hg.) (2000). African languages. An introduction. Cambridge/New York

Heine, B./Schadeberg, T.C./Wolff, E. (Hg.) (1981). Die Sprachen Afrikas. Hamburg

Heinsoo, H. (1995). Tseeli veeb vaikka Viipurii – Vatjalaisista ja vatjalaisuudesta, in: Jokipii 1995: 147–160

Heissig, W./Müller, C. C. (Hg.) (1989). Die Mongolen, 2 Bde. Innsbruck/Frankfurt

Hellberg-Hirn, E. (1998). Soil and soul: The symbolic world of Russianness. Aldershot/Brookfield/Singapur/Sydney

Helle, K. (1993). Norway, in: Pulsiano 1993: 436–440

Henningsen, B./Klein, J./Müssener, H./Söderlind, S. (1997). Skandinavien och Tyskland 1800–1914. Möten och vänskapsband. Berlin

Herrero de Miñón, M. (Hg.) (1999). Estudis jurídics sobre la llei de política lingüística. Madrid/Barcelona

Herrmann, J. (Hg.) (1986). Welt der Slawen. Geschichte, Gesellschaft, Kultur. München/Leipzig

Hesse, A./Daniel, M. (2002). Polnisch, in: Janich/Greule 2002: 205–211

Hewitt, B. G. (1998). Georgian, in: Price 1998: 76–80

Hijiya-Kirschnereit, J. (1988). Das Ende der Exotik. Zur japanischen Kultur und Gesellschaft der Gegenwart. Frankfurt

Hill, J. D. (Hg.) (1996). History, power, and identity. Ethnogenesis in the Americas, 1492–1992. Iowa

Hill, J.H./Hill, K.C. (1986). Speaking Mexicano. Dynamics of syncretic language in Central Mexico. Tucson

Höllmann, T. (2001). Unter dem Diktat des Vorurteils. China und seine ethnischen Minderheiten. München

Holm, J. (Hg.) (1994). Myth and history. London/New York

Holtus, G./Metzeltin, M./Schmitt, C. (Hg.) (1989). Lexikon der romanistischen Linguistik, Bd. III. Tübingen

Hørby, K. (1993). Denmark, in: Pulsiano 1993: 127–130

Hörig, R. (1990). Selbst die Götter haben sie uns geraubt. Adivasi in Indien. Göttingen

Horton, D. (Hg.) (1994). The encyclopaedia of aboriginal Australia, 2 Bde. Canberra

Hoxie, F. E. (Hg.) (1996). Encyclopedia of North American Indians. Native American history, culture, and life from Paleo-Indians to the present. Boston/New York

Hoyland, R. G. (2001). Arabia and the Arabs from the Bronze Age to the coming of Islam. London/New York

Hrbek, I. (Hg.) (1992). General history of Africa III: Africa from the seventh to the eleventh century. Paris/London/Berkeley

Huard, P./Durand, M. (1998). Viet-Nam. Civilization and culture. Paris/Hanoi (3. Aufl.)

Igla, B. (1997). Romani, in: Goebl et al. 1997: 1961–1971

Ikegami, Y. (Hg.) (1991). The empire of signs. Semiotic essays on Japanese culture. Amsterdam/Philadelphia

Iliescu, M. (2002). Rumänisch, in: Okuka 2002: 145–166

James, H. (1989). A German identity 1770–1990. London

Janhunen, J. (1996). Manchuria. An ethnic history. Helsinki

Janich, N./Greule, A. (Hg.) (2002). Sprachkulturen in Europa. Ein internationales Handbuch. Tübingen

Järv, A. (1995). Viron historia, in: Jokipii 1995: 85–125

Jensen, C. J. (1992). Tupian languages, in: Bright 1992/4: 182–187

Johnston, A. I. (1995). Cultural realism. Strategic culture and grand strategy in Chinese history. Princeton, NJ

Jokipii, M. (Hg.) (1995). Itämerensuomalaiset. Heimokansojen historiaa ja kohtaloita. Jyväskylä

Kallscheuer, O. (Hg.) (1996). Das Europa der Religionen – Ein Kontinent zwischen Säkularisierung und Fundamentalismus. Frankfurt

Kaloev, B. A. (1971). Osetiny (Istoriko-etnografičeskie issledovanija). Moskau (2. Aufl.)

Kam, G. (2000). Ramayana in the Arts of Asia. Singapur

Kangaspuro, M. (2000). Neuvosto-Karjalan taistelu itsehallinosta. Nationalismi ja suomalaiset punaiset Neuvostoliiton vallankäytössä 1920–1939. Helsinki

Kaplan, L. D. (1992). Eskimo-Aleut languages, in: Bright 1992/1: 415–419

Kappeler, A. (1993). Rußland als Vielvölkerreich. Entstehung – Geschichte – Zerfall. München (2. Aufl.)

Kappler, M. (2002). Türkisch (in Südosteuropa), in: Okuka 2002: 817–834

Karnoouh, C. (1990). L'invention du peuple. Chroniques de Roumanie. Essai. Paris

Katouzian, H. (2003). Iranian history and politics: State and society in perpetual conflict. London/New York

Keddie, N. R. et al. (Hg.) (2002). Iran and the surrounding world: Interactions in culture and cultural politics. Washington

Keilhauer, A. und P. (1986). Südkorea. Kunst und Kultur im «Land der Hohen Schönheit». Köln

Kelly, R. C. (1993). Constructing inequality. The fabrication of a hierarchy of virtue among the Etoro. Ann Arbor

Kempers, A. J. B. (1991). Monumental Bali. Introduction to Balinese archaeology & guide to the monuments. Berkeley/Singapur

Khaleel, J. (1996). The Hansa, in: Okehie-Offoha/Sadiku 1996:37–62

Kho, S. (1987). Koreans in Soviet Central Asia. Helsinki

Kirikae, H. (1997). Social aspects of the Ainu linguistic decline, in: Shoji/Janhunen 1997: 161–174

Klinge, M. (1997). Keisarin Suomi. Helsinki

Kloss, H. (1969). Grundfragen der Ethnopolitik im 20. Jahrhundert. Wien/Stuttgart

Kodansha Encyclopedia of Japan, 9 Bde. Tokyo 1983

Kokkonen, P. (2002). Syrjänisch, in: Okuka 2002: 709–718

Kolga, M. et al. (2001). The red book of the peoples of the Russian Empire. Tallinn

Kolinsky, E./Will, W. v. d. (Hg.) (1998). The Cambridge companion to modern German culture. Cambridge/New York

Kolstoe, P. (1995). Russians in the former Soviet Republics. London

König, E./Auwera, J. van der (Hg.) (1994). The Germanic languages. London/New York

Kono, M./Bowles, G.T. (1983). Ainu, in: Kodansha Encyclopedia of Japan, Bd. 1, 34–36

Konstantinou, E. (Hg.) (1995). Europäischer Philhellenismus. Antike griechische Motive in der heutigen europäischen Literatur. Frankfurt/Berlin/New York

Kontzi, R. (1997). Malta, in: Goebl et al. 1997: 1399–1406

Kósa, L. (1994). Die Ungarn – Ihre Geschichte und Kultur. Budapest

Koselleck, R. (1992). Volk, Nation, Nationalismus, Masse, in: Brunnert et al. 1992: 141–151

Kosmenko, M. G./Kočkurkina, S.I. (Hg.) (1996). Archeologija Karelii. Petrozavodsk

Kostyal, K. M. (Hg.) (2002). National Geographic Atlas der Völker. Hamburg

Kozanovskij, A. N. (Hg.) (1997). Etničeskie men'šinstva v sovremennoj Evrope. Moskau

Kraas, F. (1992). Die Rätoromanen Graubündens. Stuttgart

Krauss, M. (1973). Na-Dene, in: Sebeok 1973: 903–978

Kremnitz, G. (1997). Français-occitan, in: Goebl et al. 1997: 1188–1195

Kristiansen, K. (1998). Europe before history. Cambridge/New York

Krjukov, M. V./Maljavič, V. V./Sovronov, M. V./Čeboksarov, N. N. (1993). Etničeskaja istorija kitajcev v XIX – načale XX veka. Moskau

Kuz'mina, E. E. (1994). Otkuda prišli indoarii? Material'naja kul'tura plemen andronovskoj Obščnosti i proischoždenie indoirancev. Moskau

Laakso, J. (Hg.) (1991). Uralilaiset kansat. Porvoo/Helsinki/Juva

Lagarde, P. (1997). La nationalité française. Paris (3. Aufl.)

Lebsanft, F. (2000). Nation und Sprache: das Spanische, in: Gardt 2000: 643–671

Lebzelter, V. (1934). Eingeborenenkulturen von Südwestafrika – Die Buschmänner. Leipzig (Neudruck: Swakopmund/Namibia 2000)

Le Berre, Y./Le Dû, J. (1997). Français-breton, in: Goebl et al. 1997: 1252–1260

Le Cam, G.-G. (1992). Mythe et stratégie identitaire chez les Maoris de Nouvelle Zélande. Paris

Lehtola, V. P. (1997). Saamelaiset. Historia, yhteiskunta, taide. Jyväskylä

Leitzinger, A. (1995). Tshetsheenit. Helsinki

Levin, M. D. (Hg.) (1993). Ethnicity and aboriginality. Case studies in ethnonationalism. Toronto/Buffalo/London

Lewis, P. und E. (2002). Peoples of the Golden Triangle. Bangkok (2. Aufl.)

Lieven, A. (1998). Chechnya. Tombstone of Russian power. New Haven/London

Lincoln, W. B. (1993). The conquest of a continent. Siberia and the Russians. London

Lindig, W. (1987). Die Indianer, Bd. 1: Nordamerika. München (4. Aufl.) s. Lindig/Münzel 1985–87

– (1987). Die Nordwestküsten-Indianer: Die Überflußgesellschaft, in: Lindig/Münzel 1985–87/Bd. 1: 48–67

– (1987). Die Indianer des Südwestens: Auf dem Wege zur Hochkultur, in: Lindig/Münzel 1985–87/Bd. 1: 184–230

Lindig, W./Münzel, M. (1985–87). Die Indianer, Bd. 1: Nordamerika, Bd. 2: Mittel- und Südamerika. München (3. Aufl.; Bd. 1: 4. Aufl. 1987)

Linke, U. (1999). Blood and nation. The European aesthetics of race. Philadelphia

Litvinsky, B. A. (Hg.) (1996). History of civilizations of Central Asia, vol. III: The crossroads of civilizations: A. D. 250 to 750. Paris

Liu, Y. (1998). Origins of Chinese law. Penal and administrative law in its early development. Hong Kong/Oxford/New York

Livi-Bacci, M. (1997). A concise history of world population. Malden, Mass./Oxford (2. Aufl.)

Lone Hill, K.D. (1996). Sioux, in: Hoxie 1996: 590–593

Ludwig, K. (1989). Tibet. München

– (1994). Bedrohte Völker. Nationale und religiöse Minderheiten. München (3. Aufl.)

Lutze, L. (1995). Tendenzen der modernen indischen Literaturen, in: Rothermund 1995: 211–227

Macfie, A.L. (1994). Atatürk. London/New York

Mackey, J.P. (1995). An introduction to Celtic christianity. Edinburgh (2. Aufl.)

Mahr, G. (Hg.) (1983). Frühe Bergvölker in Armenien und im Kaukasus. Berlin

Maier, B. (2000). Die Kelten. Ihre Geschichte von den Anfängen bis zur Gegenwart. München

Maisels, C.K. (1999). Early civilizations of the Old World. The formative histories of Egypt, the Levant, Mesopotamia, India and China. London/New York

Mallory, J.P./Adams, D.Q. (Hg.) (1997). Encyclopedia of Indo-European culture. London/Chicago

Marcato, C. (1997). Italien-frioulan, in: Goebl et al. 1997: 1337–1344

Maung Nyunt, K. (1999). An outline history of Myanmar literature. Yangon

McCarty, T./Zepeda, O. (1999). Amerindians, in: Fishman 1999: 197–210

McDowall, D. (1996). A modern history of the Kurds.

Melik'jan, G.G. (Hg.) (1994). Narodonaselenie. Enciklopedičeskij slovar'. Moskau

Melody, M.E. (1988). The Apache. New York

Menges, K.H. (1995). The Turkic languages and peoples. An introduction to Turkic studies. Wiesbaden (2. Aufl.)

Middleton, J. (1992). The world of the Swahili. An African mercantile civilization. New Haven/London

Miller, J. (1996). Pueblo, Rio Grande, in: Hoxie 1996: 517–520

Miller, R.A. (1982). Japan's modern myth. The language and beyond. New York/Tokyo

– (1996). Languages and history. Japanese, Korean, and Altaic. Oslo

Millett, M. (1990). The romanization of Britain. An essay in archaeological interpretation. Cambridge/New York

Mirow, J. (1990). Geschichte des deutschen Volkes. Gernsbach

Möhlig, W.J.G. (1981). Die Bantusprachen im engeren Sinn, in: Heine et al. 1981: 77–116

Mohawk, J.C. (1996). Iroquois Confederacy, in: Hoxie 1996: 298–302

Morris, W.F. (1988). Living Maya. New York (2. Aufl.)

Moseley, C./Asher, R.E. (Hg.) (1994). Atlas of the world's languages. London/New York

Mulertt, W./Gmelin, H./Giese, W./Block, M. (1939). Handbuch der Kulturgeschichte: Kultur der romanischen Völker. Potsdam

Müller, K.E. (1987). Das magische Universum der Identität. Elementarformen sozialen Verhaltens – Ein ethnologischer Grundriß. Frankfurt/New York

Münzel, M. (1985). Die Indianer, Bd. 2: Mittel- und Südamerika. München (3. Aufl.); s. Lindig/Münzel 1985–87

– (1985a). Die Indianer des südlichen Mesoamerika: Die Maya, in: Lindig/Münzel 1985–87/Bd. 2: 24–51

– (1985b). Die Indianer des östl. Waldlandes: Die typischen Tiefland-Indianer, in: Lindig/Münzel 1985–87/Bd. 2: 241–273

Namu, Y. E./Mathieu, C. (2003). Leaving Mother Lake. A girlhood at the edge of the world. New York

Newman, J. L. (1995). The peopling of Africa. A geographic interpretation. New Haven/London

Newman, P. (1987). Hausa and the Chadic languages, in: Comrie 1987: 705–723

Newton, G. (Hg.) (1996). Luxembourg and Lëtzebuergesch: Language and communication at the crossroads of Europe. Oxford

Nile, R./Clerk, C. (1996). Cultural atlas of Australia, New Zealand & the South Pacific. Vineyard, Abingdon (England)

Norberg, M. (1996). Sprachwechselprozeß in der Niederlausitz. Uppsala

Novik, E. S. (1989). Ritual und Folklore im sibirischen Schamanismus. Hamburg

O Riagáin, P. (1997). Ireland, in: Goebl et al. 1997: 1097–1106

Ogot, B. A. (Hg.) (1992). General history of Africa V: Africa from the sixteenth to the eighteenth century. Paris/London/Berkeley

Okehie-Offoha, M. U./Sadiku, M. N. O. (Hg.) (1996). Ethnic & cultural diversity in Nigeria. Trenton, NJ

Okuka, M. (Hg.) (2002). Wieser Enzyklopädie des europäischen Ostens, Bd. 10: Lexikon der Sprachen des europäischen Ostens. Klagenfurt

Osborne, M. E. (1997). The French presence in Cochinchina and Cambodia: Rule and response (1859–1905). Bangkok

Osborne, R. (1996). Greece in the making 1200–479 BC. London/New York

Otero Novas, J. M. (1998). Defensa de la Nación española. Frente a la exacerbación de los nacionalismos y ante la duda europea. Madrid

Pandya, V. (1993). Above the forest. A study of Andamanese ethnoanemology, cosmology, and the power of ritual. Delhi

Papp, Gy. (2002). Ungarisch, in: Okuka 2002: 735–756

Pärssinen, M. (1992). Tawantinsuyu. The Inca state and its political organization. Helsinki

Pavy, D. (1999). Les Belges. Paris

Payne, M. (Hg.) (1996). A dictionary of cultural and critical theory. Oxford/Malden, Mass.

Petraccone, C. (2000). Le due civiltà. Settentrionali e meridionali nella storia d'Italia. Roma/Bari

Picoche, J./Marchello-Nizia, C. (1996). Histoire de la langue française. Paris

Plank, van der P. (1984). Ethnicity in Friesland, in: Deprez 1984: 319–333

Poppe, N. (1964). Grammar of written Mongolian. Wiesbaden

Posner, R./Robering, K./Sebeok, T. A. (Hg.) (1997–98). Semiotik/Semiotics, 2 Teilbände. Berlin/New York

Powell, A. (Hg.) (1995). The Greek world. London/New York

Prentice, D. J. (1992). Malay and Indonesian, Malayic languages, in: Bright 1992/2: 374–383

Price, G. (Hg.) (1998). Encyclopedia of the languages of Europe. Oxford/Malden, Mass.

Pulsiano, P. (Hg.) (1993). Medieval Scandinavia. An encyclopedia. New York/London

Ramallo, F. F./Rei Doval, G. (1997). Vender en galego. Comunicación, empresa e lingua en Galicia. Santiago de Compostela

Rannut, M. (1997). Estonia, in: Goebl et al. 1997: 1900–1905

Rayfield, D. (1994). The literature of Georgia: A history. Oxford

Reichel-Dolmatoff, G. (1996). Yuruparí – Studies of an Amazonian foundation myth. Cambridge, Mass.

Reid, A. (1993). Southeast Asia in the age of commerce 1450–1680, vol. II: Expansion and crisis. Chiang Mai/Thailand

Rex Lee Jim (1996). Navajo, in: Hoxie 1996: 422–425

Riché, P. (1991). Die Karolinger. Eine Familie formt Europa. München

Richman, P. (Hg.) (2000). Questioning Ramayanas. A South Asian tradition. New Delhi

Rindler Schjerve, R. (1997). Sardaigne, in: Goebl et al. 1997: 1376–1383

Riquer i Permanyer, B. de (2000). Identitats contemporànies: Catalunya i Espanya. Vic

Rogers, P. (1996). Northeast Thailand from prehistoric to modern times. Bangkok

Rohr, R. (Hg.) (1987). Die Aromunen. Sprache – Geschichte – Geographie. Hamburg

Rolf, A. (1989). Malaysia und Singapur. Dschungelvölker, Moscheen, Hindutempel, chinesische Heiligtümer und moderne Stadtkulturen im Herzen Südostasiens. Köln (2. Aufl.)

Rorlich, A.-A. (1986). The Volga Tatars. A profile in national resilience. Stanford

Roth, C. (Hg.) (1971). Encyclopedia Judaica, 18 Bde. Jerusalem

Rothermund, D. (Hg.) (1995). Indien. Kultur, Geschichte, Politik, Wirtschaft, Umwelt – Ein Handbuch. München

Roveda, V. (1997). Khmer mythology. London

– (2001). Sacred Angkor. The carved reliefs of Angkor Wat. Bangkok

Rüdiger, J. C. C. (1782). Von der Sprache und Herkunft der Zigeuner aus Indien. Göttingen (Nachdruck mit einer Einleitung von H. Haarmann; Hamburg 1990)

Rudy, Z. (1962). Ethnosoziologie sowjetischer Völker. Bern/München

Russkie – Etnosociologičeskie očerki. Moskau 1992

Rybakov, B. (2001). Jazyčestvo Drevnej Rusi. Moskau

Saarinen, S. (2002a). Mordwinisch, in: Okuka 2002: 677–688

– (2002b). Tscheremissisch, in: Okuka 2002: 719–733

Salminen, T. (Hg.) (2000). Ancient Thrace. Gold and silver treasures from Bulgaria 5000 BC–AD 300. Helsinki

Salverda, R. (1998). Frisian, in: Price 1998: 177–184

Sammallahti, P. (1998). The Saami languages. An introduction. Karasjok

Sankan, S. S. (1995). The Maasai. Nairobi

Schaller, H. W. (1993). Die Frage des Überganges von der ostslawischen Sprach-
einheit zum Großrussischen, Ukrainischen und Weißrussischen, in: Zeitschrift für Slawistik 38, 41–52

Schiffman, H. F. (1999). South and Southeast Asia, in: Fishman 1999: 431–443

Schmidt-Radefeldt, J. (1997). Portugal, in: Goebl et al. 1997: 1310–1317

Schoolfield, G. C. (1995). Helsinki of the Czars. Finland's capital: 1808–1918.
Drawer, Columbia

Sebeok, T. A. (Hg.) (1973). Current trends in linguistics, vol. 10 (Linguistics in
North America). The Hague

Seiwert, W.-D. (2000). Die Saami. Indigenes Volk am Anfang Europas. Leipzig

Seligmann, C. G. (1911). The Veddas. Cambridge

Séphiha, H. V. (1991). L'agonie des Judéo-Espagnols. Paris (3. Aufl.)

Seewann, G./Dippold, P. (Hg.) (1997). Bibliographisches Handbuch der ethnischen Gruppen Südosteuropas, 2 Bde. München

Sharma, A. (Hg.) (1993). Our religions. San Francisco

Shinagawa, L. H./Jang, M. (1998). Atlas of American diversity. Walnut
Creek/London/New Delhi

Shipman, P. (1995). Die Evolution des Rassismus. Gebrauch und Mißbrauch von
Wissenschaft. Frankfurt

Shoji, H./Janhunen, J. (Hg.) (1997). Northern minority languages. Problems of
survival. Osaka

Sims-Williams, N. (Hg.) (2002). Indo-Iranian languages and peoples. Oxford

Skrynnikov, R. G. (1997). Istorija rossijskaja IX–XVII vv. Moskau

Slezkine, Y. (1994). Arctic mirrors: Russia and the small peoples of the North.
Ithaca/London

Šlosar, D. (2002). Tschechisch, in: Okuka 2002: 513–534

Smith, A. D. (1986). The ethnic origins of nations. Oxford/Cambridge, Mass.

Smith, J. (1996). An historical study of English. Function, form and change. Lon-
don/New York

Snow, D. R. (1994). The Iroquois. Oxford/Cambridge, Mass.

Sole, L. (1988). Lingua e cultura in Sardegna. Mailand

Solèr, C. (1997). Rätoromanische Schweiz, in: Goebl et al. 1997: 1879–1886

Solsona, J. B. (1999). Els oblidats comtes de Cerdanya (798–1117). Sant Vicenç de
Castellet

Stefánsson, M. (1993). Iceland, in: Pulsiano 1993: 311–319

Stein, R. A. (1972). Tibetan civilisation. Stanford

Strauss, J. (1997a). European Turkey, in: Goebl et al. 1997: 1554–1560

– (1997b). Turkish-Judeo-Spanish, in: Goebl et al. 1997: 1566–1572

Streck, B. (Hg.) (1987). Wörterbuch der Ethnologie. Köln

Struve, K. W. (1986). Die Ethnogenese der Slawen aus der Sicht der Vor- und
Frühgeschichte, in: Bernhard/Kandler-Pálsson 1986: 297–321

Szobries, T. (1999). Sprachliche Aspekte des nation-building in Mazedonien.
Stuttgart

Tarhov, S./Jordan, P. (1993). Ethnische Struktur des östlichen Europas und
Kaukasiens um 1990. Wien

Thernstrom, S. (Hg.) (1980). Harvard encyclopedia of American ethnic groups. Cambridge, Mass.

Thun, H. (1997). Spanien, in: Goebl et al. 1997: 1270–1285

Tibi, B. (1998). Europa ohne Identität? Die Krise der multikulturellen Gesellschaft. München

Tiškov, V. A. (Hg.) (1994). Narody Rossii – Enciklopedija. Moskau

Tokarev, S. A. (1958). Etnografija narodov SSSR. Moskau

Tribalat, M. (1996). De l'immigration à l'assimilation. Enquête sur les populations d'origine étrangère en France. Paris

Utley, R. M. (1993). The lance and the shield: The life and times of Sitting Bull. New York

Van Bree, C./De Vries, J. (1997). Netherlands, in: Goebl et al. 1997: 1143–1152

Vatsyayan, K. (1995). Tanz und Theater, in: Rothermund 1995: 316–335

Verdoodt, A. (1997). Belgique, in: Goebl et al. 1997: 1107–1123

Vésteinsson, O. (2000). The christianization of Iceland. Priests, power, and social change 1000–1300. Oxford/New York

Vickers, M. (1997). The Albanians. A modern history. London/New York (2. Aufl.)

Vickery, M. (1998). Society, economics, and politics in Pre-Angkor Cambodia. The 7th–8th centuries. Tokyo

Viletta, R. (1978). Abhandlungen zum Sprachenrecht mit besonderer Berücksichtigung des Rechts der Gemeinden des Kantons Graubünden, Bd. 1: Grundlagen des Sprachenrechts. Zürich

Völkl, S. D. (2002). Bosnisch, in: Okuka 2002: 209–218

Weber, P. (1980). Portugal. Räumliche Dimension und Abhängigkeit. Darmstadt

Webster, G. C. (1996). Kwakiutl, in: Hoxie 1996: 320–322

Weiwen, Zh./Qingnan, Z. (1993). In search of China's minorities. Beijing

Werner, E./Schwarze, S. (Hg.) (2000). Fra toscanità e italianità. Lingua e letteratura dagli inizi al Novecento. Tübingen/Basel

Werner, K. F. (1995). Die Ursprünge Frankreichs bis zum Jahr 1000. München

Wigoder, G. (Hg.) (1989). The encyclopedia of Judaism. Jerusalem

Williams, C. (1997). English-Welsh, in: Goebl et al. 1997: 1075–1087

– (1999). The Celtic world, in: Fishman 1999: 267–285

Williams, C./Raybould, W. (1991). Welsh language planning: Opportunities and constraints. Cardiff

Williams, G. (1997). The Great South Sea. English voyages and encounters 1570–1750. New Haven/London

Williams, G. A. (1982). The Welsh in their history. London

Wilson, K./Dussen, J. van der (Hg.) (1995). The history of the idea of Europe. London/New York

Winkler, E. (2002a). Karelisch, in: Okuka 2002: 667–672

– (2002b). Wotjakisch, in: Okuka 2002: 765–771

Winter, J. C. (1981). Die Khoisan-Familie, in: Heine et al. 1981: 329–374

Wolff, E. (1981). Die Berbersprachen, in: Heine et al. 1981: 171–185

Wulf, A. (1991). Vietnam. Pagoden und Tempel im Reisfeld – Im Fokus chinesischer und indischer Kultur. Köln

Yamaguchi, M./Kojima, S. (Hg.) (1982). A cultural dictionary of Japan. Tokyo (8. Aufl.)

Yoe, Sh. (1963). The Burman. His life and notions. New York

Zöllner, E. (1992). Geschichte Österreichs von den Anfängen bis zur Gegenwart. Wien

Zybatow, L. N. (Hg.) (2000). Sprachwandel in der Slavia. Die slavischen Sprachen an der Schwelle zum 21. Jahrhundert – Ein internationales Handbuch, 2 Bde. Frankfurt/Berlin/Bern

Register der Völker ohne eigenen Artikel

(Die Namen untergegangener Völker sind nicht aufgelistet.)

Achang → Südchina
Abasiner → Abchasen, Kaukasier
Abnaki → Algonkin
Adygeier → Kaukasier
Agariya → Adivasi
Agulen → Kaukasier
Aka → Pygmäen
Aleuten → Amerika, Inuit, Nordsibirien
Altaier → Altaische Völker
Anambé → Tupí-Indianer
Anden → Kaukasier
Apma → Melanesier
Arapaho → Algonkin
Arawaken → Surinen
Aromunen → Griechen, Romanen, Rumänen
Artschiner → Kaukasier
Awaren → Kaukasier

Babatana → Melanesier
Badui → Malaien, Südostasien
Bagwalalen → Kaukasier
Bai → Südchina
Baluchi → Iranier
Baraba-Tataren → Tataren
Baschkiren → Turkvölker in Rußland
Batak → Malaien, Südostasien
Beaver → Athabasken
Bedamini → Papua-Völker
Beja → Kuschiten
Bergdama → San
Bhil → Adivasi
Bicolano → Filipinos
Bisu → Südostasien
Blackfoot → Algonkin

Blang → Südchina
Bobot → Malaien
Bonan → Mongolen
Bondo → Adivasi
Botlicher → Kaukasier
Bouyei → Südchina
Brahui → Asien, Draviden, Perser
Buduchen → Kaukasier
Bunak → Portugiesen

Caac → Melanesier
Cayuga → Irokesen
Chakassen → Turkvölker in Rußland
Cherokee → Irokesen
Cheyenne → Algonkin
Chilcotin → Athabasken
Chinook → Nordwestküstenindianer
Cocama → Tupí-Indianer
Cree-Montagnais-Naskapi → Algonkin

Dagur (Daur) → Mongolen
Dai → Südchina
Dari → Iranier
Darkhat → Mongolen
De'ang → Südchina
Dehu → Melanesier
Dinka → Niloten
Dong → Südchina
Dongxiang → Mongolen
Drung → Südchina
Dunganen → Zentralasien

Ebon → Mikronesier
Emerillon → Tupí-Indianer
Emumu → Südostasien

Engadiner → Schweizer
Erzjanen → Mordwinen
Etoro → Papua-Völker
Eyak → Athabasken

Festlandmalaien → Malaien, Südostasien
Fulbe → Bantu, Hausa

Gadaba → Draviden
Gadsup → Papua-Völker
Gagausen → Europa, Turkvölker in
Rußland
Gan → Chinesen
Gegen → Albaner
Gelao → Südchina
Giljaken → Nivchen
Golden → Nanaier
Gond → Adivasi
Gondi → Draviden
Grönländer → Inuit
Grusinier → Georgier
Guaraní → Tupí-Indianer
Gujarat → Indo-Arier

Hadza → San
Haida → Athabasken, Nordwestkü-
stenindianer
Haisla → Nordwestküstenindianer
Hakka → Chinesen
Han → Athabasken, Chinesen
Hani → Südchina
Hano → Melanesier
Hawaiianer → Amerika, Polynesier
Heiltsuk → Nordwestküstenindianer
Herero → San
Hezhe → Nanaier
Hinduri → Indo-Arier
Hmong → Südchina
Hopi → Pueblo-Indianer
Hottentotten → Afrika
/Hua → San
Hui → Chinesen

Iban → Dayak-Völker

Idate → Portugiesen
Ingrier → Finno-ugrische Völker,
Woten
Inuktitut → Inuit
Inupiatun → Inuit
Iraqw → Kuschiten
Irula → Draviden
Ischoren → Finno-ugrische Völker,
Uralische Völker

Jaghnober → Iranier, Zentralasien
Jakuten → Altaische Völker, Turkvöl-
ker in Rußland
Jarawa → Andamanen
Jasgulamen → Paschtunen, Zentral-
asien
Jing → Südchina
Jingpo → Südchina
Jinuo → Südchina
Jinyu → Chinesen
Jivaro-Indianer → Amazonas-Indianer
Juraken → Nenzen

Kabardiner → Altaische Völker, Kau-
kasier, Turkvölker in Rußland
Kalinga → Filipinos
Kaluli → Papua-Völker
Kamtschadalen → Itelmenen
Kanaresen → Draviden
Kanuri → Tuareg
Kapin → Melanesier
Karaimen → Altaische Völker, Juden,
Turkvölker in Rußland
Karatschai-Balkaren → Turkvölker in
Rußland
Kaska → Athabasken
Kemak → Portugiesen
Keres → Pueblo-Indianer
Khoi → San
Kikuyu → Afrika, Bantu
Kioko → Malaien
Kituba → Bantu
Kolami → Draviden
Krimtataren → Turkvölker in Ruß-
land

Kryser → Kaukasier
Kuikuru → Amazonas-Indianer
Kumüken → Kaukasier, Turkvölker
in Rußland
Kuren → Balten
Kurux → Draviden
Kutchin → Nordwestküstenindianer
Kwakiutl → Nordwestküstenindianer
Kwomtari → Papua-Völker
Kxoe → San

Lacandón → Maya
Lahu → Südchina
Lakken → Kaukasier
Lamogai → Melanesier
Laoten → Khmer
Lasen → Chinesen
Latan → Malaien
Lelak → Malaien
Lesgen → Kaukasier
Li → Südchina
Lindu → Südostasien
Lisu → Südchina
Liwen → Letten, Uralische Völker
Lomi → Naxi
Luba → Afrika, Bantu
Lunda → Portugiesen
Luo → Niloten
Luoba → Südchina

Majhi → Asien, Indo-Arier
Makonde → Portugiesen
Malayali → Draviden
Malaysier → Malaien, Südostasien
Malecite-Passamaquoddy → Algonkin
Mandarin → Chinesen
Manem → Asien
Mangkong → Südostasien
Manobo → Filipinos
Maonan → Südchina
Mari → Papua-Völker
Marquesaner → Polynesier
Marshall-Insulaner → Mikronesier
Massachusett → Algonkin
Matipuhy → Amazonas-Indianer

Mbuti → Pygmäen
Menominee → Algonkin
Mescaleros → Apachen
Miami-Illinois → Algonkin
Miao → Südchina
Micmac → Algonkin
Min Bei → Chinesen
Min Dong → Chinesen
Mingrelier → Georgier, Kaukasier
Min Nan → Chinesen
Minokok → Südostasien
Mirdha → Adivasi
Mochó → Maya
Mogholi → Mongolen
Mohikaner → Irokesen
Moinba → Südchina
Mokilesen → Mikronesier
Mokschanen → Mordwinen
Mongul → Mongolen
Monguor → Mongolen
Mono → Melanesier
Moso → Naxi
Mulam → Südchina
Munji → Paschtunen
Muru → Portugiesen

Nachen → Kaukasier
Naga → Adivasi
Nama → San
Nanticoke → Algonkin
Narragansett → Algonkin
Natick → Algonkin
Naukaner → Inuit
Nauruaner → Chamorro, Polynesier
Naxi → Südchina
Ngaing → Papua-Völker
Ng/amani → San
Ng'uki → San
Nimo → Papua-Völker
Nisga'a → Amerika, Nordwest-
küstenindianer
Nogaier → Kaukasier, Turkvölker in
Rußland
Nooksack → Nordwestküsten-
indianer

Nsenga → Portugiesen
Nuer → Niloten
Nukuoro → Mikronesier
Nuu-chal-nulth → Nordwestküsten-
indianer
Nuxalk → Nordwestküstenindianer
Nyanja → Bantu
Nyungar → Aborigines

Ojibwa → Algonkin
Ollari → Draviden
Ömie → Papua-Völker
Onabasulu → Papua-Völker
Oneida → Irokesen
Önge → Andamanen
Onondaga → Irokesen
Oromo → Kuschiten
Ostjak-Samojeden → Solkupen

Panaieti → Melanesier
Pardhan → Draviden
Permjaken → Finno-ugrische Völker,
Uralische Völker
Phuong → Südostasien
Pokangá → Amazonas-Indianer
Powhatan → Algonkin
Pumi → Südchina

Qiang → Südchina
Quiché → Maya
Quileute → Nordwestküsten-
indianer
Quiripi → Algonkin

Romam → Südostasien
Ronga → Portugiesen
Russinen → Slawen

Salish → Nordwestküstenindianer
Samoaner → Polynesier
Sandawe → San
Santali → Adivasi
Satawalesen → Mikronesier
Sauk-Fox-Kickapoo → Algonkin
Schona → Afrika, Bantu

Schoren → Altaische Völker, Turk-
völker in Rußland
Schuganer → Zentralasien
Sekani → Athabasken
Semang → Orang Asli, Südostasien
Seneca → Irokesen
Sentinel → Andamanen
Shan → Burmesen, Südostasien
Shawnee → Algonkin
Shira-Yuguren s. Yuguren
Shuar → Amazonas-Indianer
Shui → Südchina
Sidamo → Kuschiten
Sirenikcer → Inuit
Sivuqaghmiistun → Inuit
Song → Südostasien
Songhai → Tuareg
Soto → Bantu
Sowa → Melanesier
Sugtestun → Inuit
Svanen → Georgier, Kaukasier

Tahitianer → Polynesier
Talyschen → Iranier
Tano → Pueblo-Indianer
Tasmanier → Aborigines
Taten → Iranier
Terena → Portugiesen
Teso → Niloten
Tewa → Pueblo-Indianer
Ticuna → Amazonas-Indianer
Tlingit → Athabasken, Nordwestkü-
stenindianer
Tofalaren → Turkvölker in Rußland
Tonganer → Polynesier
Tosken → Albaner
Trukesen → Mikronesier
Tsachuren → Kaukasier
Tschaplincer → Inuit
Tscheremissen → Mari
Tscherkessen → Kaukasier
Tschuwaschen → Altaische Völker,
Europa, Turkvölker in Rußland
Tsimshian → Nordwestküsten-
indianer

Tswana →* San
Tu →* Mongolen
Tucano →* Portugiesen
Tujia →* Südchina
Tung →* Mongolen
Tupinambá →* Tupí-Indianer
Turi →* Adivasi
Tuscarora →* Irokesen
Tutchone →* Athabasken
Tuvinen →* Altaische Völker, Turk-
  völker in Rußland
Tzeltal →* Maya
Tzilcotin →* Nordwestküsten-
  indianer

Ugong →* Südostasien
Ukit →* Südostasien
Umbundu →* Bantu, Portugiesen
Unami →* Algonkin
Ungasiki →* Inuit
Ura →* Papua-Völker

Va (Vo) →* Südchina
Vachaner →* Zentralasien
Vamale →* Melanesier

Vano →* Melanesier
Vogulen →* Mansen

Waicá →* Amazonas-Indianer
Wanano →* Amazonas-Indianer
Wepsen →* Finno-ugrische Völker,
  Uralische Völker
Wu →* Chinesen

Xhosa →* Bantu, San
Xiang →* Chinesen

Yanomámi →* Amazonas-Indianer
Yao →* Südchina
Yi →* Südchina
Yidu →* Südchina
Yucateken →* Maya
Yue →* Chinesen
Yugcetun →* Inuit
Yuguren →* Mongolen

Zemba →* Portugiesen
Zhuang →* Südchina
Zulu →* Afrika, Bantu, San
Zuñi →* Pueblo-Indianer

Sprache und Sprachgeschichte

Hans Peter Althaus
Kleines Lexikon deutscher Wörter jiddischer Herkunft
2003. 216 Seiten. Paperback
Beck'sche Reihe Band 1518

Hans Peter Althaus
Chuzpe, Schmus & Tacheles
Jiddische Wortgeschichten
2004. 176 Seiten. Paperback
Beck'sche Reihe Band 1563

Harald Haarmann
Kleines Lexikon der Sprachen
Von Albanisch bis Zulu
2., überarbeitete Auflage. 2002. 455 Seiten mit 1 Karte. Paperback
Beck'sche Reihe Band 1432

Harald Haarmann
Lexikon der untergegangenen Sprachen
2., durchgesehene Auflage. 2004. 229 Seiten mit 1 Karte. Paperback
Beck'sche Reihe Band 1456

Nabil Osman (Hrsg.)
Kleines Lexikon untergegangener Wörter
Wortuntergang seit dem Ende des 18. Jahrhunderts
Mit einer Vorbemerkung von Werner Ross.
14., unveränderte Auflage. 2004. 264 Seiten. Paperback
Beck'sche Reihe Band 487

Nabil Osman (Hrsg.)
Kleines Lexikon deutscher Wörter arabischer Herkunft
7. Auflage. 2003. 141 Seiten. Paperback
Beck'sche Reihe Band 456

Verlag C. H. Beck München